Evangelische
Haupt-Bibelgesellschaft
zu Berlin
und Altenburg

Das Neue Testament
mit Bildern und Fakten
aus seiner Umwelt

Die ersten Jahrzehnte

Herausgegeben von der
Bibelanstalt Altenburg

Auswahl aus dem
Neuen Testament
in der Übersetzung
der „Bibel in heutigem Deutsch"

Nachdruck der 5., veränderten Auflage

Redaktion und Erklärungstexte:
Gottfried Müller

ISBN 3-7461-0026-7

Einführung

Die Fotos und die Karten dieses Buches, die durch Sachartikel und ausführliche Bilderläuterungen ergänzt werden, geben einen Einblick in die Umwelt des Neuen Testaments. Die Verbindung mit dem Bibeltext ermöglicht es, dem Leser unmittelbar zu seiner Lektüre wichtige Verstehenshilfen anzubieten.

Die Bild- und Wortinformationen beziehen sich vorwiegend auf die Landeskunde Palästinas und der Mittelmeerländer am Beginn der christlichen Zeitrechnung. Nach Möglichkeit sind jedoch auch die wirtschaftlichen, sozialen und politischen Verhältnisse berücksichtigt worden, um eine umfassende Skizze der äußeren Umstände zu zeichnen, unter denen sich das Evangelium in den ersten Jahrzehnten seiner Geschichte ausgebreitet hat.

Seiner Anlage nach vermag dieses Buch lediglich Umrisse darzustellen. Ausführliche Kommentare, biblische Nachschlagewerke und eingehende landeskundliche Werke kann es für den, der ein weitergehendes Studium betreiben will, nicht ersetzen. Dankbar seien aus der Fülle der einschlägigen Literatur Walter Grundmanns Kommentare zu Matthäus, Markus und Lukas genannt und die Studie „Die frühe Christenheit und ihre Schriften". Zur biblischen Landeskunde Palästinas hat Gerhard Kroll ein kenntnis- und materialreiches Buch geschrieben: „Auf den Spuren Jesu". Die vorliegende Arbeit verdankt diesen Autoren das meiste. Empfehlend hingewiesen sei auch auf das 1979 bei Koehler und Amelang in Leipzig erschienene Buch des bekannten Hallenser Orientalisten Burchard Brentjes: „Völker beiderseits des Jordan".

Nach 2000 Jahren ist es nicht mehr möglich, eine ungebrochene Anschauung von der Welt Jesu, der Apostel und der ersten christlichen Gemeinden zu gewinnen. Neue Kulturen sind aufgeblüht und wieder vergangen, die Gesellschaftsverhältnisse haben sich grundlegend verändert. Palästina wird, wie auch in diesem Buch erkennbar ist, seit mehr als 1300 Jahren in bemerkenswerter Weise weitgehend vom Islam geprägt, der Hauptreligion der arabischen Völker. Christliche Pietät hat die Erinnerungsstätten aus den Tagen Jesu nicht nur gesucht und gepflegt, sondern durch Sakralbauten auch verdeckt oder sogar am falschen Ort festgelegt. Auf nicht geringe Schwierigkeiten stößt auch der Versuch, die Spuren der Apostel in Kleinasien und im zentralen griechisch-römischen Raum zu verfolgen. Um so beachtlicher sind die Erfolge, die Archäologie und Bibelwissenschaft bei ihrem Bemühen, die Vergangenheit zu erhellen, bisher erzielt haben.

Einige dieser Ergebnisse will dieses Buch zusammen mit den wichtigsten Texten des Neuen Testaments dem Bibelleser leicht zugänglich machen. Die Übersetzung ist die der „Guten Nachricht". Da sie die Orts- und Personennamen in der Schreibung der „Loccumer Richtlinien" wiedergibt, mußten auch wir diesen Richtlinien folgen. Altvertraute Namen erscheinen daher zuweilen in einer überraschenden Orthographie („Betlehem" statt „Bethlehem") oder auch in ganz veränderter Gestalt („Kafarnaum" statt „Kapernaum"). Die Anwendung der Richtlinien ermöglicht jedoch einen genaueren Rückschluß auf die im Urtext verwendeten Namen und hebt die Unterschiede zwischen dem traditionell evangelischen und dem herkömmlichen katholischen Sprachgebrauch auf.

Die vorliegende Ausgabe dieses Buches ist gegenüber den vier vorangegangenen Auflagen weiter bearbeitet worden. Der Bildteil wurde abermals erweitert und qualitativ verbessert. Dies gilt besonders für die älteren Archivaufnahmen, deren Wert angesichts der zivilisatorischen Veränderungen im „Heiligen Land" zunimmt, da sie dem ursprünglichen Zustand oft näherstehen. Die Gestaltung wurde im Interesse besserer Lesbarkeit verändert. Wir hoffen, daß dieses Buch die Erwartungen erfüllt, die an ein illustriertes Neues Testament gerichtet werden.

Bibelanstalt Altenburg

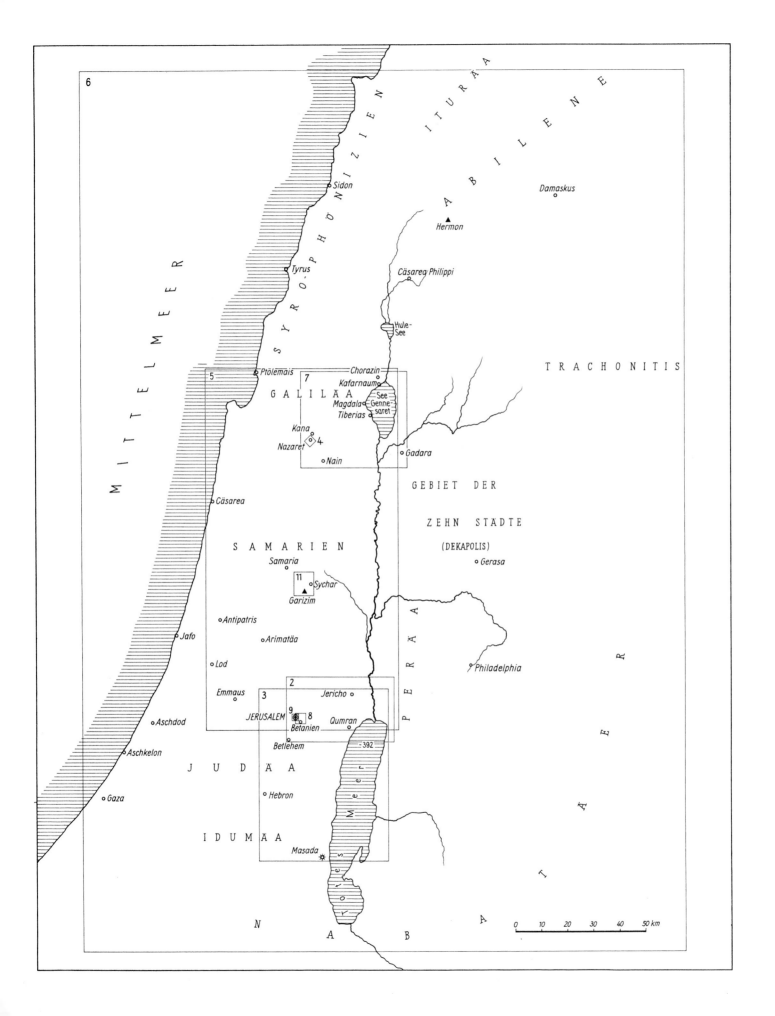

1 Das Evangelium nach Matthäus Markus und Lukas

Das Matthäus-Evangelium
Der Verfasser war ein griechisch sprechender
Judenchrist, der die Jesusüberlieferung in
größerer Nähe zu jüdischen Anschauungen
sah. Er hat Jesus, den Israel verheißenen
Messias, jedoch mit großer Entschiedenheit
für die Kirche aus allen Völkern in Anspruch
genommen.
Das Evangelium ist zwischen 85 und 95
n. Chr. vermutlich in Syrien entstanden. Die
Meinung, daß sein Verfasser der Jesusjünger
Matthäus sei (vgl. Matthäus 9,9), wird nur
noch von wenigen Forschern vertreten.

Das Markus-Evangelium
Der Verfasser ist vielleicht mit dem Markus
gleichzusetzen, der in der Apostelgeschichte
und in einigen Briefen als Begleiter des
Paulus genannt wird (vgl. Apostelgeschichte
12,25; 13,5; 15,37ff.). Er ist vermutlich in
Jerusalem aufgewachsen und hat das Auftreten Jesu — ohne Jünger zu sein — miterlebt.
Das Evangelium wurde um das Jahr 70 in
griechischer Sprache geschrieben. Es wendet
sich an heidenchristliche Leser. Ihnen will es
das Rätsel des jüdischen Unglaubens und die
Gnade der Berufung der Heiden verständlich
machen, indem es den irdischen Weg des
Auferstandenen schildert.

Das Lukas-Evangelium
Das Evangelium gehört mit einer anderen
neutestamentlichen Schrift, der Apostelgeschichte, zusammen. Wer der Verfasser ist,
lassen beide Schriften selbst nicht erkennen.
Es handelt sich mit Sicherheit jedoch um
einen Heidenchristen, der auch für Heidenchristen schreibt. Palästina kennt er offensichtlich aus eigener Anschauung nicht, an
der Auseinandersetzung mit spezifisch jüdischen Problemen zeigt er wenig Interesse.
Er weiß die griechische Sprache gewandt zu
gebrauchen. Eine Überlieferung aus dem
2. Jahrhundert identifiziert ihn mit Lukas,
dem Arzt, der Kolosser 4,14 und Philemon 24
genannt wird.
Lukas beschreibt in den Jahren zwischen 70
und 90 die Geschichte Jesu als den Anfang
der bis in die Gegenwart reichenden Geschichte der Kirche; Gottes Geist befähigt die
Jünger, die Christusbotschaft von Jerusalem,
Judäa und Samaria bis zum Ende der Erde
zu tragen.

Karte 1 (vorhergehende Seite)
Palästina zur Zeit des Neuen Testaments / In die Übersichtskarte sind die
Ausschnitte der Karten 2 bis 9 und der
Karte 11 eingezeichnet. Die Karten
befinden sich auf folgenden Seiten:
2 auf Seite 15   7 auf Seite 31
3 auf Seite 16   8 auf Seite 82
4 auf Seite 17   9 auf Seite 85
5 auf Seite 18   11 auf Seite 113
6 auf Seite 29

Die Evangelien

Die Schriften, die unter dem Namen des Matthäus, Markus und Lukas am Anfang des Neuen Testaments stehen, werden ihrer schriftstellerischen Gestalt nach als Evangelien bezeichnet. Sie gehören damit zu einer Literaturgattung, die eine eigenständige Schöpfung der jungen Christenheit darstellt.

„Evangelium" ist das griechisch-lateinische Wort für „Gute Nachricht", wie in unserer Ausgabe die frohe Botschaft von Jesus Christus durchgehend genannt wird. Der Inhalt der Evangelien hat der Form, in die er gegossen wurde, den Namen gegeben.

Die Verfasser unserer Evangelien, die in der kirchlichen Überlieferung als Matthäus, Markus und Lukas erscheinen, verfolgten mit ihrer Arbeit eine bestimmte Absicht: 40 bis 50 Jahre nach Jesu Kreuzestod wollten sie den christlichen Gemeinden zeigen, worin der zuverlässige Grund des Glaubens besteht. Predigt, Unterricht und Streitgespräch mit religiösen Gegnern sollten auf eine feste Grundlage gestellt werden. Es ging darum, der lebhaften urchristlichen Mission deutliche Umrisse zu verleihen. Nachdem die unmittelbaren Zeugen der Ereignisse um Jesus Christus gestorben waren und auch die folgende Generation der Apostelschüler abzutreten begann, gewann die schriftliche Weitergabe der Botschaft neben der mündlichen Verkündigung zunehmend an Bedeutung. Auf diese Weise war es der Christenheit möglich, über Jahrzehnte und Jahrhunderte hinweg eine verbindliche Antwort auf die Frage zu geben, was es mit Jesus Christus auf sich hatte.

Die Evangelien stellen also ausgesprochenermaßen Gebrauchsliteratur dar. Mit den Büchern der zeitgenössischen Literaten, in denen auch von Reden und Taten großer Männer geschrieben stand, konnten und wollten sie nicht wetteifern. Ihr Ziel war es, mit schlichten Worten Glauben zu wecken und Glauben zu stärken.

Die unter dem Namen Matthäus, Markus und Lukas überlieferten neutestamentlichen Schriften verbindet jedoch noch mehr als die literarische Gattung „Evangelium". Ganz offenbar enthalten sie nämlich neben Eigengut gemeinsame inhaltliche Überlieferungen. Diese Verwandtschaft zeigt sich selbst in Einzelheiten von Stil und Sprache. Aus

Die Geburt des Johannes wird dem Priester Zacharias angekündigt

Zu der Zeit, als König Herodes über das jüdische Land herrschte, lebte ein Priester namens Zacharias, der zur Priestergruppe des Abija gehörte. Auch seine Frau stammte aus einer Priesterfamilie; sie hieß Elisabet. Beide führten ein Leben, das Gott gefiel, und richteten sich in allem nach den Geboten und Anweisungen des Herrn. Sie waren aber kinderlos, denn Elisabet konnte keine Kinder bekommen, und beide waren schon sehr alt.

Einmal war Zacharias wieder zum Priestergottesdienst im Tempel in Jerusalem, weil die Priestergruppe, zu der er gehörte, gerade an der Reihe war. Es war üblich, die einzelnen Dienste durch das Los zu verteilen. An einem bestimmten Tag fiel Zacharias die Aufgabe zu, das Weihrauchopfer darzubringen. So ging er in das Innere des Tempels, während die Volksmenge draußen betete.

Da sah Zacharias plötzlich einen Engel des Herrn. Er stand an der rechten Seite des Altars, auf dem der Weihrauch verbrannt wurde. Zacharias erschrak und bekam große Angst. Aber der Engel sagte zu ihm: „Du brauchst dich nicht zu fürchten, Zacharias! Gott hat deine Bitte erhört. Deine Frau Elisabet wird einen Sohn bekommen, den sollst du Johannes nennen. Dann wirst du voll Freude und Jubel sein, und viele werden sich mit dir über seine Geburt freuen. Denn er ist vom Herrn zu großen Taten berufen. Er wird weder Wein noch Bier trinken. Schon im Mutterleib wird der Geist Gottes ihn erfüllen, und er wird viele aus dem Volk Israel zum Herrn, ihrem Gott, zurückführen. Er wird dem Herrn als Bote vorausgehen, im gleichen Geist und mit der gleichen Kraft wie der Prophet Elija. Er wird das Herz der Eltern den Kindern zuwenden. Alle Ungehorsamen wird er auf den rechten Weg zurückbringen und so dem Herrn ein Volk zuführen, das auf sein Kommen vorbereitet ist."

Zacharias sagte zu dem Engel: „Woran soll ich erkennen, daß du recht hast? Ich bin doch ein alter Mann, und meine Frau ist auch nicht mehr jung." Der Engel antwortete: „Ich bin Gabriel, einer von denen, die vor Gottes Thron stehen. Gott hat mich gesandt, um mit dir zu sprechen und dir diese gute Nachricht zu bringen. Was ich gesagt habe, wird zur gegebenen Zeit eintreffen. Aber weil du mir nicht geglaubt hast, wirst du nicht mehr sprechen können, bis es soweit ist."

Währenddessen wartete die Volksmenge auf Zacharias und wunderte sich, daß er so lange im Tempel blieb. Als er herauskam, konnte er nicht mehr reden. Da merkten sie, daß er im

Tempel eine Erscheinung gehabt hatte. Er konnte ihnen nur mit der Hand Zeichen geben, aber kein Wort herausbringen.

Als seine Dienstwoche im Tempel beendet war, ging Zacharias nach Hause. Bald darauf wurde seine Frau Elisabet schwanger und zog sich fünf Monate lang völlig zurück. Sie sagte: „Gott hat meinen Kummer gesehen und die Schande der Kinderlosigkeit von mir genommen." (Lukas 1,5—25)

Die Geburt Jesu wird angekündigt

Als Elisabet im sechsten Monat war, sandte Gott den Engel Gabriel nach Nazaret in Galiläa zu einem jungen Mädchen namens Maria. Es war verlobt mit einem Mann namens Josef, einem Nachkommen Davids. Der Engel kam zu Maria und sagte: „Sei gegrüßt, Maria, der Herr ist mit dir; er hat dich zu Großem ausersehen!" Maria erschrak über diesen Gruß und überlegte, was er bedeuten sollte. Da sagte der Engel zu ihr: „Hab keine Angst, du hast Gnade bei Gott gefunden! Du wirst schwanger werden und einen Sohn zur Welt bringen. Dem sollst du den Namen Jesus geben. Er wird groß sein und wird ,Sohn des Höchsten' genannt werden. Gott der Herr wird ihm das Königtum seines Vorfahren David übertragen. Er wird für immer über die Nachkommen Jakobs regieren. Seine Herrschaft wird nie zu Ende gehen."

Maria fragte den Engel: „Wie soll das zugehen? Ich habe doch mit keinem Mann zu tun!" Er antwortete: „Gottes Geist wird über dich kommen, seine Kraft wird es bewirken. Deshalb wird man das Kind, das du zur Welt bringst, heilig und Sohn Gottes nennen. Auch Elisabet, deine Verwandte, bekommt einen Sohn — trotz ihres Alters. Sie ist bereits im sechsten Monat, und man hat doch von ihr gesagt, sie könne keine Kinder bekommen. Für Gott ist nichts unmöglich."

Da sagte Maria: „Ich will ganz für Gott dasein. Es soll so geschehen, wie du es gesagt hast." Dann verließ sie der Engel. (Lukas 1,26—38)

Maria besucht Elisabet

Bald danach machte sich Maria auf den Weg und eilte zu einer Stadt im Bergland von Judäa. Dort ging sie in das Haus von Zacharias und begrüßte Elisabet. Als Elisabet ihren Gruß hörte, bewegte sich das Kind in ihrem Leib. Da wurde sie vom Geist Gottes erfüllt und rief: „Gott hat dich unter allen Frauen ausgezeichnet, dich und dein Kind! Wer bin ich, daß die Mutter meines Herrn mich besucht? In dem Augenblick, als ich deinen Gruß hörte, bewegte

diesem Grunde bezeichnet man die ersten drei Evangelien als „synoptisch", d. h. als Schriften, die eine zusammenschauende Betrachtung erfordern. In unserer Ausgabe sind Matthäus, Markus und Lukas zu einem Auswahltext zusammengefaßt, in dem die Grundlagen der Guten Nachricht, wie sie von den Evangelisten weitergesagt wurde, in Erscheinung treten.

Die Priesterschaft
Der Jerusalemer Tempel war bis zum Jahre 70 n. Chr. das zentrale Heiligtum der Juden. Er hatte ein umfangreiches Personal. 7 200 Priester verrichteten den Opferdienst und verwalteten die Tempelgüter. Sie gaben auch Unterricht in religiösen und kultischen Angelegenheiten. Für die niedrigen Dienste waren ihnen mehr als 10 000 Leviten beigegeben. Zusammen mit ihren Familienangehörigen machten Priester und Leviten etwa 10 % der Gesamtbevölkerung Israels aus.
In Jerusalem wurden jeweils 300 Priester und 400 Leviten benötigt. Aus diesem Grunde war die israelitische Priesterschaft in 24 Klassen eingeteilt. Die Klasse des Abija, der Zacharias (Lukas 1,5ff.) angehörte, war die achte. Jede Klasse hatte zweimal im Jahr eine Woche lang den Priesterdienst zu versehen.

Die Wüstensiedlung von Qumran
Nach Lukas 1,80 hat Johannes, der Sohn des Priesters Zacharias, in der Wüste gelebt, bevor er an die Öffentlichkeit trat. Man nimmt an, daß er von der religiösen Gemeinschaft der Qumranleute aufgenommen worden war. Qumran lag (vgl. Karte 2 auf S. 15) etwas mehr als 22 km Luftlinie von Jerusalem entfernt am Rand der Wüste Juda am Toten Meer. Im Osten erschwerte das Wasser, im Westen das Wüstengebirge den Zugang.
Die Siedlung wurde wahrscheinlich im 2. Jahrhundert v. Chr. errichtet und im Zusammenhang mit dem römisch-jüdischen Krieg im Jahre 68 n. Chr. endgültig zerstört.
Als die Soldaten der römischen 10. Legion anrückten, verbargen die Qumranleute ihren kostbarsten Besitz in schwer zugänglichen Höhlen: Handschriften der Bibel und religiöse Texte anderer Art. Erst 1947 entdeckte ein Beduinenjunge 1,5 km nördlich von der Ruinenstätte Qumran durch Zufall eine dieser Höhlen mitsamt den in ihr aufbewahrten Handschriften. Seitdem wurden am Toten Meer elf Höhlen mit Schriftgut erschlossen.

Abb. 1
Felsen bei Qumran/Hier findet sich die Höhle 4, die neben der Höhle 1 den reichsten Ertrag an Funden erbracht hat: 20 000 Bruchstücke von 400 Schriften.

Die Verlobung der Maria

Maria war mit Josef „verlobt", als ihr die Geburt Jesu angekündigt wurde. Nach jüdischem Brauch galt die Verlobung bereits als rechtsgültige Verbindung zwischen Mann und Frau. Die Verlobte war die „Frau" ihres Mannes. Untreue wurde als Ehebruch angesehen und konnte bestraft werden (z. B. Entlassung durch einen Scheidebrief). Verlobt wurde ein Mädchen gewöhnlich im Alter von 12 bis $12^1/_2$ Jahren. Nach etwa einem Jahr folgte die Hochzeit, die Heimholung durch den Bräutigam.

Abb. 2
Blick über das Ausgrabungsgelände nach Süden / Im Hintergrund links ist das Tote Meer zu erkennen, rechts der etwa 300 m hohe Steilabfall des Gebirges, das im Vorgebirge Ras Feschcha bis an das Wasser reicht und den Zugang im Süden abriegelt. Qumran selbst liegt auf einer Mergelterrasse etwa 50 m über dem Spiegel des Toten Meeres. Die Terrasse wird durch das Wadi Qumran zerschnitten, das auf der vorhergehenden Abbildung zu sehen ist.
In den Jahren 1951 bis 1956 fanden in Chirbet Qumran Ausgrabungen statt. Es kamen die baulichen Reste eines sich selbst genügenden Gemeinwesens ans Licht, mit Töpfereien, Mühlen, Behältern für die Vorratswirtschaft und einer aus zwölf Zisternen bestehenden Anlage zur Speicherung des Wassers. Eine Art Versammlungshaus wies Mauerlängen von 30 und 37 m auf. Ein zweiter Saal hat wahrscheinlich als Speisesaal gedient, in dem sakrale Mahlzeiten eingenommen wurden. Reste von Tischen und von Tintenfässern ließen darauf schließen, daß sich im Ober geschoß des Hauptgebäudes die Schreibstube der Qumran-Leute befand. Der Großteil der in den letzten Jahrzehnten am Toten Meer entdeckten Handschriften wird hier entstanden sein.
Der in seinen Grundmauern ausgegrabene Gebäudekomplex war das Zentrum der klösterlich lebenden Qumranleute. Die Ordensangehörigen wohnten in ihrer Mehrzahl nicht in dem Gemeinschaftsgebäude, sondern in Zelten und in den Höhlen der Umgebung.

sich das Kind vor Freude in meinem Leib. Du darfst dich freuen, denn du hast geglaubt, daß die Botschaft, die der Herr dir sagen ließ, in Erfüllung geht." (Lukas 1,39—45)

Maria preist den Herrn

Maria aber sprach: „Ich preise den Herrn und singe vor Freude über Gott, meinen Retter! Ich bin nur eine einfache Frau, ein unbedeutendes Geschöpf vor ihm, und doch hat er sich um mich gekümmert! Von nun an wird man mich glücklich preisen in allen kommenden Generationen; denn Gott hat Großes an mir getan, er, der mächtig und heilig ist. Sein Erbarmen hört niemals auf; er schenkt es allen, die ihn ehren, über viele Generationen hin. Nun hebt er seinen gewaltigen Arm und fegt die Stolzen weg samt ihren Plänen. Nun stürzt er die Mächtigen vom Thron und richtet die Unterdrückten auf. Den Hungernden gibt er reichlich zu essen und schickt die Reichen mit leeren Händen fort. Unsern Vorfahren hat er zugesagt, Israel Güte und Treue zu erweisen.

So hat er es Abraham versprochen und seinen Nachkommen für alle Zeiten. Nun hat er sich daran erinnert und nimmt sich seines Volkes an."
Maria blieb etwa drei Monate bei Elisabet und kehrte dann wieder nach Hause zurück. (Lukas 1,46—56)

Johannes wird geboren

Als für Elisabet die Zeit der Entbindung gekommen war, gebar sie einen Sohn. Ihre Nachbarn und Verwandten hörten es und freuten sich mit, daß Gott ihr einen so großen Beweis seiner Güte gegeben hatte. Als das Kind acht Tage alt war und beschnitten werden sollte, kamen sie alle dazu. Sie wollten es nach seinem Vater Zacharias nennen. Aber die Mutter sagte: „Nein, er soll Johannes heißen!" Sie wandten ein: „Warum denn? In deiner ganzen Verwandtschaft gibt es keinen, der so heißt." Sie fragten den Vater durch Zeichen, wie der Sohn heißen solle. Zacharias ließ sich eine Schreibtafel geben und schrieb: „Er heißt Johannes." Alle waren verwundert. Im selben Augenblick konnte Zacharias wieder sprechen, und sofort fing er an, Gott zu preisen. Da ergriff die Nachbarn ehrfürchtiges Staunen, und im ganzen Bergland von Judäa sprach man über das, was geschehen war. Jeder, der davon hörte, dachte darüber nach und fragte sich: „Was wird aus dem Kind einmal werden?" Denn es war offensichtlich, daß Gott etwas Besonderes mit Johannes vorhatte. (Lukas 1,57—66)

Zacharias dankt dem Herrn

Erfüllt vom Geist Gottes sprach der Vater des Kindes prophetische Worte: „Gepriesen sei der Herr, der Gott Israels; denn er ist uns zu Hilfe gekommen und hat sein Volk befreit! Einen starken Retter hat er uns gesandt, einen Nachkommen seines Dieners David. So hatte er es schon vor langer Zeit durch seine Propheten angekündigt: Er wollte uns vor unseren Feinden retten, aus der Gewalt all derer, die uns hassen. Unseren Vorfahren wollte er Güte erweisen und nie den heiligen Bund vergessen, den er mit ihnen geschlossen hatte. Schon unserem Ahnherrn Abraham hat er mit einem Eid versprochen, uns aus der Macht der Feinde zu befreien, damit wir keine Furcht mehr haben müssen und unser Leben lang ihm dienen können als Menschen, die ihrem Gott gehören und tun, was er von ihnen verlangt. Und du, mein Sohn — ein Prophet des Höchsten wirst du sein, weil du dem Herrn vorausgehen

Die Gemeinschaft der Qumranleute
Über die Gemeinschaft von Qumran,
die meist zu den aus antiken Berichten
bekannten Essenern gerechnet wird, hat
die Wissenschaft in den letzten zweiein-
halb Jahrzehnten umfangreiche For-
schungen angestellt. Die sensationell
anmutenden Handschriften-Funde in
der Wüste Juda ermöglichten einen
Einblick in die religiöse Vorstellungswelt dieser jüdischen Sondergruppe.
Danach haben sich die Qumranleute
gegenüber dem offiziellen Judentum
abgeschlossen; dem Tempelkult in
Jerusalem standen sie kritisch gegenüber. Nur die Mitglieder der eigenen
Gruppe gehörten ihrer Meinung nach
als „Kinder des Lichts" zu dem wahren
Israel, die Außenstehenden bezeich-
neten sie als hassenswerte „Söhne der
Finsternis", die Gott im bevorstehenden
Gericht vernichten werde.
In ihrem religiösen Leben, dem ein
eigener Kalender von 364 Tagen
zugrunde lag, spielten neben der Buß-
disziplin Waschungen eine besondere
Rolle. Durch sie wollten die Qumranleute ihre rituelle Reinheit bewahren
bzw. wiedererlangen, wenn die streng
geforderte Absonderung von allem
Unreinen nicht möglich war. In großen
Becken wurde der nötige Wasservorrat
gesammelt. Die Mitglieder der Qumran-
Gruppe lebten in Gütergemeinschaft.
Die gesetzliche Enge in Theologie und
im religiösen Leben verbietet es, im
Essenertum eine Vorstufe des Christentums zu erblicken. Auch Johannes, der
Sohn des Zacharias, zeigte sich später
von den Qumranleuten lediglich beeinflußt; ihnen vollständig zuzurechnen ist
er nicht.

Die christliche Zeitrechnung
Alle Angaben der Evangelien, die es
erlauben könnten, die Geburt Jesu
zeitlich einzuordnen, zeigen, daß die im
6. Jahrhundert erfolgte Ansetzung der
christlichen Zeitrechnung (Rechnung
„nach Christi Geburt") gegenüber dem
wirklichen Geburtsjahr um einige Jahre
verschoben ist. Als Jahr 1 „nach Christi
Geburt" nahm man das Jahr 754 nach
der Gründung Roms an. Jesus wurde
jedoch vermutlich im Jahre 746 nach
der Gründung Roms, also 7 „vor Christi
Geburt" geboren. Auf jeden Fall war er
im Jahr 1 unserer Zeitrechnung bereits
einige Jahre alt.

Abb. 3
Stufen zu einem rituellen Bad / Vgl.
Artikel „Die Gemeinschaft der Qumran-
leute"

Abb. 4
Tonkrug als Schriftenbehälter / In
Tonkrügen dieser Art, die in Qumran
selbst hergestellt worden sind, waren
die kostbaren Handschriften aufbewahrt.

Abb. 5
Die älteste Handschrift des Jesaja-
Buches / Diese Schriftrolle besteht aus
17 aneinandergenähten Lederstücken
(die Nähte sind deutlich zu sehen) und
ist 7,15 m lang. Sie stellt die älteste
Handschrift des alttestamentlichen
Jesajabuches dar und wurde in
Qumran gefunden. Sie muß vor dem
Unglücksjahr 68 n. Chr. entstanden sein,
sie kann jedoch auch schon aus dem
2. vorchristlichen Jahrhundert stammen.
Auf jeden Fall ist sie mindestens 1 000
Jahre älter als die bis 1947 bekannten
Handschriften.
Bemerkenswert ist, daß sich innerhalb
dieser 1 000 Jahre keine grundlegenden
Textänderungen ergeben haben. Man
darf daher annehmen, daß auch in dem
guten halben Jahrtausend, das den
Zeitabstand von dieser Handschrift bis
zu den originalen Jesajabüchern über-
brückt, die Überlieferung beständig
geblieben ist.
Religiöse Texte werden in der Regel
sehr sorgfältig weitergegeben, ein Umstand, der auch für das Neue Testament
gilt, bei dem zwischen den Original-
schriften und den ersten uns erhaltenen
Handschriften sehr viel kleinere Zeit-
räume liegen. Das aufgerollte Stück
zeigt Jesaja 38,3–40,28. Beim Lesen
wurde das Lederband von der rechten
Rolle abgewickelt und mit der linken
Rolle wieder aufgenommen. Gelesen
wurde von rechts nach links.

wirst, um den Weg für ihn zu bahnen. Du wirst
dem Volk des Herrn verkünden, daß nun die
versprochene Rettung kommt, weil Gott ihm
seine Schuld vergeben will. Unser Gott ist voll
Liebe und Erbarmen; er schickt uns das Licht,
das von oben kommt. Es wird für alle leuchten,
die im Dunkeln sind, die im finsteren Land des
Todes leben, und wird uns auf den Weg des
Friedens führen." (Lukas 1,67–79)

Johannes in der Wüste

Johannes wuchs heran und nahm zu an Verstand. Später zog er sich in die Wüste zurück
bis zu dem Tag, an dem er unter dem Volk Israel
offen mit seinem Auftrag hervortreten sollte.
(Lukas 1,80)

Die Geburt Jesu

Zu jener Zeit ordnete Kaiser Augustus an, daß
alle Bewohner des Römischen Reiches in
Steuerlisten erfaßt werden sollten. Es war das
erste Mal, daß so etwas geschah. Damals war
Quirinius Statthalter der Provinz Syrien. So zog
jeder in die Heimat seiner Vorfahren, um sich
dort eintragen zu lassen. Auch Josef machte
sich auf den Weg. Von Nazaret in Galiläa ging
er nach Betlehem, das in Judäa liegt. Das ist der
Ort, aus dem König David stammte. Er mußte

dorthin, weil er ein Nachkomme Davids war.
Maria, seine Verlobte, ging mit ihm. Sie er-
wartete ein Kind. Während des Aufenthalts in
Betlehem kam für sie die Zeit der Entbindung.
Sie brachte einen Sohn zur Welt, ihren Erst-
geborenen, wickelte ihn in Windeln und legte
ihn in eine Futterkrippe im Stall. Eine andere
Unterkunft hatten sie nicht gefunden.
(Lukas 2,1–7)

Die Hirten und die Engel

In der Gegend dort hielten sich Hirten auf. Sie
waren in der Nacht auf dem Feld und be-
wachten ihre Herde. Da kam ein Engel des
Herrn zu ihnen, und die Herrlichkeit des Herrn
umstrahlte sie. Sie fürchteten sich sehr; aber
der Engel sagte: „Habt keine Angst! Ich bringe
euch eine gute Nachricht, über die sich ganz
Israel freuen wird. Heute wurde in der Stadt
Davids euer Retter geboren — Christus, der
Herr! Geht und seht selbst: Er liegt in Windeln
gewickelt in einer Futterkrippe — daran könnt
ihr ihn erkennen!"
Plötzlich stand neben dem Engel eine große
Schar anderer Engel, die priesen Gott und
riefen:
„Alle Ehre gehört Gott im Himmel! Sein Frieden kommt auf die Erde zu den Menschen, weil
er sie liebt!"
Als die Engel in den Himmel zurückgekehrt

waren, sagten die Hirten zueinander: „Kommt, wir gehen nach Betlehem und sehen uns an, was da geschehen ist und was Gott uns bekanntgemacht hat!" Sie brachen sofort auf, gingen hin und fanden Maria und Josef und das Kind in der Futterkrippe. Als sie es sahen, berichteten sie, was ihnen der Engel von dem Kind gesagt hatte. Alle, die dabei waren, staunten über das, was ihnen die Hirten erzählten. Maria aber bewahrte all das in ihrem Herzen und dachte immer wieder darüber nach. Die Hirten gingen zu ihren Herden zurück, priesen Gott und dankten ihm für das, was sie gehört und gesehen hatten. Es war alles so gewesen, wie der Engel es ihnen gesagt hatte. (Lukas 2,8—20)

Jesus erhält seinen Namen und wird in den Tempel gebracht

Nach acht Tagen war es Zeit, das Kind zu beschneiden. Es bekam den Namen Jesus — so wie es der Engel Gottes angeordnet hatte, noch ehe Maria das Kind empfing.

Vierzig Tage nach der Geburt war die Zeit der Unreinheit für Mutter und Kind vorüber, die im Gesetz Moses festgelegt ist. Da brachten die Eltern das Kind in den Tempel nach Jerusalem, um es Gott zu weihen. Denn im Gesetz heißt es: „Wenn das erste Kind, das eine Frau zur Welt bringt, ein Sohn ist, soll es Gott gehören." Zugleich brachten sie das vorgeschriebene Reinigungsopfer dar: ein Paar Turteltauben oder zwei junge Tauben. (Lukas 2,21—24)

Simeon und Hanna erkennen den Retter

Damals lebte in Jerusalem ein Mann namens Simeon. Er war fromm und hielt sich treu an Gottes Gesetz und wartete auf die Rettung Israels. Er war vom Geist Gottes erfüllt, und der hatte ihm die Gewißheit gegeben, er werde nicht sterben, bevor er den von Gott versprochenen Retter mit eigenen Augen gesehen habe. Simeon folgte einer Eingebung des heiligen Geistes und ging in den Tempel. Als die Eltern das Kind Jesus dorthin brachten und es Gott weihen wollten, wie es nach dem

Religiöse Vorschriften bei Geburt eines Kindes
Jeder männliche Angehörige des Volkes Israel mußte acht Tage nach der Geburt beschnitten werden (Entfernung der Vorhaut). Die Beschneidung, die auf Abraham zurückgeführt wurde, galt als Zeichen des Bundes, den Gott mit dem Volk geschlossen hatte. In neutestamentlicher Zeit wurde sie mit der Zeremonie der Namensgebung verbunden. Entsprechend der alttestamentlichen Bestimmung 3. Mose 12,2-4 galt eine Mutter noch 33 Tage nach der Beschneidung des Kindes als unrein. Dann mußte sie das Brand- und Sühnopfer als Reinigungsopfer darbringen. Lukas bezieht sich in seiner Schilderung noch auf eine weitere gesetzliche Bestimmung: Die Erstgeburt ist Eigentum Gottes und muß ausgelöst werden (vgl. 2. Mose 13,2-16 und 4. Mose 18,15f.). Dies war bei jedem im Lande wohnenden Priester möglich. Der Bericht des Lukas, daß Jesus als Kind in den Tempel gebracht wird, will die Zueignung an Gott zum Ausdruck bringen.

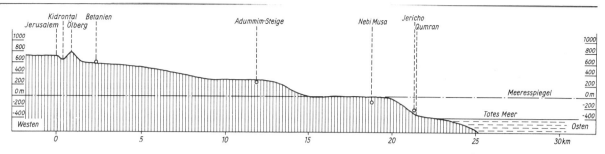

Die römische Steuererhebung

Die Anweisung der Römer, Steuerlisten anzulegen, hat nach Lukas 2,1 Josef und Maria nach Betlehem geführt. Außerbiblische Nachrichten bestätigen, daß Kaiser Augustus das Steuerwesen in den Provinzen seines Reiches neu geordnet hat. Ägyptische Quellen lassen neben der Steuerveranlagung eine „Einschreibung" erkennen. Sie diente der planmäßigen Erfassung der Steuerzahler und der Steuerobjekte. Jeder, der in seiner Gemeinde Grundbesitz hatte, mußte selbst erscheinen, um die notwendigen Erklärungen abzugeben. Ausdrücklich wurde gefordert, daß auch noch die Ehefrauen vor dem Steuerbeamten zu erscheinen hätten. Die Steuererfassung sollte im Abstand von 14 Jahren wiederholt werden.

Diese Steuerregelung wurde etwa seit dem Jahre 10 v. Chr. etappenweise in den verschiedenen Teilen des römischen Reiches eingeführt. Im Jahre 6 n. Chr. setzten die Römer den Vasallenfürsten Archelaus ab und unterstellten Judäa ihrer eigenen Verwaltung. Bei dieser Gelegenheit unterwarfen sie die Judäer einer Steuererfassung, die in die Amtszeit des römischen Legaten in Syrien, Quirinius, fällt. Es ist aber auch möglich, die Angaben des Lukas Evangeliums auf eine frühere Erfassung zu beziehen, die bereits im Jahre 8/7 v. Chr. begonnen wurde.

Abb. 6
Das Tote Meer nördlich von Qumran / Links mündet der Jordan in den Salzsee. Das Tote Meer ist etwa so groß wie der Genfer See. Es mißt in der Länge 85 km, die größte Breite beträgt knapp 16 km. Der Wasserspiegel liegt nahezu 400 m unter NN. Der See ist an seiner tiefsten Stelle 491 m tief.
Der Salzgehalt des Toten Meeres ist sechsmal größer als der der Ozeane. Stellenweise beträgt er 26%. Aus diesem Grunde ist jedes Leben in dem großen Binnensee erstorben.
Der arabische Name Bahr Lut bezieht sich auf Lot, von dem 1. Mose 19,23—29 berichtet wird. In der Bibel heißt das Tote Meer „Wüstenmeer", „Östliches Meer" (im Gegensatz zu dem westlich gelegenen Mittelmeer) oder „Salzmeer".

Karte 2
Jerusalem — Jericho — Qumran / Das Höhenprofil oben veranschaulicht den steilen Abfall des Gebirges von Jerusalem bis hinunter zum Toten Meer.

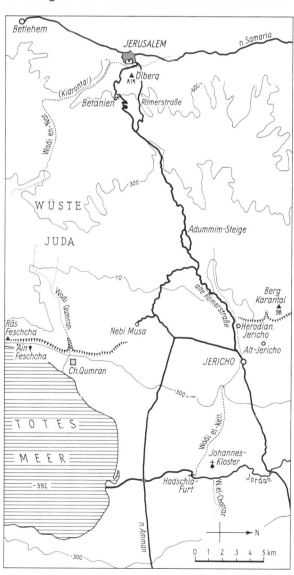

Gesetz üblich war, nahm Simeon das Kind auf die Arme, pries Gott und sagte:

„Herr, nun kann ich in Frieden sterben; denn du hast dein Versprechen eingelöst! Mit eigenen Augen habe ich es gesehen: Du hast dein rettendes Werk begonnen, und alle Welt wird es erfahren. Allen Völkern sendest du das Licht, und dein Volk Israel bringst du zu Ehren."
Die Eltern Jesu wunderten sich über das, was Simeon von dem Kind sagte. Simeon segnete sie und sagte zu der Mutter: „Dieses Kind ist von Gott dazu bestimmt, viele in Israel zu Fall zu bringen und viele aufzurichten. Es wird ein Zeichen Gottes sein, gegen das sich viele auflehnen und so ihre innersten Gedanken verraten werden. Dich aber wird der Kummer um dein Kind wie ein scharfes Schwert durchbohren."
In Jerusalem lebte auch eine Prophetin. Sie hieß Hanna. Sie war die Tochter Penuëls aus dem Stamm Ascher. Sie war schon sehr alt. Sieben Jahre war sie verheiratet gewesen, und seit vierundachtzig Jahren war sie Witwe. Sie verließ den Tempel nicht mehr und diente Gott Tag und Nacht mit Fasten und Beten. Auch sie kam jetzt hinzu und pries Gott. Sie sprach über das Kind zu allen, die auf die Rettung Jerusalems warteten. (Lukas 2,25—38)

Die Sterndeuter

Jesus wurde in der Stadt Betlehem in Judäa geboren, als König Herodes in Jerusalem regierte. Bald nach seiner Geburt kamen Sterndeuter aus dem Osten nach Jerusalem und fragten: „Wo finden wir das neugeborene Kind, den kommenden König der Juden? Wir haben seinen Stern aufgehen sehen und sind gekommen, um ihm zu huldigen."
Als König Herodes das hörte, geriet er in Aufregung, und mit ihm ganz Jerusalem. Er ließ alle führenden Priester und Gesetzeslehrer zu sich kommen und fragte sie: „Wo soll der versprochene König geboren werden?" Sie antworteten: „In der Stadt Betlehem in Judäa. Denn so hat der Prophet geschrieben: ‚Du Betlehem im Land Juda! Du bist keineswegs die unbedeutendste Stadt in Juda, denn aus dir wird der Mann kommen, der mein Volk Israel schützen und leiten soll.'"
Daraufhin rief Herodes die Sterndeuter heimlich zu sich und fragte sie aus, wann sie den Stern zum erstenmal gesehen hätten. Dann schickte er sie nach Betlehem und sagte: „Geht hin und erkundigt euch genau nach dem Kind, und wenn ihr es gefunden habt, gebt mir Nachricht! Dann will ich auch zu ihm gehen und ihm huldigen."
Nachdem sie diesen Bescheid erhalten hatten, machten sich die Männer auf den Weg. Der Stern, den sie schon bei seinem Aufgehen beobachtet hatten, ging ihnen voraus. Genau

über der Stelle, wo das Kind war, blieb er stehen. Als sie ihn dort sahen, kam eine große Freude über sie. Sie gingen in das Haus, fanden das Kind mit seiner Mutter Maria, warfen sich vor ihm nieder und huldigten ihm. Dann breiteten sie die Schätze aus, die sie ihm als Geschenk mitgebracht hatten: Gold, Weihrauch und Myrrhe. In einem Traum befahl ihnen Gott, nicht noch einmal zu Herodes zu gehen. So reisten sie auf einem anderen Weg in ihr Land zurück. (Matthäus 2,1–12)

Flucht nach Ägypten

In der folgenden Nacht hatte Josef einen Traum, darin erschien ihm ein Engel des Herrn und sagte: „Steh auf, nimm das Kind und seine Mutter und flieh nach Ägypten! Bleib dort, bis ich dir sage, daß du zurückkommen kannst. Herodes wird nämlich alles daransetzen, das Kind zu töten." Da brach Josef mit dem Kind und seiner Mutter mitten in der Nacht nach Ägypten auf. Dort lebten sie bis zum Tod von Herodes. So traf ein, was Gott durch den Propheten vorausgesagt hatte: „Aus Ägypten habe ich meinen Sohn gerufen."
(Matthäus 2,13–15)

Der Kindermord in Betlehem

Als Herodes merkte, daß die Sterndeuter ihn hintergangen hatten, wurde er sehr zornig. Er befahl, in Betlehem und Umgebung alle kleinen Jungen bis zu zwei Jahren zu töten. Das

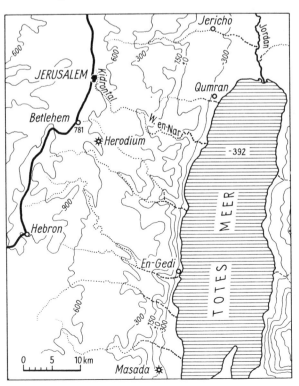

entsprach der Zeitspanne, die er aus den Angaben der Sterndeuter entnommen hatte. So traf ein, was der Prophet Jeremia vorausgesagt hatte: „In Rama hört man Klagerufe und bitteres Weinen: Rahel weint um ihre Kinder und will sich nicht trösten lassen; man hat sie ihr alle weggenommen." (Matthäus 2,16–18)

Rückkehr aus Ägypten, Übersiedlung nach Nazaret

Als Herodes gestorben war, hatte Josef in Ägypten einen Traum, darin erschien ihm ein Engel des Herrn und sagte: „Steh auf, nimm das Kind und seine Mutter und kehre in das Land Israel zurück; denn alle, die das Kind umbringen wollten, sind gestorben." Da stand Josef auf, nahm das Kind und seine Mutter und kehrte nach Israel zurück.
Als Josef aber erfuhr, daß Archelaus als Nachfolger seines Vaters Herodes in Judäa regierte, wagte er nicht, dorthin zu ziehen. In einem Traum erhielt er neue Weisungen und ging daraufhin nach Galiläa. Dort ließ er sich in der Stadt Nazaret nieder. So traf die Voraussage der Propheten über Jesus ein, man werde ihn Nazarener nennen. (Matthäus 2,19–23)

Der Stern
Angeregt durch Berechnungen des berühmten Astronomen Johannes Kepler, bezieht man häufig den Stern von Matthäus 2,2 auf die sogenannte „große Konjunktion" der Planeten Jupiter und Saturn im Jahre 7 v. Chr. Eine 1925 entzifferte, nahezu 2 000 Jahre alte Keilschrifttafel von der Sternwarte Sippar am Euphrat beweist, daß die dreifache Begegnung der beiden Wandelsterne im Sternbild der Fische die Aufmerksamkeit der babylonischen Astrologen in der Tat im höchsten Maße erregt hatte.
Aber auch eine besonders auffällige Begegnung zwischen den Planeten Jupiter, Venus und dem Fixstern Regulus im Sternbild des Löwen in den Jahren 3 und 2 v. Chr. könnte als astronomische Erscheinung hinter dem „Stern von Betlehem" stehen.

Abb. 7
Kaiser Augustus / Nachdem der Großneffe und Erbe Caesars, C. Julius Caesar Octavianus (geboren 63 v. Chr.), im Kampf um die Alleinherrschaft im Römischen Reich alle Mitbewerber besiegt hatte, wurde ihm vom Senat in Rom der Titel „Augustus" (= „der Erhabene") verliehen. Unter seiner Regierung gelangte das Römische Reich auf den Gipfelpunkt seiner Macht. Nach Jahrzehnten des Bürgerkrieges herrschte im Inneren Frieden, äußere Feinde stellten keine Gefahr mehr dar. Künste und Wissenschaften blühten. Das Augustäische Zeitalter wurde vielfach mit religiöser Inbrunst gefeiert. Besonders in den östlichen Provinzen des Reiches gewann ein ausgesprochener Kaiserkult an Bedeutung. Augustus galt als „Gott" und „Erlöser", seine Geburt bedeutete ein „Evangelium". Das Evangelium von dem armen Kind in Betlehem, das wahrhaft Gott und Erlöser der Menschheit war, stand im starken Gegensatz zu der religiösen Kaiserverehrung.
Augustus starb am 19. 8. 17 n. Chr.; sein Sterbemonat trägt bis heute den Namen „August".

Karte 3
Jerusalem und Betlehem

Das Lukas 3,1 genannte 15. Regierungsjahr des Kaisers Tiberius ist das Jahr 28/29 oder 27/28 n. Chr., je nachdem, ob man die Zeit vom Regierungsantritt im August bis zum damaligen Neujahr (am 30. September) mitrechnet oder nicht.

Zu den politischen Verhältnissen in Palästina vgl. die Karte 6 auf S. 29. Die Herrscher, die Lukas aufführt, sind auch aus außerbiblischen Quellen gut bekannt:

Pontius Pilatus verwaltete als römischer Prokurator von 26—36 n. Chr. Judäa, Samaria und Idumäa, das Gebiet des im Jahre 6 n. Chr. abgesetzten Archelaus.

Herodes Antipas regierte von 4 v. Chr. bis 39 n. Chr. über Galiläa und das Ostjordanland.

Philippus herrschte von 4 v. Chr. bis 34 n. Chr. im Nordosten des ehemaligen herodianischen Reiches.

Lysanias wird als Herrscher über Abilene auch von dem nichtchristlichen antiken Schriftsteller Josephus genannt.

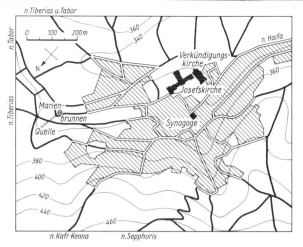

Der zwölfjährige Jesus im Tempel

Die Eltern Jesu gingen jedes Jahr zum Passafest nach Jerusalem. Als Jesus zwölf Jahre alt war, nahmen sie ihn zum erstenmal mit. Nach den Feiertagen machten sie sich wieder auf den Heimweg; aber Jesus blieb ohne Wissen seiner Eltern in Jerusalem. Sie dachten, er sei irgendwo unter den Pilgern. Sie gingen den ganzen Tag und suchten ihn dann abends unter ihren Verwandten und Bekannten. Als sie ihn nicht fanden, kehrten sie nach Jerusalem zurück und suchten ihn dort. Am dritten Tag endlich entdeckten sie ihn im Tempel. Er saß bei den Gesetzeslehrern, hörte ihnen zu und diskutierte mit ihnen. Alle, die dabei waren, staunten über sein Verständnis und seine Antworten.

Seine Eltern waren ganz außer sich, als sie ihn hier fanden. Die Mutter sagte zu ihm: „Kind, warum machst du uns solchen Kummer? Dein Vater und ich haben dich ganz verzweifelt gesucht." Jesus antwortete: „Warum habt ihr mich denn gesucht? Habt ihr nicht gewußt, daß ich im Haus meines Vaters sein muß?" Aber sie verstanden nicht, was er damit meinte.

Jesus kehrte mit seinen Eltern nach Nazaret zurück und gehorchte ihnen willig. Seine Mutter bewahrte das alles in ihrem Herzen. Jesus nahm weiter zu an Jahren wie an Verständnis, und Gott und die Menschen hatten ihre Freude an ihm. (Lukas 2,41—52)

Johannes der Täufer tritt am Jordan auf

Es war im fünfzehnten Regierungsjahr des Kaisers Tiberius. Pontius Pilatus war Prokurator von Judäa, Herodes regierte in Galiläa, sein Bruder Philippus in Ituräa und Trachonitis, Lysanias regierte in Abilene. Die Obersten Priester waren Hannas und Kajaphas.

Johannes, der Sohn von Zacharias, hielt sich noch in der Wüste auf. Dort erreichte ihn der Ruf Gottes. Er machte sich auf, durchzog die

Karte 4
Lageskizze der heutigen Stadt en-Nasira (Nazaret) / Die Blickrichtung ist dieselbe wie auf Abb. 16.

Abb. 8
Betlehem, eine der Grotten auf dem Hirtenfeld / Die Höhlen und Grotten auf den Weideplätzen östlich des alten Betlehem dienten den Hirten während der Regenzeit als Unterkunft und Stall. Der Überlieferung nach hat Josef mit seiner schwangeren Frau eine dieser Höhlen aufgesucht, als er in der überfüllten Karawanserei des Ortes keinen Platz mehr fand. Unter den Voraussetzungen des orientalischen Volkslebens der damaligen Zeit bot diese Tatsache keinen Grund für sentimental gestimmtes Mitleid.

ganze Gegend am Jordan und verkündete: „Laßt euch taufen und fangt ein neues Leben an, dann wird Gott euch eure Schuld vergeben!" Schon im Buch des Propheten Jesaja steht: „In der Wüste ruft einer: ‚Macht den Weg bereit, auf dem der Herr kommt! Baut ihm eine gute Straße: Füllt alle Täler auf, ebnet Berge und Hügel ein, beseitigt die Windungen und räumt die Hindernisse aus dem Weg. Dann werden alle Menschen sehen, wie Gott die Rettung bringt.'" (Lukas 3,1—6)

Die Botschaft des Täufers

Die Menschen kamen in Scharen zu Johannes, um sich von ihm taufen zu lassen. Er hielt ihnen vor: „Ihr Schlangenbrut, wer hat euch gesagt, daß ihr dem bevorstehenden Gericht Gottes entgeht? Zeigt durch eure Taten, daß ihr euch ändern wollt! Ihr bildet euch ein, daß euch nichts geschehen kann, weil Abraham euer Stammvater ist. Ich sage euch: Gott kann aus diesen Steinen hier Nachkommen Abrahams machen! Die Axt ist schon angelegt, um die Bäume an der Wurzel abzuschlagen. Jeder Baum, der keine guten Früchte bringt, wird umgehauen und ins Feuer geworfen."
Die Menschen fragten Johannes: „Was sollen wir denn tun?" Seine Antwort war: „Wer zwei Hemden hat, soll dem eins geben, der keines hat. Und wer etwas zu essen hat, soll es mit dem teilen, der hungert." Auch Zolleinnehmer kamen und wollten sich taufen lassen. Sie

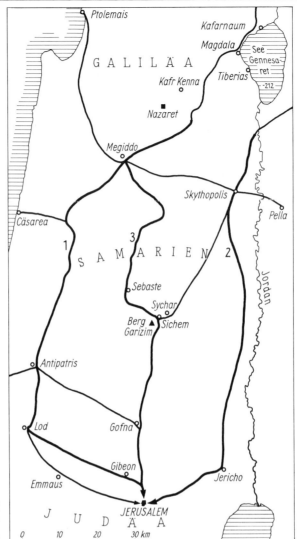

Karte 5
Pilgerwege nach Jerusalem / Die Stadt Nazaret, nach der Jesus von seinen Zeitgenossen „Jesus von Nazaret" genannt wurde, liegt etwa 135 km nördlich von Jerusalem in Untergaliläa. Sie ist die eigentliche Heimatstadt Jesu.
Nach dem Tode des Herodes des Großen gehörte sie zum Machtbereich des Herodes Antipas, der in den Evangelien lediglich mit dem Namen Herodes erscheint. Er durfte sich (wie seine Brüder) nicht König nennen, sondern mußte sich mit dem Titel Tetrarch = Viertelfürst begnügen.
Als gesetzestreue Juden zogen Jesu Eltern anläßlich der großen Feste nach Jerusalem. Die üblichen Pilgerwege, die von Galiläa nach Jerusalem führten, sind auf der Karte eingezeichnet. Der kürzeste — und wohl auch der gebräuchlichste — Weg führte mitten durch Samarien. Er nahm etwa drei Tage in Anspruch. Nachteilig war jedoch, daß die Samariter den Juden unfreundlich gegenüberstanden.

Abb. 9
Das Hirtenfeld bei Betlehem / Hier entstehen immer mehr neue Häuser.

König Herodes der Große
Der Nicht-Jude Herodes regierte in
Palästina bis 4 v. Chr. Seine Herrschaft
erstreckte sich ungefähr über das
Gebiet des alten Davidreiches. Rechtlich
gesehen galt er als ein den Römern
verbündeter König, der die Grenzen des
Gesamtreiches in seinem Land mit
eigenen Truppen verteidigen mußte. In
der Innenpolitik war er weitgehend
selbständig.
Herodes, der mit despotischer Härte
regierte, öffnete sich der im Römischen
Reich verbreiteten hellenistischen
Kultur. Als Hellenismus bezeichnet man
die Übernahme und Pflege griechischer
Sprache und Kultur durch Nichtgrie-
chen. Dies geschah im Mittelmeerraum
und im Vorderen Orient in den letzten
drei Jahrhunderten vor Christi Geburt
in großem Umfang. König Herodes,
dessen hellenistisch geprägter Lebens-
und Regierungsstil den frommen Juden
als heidnische Verirrung erscheinen
mußte, respektierte jedoch auch die
jüdischen Überlieferungen. Neben
hellenistischen Städtegründungen
veranlaßte er den Neuaufbau des
Jerusalemer Tempels, der zu einem der
glänzendsten Bauwerke seiner Zeit
wurde.
Nach seinem Tode im Jahre 4 v. Chr.
wurde das herodianische Reich unter
die Söhne Archelaus, Herodes Antipas
und Philippus aufgeteilt. Im Jahre
6 n. Chr. setzten die Römer Archelaus
ab und verbannten ihn. Von da an
verwalteten sie das Kerngebiet Palästinas (Judäa und Samaria, sowie
Idumäa) direkt. Ein Prokurator vertrat
ihre Interessen.

Abb. 10
Betlehem / Der Ort liegt 7 km südlich
von Jerusalem im judäischen Hochland,
am Rande der Wüste. Die Stadt zählt
heute etwa 15 000 Einwohner, die sich
zum überwiegenden Teil zum Christentum bekennen. Am Ende der Straße
befindet sich der gedrungene Bau der
Geburtskirche.

fragten Johannes: „Und was sollen wir tun?"
Zu ihnen sagte er: „Verlangt nicht mehr, als
festgesetzt ist!" Zu den Soldaten, die mit der
gleichen Frage kamen, sagte er: „Beraubt und
erpreßt niemand, sondern gebt euch mit
eurem Sold zufrieden!"
Die Leute waren voll Erwartung und fragten

sich, ob Johannes vielleicht der versprochene
Retter sei. Da erklärte er allen: „Ich taufe euch
nur mit Wasser. Es kommt aber der, der viel
mächtiger ist als ich. Ich bin nicht gut genug,
ihm die Schuhe aufzubinden. Er wird euch mit
heiligem Geist taufen und mit dem Feuer des
Gerichts! Er hat die Worfschaufel in seiner

Abb. 11
Die Geburtskirche in Betlehem / Im
Jahre 326 ließ Kaiser Konstantin über
der sogenannten Geburtsgrotte eine
Kirche errichten. Zweihundert Jahre
später wurde das in einem Aufstand
schwer beschädigte Gotteshaus neu
erbaut. Die Substanz dieser beiden
Bauepochen ist bis heute erhalten.
Die Geburtsgrotte wurde in den Kir-
chenbau als Krypta einbezogen. Sie ist
etwa 12 m lang und 3 m breit. Der
gewachsene Fels ist mit Marmor verkleidet.
Der Geburtsgrotte gegenüber befindet
sich ein kleiner Raum, in dem ein aus
dem Felsen gehauener Futtertrog zu
sehen ist — die „Krippe".

Abb. 12
Die Festung Masada am Toten Meer /
Auf dem Felsplateau Masada am Toten
Meer ließ Herodes der Große Paläste
und Festungsbauten errichten. Die
heute noch vorhandenen Ruinen sind
ein Beispiel für die von Herodes im
ganzen Land angeregte Bautätigkeit.
Doch auch außerhalb seines eigentlichen Machtbereichs ließ Herodes
prächtige Bauten errichten: Tempel,
Gymnasien, Bäder, Kanalisationsanla-
gen, Theater und Märkte. Besonders
die Städte an der syrisch-phönizischen
Küste des Mittelmeeres bedachte er
reichlich.
Fast acht Jahrzehnte nach dem Tod des
Herodes, im Jahre 73 n. Chr., verteidigten aufständische Zeloten am Ende des
römisch-jüdischen Krieges die schwer
zugängliche Festung Masada. Jerusalem war schon vorher erobert und
zerstört worden (vgl. S. 95). Die 10. römische Legion unter Silva schloß den
Festungsberg von Masada durch eine
rund 3500 m lange Mauer ein und ließ
durch jüdische Kriegsgefangene eine
Erdrampe aufschütten. An der höchsten
Stelle der Erdaufschüttung wurden ein
Belagerungsturm und ein Rammbock
aufgestellt. Mit Katapulten schossen die
Römer Steine in die Festung.
Unter den Stößen des Rammbocks
stürzte die Mauer ein; ein Behelfsboll-
werk der Verteidiger aus Balken und
Erde ließ Silva in Brand setzen.
Bevor die Römer die Festung stürmten,
gaben sich die Verteidiger mitsamt
ihren Angehörigen (insgesamt etwa
1000 Menschen) selbst den Tod.

Hand, um die Spreu vom Weizen zu scheiden und den Weizen in seine Scheune zu bringen. Die Spreu aber wird er in einem Feuer verbrennen, das nie mehr ausgeht."
Mit diesen und vielen anderen Worten rüttelte Johannes das Volk auf und verkündete ihm seine Botschaft. Er tadelte auch den Fürsten Herodes, weil er Herodias, die Frau seines Bruders, geheiratet und auch sonst viel Unrecht getan hatte. Deswegen ließ Herodes ihn ins Gefängnis werfen und lud sich zu allem anderen auch noch diese Schuld auf.
(Lukas 3,7—20)

Jesus läßt sich taufen

Um diese Zeit kam Jesus von Galiläa her an den Jordan, um sich von Johannes taufen zu lassen. Johannes versuchte, ihn davon abzubringen und sagte: „Ich müßte von dir getauft

werden, und du kommst zu mir?" Aber Jesus antwortete: „Sträub dich nicht: Das ist es, was wir jetzt zu tun haben, damit alles geschieht, was Gott verlangt." Da gab Johannes nach. Sobald Jesus getauft war, stieg er aus dem Wasser. Da öffnete sich der Himmel, und er sah den Geist Gottes wie eine Taube auf sich herabkommen. Und eine Stimme aus dem Himmel sagte: „Dies ist mein Sohn, ihm gilt meine Liebe, ihn habe ich erwählt."
(Matthäus, 3,13—17)

Jesus wird auf die Probe gestellt

Danach führte der Geist Gottes Jesus in die Wüste, wo er vom Teufel auf die Probe gestellt werden sollte. Nachdem er vierzig Tage und Nächte nichts gegessen hatte, war er sehr hungrig. Da trat der Versucher an ihn heran und sagte: „Wenn du Gottes Sohn bist, dann befiehl doch, daß die Steine hier zu Brot werden." Jesus antwortete: „In den heiligen Schriften steht: ,Es muß nicht Brot sein, wovon der Mensch lebt; er kann von jedem Wort leben, das Gott spricht.'"
Darauf führte der Teufel ihn in die heilige Stadt Jerusalem, stellte ihn hoch oben auf den Tempel und sagte: „Wenn du wirklich Gottes Sohn bist, dann spring doch hinunter; denn in den heiligen Schriften steht: ,Gott wird seinen Engeln befehlen, dich auf Händen zu tragen, damit du dich an keinem Stein stößt.'" Jesus antwortete: „Aber in den heiligen Schriften heißt es auch: ,Du sollst den Herrn, deinen Gott, nicht herausfordern.'"
Zuletzt führte der Teufel Jesus auf einen sehr hohen Berg, zeigte ihm alle Reiche der Welt in ihrer Größe und Schönheit und sagte: „Dies alles will ich dir geben, wenn du dich vor mir niederwirfst und mich anbetest." Aber Jesus antwortete: „Weg mit dir, Satan! In den heiligen Schriften heißt es: ,Vor dem Herrn, deinem Gott, wirf dich nieder, ihn sollst du anbeten und niemand sonst.'"
Da ließ der Teufel von Jesus ab, und Engel kamen und versorgten ihn.
(Matthäus 4,1—11)

Jesus beginnt sein Wirken in Galiläa

Als Jesus hörte, daß man Johannes ins Gefängnis geworfen hatte, zog er sich nach Galiläa zurück. Er blieb aber nicht in Nazaret, sondern nahm seinen Wohnsitz in Kafarnaum, einer Stadt am See Gennesaret, im Gebiet der Stämme Sebulon und Naftali. Das geschah, damit die Voraussage des Propheten Jesaja in Erfüllung ging: „Du Land von Sebulon und Naftali, am See gelegen und jenseits des

Abb. 13
Die Verkündigungsbasilika in Nazaret / Nazaret zählt heute etwa 33000 Einwohner. Zur Zeit Jesu war die Stadt ein unbedeutender Ort abseits der Verkehrswege. Die Bemerkung des Natanaël im Johannes-Evangelium (1,46): „Kann aus Nazaret etwas Gutes kommen", dürfte die zeitgenössische Meinung über die Heimat Jesu zutreffend wiedergeben.
Die Verkündigungsbasilika erhielt ihre jetzige Gestalt in den Jahren 1960 bis 1969. Sie bezieht die Überreste früherer Kirchen in sich ein. Der Tradition nach soll sie sich über der Wohnstätte der Maria erheben; eine Felsenhöhle gilt als „Grotte der Verkündigung".
Ausgrabungen in den 50er Jahren haben ergeben, daß der Bereich der Basilika vor 2000 Jahren tatsächlich bewohnt war. Man fand Felsengrotten mit Getreidesilos, Weinpressen und Zisternen, dazu Handmühlen, Keramikreste und Gläser. „Noch heute finden sich in Nazaret Wohnungen, die aus zwei Teilen bestehen: einem kleinen, an den Felshang gebauten Häuschen mit einem flachen Dach und dahinter eine in den Felsen gehauene Grotte."
(Kroll)

Jordans, Galiläa der gottfernen Völker! Das Volk, das im Dunkeln lebt, sieht ein großes Licht. Und für alle, die im finsteren Land des Todes wohnen, leuchtet ein Licht auf!" Von da an verkündete Jesus seine Botschaft: „Ändert euer Leben! Gott will jetzt seine Herrschaft aufrichten und sein Werk vollenden!" (Matthäus 4,12—17)

Jesus beruft vier Fischer zu Jüngern

Als Jesus am See von Galiläa entlangging, sah er zwei Brüder, die von Beruf Fischer waren, Simon, der auch Petrus genannt wird, und Andreas. Sie warfen gerade ihr Netz aus. Jesus sagte zu ihnen: „Geht mit mir! Ich mache euch zu Menschenfischern." Sofort ließen sie ihre Netze liegen und folgten ihm.
Als Jesus von dort weiterging, sah er zwei andere Brüder, Jakobus und Johannes. Sie waren mit ihrem Vater Zebedäus im Boot und

Abb. 14
Der Marienbrunnen in Nazaret / Der Brunnen, der vor über 1 000 Jahren an der Straße nach Tiberias angelegt wurde, erhält sein Wasser aus einer Quelle am östlichen Rand des Ortes. Die Quelle, die den Namen der Maria trägt, trat früher etwa 150m von dem jetzigen Brunnen entfernt zutage. Da sie die einzige Wasserstelle für Nazaret darstellte, hat Maria mit Sicherheit aus ihr geschöpft.

Abb. 15
Der Innenraum der Verkündigungs-basilika

setzten die Netze instand. Jesus forderte sie auf, ihm zu folgen; und sofort verließen sie das Boot und ihren Vater und gingen mit ihm. (Matthäus 4,18—22)

Jesus lehrt und heilt

Jesus zog durch ganz Galiläa. Er sprach in den Synagogen und verkündete die Gute Nachricht, daß Gott jetzt seine Herrschaft aufrichten und sein Werk vollenden werde. Er heilte alle Krankheiten und Leiden im Volk. Bald sprach man sogar im benachbarten Syrien von ihm. Man brachte Menschen zu ihm, die an den verschiedensten Krankheiten litten, darunter auch Besessene, Epileptiker und Gelähmte, und er machte sie gesund. Große Menschenmengen aus Galiläa, aus dem Gebiet der Zehn Städte, aus Jerusalem, Judäa und von der anderen Seite des Jordans zogen mit ihm. (Matthäus 4,23—25)

Die Bergpredigt
Matthäus 5—7

Als Jesus die Menschenmenge sah, stieg er auf einen Berg und setzte sich. Seine Jünger traten zu ihm. Dann verkündete er ihnen, was Gott von seinem Volk erwartet.

Wer sich freuen darf ...

Er begann: „Freuen dürfen sich alle, die nur noch von Gott etwas erwarten und nichts von sich selbst, denn sie werden mit ihm in der neuen Welt leben.
Freuen dürfen sich alle, die unter der Not der Welt leiden; denn Gott wird ihnen ihre Last abnehmen.
Freuen dürfen sich alle, die keine Gewalt anwenden; denn Gott wird ihnen die Erde zum Besitz geben.
Freuen dürfen sich alle, die brennend darauf warten, daß Gottes Wille geschieht; denn Gott wird ihre Sehnsucht stillen.
Freuen dürfen sich alle, die barmherzig sind; denn Gott wird auch mit ihnen barmherzig sein.
Freuen dürfen sich alle, die ein reines Herz haben; denn sie werden Gott sehen.
Freuen dürfen sich alle, die Frieden schaffen; denn sie werden Gottes Kinder sein.
Freuen dürfen sich alle, die verfolgt werden, weil sie tun, was Gott verlangt; denn sie werden mit ihm in der neuen Welt leben.
Freuen dürft ihr euch, wenn man euch beschimpft und verfolgt und euch zu Unrecht alles Schlechte nachsagt, weil ihr zu mir gehört. Freut euch und jubelt, denn Gott wird euch

Abb. 16
Blick über Nazaret / Diese ältere Archivaufnahme zeigt (mit Blick nach Südosten) die Einbettung Nazarets in die Landschaft. Im Tal die Stadt, die durch das große Gebäude des Franziskaner-Klosters beherrscht wird. Der Turm etwa in der Mitte des Bildes gehört zu der Josefskirche. Rechts an das Kloster schließt sich der halbhohe Bau der alten Verkündigungskirche an, die inzwischen durch den Kegel der neuen Basilika gekrönt wird.
Im Hintergrund liegt die Ebene Jesreël. Der Höhenzug ist der 515 m hohe Dschebel ed-Dahi, der sogenannte „Kleine Hermon". Im Dunst verschwimmend ist das Gebirge Gilboa zu erkennen.

Die Synagoge

Die Synagoge diente in den jüdischen Gemeinden dem Gebets- und Lesegottesdienst. Diese Art des Gottesdienstes, in dem nicht wie im Tempel von Jerusalem der Opferkult im Mittelpunkt stand, ergab sich durch die Zerstörung des salomonischen Tempels im Jahre 587 v. Chr. und durch die Verschleppung von größeren Teilen der jüdischen Bevölkerung ins ferne Babylon. Die Synagogenversammlung wurde jedoch auch nach der Wiedererrichtung des Jerusalemer Tempels beibehalten. Besonders unter den Juden, die außerhalb Palästinas in der „Zerstreuung" (Diaspora) lebten, und in abgelegenen Gebieten wie Galiläa spielte sie für das religiöse Leben eine wichtige Rolle.

Im Mittelpunkt des Synagogengottesdienstes stand die Verlesung eines Abschnittes aus dem Gesetz (Mosebücher) und eines entsprechenden Abschnittes aus den prophetischen Büchern. Im Anschluß daran wurde ein Gemeindeglied oder auch ein Fremder um eine erbauende Rede gebeten. Jesus und seine Jünger nutzten das Rederecht, das jedem erwachsenen Juden in der Synagoge zustand, um das Evangelium zu verkündigen.

Abb. 17
In der Altstadt von Nazaret

26

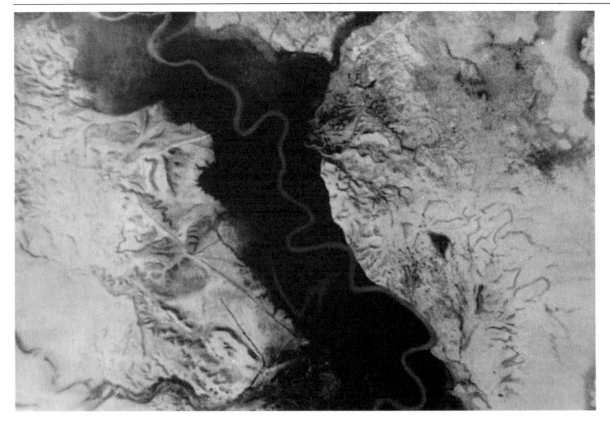

Abb. 18
Die Taufstelle / Das Luftbild aus dem Jahre 1917, dessen oberer Rand nach Norden weist, bildet den Jordan in dem Gebiet ab, in dem die Taufstelle Johannes des Täufers vermutet wird. Dieses Gebiet liegt etwa 9 km südöstlich von Jericho und 6 km oberhalb der Einmündung des Jordans ins Tote Meer (vgl. Karte 2).

Unterhalb der Bildmitte sind Teile eines älteren Flußbettes sichtbar, das durch Einsturz einer Mergelwand verlegt worden ist. Am oberen Bildrand ist der Einfluß des Wadi el-Charrar erkennbar. Nach einer älteren Tradition befand sich dort — von Jerusalem aus gesehen jenseits des Flusses — die Taufstelle (Johannes 1,28). Später lokalisierte man die Stelle, an der Jesus von Johannes getauft wurde, an der sogenannten Hadschla-Furt, nahe dem Einfluß des Wadi el-Kelt (am unteren Bildrand). Diese Furt ist allerdings zur Zeit nicht mehr passierbar.

Zu beiden Tauforten führen Wege, die sich am Johanneskloster (auf der linken Höhe erkennbar) treffen. Der Hauptweg von Jericho her führt allerdings südlich des Wadi el-Kelt in die Jordansenke hinab.

Abb. 19
Fischerboot auf dem Jordan

Abb. 20
Der Jordan / Der Fluß, dessen Quell-
flüsse im schneebedeckten Hermon-
gebiet entspringen, speist den Hule-
See, den See Gennesaret (Bahr Ta-
barije) und das Tote Meer (Bahr Lut).
Karte 1 auf Seite 6 zeigt ihn in seiner
ganzen Länge. Im Oberlauf weist der
Fluß ein starkes Gefälle auf. Zwischen
Hule-See und dem See Gennesaret fällt
er auf einer Strecke von 17 km um
210 m.
Zwischen dem See Gennesaret und
dem Toten Meer verläuft der Fluß auf
einer Strecke von 110 km in der 7—16 km
breiten Jordansenke. Dieses Tal gliedert
sich in die eigentliche Flußniederung,
die, wie unser Bild zeigt, mit Bäumen
und Büschen bewachsen ist und als
ez-zor = „das Dickicht" bezeichnet wird,
und in eine Übergangszone, die el-ketar
= „die Buckel" heißt. Charakteristisch
sind die vielen Windungen, die den
Flußlauf auf das Dreifache verlängern.

reich belohnen. So hat man die Propheten vor euch auch schon behandelt."
(Matthäus 5,1—12)

Salz und Licht für die Welt

„Was das Salz für die Nahrung ist, das seid ihr für die Welt. Wenn aber das Salz seine Kraft verliert, wie soll es sie wiederbekommen? Man kann es zu nichts mehr gebrauchen. Darum wirft man es weg, und die Menschen zertreten es.
Ihr seid das Licht für die Welt. Eine Stadt, die auf einem Berg liegt, kann nicht verborgen bleiben. Auch brennt keiner eine Lampe an, um sie dann unter eine Schüssel zu stellen. Im Gegenteil, man stellt sie auf einen erhöhten Platz, damit sie allen im Haus leuchtet. Genauso muß auch euer Licht vor den Menschen leuchten: sie sollen eure guten Taten sehen und euren Vater im Himmel preisen."
(Matthäus 5,13—16)

Jesus und das Gesetz

„Denkt nicht, ich sei gekommen, um das Gesetz Moses und die Weisungen der Propheten außer Kraft zu setzen. Ich bin nicht gekommen,

Abb. 21
Der Berg Karantal bei Jericho / Mit
gutem Grund haben die Evangelisten
ihre Erzählung von der Teufelsprobe,
die Jesus bestehen mußte, nicht mit
einem bestimmten Ort verbunden. Erst
später erblickten Palästina-Pilger in
diesem Berg nordwestlich von Jericho
den „Berg der Versuchung". Die Höhlen
am Hang wurden von christlichen
Eremiten bewohnt. Links auf halber
Höhe ein griechisches Kloster. Auf dem
Gipfel befinden sich die Reste einer nie
vollendeten Kirche.

Abb. 22
Einsiedler-Behausungen am Versu-
chungsberg / In diesen Höhlen und
Grotten, die sich am Hang des Berges
Karantal befinden, wohnten früher
christliche Eremiten.

um sie außer Kraft zu setzen, sondern um ihnen volle Geltung zu verschaffen. Ich versichere euch: solange Himmel und Erde bestehen, bleibt auch der letzte i-Punkt im Gesetz stehen. Das ganze Gesetz muß erfüllt werden. Wer also ein noch so unbedeutendes Gebot übertritt und auch andere dazu verleitet, der wird in der neuen Welt Gottes der Geringste von allen sein. Wer es aber befolgt und andere zum Gehorsam anhält, der wird bei denen, die in der neuen Welt Gottes leben werden, hochgeachtet sein. Deshalb sage ich euch: Ihr werdet niemals in die neue Welt Gottes kommen, wenn ihr seinen Willen nicht besser erfüllt als die Gesetzeslehrer und Pharisäer.''
(Matthäus 5,17—20)

Vom Mord

,,Ihr wißt, daß unseren Vorfahren gesagt worden ist: ,Morde nicht! Wer einen Mord begeht, soll vor Gericht gestellt werden.' Ich aber sage euch: Schon wer auf seinen Bruder zornig ist, gehört vor Gericht. Wer aber zu seinem Bruder sagt: ,Du Idiot', der gehört vor das oberste Gericht. Und wer zu seinem Bruder sagt: ,Geh zum Teufel', der verdient, ins Feuer der Hölle geworfen zu werden.
Wenn du zum Altar gehst, um Gott deine Gaben zu bringen, fällt dir dort vielleicht ein, daß dein Bruder etwas gegen dich hat. Dann laß deine Gabe vor dem Altar liegen, geh zuerst zu deinem Bruder und söhne dich mit ihm aus. Danach kannst du Gott deine Opfer darbringen.
Suche dich mit deinem Gläubiger gütlich zu einigen, solange du noch mit ihm auf dem Weg zum Gericht bist. Sonst wird er dich dem Richter ausliefern, und der wird dich dem Gerichtsdiener übergeben, damit er dich ins Gefängnis steckt. Ich sage dir: dort kommst du erst wieder heraus, wenn du deine Schuld bis auf den letzten Pfennig bezahlt hast.''
(Matthäus 5,21—26)

Vom Ehebruch

,,Ihr wißt auch, daß es heißt: ,Zerstöre keine Ehe!' Ich aber sage euch: Wer die Frau eines anderen auch nur ansieht und sie haben will, hat in Gedanken schon ihre Ehe zerstört. Wenn dich dein rechtes Auge verführen will, dann reiß es aus und wirf es weg! Es ist besser für dich, du verlierst ein Glied deines Körpers, als daß du ganz in die Hölle geworfen wirst. Und wenn dich deine rechte Hand verführen will, dann hau sie ab und wirf sie weg! Es ist besser für dich, du verlierst ein Glied deines Körpers, als daß du ganz in die Hölle kommst.''
(Matthäus 5,27—30)

Von der Ehescheidung

,,Bisher hieß es: ,Wer sich von seiner Frau trennen will, muß ihr eine Scheidungsurkunde ausstellen.' Ich aber sage euch: Wer sich von seiner Frau trennt, außer er hat mit ihr in einer vom Gesetz verbotenen Verbindung gelebt,

Karte 6
Palästina zur Zeit Jesu / Politische Gliederung im Jahre 28/29

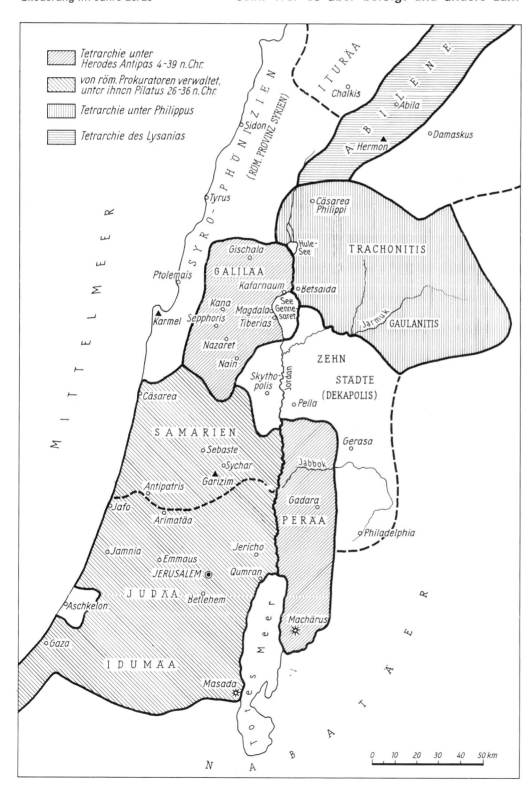

Tetrarchie unter Herodes Antipas 4-39 n.Chr.

von röm. Prokuratoren verwaltet, unter ihnen Pilatus 26-36 n.Chr.

Tetrarchie unter Philippus

Tetrarchie des Lysanias

Abb. 23
Die Tempelmauer in Jerusalem / Das
Tempelgelände liegt an der Südostecke,
die unser Bild (mit Blick auf die Süd-
mauer) zeigt, 43 m über dem Felsen-
grund. Insgesamt 35 Steinlagen der
Mauer ermöglichten diese beträchtliche
Aufschüttung. Hierin erblickt man
gemeinhin „die höchste Stelle" des
Tempels, die in der Erzählung von Jesu
Versuchung genannt wird.
Von den 35 Lagen sind 16 sichtbar, 19
werden von Schutt und Geröll bedeckt.
Bei Ausgrabungen fand man am Fundament einen Tonkrug, der wahrscheinlich bei der Mauergründung hier ver-
senkt wurde. Er enthielt jedoch — entgegen den Erwartungen — keinerlei
schriftliche Nachrichten.
Einer der Steinquadern in der Mauer —
in der 9. sichtbaren Steinlage — wird in
Jerusalem als der „Eckstein" gezeigt,
auf den Jesus bei einem Streitgespräch
unter Zitierung von Psalm 118
(Vers 22f.) angespielt habe: „Der Stein,
den die Bauleute verworfen haben, ist
zum Eckstein geworden. Das ist vom
Herrn geschehen und ein Wunder vor
unseren Augen."
Der Stein hat schätzungsweise ein
Gewicht von über 100 t. Er ist damit der
schwerste Stein in der ganzen Mauer.
Auf unserem Foto ist nur seine
Schmalseite von 1,70 m Breite und
1,83 m Höhe zu sehen. Seine Länge, die
auf der Ostseite zur Geltung kommt,
beträgt jedoch 6,70 m. Es könnte sein,
daß der Stein an sich breiter ist, daß
aber eine Ecke abgebrochen ist. Dies
wäre dann der Grund zu seiner ursprünglichen Verwerfung gewesen.
Vielleicht verdeckt der auch auf unserem Foto zu sehende hochkant ste-
hende Stein diesen Schaden.

der zerstört ihre Ehe. Und wer eine Geschiedene heiratet, wird zum Ehebrecher.''
(Matthäus 5,31—32)

Vom Schwören

,,Ihr wißt, daß unseren Vorfahren gesagt worden ist: ‚Schwört keinen Meineid und haltet, was ihr Gott mit einem Eid versprochen habt.' Ich aber sage euch: Ihr sollt überhaupt nicht schwören — nehmt weder den Himmel zum Zeugen, denn er ist Gottes Thron; noch die Erde, denn sie ist sein Fußschemel; und auch nicht Jerusalem, denn es ist die Stadt des großen Königs. Nicht einmal mit eurem eigenen Kopf sollt ihr euch für etwas verbürgen; denn es steht nicht in eurer Macht, daß auch nur ein einziges Haar darauf schwarz oder weiß wächst. Sagt ganz einfach Ja oder Nein; jedes weitere Wort ist vom Teufel.''
(Matthäus 5,33—37)

Von der Vergeltung

,,Ihr wißt, daß es heißt: ‚Auge um Auge, Zahn um Zahn.' Ich aber sage euch: Ihr sollt euch überhaupt nicht gegen das Böse wehren. Wenn dich einer auf die rechte Backe schlägt, dann halte ihm auch die linke hin. Wenn jemand mit dir um dein Hemd prozessieren will, dann gib ihm noch die Jacke dazu. Und wenn einer dich zwingt, ein Stück weit mit ihm zu gehen, dann geh mit ihm doppelt so weit. Wenn einer dich um etwas bittet, dann gib es ihm; wenn einer etwas von dir borgen möchte, dann leih es ihm.'' (Matthäus 5,38—42)

Von der Feindesliebe

,,Ihr wißt auch, daß es heißt: ‚Liebe alle, die dir nahestehen, und hasse alle, die dir als Feinde gegenüberstehen.' Ich aber sage euch: Liebt eure Feinde und betet für die, die euch verfolgen. So erweist ihr euch als Kinder eures

Karte 7
Untergaliläa und der See Gennesaret

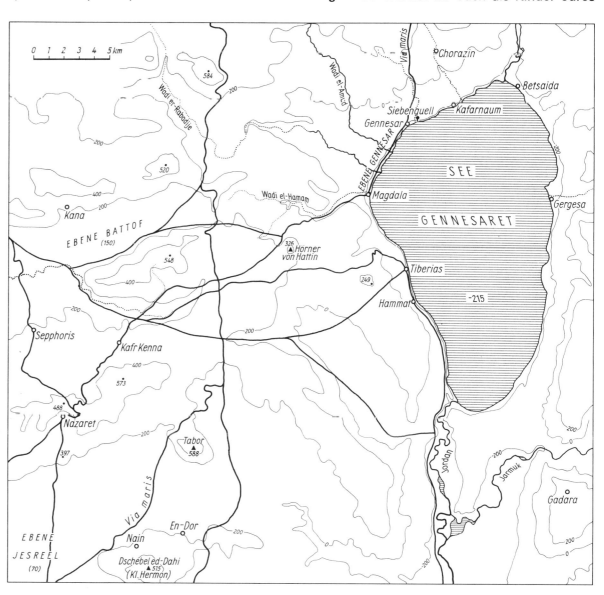

Vaters im Himmel. Denn er läßt die Sonne scheinen auf böse wie auf gute Menschen, und er läßt es regnen auf alle, ob sie ihn ehren oder verachten. Wie könnt ihr von Gott eine Belohnung erwarten, wenn ihr nur die liebt, die euch auch lieben? Sogar Betrüger lieben ihresgleichen. Was ist denn Besonderes daran, wenn ihr nur zu euren Brüdern freundlich seid? Das tun auch die, die Gott nicht kennen. Nein, ihr sollt vollkommen sein, weil euer Vater im Himmel vollkommen ist." (Matthäus 5,43—48)

keinen Lohn mehr von eurem Vater im Himmel zu erwarten.
Wenn du also jemand hilfst, dann häng es nicht an die große Glocke! Benimm dich nicht wie die Heuchler in den Synagogen und auf den Straßen. Sie wollen nur von den Menschen geehrt werden. Ich sage euch: sie haben ihren Lohn schon kassiert. Wenn du also jemand hilfst, dann tu es so unauffällig, daß nicht einmal dein bester Freund etwas davon erfährt. Dein Vater, der auch das Verborgenste sieht, wird dich dafür belohnen." (Matthäus 6,1—4)

Über die Hilfe für Arme

„Hütet euch, eure Frömmigkeit vor den Menschen zur Schau zu stellen! Denn dann habt ihr

Abb. 24
Der See Gennesaret / Am See Gennesaret gewann Jesus seine ersten Jünger. Einen Blick über den See gewährt dieses Foto. Das jenseitige Ufer erstreckt sich ungefähr von Tiberias (links) bis nach Magdala (rechts). Der abgestumpfte vulkanische Kegel etwa in der Bildmitte sind die „Hörner von Hattin".
Der See Gennesaret hat seinen Namen nach einer wichtigen Siedlung am Westufer erhalten. Heute hat sich die Benennung Bahr Taberije = „See Tiberias" durchgesetzt, die bereits im Johannes-Evangelium vorkommt (6,1 und 21,1). Die synoptischen Evangelien sprechen vom „Galiläischen Meer" bzw. „See" oder einfach vom „See" — auch dort, wo der in unserer Ausgabe gebrauchte Text mit „See Gennesaret" übersetzt.
Der See ist 21 km lang und 12 km breit. Seine größte Tiefe beträgt etwa 45 m. An seinen Ufern steigen die Berge hinter einem stellenweise nur schmalen Uferstreifen bis zu 300 m an. Im Sommer erreichen die Temperaturen in diesem Bergkessel 40°C. Die kältere Luft aus dem Gebirge erzeugt dann überraschend auftretende Fallwinde, die bei den Fischern wegen ihrer Plötzlichkeit sehr gefürchtet sind.

Abb. 25
Fischer am See Gennesaret / Der See ist seit der Antike wegen seines außerordentlichen Fischreichtums berühmt. Mehr als 40 Fischarten kommen in ihm vor. Bevorzugte Fangplätze befinden sich am Ostufer, weil dort aus dem Seegrund mineralhaltige Quellen aufsteigen. Der bei dem ehemaligen Betsaida einmündende Jordan führt viel Nahrung mit sich, so daß sich auch dort viele Fische einfinden, ebenso wie am „Siebenquell" im Nordwesten des Sees.
Gefischt wird heute auf dreierlei Weise:
1. Mit dem Wurfnetz. Das Netz ruht auf dem linken Arm und wird dann mit einer raschen Bewegung ins Wasser geschleudert (s. unser Bild). Das mit kleinen Bleistücken beschwerte Netz sinkt glockenförmig zu Boden und schließt alle Fische an der Auswurfstelle ein.
2. Mit dem Hochseenetz. Dieses Netz besteht aus drei verschiedenmaschigen Netzen. Es wird nur auf dem offenen See verwandt.
3. Mit dem Schleppnetz, das mit Hilfe von zwei Booten an flachen Stellen des Strandes ausgelegt wird. Sechs bis acht Mann ziehen es dann an langen Seilen in Halbkreisform an den Strand.
Nach dem Fang werden die Netze gereinigt und zum Trocknen aufgehängt. Dabei werden Schäden ausgebessert.
Das Zentrum der Fischverarbeitung lag in Magdala. Nach Aussage des antiken jüdischen Historikers Josephus (geboren 37 n. Chr. in Jerusalem) hat dort eine Flotte von 200—300 Booten ihren Heimathafen gehabt. Die Fische wurden in großen Mengen durch Einsalzen konserviert und auf den Weg gebracht. Die galiläischen Fischer verkauften ihre Ware in ganz Palästina und auch in anderen Ländern. Man hat sie zu Recht eine der „geistig lebendigsten Gruppen" im Land genannt.

Über das Beten

„Wenn ihr betet, dann tut es nicht wie die Scheinheiligen! Sie stellen sich gern zum Gebet in den Synagogen und an den Straßenecken auf, damit sie von allen gesehen werden. Ich versichere euch: sie haben ihren Lohn schon kassiert. Wenn du beten willst, dann geh in dein Zimmer, schließ die Tür zu und bete zu deinem Vater, der im Verborgenen ist. Dein Vater, der auch das Verborgenste sieht, wird dich dafür belohnen.
Wenn ihr betet, dann leiert nicht endlos Gebetsworte herunter wie die Heiden. Sie meinen, sie könnten bei Gott etwas erreichen, wenn sie besonders viele Worte machen. Ihr sollt es anders halten. Euer Vater weiß, was ihr braucht, bevor ihr ihn bittet. So sollt ihr beten:
Unser Vater im Himmel! Bring alle Menschen dazu, dich zu ehren! Komm und richte deine Herrschaft auf! Was du willst, soll nicht nur im Himmel geschehen, sondern auch bei uns auf der Erde. Gib uns, was wir heute zum Leben brauchen. Vergib uns unsere Schuld, wie auch wir jedem verzeihen, der uns Unrecht getan hat. Laß uns nicht in Gefahr kommen, dir untreu zu werden, sondern schütze uns vor der Macht des Bösen. (Dir gehört alle Herrschaft und Macht und Ehre in Ewigkeit. Amen)
Wenn ihr den anderen verzeiht, was sie euch angetan haben, dann wird auch euer Vater im Himmel euch eure Schuld vergeben. Wenn ihr aber den anderen nicht verzeiht, dann wird euer Vater euch eure Verfehlungen auch nicht vergeben." (Matthäus 6,5—15)

Über das Fasten

„Wenn ihr fastet, dann setzt keine Leidensmiene auf wie die Heuchler. Sie machen ein saures Gesicht, damit jeder merkt, daß sie fasten. Ich sage euch: sie haben ihren Lohn bereits kassiert. Wenn du fasten willst, dann wasche dein Gesicht und kämme dich, damit niemand es merkt außer deinem Vater, der im Verborgenen ist. Dein Vater, der auch das Verborgenste sieht, wird dich dafür belohnen." (Matthäus 6,16—18)

Unvergänglicher Reichtum

„Sammelt keine Reichtümer hier auf der Erde! Denn ihr müßt damit rechnen, daß Motten und Rost sie auffressen oder Einbrecher sie stehlen. Sammelt lieber Reichtümer bei Gott. Dort werden sie nicht von Motten oder Rost zerfressen und können auch nicht von Einbrechern gestohlen werden. Denn euer Herz wird immer dort sein, wo ihr euren Reichtum habt." (Matthäus 6,19—21)

Licht und Dunkelheit

„Das Auge vermittelt dem Menschen das Licht. Ist das Auge klar, steht der ganze Mensch im Licht; ist das Auge getrübt, steht der ganze Mensch im Dunkeln. Wenn aber dein inneres Auge — dein Herz — blind ist, wie schrecklich wird dann die Dunkelheit sein!" (Matthäus 6,22—23)

Die täglichen Sorgen

„Niemand kann zwei Herren zugleich dienen. Er wird den einen vernachlässigen und den anderen bevorzugen. Er wird dem einen treu sein und den anderen hintergehen. Ihr könnt nicht beiden zugleich dienen: Gott und dem Geld.

Darum sage ich euch: Macht euch keine Sorgen um Essen und Trinken, und um eure Kleidung. Das Leben ist mehr als Essen und Trinken, und der Körper ist mehr als die Kleidung. Seht euch die Vögel an! Sie säen nicht, sie ernten nicht, sie sammeln keine Vorräte — aber euer Vater im Himmel sorgt für sie. Und ihr seid ihm doch viel mehr wert als alle Vögel! Wer von euch kann durch Sorgen sein Leben auch nur um einen Tag verlängern?

Und warum macht ihr euch Sorgen um das, was ihr anziehen sollt? Seht, wie die Blumen auf den Feldern wachsen! Sie arbeiten nicht und machen sich keine Kleider; doch ich sage euch: nicht einmal Salomo bei all seinem Reichtum war so prächtig gekleidet wie irgendeine von ihnen. Wenn Gott sogar die Feldblumen so ausstattet, die heute blühen und morgen verbrannt werden, wird er sich dann nicht erst recht um euch kümmern? Habt doch mehr Vertrauen!

Macht euch also keine Sorgen! Fragt nicht: ‚Was sollen wir essen?' ‚Was sollen wir trinken?' ‚Was sollen wir anziehen?' Damit plagen sich Menschen, die Gott nicht kennen. Euer Vater im Himmel weiß, daß ihr all das braucht. Sorgt euch zuerst darum, daß ihr euch seiner Herrschaft unterstellt und tut, was er verlangt, dann wird er euch schon mit all dem anderen versorgen. Quält euch nicht mit Gedanken an morgen; der morgige Tag wird für sich selber sorgen. Ihr habt genug zu tragen an der Last von heute.'' (Matthäus 6,24—34)

Nicht verurteilen

,,Verurteilt nicht andere, damit Gott nicht euch verurteilt. Denn euer Urteil wird auf euch zurückfallen, und ihr werdet mit demselben Maß gemessen werden, das ihr bei anderen anlegt. Warum kümmerst du dich um den Splitter im Auge deines Bruders und bemerkst nicht den Balken in deinem eigenen? Wie kannst du zu deinem Bruder sagen: ‚Komm her, ich will dir den Splitter aus dem Auge ziehen', wenn du selbst einen ganzen Balken im Auge hast? Du

Abb. 26
Das Westufer des Sees Gennesaret / Die wichtigsten Aussagen, die Jesus über die Gottesherrschaft gemacht hat, sind in der sogenannten Bergpredigt enthalten. In ihr ist zusammengefaßt, was der Prophet aus Nazaret in den Dörfern und Städten am See Gennesaret verkündigte.
Einen Überblick über dieses Gebiet gibt unser Foto, das auf dem ,,Berg der Seligpreisungen'' aufgenommen wurde. Diese mit Weinstöcken bepflanzte Anhöhe befindet sich in der Nähe von Kafarnaum, wo Jesus nach dem Tode Johannes des Täufers seinen Wohnsitz genommen hatte.
Im Hintergrund auf dem gegenüberliegenden Ufer befindet sich Tiberias, im Morgendunst verborgen.
Rechts ist der charakteristische Durchbruch des Wadi el-Hamam zu erkennen. Er wird am Horizont optisch durch die

„Hörner von Hattin" abgeriegelt. Beim Einlauf des Wadi el-Hamam in den See standen früher die Häuser von Magdala. Das Schwemmland davor ist die fruchtbare Ebene Gennesaret, die durch einen Höhenrücken im Mittelgrund, den Tell el-Oreme nach Norden zu abgeschlossen wird. In der Bucht davor markiert eine Baumgruppe das Gelände des Siebenquells, das traditionell mit dem Wunder der Brotvermehrung in Zusammenhang gebracht wird.
Links vom Betrachter befindet sich Kafarnaum.
Die folgenden Bilder zeigen aus der Nähe, was der Rundblick nur in groben Umrissen oder in dunstiger Ferne darbietet (vgl. auch die Karte 7).

Abb. 27
Tiberias / Tiberias war zur Zeit Jesu eine noch junge Stadt. Herodes Antipas hatte sie gegründet und zu Ehren des römischen Kaisers Tiberius benannt. Sie wurde die Hauptstadt Galiläas. Sie erstreckte sich auf einer Länge von etwa 3 km auf dem Uferstreifen, südlich der heutigen Ortslage (im Bild nach links). Am Südende überragte sie der Palast des Fürsten. Ein Stadion zeugte von ihrem hellenistischen Charakter. Die gesetzestreuen Juden mieden die Stadt, da sie zum Teil auf einem Friedhof errichtet worden war. Die Ansiedlung mußte mehr oder minder gewaltsam betrieben werden. Bettler, die man im ganzen Land auffing, erhielten in Tiberias Wohnsitz und Landbesitz. Die religiös minderwertige Stellung der Stadt, die man mit ihren Prachtbauten an den Ufern des Sees immer vor Augen hatte, spiegelt sich in der Tatsache, daß Tiberias in der Evangelien nur einmal genannt wird (Johannes 6,23)! Jesus hat die Hauptstadt Galiläas vermutlich niemals betreten. Da die warmen Quellen, die bei Tiberias entspringen, die Anziehungskraft des Ortes erhöhten, wurde später das Verdikt, das über der Stadt lag, aufgehoben. Im 2. Jahrhundert entwickelte sich Tiberias zu einem Zentrum des jüdischen religiösen Geisteslebens.

Scheinheiliger, zieh erst den Balken aus deinem Auge, dann kannst du dich um den Splitter im Auge deines Bruders kümmern.
Gebt heilige Dinge nicht den Hunden zum Fraß! Und eure Perlen werft nicht den Schweinen hin! Die trampeln doch nur darauf herum, und dann wenden sie sich gegen euch und fallen euch an." (Matthäus 7,1—6)

Bittet, sucht, klopft an!

„Bittet, und ihr werdet bekommen! Sucht, und ihr werdet finden! Klopft an, und man wird euch öffnen! Denn wer bittet, der bekommt; wer sucht, der findet; und wer anklopft, dem wird geöffnet. Wer von euch würde seinem Kind einen Stein geben, wenn es um Brot bittet? Oder eine Schlange, wenn es um Fisch bittet? So schlecht ihr auch seid, wißt ihr doch, was euren Kindern gut tut, und gebt es ihnen. Wieviel mehr wird euer Vater im Himmel denen Gutes geben, die ihn darum bitten."
(Matthäus 7,7—11)

Die „Goldene Regel" und die beiden Wege

„Behandelt die Menschen so, wie ihr selbst von ihnen behandelt werden wollt — das ist alles, was das Gesetz und die Propheten fordern. Geht durch die enge Tür! Denn das Tor, das ins Verderben führt, ist breit und die Straße dorthin bequem. Viele sind auf ihr unterwegs. Aber die Tür, die zum Leben führt, ist eng und der Weg dorthin anstrengend. Nur wenige gehen ihn." (Matthäus 7,12—14)

Warnung vor falschen Propheten

„Hütet euch vor den falschen Propheten! Sie sehen zwar aus wie Schafe, die zur Herde gehören, in Wirklichkeit sind sie Wölfe, die auf Raub aus sind. Ihr erkennt sie an dem, was sie tun. Von Dorngestrüpp kann man keine Weintrauben pflücken und von Disteln keine Feigen. Ein gesunder Baum trägt gute Früchte und ein kranker Baum schlechte. Umgekehrt kann ein gesunder Baum keine schlechten Früchte tragen und ein kranker Baum keine

Abb. 28
Fischerboote auf dem See

guten. Jeder Baum, der keine guten Früchte trägt, wird umgehauen und verbrannt werden. An ihren Früchten also könnt ihr die falschen Propheten erkennen." (Matthäus 7,15—20)

Warnung vor Selbsttäuschung

"Nicht jeder, der ständig ,Herr' zu mir sagt, wird in Gottes neue Welt kommen, sondern der, der auch tut, was mein Vater im Himmel will. Am Tag des Gerichts werden viele zu mir sagen: ,Herr, Herr! In deinem Namen haben wir Weisungen Gottes verkündet, in deinem Namen haben wir böse Geister ausgetrieben und viele Wunder getan.' Und trotzdem werde ich das Urteil sprechen: ,Ich habe euch nie gekannt. Ihr habt versäumt, nach Gottes Willen zu leben; fort mit euch!'" (Matthäus 7,21—23)

Abschluß der Bergpredigt

"Wer meine Worte hört und sich nach ihnen richtet, wird am Ende dastehen wie ein Mann, der überlegt, was er tut, und deshalb sein Haus auf felsigen Grund baut. Wenn dann ein Wolkenbruch niedergeht, die Flüsse über die Ufer treten und der Sturm tobt und an dem Haus rüttelt, stürzt es nicht ein, weil es auf Fels gebaut ist. Wer dagegen meine Worte hört und sich nicht nach ihnen richtet, wird am Ende wie ein Dummkopf dastehen, der sein Haus auf Sand baut. Wenn dann ein Wolkenbruch niedergeht, die Flüsse über die Ufer treten, der Sturm tobt und an dem Haus rüttelt, stürzt es ein, und der Schaden ist groß."

Als Jesus seine Rede beendet hatte, waren alle von seinen Worten tief beeindruckt. Denn er sprach wie einer, der Vollmacht von Gott hat — ganz anders als ihre Gesetzeslehrer. (Matthäus 7,24—29)

Jesus spricht in der Synagoge von Kafarnaum und zeigt seine Macht

Sie kamen nach Kafarnaum. Gleich am nächsten Sabbat ging Jesus in die Synagoge und sprach zu den Versammelten. Sie waren von seinen Worten tief beeindruckt; denn er redete wie einer, der Vollmacht von Gott hat — ganz anders als die Gesetzeslehrer.

In der Synagoge war ein Mann, der von einem bösen Geist besessen war. Er schrie: "Was hast du mit uns vor, Jesus von Nazaret? Willst du uns zugrunde richten? Ich kenne dich genau, du

Die Heilung Besessener

Nach antiker Anschauung verursachte ein Dämon, der sich in den Kranken eingenistet hat, Erscheinungen wie Fieber, Stummheit, Lähmungen. Besonders wurden schwer durchschaubare Krankheiten wie Geistesstörungen, Tobsucht und Epilepsie auf Dämonen zurückgeführt. Ansatzpunkte für diese Deutung waren Erscheinungen der Bewußtseinsspaltung bei geistig Kranken. Der Dämon konnte nach antikem Glauben durch eine ihm überlegene Person ausgetrieben werden (Exorzismus).

Auch Jesus hat Besessene geheilt. Er bediente sich jedoch dabei nicht der magischen Praktiken, die andere zeitgenössische Exorzisten anzuwenden pflegten, sondern wirkte allein durch sein Wort. Die Evangelisten sahen in der Dämonenaustreibung Siege der nahenden Gottesherrschaft, die den gebundenen Menschen zu seiner schöpfungsmäßigen Gesundheit und Ganzheit befreit.

Abb. 29
Häuser in Tiberias

Abb. 30
Die Hörner von Hattin / Das Tor vom westlichen Seeufer zum galiläischen Bergland und darüber hinaus zum Mittelmeer und zu den Zentren des Landes bildet der Durchbruch des Wadi el-Hamam. Im Talgrund führte die Via Maris, ein alter Handelsweg, entlang, den Jesus mit Sicherheit oft gezogen ist. Eine Stadt wie Nazaret war auf ihm am schnellsten zu erreichen. Die Fischhändler von Magdala, das am unteren Ende des Wadi lag, haben über diese Verbindungslinie ihre Produkte ausgeführt. Im Hintergrund ist der Krater des erloschenen Vulkans zu erkennen, der den Namen „Hörner von Hattin" trägt. Im Tal von Hattin auf der Nordseite des Berges (rechts) hat Saladin im Jahre 1187 das Kreuzfahrerheer vernichtend geschlagen. Die Flankenberge mitsamt den „Hörnern von Hattin" geben dem westlichen Teil des Seekessels sein charakteristisches Gepräge.

Die Aussätzigen
Der Aussatz — unter diesem Begriff faßte man eine Vielzahl von Krankheiten zusammen — war in Palästina weit verbreitet. Die Gesetzeslehrer meinten, diese Krankheit zu heilen sei ebenso schwer wie Tote aufzuerwecken. Sie sahen im Aussatz eine Strafe, die Gott besonders für die Sünde des Hochmuts und der Verleumdung verhängt. Die Aussätzigen galten als kultisch unrein. Sie durften Jerusalem und die ummauerten Städte nicht betreten. In den offenen Ortschaften mußten sie abgesondert wohnen. Begegneten sie anderen Menschen, mußten sie sich laut rufend als „unrein" zu erkennen geben. Über Reinheit oder Unreinheit zu befinden, stand im Ermessen eines Priesters. Jesus hat im Falle des Aussatzes und anderer Krankheiten die Vorurteile seiner Zeitgenossen überwunden und mit seiner entschlossenen Hilfe Zeichen für seine Verkündigung der Liebe Gottes gesetzt.

bist der, den Gott gesandt hat!" Jesus befahl dem bösen Geist: „Sei still und verlaß den Mann!" Da schüttelte der Geist den Mann und verließ ihn mit einem lauten Schrei.
Die Leute erschraken alle und fragten einander: „Was hat das zu bedeuten? Er hat eine ganz neue Art zu lehren — wie einer, der Vollmacht von Gott hat! Er befiehlt sogar den bösen Geistern, und sie gehorchen ihm." Wie ein Lauffeuer verbreitete sich die Kunde von Jesus ringsum in Galiläa. (Markus 1,21—28)

Jesus heilt viele Menschen

Danach verließen sie die Synagoge und gingen in das Haus von Simon und Andreas. Auch Jakobus und Johannes kamen mit. Im Haus erfuhr Jesus, daß Simons Schwiegermutter mit Fieber im Bett lag. Er ging zu ihr, nahm sie bei der Hand und richtete sie auf. Das Fieber verschwand, und sie bereitete für alle das Essen.
Am Abend, nach Sonnenuntergang, brachte man alle Kranken und Besessenen zu Jesus. Die ganze Stadt hatte sich vor dem Haus versammelt. Jesus heilte viele Menschen von den verschiedensten Krankheiten und trieb viele böse Geister aus. Er ließ die bösen Geister nicht zu Wort kommen; denn sie wußten, wer er war. (Markus 1,29—34)

Jesus zieht durch Galiläa

Am nächsten Morgen verließ Jesus lange vor Sonnenaufgang die Stadt und zog sich an eine abgelegene Stelle zurück. Dort betete er. Simon und die anderen Jünger gingen ihm nach und fanden ihn. „Alle wollen dich sehen", sagten sie. Jesus antwortete: „Wir müssen in die umliegenden Dörfer gehen, damit ich auch dort die Gute Nachricht verkünde. Denn dazu bin ich gekommen." So zog Jesus durch ganz Galiläa. Er sprach in den Synagogen und trieb die bösen Geister aus. (Markus 1,35—39)

Jesus heilt einen Aussätzigen

Einmal kam ein Aussätziger zu Jesus, fiel vor ihm auf die Knie und bat ihn um Hilfe. „Wenn du willst", sagte er, „kannst du mich gesund machen!" Jesus hatte Mitleid mit ihm, streckte die Hand aus und berührte ihn. „Ich will", sagte er, „sei gesund!" Im selben Augenblick war der Mann von seinem Aussatz geheilt. Sofort schickte Jesus ihn weg und befahl ihm streng: „Sag niemand auch nur ein Wort davon, sondern geh zum Priester und laß dich von ihm untersuchen. Dann bring für deine Heilung das Opfer dar, das Mose vorgeschrieben hat; das soll für alle ein Beweis dafür sein, daß ich das Gesetz ernst nehme."
Aber der Mann fing trotz des Verbots an, überall von seiner Heilung zu erzählen. Bald konnte

Abb. 31
Der See Gennesaret bei Magdala,
(Blick nach Nordwesten) / Am Einfluß
des Wadi el-Hamam in den See (etwa
1—2 km östlich vom Standpunkt des
vorigen Fotos entfernt) befand sich
Magdala, das Zentrum des Fischfangs
und der Fischverarbeitung am See, die
Heimat der Maria Magdalena (Lukas
8,2). Magdala lag etwa 5 km nördlich
von Tiberias.
Im Hintergrund beginnt die fruchtbare
Ebene Gennesaret.

Jesus keine Ortschaft mehr unerkannt betreten. Daher blieb er draußen in einsamen Gegenden; die Leute aber kamen dennoch von überall her zu ihm. (Markus 1,40—45)

Jesus heilt einen Gelähmten

Einige Tage später kam Jesus nach Kafarnaum zurück, und bald wußte jeder, daß er wieder zu Hause war. Die Menschen strömten so zahlreich zusammen, daß kein Platz mehr blieb, nicht einmal draußen vor der Tür. Jesus verkündete ihnen die Botschaft Gottes.
Da brachten vier Männer einen Gelähmten herbei, kamen aber wegen der Menschenmenge nicht bis zu Jesus durch. Darum stiegen sie auf das flache Dach und gruben die Lehmdecke auf, genau über der Stelle, wo Jesus war. Dann ließen sie den Gelähmten auf seiner Matte durch das Loch hinunter. Als Jesus sah, wieviel Vetrauen sie zu ihm hatten, sagte er zu dem Gelähmten: „Deine Schuld ist dir vergeben!''
Das hörten einige Gesetzeslehrer, die auch dort waren, und sie dachten: „Wie kann er es wagen, so zu reden? Das ist eine Gotteslästerung! Niemand außer Gott kann uns unsere Schuld vergeben.'' Jesus wußte sofort, was sie dachten, und fragte sie: „Was sind das für Gedanken, die ihr euch da macht? Was ist leichter — diesem Gelähmten zu sagen: ,Deine Schuld ist dir vergeben', oder: ,Steh auf, nimm

Abb. 32
Anemona coronaria / Die „Blumen auf
dem Felde'', von denen Jesus in der
Bergpredigt spricht, hat man gelegentlich mit dieser Anemonenart gleichgesetzt.

Abb. 33
Nach dem Regen / In dieser Zeit beginnt das ganze Land zu blühen.
Wegen der Wasserarmut Palästinas ist
rechtzeitig und in ausreichender Menge
fallender Regen von besonderer Wichtigkeit für die Landwirtschaft. Er ist eine
typische Erscheinung des Winters; das
arabische Wort für Regen (schita)
bezeichnet die ganze winterliche
Jahreszeit schlechthin. Regen im Sommer ist sehr selten.
Die Regenzeit beginnt im Oktober/
November mit dem sogenannten Frühregen. Dieser lockert den in der heißen
Sommersonne ausgetrockneten und
verfestigten Boden und ermöglicht die
Bearbeitung der Felder.
Der kühle Winterregen fällt in den
Monaten Dezember und Januar. Zuvor
bereits beginnt die Aussaat, die bis in
den Februar hinein dauert.
Entscheidend für die volle Entwicklung
der Feldfrüchte und damit für den
Ernteertrag ist der Spätregen, der im
März und April das Wettergeschehen
bestimmt.

deine Matte und geh'? Aber ihr sollt sehen, daß der Menschensohn von Gott die Vollmacht hat, hier auf der Erde Schuld zu vergeben.'' Und er sagte zu dem Gelähmten: „Ich befehle dir: Steh auf, nimm deine Matte und geh nach Hause!'' Der Mann stand auf, nahm seine Matte und ging. Alle, die es sahen, waren ganz außer sich, priesen Gott und sagten: „So etwas haben wir noch nie erlebt!'' (Markus 2,1—12)

Die Zöllner

Die Römer haben in dem von ihnen beherrschten Reich das Zollwesen systematisch ausgebaut. Zollgebiet war grundsätzlich jede römische Provinz wie etwa Judäa. Der Ertrag wurde an die römische Staatskasse abgeführt. Es war aber auch Städten und abhängigen Fürsten möglich, für sich Zoll zu erheben, wie das Herodes Antipas in Kafarnaum tat. Der Staat nahm den Zoll nicht durch eigene Beamte ein, sondern gab das Zollwesen Privatpersonen in Pacht. Die Zollpächter (Oberzöllner) stellten Einnehmer an; sie waren bekannt dafür, daß sie die Tarife zu ihrem Vorteil überschritten.

Die Zöllner aller Rangstufen wurden weltlhin als Nutznießer der römischen oder romfreundlichen Herrschaft angesehen. Sie galten als unverbesserliche Sünder, mit denen man jeden Umgang nach Möglichkeit vermied.

Jesus beruft den Zolleinnehmer Levi

Dann ging Jesus wieder hinaus an den See. Alle kamen zu ihm, und er sprach zu ihnen. Als er weiterging, sah er einen Zolleinnehmer in seinem Zollhaus sitzen. Es war Levi, der Sohn von Alphäus. Jesus sagte zu ihm: „Geh mit mir!" Und Levi stand auf und folgte ihm.

Später war Jesus bei Levi zu Gast. Viele Zolleinnehmer und andere, die einen ebenso schlechten Ruf hatten, nahmen mit Jesus und seinen Jüngern an der Mahlzeit teil. Sie alle hatten sich Jesus angeschlossen. Ein paar Gesetzeslehrer von der Partei der Pharisäer sahen, wie Jesus mit diesen Leuten zusammen aß. Sie fragten seine Jünger: „Wie kann er sich mit Zolleinnehmern und ähnlichem Gesindel an einen Tisch setzen?" Jesus hörte es, und er antwortete ihnen: „Nicht die Gesunden brauchen den Arzt, sondern die Kranken. Ich soll nicht die in Gottes neue Welt einladen, bei denen alles in Ordnung ist, sondern die ausgestoßenen Sünder." (Markus 2,13—17)

Über das Fasten

An einem Tag, an dem die Jünger von Johannes und die Pharisäer fasteten, kamen Leute zu Jesus und fragten ihn: „Wie kommt es, daß die Anhänger des Täufers und der Pharisäer regelmäßig fasten, aber deine Jünger nicht?" Jesus antwortete: „Es ist doch undenkbar, daß die Gäste bei einer Hochzeit fasten — jedenfalls solange der Bräutigam da ist! Früh genug kommt der Tag, an dem der Bräutigam ihnen entrissen wird, dann werden sie fasten, immer an jenem Tag.

Niemand flickt ein altes Kleid mit einem neuen Stück Stoff; sonst reißt das neue Stück wieder aus und macht das Loch nur noch größer. Auch füllt niemand neuen Wein, der noch gärt, in alte Schläuche; sonst sprengt der Wein die Schläuche, und beides ist verloren. Nein, neuer Wein gehört in neue Schläuche!"
(Markus 2,18—22)

Über den Sabbat

An einem Sabbat ging Jesus durch die Felder. Seine Jünger rissen unterwegs Ähren ab und aßen die Körner. Die Pharisäer sahen es und sagten zu Jesus: „Da sieh dir an, was sie tun! Das ist nach dem Gesetz am Sabbat verboten." Jesus antwortete ihnen: „Habt ihr noch nie gelesen, was David tat, als er und seine Männer hungrig waren und etwas zu essen brauchten? Er ging in das Haus Gottes und aß von den geweihten Broten. Das war zu der Zeit, als Abjatar Oberster Priester war. Nach dem Gesetz dürfen doch nur die Priester dieses Brot

„Was darf man nach dem Gesetz am Sabbat tun? Gutes oder Böses? Darf man einem Menschen das Leben retten oder muß man ihn umkommen lassen?" Er bekam keine Antwort. Voll Zorn sah er sie der Reihe nach an. Zugleich war er traurig, weil sie so engstirnig und hartherzig waren. Dann sagte er zu dem Mann: „Streck deine Hand aus!" Er streckte sie aus, und sie wurde wieder gesund.
Da verließen die Pharisäer die Synagoge. Sie trafen sich sogleich mit den Parteigängern von Herodes, und sie wurden sich einig, daß Jesus sterben müsse. (Markus 3,1—6)

Das Fasten
Unter Fasten versteht man die völlige oder teilweise Enthaltung von Essen und Trinken. Im Alten Testament ist es allein für den großen Versöhnungstag, den Sühn- und Bußtag, verpflichtend vorgeschrieben (vgl. 5. Mose 16).
Im Neuen Testament fasten die Pharisäer und ihre Anhänger häufig, wenigstens zweimal in der Woche (Lukas 18,12), am Montag und Donnerstag.
Jesus wandte sich gegen diese gesetzlich verstandene Fastenpraxis, schloß aber für sich und seine Jünger das Fasten nicht grundsätzlich aus.

Abb. 34
Die Ebene Gennesaret, Blick von Norden / Im Hintergrund rechts der Durchbruch des Wadi el-Hamam.
Der jüdische Schriftsteller Josephus (37—105 n. Chr.) schreibt über die Ebene Gennesaret: „Den Gennesar(et) entlang erstreckt sich eine gleichnamige Landschaft von wunderbarer natürlicher Schönheit. Der Boden ist so fett, daß jede Pflanze wachsen kann, und die Bewohner haben ihn auch mit allen möglichen Arten bepflanzt, zumal das ausgezeichnete Klima zum Gedeihen der verschiedensten Gewächsarten beiträgt. Nußbäume, die am meisten der Kühle bedürfen, wachsen dort in großer Menge ebenso wie Palmen, die nur in der Hitze gedeihen; nahe bei ihnen stehen Feigen- und Ölbäume, denen eine gemäßigte Temperatur mehr zusagt. Was sich hier vollzieht, könnte man ebenso einen Wettstreit der Natur nennen, die das einander Widerstrebende auf einen Punkt zu vereinen trachtet, wie einen edlen Kampf der Jahreszeiten, von denen jede diese Landschaft in Besitz zu nehmen sucht. Der Boden bringt die verschiedensten Obstsorten nicht bloß einmal im Jahr, sondern fortwährend hervor. So liefert er die königlichen Früchte, Weintrauben und Feigen, zehn Monate lang ohne Unterbrechung, während die übrigen Früchte das ganze Jahr hindurch mit jenen reif werden."

essen — und trotzdem aß David davon und gab es auch seinen Begleitern."
Jesus fügte hinzu: „Der Sabbat ist für den Menschen da, nicht der Mensch für den Sabbat. Also hat der Menschensohn auch das Recht, zu bestimmen, was am Sabbat geschehen darf." (Markus 2,23—28)

Jesus heilt am Sabbat

Wieder einmal ging Jesus in die Synagoge. Dort war auch ein Mann mit einer gelähmten Hand. Einige der Anwesenden hätten Jesus gerne angezeigt; darum beobachteten sie genau, ob er es wagen würde, den Mann am Sabbat zu heilen. Jesus sagte zu ihm: „Steh auf und komm her!" Dann fragte er die anderen:

Zuhörer sogar aus Tyrus und Sidon

Jesus zog sich mit seinen Jüngern an den See Gennesaret zurück. Viele Menschen aus Galiläa folgten ihm. Auch aus Judäa und Jerusalem, aus dem Gebiet von Idumäa, von der anderen Seite des Jordans und aus der Gegend der Städte Tyrus und Sidon kamen viele zu Jesus. Sie hatten von seinen Taten gehört und wollten ihn sehen. Jesus ließ sich von seinen Jüngern ein Boot bereithalten; denn die Menge war so groß, daß sie ihn fast erdrückte. Weil er schon so viele geheilt hatte, drängten sich alle Kranken zu ihm, um ihn zu berühren. Wenn Menschen, die von bösen Geistern besessen waren, ihn sahen, fielen sie vor ihm nieder und riefen: „Du bist der Sohn Gottes!" Aber Jesus verbot ihnen nachdrücklich, das bekanntzumachen. (Markus 3,7—12)

Der Sabbat

Der Sabbat, der siebte Tag in der Woche (= Sonnabend), gab Anlaß zu heftigen Auseinandersetzungen zwischen Jesus und den Pharisäern. Die Feier dieses Tages war durch das dritte Gebot der Zehn Gebote angeordnet. Die Arbeitsruhe galt auch für die Sklaven und das Vieh. Im israelitischen theologischen Denken gewann der Sabbat eine immer höhere Bedeutung. Schließlich wurde er als ein besonderes Zeichen Israels verstanden.

Außerordentlich verschärft haben die Leute von Qumran (s. S. 12) das Sabbatgebot. In einer ihrer Schriften heißt es: „Der Wärter soll am Sabbat den Säugling nicht aufheben, um mit ihm heraus- oder hereinzugehen ... Niemand soll dem Vieh am Sabbat Geburtshilfe geben, und wenn es am Sabbat in einen Brunnen oder eine Grube fällt, soll er es nicht herauszuziehen ... Niemand soll den Sabbat entweihen, um Vermögensverlust oder Plünderung abzuwehren. Und wenn am Sabbat ein Mensch in ein Wasserloch oder sonst in ein Loch fällt, soll man ihn nicht mit einer Leiter oder sonst einem Gerät herausholen ... Geschieht eine Sabbatverletzung aus Irrtum, soll der Übertreter nicht getötet werden, sondern es obliegt den Menschenkindern, ihn zu überwachen; geschieht die Verletzung vorsätzlich, dann erfolgt die Todesstrafe."

Die pharisäische Auslegung entsprang der gleichen Grundhaltung. Sie versuchte allerdings, das Sabbatgebot praktikabler zu machen, indem sie den Grundsatz aufstellte, daß die Rettung eines Menschenlebens den Sabbat verdränge. Insgesamt gesehen vertraten auch die Pharisäer eine strenge Ordnung, durch die der Sabbat als Tag der Ruhe und der Freude gewahrt werden sollte. Sie verboten 39 Hauptarbeiten, darunter auch die Erntearbeiten. Das Ausreißen von einigen Ähren galt dabei bereits als Unterarbeit des Erntens. Es war auch verboten, einen längeren Weg zu gehen oder Speisen zu bereiten.

Jesus wählt zwölf Jünger aus

Dann stieg Jesus auf einen Berg und rief die zu sich, die er bei sich haben wollte. Sie traten zu ihm. Auf diese Weise setzte er einen Kreis von zwölf Männern ein, die ständig bei ihm sein sollten. Später wollte er sie aussenden, damit sie die Gute Nachricht verkünden. Sie sollten auch die Vollmacht bekommen, böse Geister auszutreiben.

Die zwölf, die Jesus dafür bestimmte, waren: Simon, dem er den Namen Petrus gab; Jakobus und Johannes, die Söhne des Zebedäus, die er die Donnersöhne nannte; dazu Andreas, Philippus, Bartholomäus, Matthäus, Thomas, Jakobus, der Sohn von Alphäus, Thaddäus, Simon, der zur Partei der Zeloten gehört hatte, und Judas Iskariot, der Jesus später verriet. (Markus 3,13—19)

Unhaltbare Verdächtigungen

Dann ging Jesus nach Hause. Wieder strömte eine so große Menge zusammen, daß er und seine Jünger nicht einmal zum Essen kamen. Als das seine Angehörigen erfuhren, machten sie sich auf den Weg, um ihn mit Gewalt weg-

Abb. 35
Die Kirche der Seligpreisungen / Auf einer Anhöhe am Nordwestufer des Sees steht die Kirche der Seligpreisungen. Sie wurde in Erinnerung an die Bergpredigt Jesu errichtet. Wenige hundert Meter weiter östlich davon am Fuße der Anhöhe befinden sich die Ruinen der Synagoge von Kafarnaum.

zuholen, denn sie sagten sich: „Er muß verrückt geworden sein.''

Einige Gesetzeslehrer, die aus Jerusalem gekommen waren, sagten: „Er steht mit dem Teufel im Bund! Der oberste aller bösen Geister gibt ihm die Macht, die Geister auszutreiben.''

Da rief Jesus die Gesetzeslehrer zu sich und erklärte ihnen die Sache durch Bilder: „Wie kann der Satan sich selbst austreiben? Ein Staat muß doch untergehen, wenn seine Machthaber einander befehden. Und wenn die Glieder einer Familie miteinander im Streit liegen, wird die Familie zerfallen. Wenn der Satan mit sich selbst uneins wird und sich selbst bekämpft, muß er untergehen, und mit seiner Herrschaft ist es aus. Wer in das Haus eines starken Mannes einbrechen und etwas stehlen will, muß doch zuerst den starken Mann fesseln; dann erst kann er das Haus ausrauben.

Ich sage euch: Jede Sünde kann den Menschen

Die Pharisäer
Die Pharisäer stellten eine religiöse Gruppierung innerhalb des Judentums dar. Sie waren eine Laienbewegung, in der nichtpriesterliche Gesetzeslehrer bestimmend waren. Pharisäer und Gesetzeslehrer (Schriftgelehrte) erscheinen im Neuen Testament weithin als Einheit.
Der Name „Pharisäer'' bedeutet „die Abgesonderten''; er war ursprünglich vielleicht ein Schimpfname, der später jedoch positive Bedeutung annahm. Zur Zeit Jesu wurden die Pharisäer zur führenden religiösen Partei. Sie standen im Gegensatz zu den priesterlich-aristokratischen Sadduzäern, denen gegenüber sie die Existenz von Engeln und Geistern und die Auferstehung der Toten vertraten.
Das eigentliche Ziel ihrer Bewegung erblickten die Pharisäer in der Aufgabe, das Gesetz des Mose, die Tora, im Leben durchzusetzen. Um die Unverletzlichkeit des Gesetzes zu sichern, legten sie eine Reihe von unterstützenden Zusatzbestimmungen als „Zaun um die Tora''. Daraus entwickelte sich eine (Schluß S. 43)

Abb. 36
Kafarnaum / Am Nordufer des Sees liegen in einem Wäldchen von Eukalyptusbäumen die Reste des Ortes, in dem nach einem Ausdruck des Markus-Evangeliums Jesus „zu Hause'' war (Markus 2,1). Rechts im Bild sind die Reste einer Anlegestelle zu erkennen. Am anderen Ufer erstreckt sich rechts unterhalb der Hörner von Hattin die Ebene Gennesaret mit der Ortslage von Magdala.
Kafarnaum war einst die Grenzstadt zwischen Galiläa, das von Herodes Antipas beherrscht wurde, und dem Gebiet jenseits des Jordans, das Philippus unterstand. Aus diesem Grunde befand sich hier eine Zollstation (vgl. Markus 2,14). Außerdem gab es eine römische Garnison unter einem Hauptmann, der nach dem Zeugnis der Evangelien die Synagoge des Ortes erbaut hat (Matthäus 8,5—13; Lukas 7,1-10).
Der erste Ort jenseits der Grenze war Betsaida, die Heimat der Jesusjünger Philippus, Andreas und Simon (Johannes 1,44;12,21).

Kasuistik, deren Vorschriften bis ins kleinste gingen. Besonderes Anliegen war für sie die unbedingte Einhaltung des Sabbats, der Reinheitsgebote und des Zehnten.

Die Pharisäer brachten große persönliche Opfer, um in ihrer Lebenspraxis unbedingt dem Gesetz treu zu bleiben, im Gegensatz zur Masse des Volkes. Daraus ergab sich ein typisch pharisäisches Selbstbewußtsein, das von Jesus scharf kritisiert wurde.

In politischer Hinsicht nahmen die Pharisäer (z. B. gegenüber den Römern) eine gemäßigte Haltung ein, anders als die sogenannten Zeloten. Ihrer Arbeit ist es zu verdanken, daß nach der Zerstörung des Tempels im Jahre 70 (vgl. S. 95) das Judentum als Religion erhalten blieb.

Abb. 37
Synagoge von Kafarnaum / Zweifellos das bemerkenswerteste Zeugnis aus der Zeit des alten Kafarnaum sind die Reste der Synagoge, die vor 100 Jahren von dem Engländer C. Wilson entdeckt wurden. Das Gebäude aus weißem Kalkstein bildete ein Rechteck von 24 m Länge und 18 m Breite. Es lag kaum 100 m vom Seeufer entfernt.

Die Vermutung Wilsons, es handele sich bei der Synagoge um die Überreste jenes Baues, der von dem Hauptmann von Kafarnaum der jüdischen Gemeinde gestiftet worden war und in dem Jesus gelehrt und geheilt hatte, bestätigte sich bei der näheren Untersuchung nicht. Der Bau wurde um das Jahr 200 n. Chr. errichtet mit dem reichen Schmuck der hellenistischen Zeit. Es ist aber anzunehmen, daß er an der Stelle jener Synagoge steht, von der die Evangelien berichten. (Vgl. auch Farbtafel 8)

vergeben werden und auch jede Gotteslästerung. Wer aber den heiligen Geist beleidigt, für den gibt es keine Vergebung, denn er ist auf ewig schuldig geworden." — Das sagte Jesus, weil sie behauptet hatten: „Er steht mit dem Teufel im Bund." (Markus 3,20—30)

Die Angehörigen Jesu

Inzwischen waren die Mutter Jesu und seine Brüder gekommen. Sie standen vor dem Haus und schickten jemand, um Jesus herauszurufen. Rings um Jesus saßen die Menschen dicht gedrängt. Man richtete ihm aus: „Deine Mutter und deine Brüder und Schwestern stehen draußen und wollen etwas von dir." Jesus antwortete: „Wer sind meine Mutter und meine Brüder?" Er sah auf die Leute, die um ihn herumsaßen, und sagte: „Hier sind meine Mutter und meine Brüder! Wer tut, was Gott will, der ist mein Bruder, meine Schwester und meine Mutter!" (Markus 3,31—35)

Jesus spricht zum Volk in Gleichnissen

Wieder einmal war Jesus am See und wollte zu den Menschen sprechen. Es hatten sich aber so viele angesammelt, daß er sich in ein Boot setzen und ein Stück vom Ufer abstoßen mußte. Die Menge blieb am Ufer, und er erklärte ihnen vieles von seiner Botschaft mit Hilfe von Gleichnissen. (Markus 4,1—2)

Der zuversichtliche Sämann

Unter anderem sagte er: „Hört zu! Ein Bauer ging aufs Feld, um zu säen. Als er die Körner ausstreute, fiel ein Teil von ihnen auf den Weg. Die Vögel kamen und pickten sie auf. Andere fielen auf felsigen Grund, der nur mit einer dünnen Erdschicht bedeckt war. Sie gingen rasch auf; als aber die Sonne hochstieg, vertrockneten die jungen Pflanzen, weil sie nicht genügend Erde hatten. Wieder andere fielen in Dornengestrüpp, das bald die Pflanzen überwucherte und erstickte, so daß sie keine Frucht brachten. Doch nicht wenige fielen auch auf guten Boden; sie gingen auf, wuchsen und brachten Frucht. Manche brachten dreißig Körner, andere sechzig, wieder andere hundert." Und Jesus sagte: „Wer hören kann, soll gut zuhören." (Markus 4,3—9)

Warum Jesus Gleichnisse gebraucht

Als Jesus mit den zwölf Jüngern und seinen übrigen Begleitern wieder allein war, wollten sie wissen, warum er Gleichnisse gebrauchte.

Jesus sagte: „Euch läßt Gott erkennen, wie er jetzt seine Herrschaft aufrichtet, aber die Außenstehenden erfahren davon nur in Gleichnissen. Es heißt ja: ‚Sie sollen hinsehen, soviel sie wollen, und doch nichts erkennen, sie sollen zuhören, soviel sie wollen, und doch nichts verstehen, damit sie ja nicht zu Gott umkehren und er ihnen ihre Schuld vergebe!'" (Markus 4,10—12)

Jesus erklärt das Gleichnis vom Sämann

Jesus fragte sie: „Versteht ihr dieses Gleichnis denn nicht? Wie wollt ihr dann all die anderen Gleichnisse verstehen? Der Sämann sät die Botschaft Gottes aus. Manchmal fallen die Worte auf den Weg. So ist es bei den Menschen, die die Botschaft zwar hören, aber dann kommt der Satan und reißt alles aus, was in sie gesät wurde. Bei anderen ist es wie bei dem Samen, der auf felsigen Grund fällt. Sie hören die Gute Nachricht und nehmen sie sogleich

Ackerbau in Palästina
Bereits zwischen 8 000 und 7 000 v. Chr. ist in Palästina eine ausgedehnte Ackerbaukultur nachweisbar. Gegen Ende der Frühbronzezeit fanden umfangreiche Waldrodungen statt, um Ackerland zu gewinnen. Die klassichen Anbauprodukte sind Korn, Wein und Öl. Die einwandernden nomadischen Israeliten gingen ebenfalls zum Ackerbau über. Dies wirkte sich auch auf das religiöse Leben aus, da die Fruchtbarkeitsgottheiten (Baalim) mit dem Gott Israels Jahwe in Konkurrenz traten. Jesus verwendet in seinen Gleichnissen verschiedentlich Anschauungsmaterial aus dem Bereich des Ackerbaus, so auch im Gleichnis vom Sämann. Einen Eindruck von der Arbeitsweise palästinischer Bauern vermittelt Farbtafel 3, die das Pflügen mit dem hölzernen Hakenpflug zeigt.

Abb. 38
Die Nordwestecke der Synagogenruine / Die Synagoge von Kafarnaum, die eine der ältesten Synagogen Palästinas ist, wurde um die Jahrhundertwende teilweise restauriert. Vor der Nordwand (rechts) stellte man vier der Säulen wieder auf, die zu dem nördlichen Umgang gehörten.
Ausgrabungen haben neben der Synagoge noch weitere Reste Kafarnaums ans Licht gebracht. 35 m von der Synagoge entfernt stieß man auf drei ineinandergesetzte achteckige Grundmauern, die einem byzantinischen Sakralbau aus dem 5. Jahrhundert entstammen. Es spricht einiges für die Vermutung, daß das innere Achteck jene Stätte umschloß, die in der Überlieferung der frühen Kirche als das Haus des Simon Petrus galt (vgl. Markus 1,29 ff.).

Abb. 39
Hellenistisches Schmuckelement /
Verzierungen dieser Art wurden in der
Synagoge von Kafarnaum vielfach
angebracht.

mit Freuden an; aber sie kann in ihnen keine Wurzeln schlagen, weil diese Leute unbeständig sind. Wenn sie der Botschaft wegen in Schwierigkeiten geraten oder verfolgt werden, werden sie gleich an ihr irre. Bei anderen ist es wie bei dem Samen, der in das Dornengestrüpp fällt. Sie hören zwar die Gute Nachricht, aber sie verlieren sich in ihren Alltagssorgen, lassen sich vom Reichtum verführen und leben nur für ihre Wünsche. Dadurch wird die Botschaft erstickt und bleibt wirkungslos. Bei anderen schließlich ist es wie bei dem Samen, der auf guten Boden fällt. Sie hören die Botschaft Gottes, nehmen sie an und bringen Frucht, manche dreißigfach, andere sechzigfach, wieder andere hundertfach.''
(Markus 4,13—20)

Vom Verstehen der Guten Nachricht

Jesus fuhr fort: ,,Nimmt man etwa eine Lampe, um sie unter eine Schüssel oder unters Bett zu stellen? Nein, man stellt sie auf einen erhöhten Platz! So soll auch alles, was jetzt noch verborgen ist, ans Licht kommen, und was jetzt noch unverständlich ist, soll verstanden werden. Wer hören kann, soll gut zuhören!''
Er fügte hinzu: ,,Achtet auf das, was ich euch sage! Nach dem Maß eures Zuhörens wird Gott euch Verständnis geben, ja sogar noch mehr. Denn wer viel hat, dem wird noch mehr gegeben, aber wer wenig hat, dem wird auch noch das wenige genommen, das er hat.''
(Markus 4,21—25)

Abb. 40
Saida, das frühere Sidon / Tyrus und Sidon waren zwei bedeutende Hafenstädte in dem von Syro-Phöniziern bewohnten Küstenstreifen des östlichen Mittelmeers. Wenn die Evangelien das Gebiet der beiden Städte nennen (Markus 3,8 und Matthäus 15,21), so meinen sie wahrscheinlich das Hinterland, das bis in das obergaliläische Bergland hineinreichte.
Sidon war im Altertum eine der wichtigsten Phönizierstädte. Die Sidonier werden bereits bei Homer genannt. Sie trieben einen ausgedehnten Handel und waren berühmt für die Glaswaren, für die sie den Rohstoff aus den Dünen an der Mittelmeerküste zwischen Akko und Tyrus gewannen. Seit 111 v. Chr. war Sidon eine Freie Stadt im Verband des Römischen Reiches.
Tyrus, heute Sur, liegt 38 km südlich von Sidon. Die Stadt war zum Teil auf dem Festland und zum Teil auf zwei miteinander verbundenen Inseln erbaut worden. Da die Doppelinsel nur wenig Platz bot, erreichten die Häuser eine für antike Verhältnisse große Höhe: Sie wiesen 5 bis 6 Stockwerke auf.
Neben Schiffahrt, Handel, Metallverarbeitung und Weberei begründete besonders die Purpurherstellung den Ruf Tyrus'. Aus Wasserschnecken gewann man den Farbstoff, mit dem man Flachs und Wolle einfärbte.
Von Tyrus aus wurde Karthago, die Gegenspielerin Roms, gegründet. Alexander der Große konnte Tyrus 332 v. Chr. erst erobern, nachdem er einen Damm aufschütten ließ, der sich inzwischen zu einer breiten Landbrücke erweitert hat. Die Römer beließen der Stadt ihre Eigenständigkeit, so daß sie z. Z. Jesu ein wirtschaftlich und politisch gut gestelltes Gemeinwesen war.

Abb. 41
Weinschläuche / Ziegenhäute, deren Innenseite nach außen gekehrt und deren Öffnungen zugebunden wurden, dienten im Orient bis in die Gegenwart hinein als Behälter für Flüssigkeiten.

Die Saat geht von allein auf

Dann sagte Jesus: „Mit der neuen Welt Gottes ist es wie mit der Saat und dem Bauern: Hat der Bauer gesät, so geht er nach Hause, legt sich nachts schlafen, steht morgens wieder auf — und das viele Tage lang. Inzwischen geht die Saat auf und wächst; wie, das versteht der Bauer selber nicht. Ganz von selbst läßt der Boden die Pflanzen wachsen und Frucht bringen. Zuerst kommen die Halme, dann bilden sich die Ähren, und schließlich füllen sie sich mit Körnern. Sobald das Korn reif ist, fängt der Bauer an zu mähen; dann ist Erntezeit."
(Markus 4,26—29)

Das Unkraut im Weizen

Dann erzählte Jesus ein anderes Gleichnis: „Mit der neuen Welt Gottes ist es wie mit dem Mann, der guten Samen auf sein Feld gesät hatte: Eines Nachts, als alles schlief, kam sein Feind, säte Unkraut zwischen den Weizen und verschwand. Als nun der Weizen wuchs und Ähren ansetzte, schoß auch das Unkraut auf. Da kamen die Arbeiter zum Gutsherrn und

fragten: ,Herr, du hast doch guten Samen auf deinen Acker gesät, woher kommt das ganze Unkraut?' Der Gutsherr antwortete ihnen: ,Das muß einer getan haben, der mir schaden will.' Die Arbeiter fragten: ,Sollen wir hingehen und das Unkraut ausreißen?' ,Nein', sagte der Gutsherr, ,sonst könntet ihr aus Versehen den Weizen mit ausreißen. Laßt beides bis zur Ernte wachsen. Wenn es soweit ist, will ich den Erntearbeitern sagen: Sammelt zuerst das Unkraut ein und bündelt es, damit es verbrannt wird. Aber den Weizen schafft in meine Scheune!'" (Matthäus 13,24—30)

Senfkorn und Sauerteig: Der entscheidende Anfang ist gemacht

Jesus erzählte noch ein anderes Gleichnis: ,,Wenn Gott seine Herrschaft aufrichtet, geht es ähnlich zu wie bei einem Senfkorn, das jemand auf seinen Acker gesät hat. Es gibt keinen kleineren Samen; aber was daraus wächst, wird größer als alle anderen Gartenpflanzen.

Es wird ein richtiger Baum, in dessen Zweigen die Vögel nisten können.
Oder es ist wie beim Sauerteig: Eine Frau mengt ihn unter einen halben Zentner Mehl, und er macht den ganzen Teig sauer.''
(Matthäus 13,31—33)

Noch einmal: Warum Gleichnisse?

Das alles erzählte Jesus der Menschenmenge in Form von Gleichnissen; nichts sagte er ihnen, ohne Gleichnisse zu gebrauchen. Damit sollte sich erfüllen, was Gott durch den Propheten angekündigt hatte: ,,Ich will in Gleichnissen reden, nur in Gleichnissen will ich aufdecken, was seit der Erschaffung der Welt verborgen war.'' (Matthäus 13,34—35)

Jesus erklärt das Gleichnis vom Unkraut

Dann schickte Jesus die Menschenmenge weg und ging ins Haus. Seine Jünger traten an ihn heran mit der Bitte: ,,Erkläre uns doch das Gleichnis vom Unkraut auf dem Acker!''

Abb. 42
Wasserburg in Saida (Sidon) / Als besondere Sehenswürdigkeit zeigt man in Saida die Wasserburg ,,Kalaat el-Bahr''. Sie wurde im 13. Jahrhundert als Kreuzritterfestung errichtet. Beim Bau der Mauer hat man — wie deutlich zu sehen ist — Reste antiker Säulen verwandt.
Im Altertum war Sidon ein Zentrum der Schiffahrt und des Fernhandels. Glaswaren und Purpurstoffe gehörten zu den Hauptprodukten der Stadt. Die Sidonier waren auch als Astronomen und Mathematiker bekannt, die exakte nautische Berechnungen aufstellen konnten.

Jesus antwortete: „Der Mann, der den guten Samen aussät, ist der Menschensohn. Der Acker ist die Welt, und der gute Same sind die Menschen, die sich der Herrschaft Gottes unterstellen. Das Unkraut sind die, die dem Feind Gottes gehorchen. Der Feind, der das Unkraut gesät hat, ist der Teufel. Die Ernte ist das Ende der Welt, und die Erntearbeiter sind die Engel. Wie das Unkraut eingesammelt und verbrannt wird, so wird es auch am Ende der Welt zugehen: Der Menschensohn wird seine Engel aussenden, und sie werden aus seinem Herrschaftsgebiet alle einsammeln, die Gott ungehorsam waren und auch andere zum Ungehorsam verleitet haben. Sie werden sie in den glühenden Ofen werfen, wo sie heulen und mit den Zähnen knirschen. Dann werden alle, die Gott gehorcht haben, in der neuen Welt Gottes, ihres Vaters, so hell strahlen wie die Sonne. — Wer hören kann, soll gut zuhören!"
(Matthäus 13,36—43)

Der versteckte Schatz und die Perle

„Mit der neuen Welt, in die Gott die Menschen ruft, ist es wie mit einem Schatz, der in einem Feld vergraben war. Ein Mann findet ihn und deckt ihn schnell wieder zu. In seiner Freude verkauft er alles, was er hat, und kauft das Feld.
Wer Gottes Einladung versteht, der handelt wie ein Kaufmann, der schöne Perlen sucht. Wenn er eine entdeckt, die besonders wertvoll ist, verkauft er alles, was er hat, und kauft sie."
(Matthäus 13,44—46)

Das Gleichnis vom Netz

„Wenn Gott seine Herrschaft aufrichtet, ist es wie mit dem Netz, das im See ausgeworfen wird und mit dem man Fische von jeder Art einfängt. Ist das Netz voll, so ziehen es die Fischer an Land, setzen sich hin und sortieren den Fang. Die guten Fische kommen in Körbe, die unbrauchbaren werden weggeworfen. So wird es am Ende der Welt sein. Die Engel

Abb. 43
Der See Gennesaret bei Tiberias /
Jenseits des Sees das Südost-Ufer

Jesus im Sturm

Die Erzählung „Jesus im Sturm" ist im Urtext in eine dichterische Form gefaßt. Sie setzt die Tatsache voraus, daß die Lage des Sees Gennesaret das Entstehen plötzlicher Stürme begünstigt, die mit großer Gewalt von den umliegenden Bergen in den Talkessel des Sees hinabwehen (vgl. S. 32). Die Erzählung muß mit den beiden folgenden Abschnitten „Jesus heilt einen Besessenen" (Markus 5,1-20) und „Die Tochter des Jaïrus" (Markus 5,21-43) im Zusammenhang gesehen werden. Die drei Erzählungen sind durch den Schauplatz am See Gennesaret miteinander verbunden und enthalten wesentliche Aussagen über Jesus:
1. Er ist Herr über die Naturgewalten.
2. Er ist Herr über die Dämonen.
3. Er ist Herr über Krankheit und Tod.
Jesus vermag die Seinen von allen Gewalten, die sie bedrohen, zu befreien.

Gerasa und Gadara

Die Ortsbestimmung für die Markus 5,1-20 wiedergegebene Erzählung bereitet einige Schwierigkeiten. Gerasa, eine Stadt in der sogenannten Dekapolis, lag 60 km vom See entfernt im Inneren des Ostjordanlandes. Daher ist wahrscheinlich Gadara gemeint, eine bedeutende Stadt 15 km südöstlich des Sees (vgl. auch den Matthäus-Paralleltext 8,28). Da gadarenische Münzen gefunden wurden, auf denen Schiffe abgebildet sind, ist nicht auszuschließen, daß sich das Gebiet der Stadt bis ans Südufer des Sees Gennesaret erstreckte.

Gottes werden kommen und die, die nicht nach Gottes Willen gelebt haben, von denen trennen, die getan haben, was Gott will. Sie werden die Ungehorsamen in den glühenden Ofen werfen; dort werden sie heulen und mit den Zähnen knirschen." (Matthäus 13,47—50)

Jesus im Sturm

Eines Abends sagte Jesus zu seinen Jüngern: „Kommt, wir fahren zum anderen Ufer hinüber!" Die Jünger schickten die Menschenmenge weg. Dann stiegen sie ins Boot, in dem Jesus noch saß, und fuhren ab. Auch andere Boote fuhren mit. Da kam ein schwerer Sturm auf, so daß die Wellen über Bord schlugen. Das Boot füllte sich schon mit Wasser, Jesus aber schlief im Heck des Bootes auf einem Kissen. Die Jünger weckten ihn und riefen: „Kümmert es dich nicht, daß wir untergehen?" Da stand Jesus auf, bedrohte den Wind und befahl dem tobenden See: „Still! Gib Ruhe!" Der Wind legte sich, und es wurde ganz still. „Warum habt ihr solche Angst?" fragte Jesus. „Habt ihr denn immer noch kein Vertrauen?" Da befiel sie große Furcht, und sie fragten sich: „Was ist das für ein Mensch, daß ihm sogar Wind und Wellen gehorchen!" (Markus 4,35—41)

Abb. 44
Wasser holendes Kind am See Gennesaret

Abb. 45
An der Hauptstraße von Gerasa / Vom Forum führte eine 800 m lange Prunkstraße durch die Stadt. Auch sie war von Säulen gesäumt. Das Pflaster des Fahrweges zeigt heute noch Fahrspuren. Links und rechts der Straße befanden sich erhöhte Gehwege für die Fußgänger.

Abb. 46
Gerasa, das Forum / Vermutlich hat Alexander der Große (er regierte 336-323 v. Chr.) die Stadt gegründet. In ihrer Blütezeit soll sie 60 000 bis 80 000 Einwohner gezählt haben. Die bei dem heutigen Dorf Dscherasch noch sichtbaren antiken Architekturreste stammen aus dem 1. und 2. Jahrhundert n. Chr. Gerasa war nach einem klaren Plan errichtet worden. Ein großer ovaler Platz war von Säulenhallen eingefaßt; er bildete das Forum. Gerasa besaß einen Tempel des Zeus (Betrachterstandpunkt) und einen der Artemis, dessen Ruinen als Wahrzeichen der Stadt gelten, zwei Theater und ein Hippodrom.

Der Besessene von Gerasa

Auf der anderen Seite des Sees kamen sie ins Gebiet von Gerasa. Als Jesus aus dem Boot stieg, lief ihm aus den Grabhöhlen ein Mann entgegen, der von einem bösen Geist besessen war. Er hauste dort; niemand konnte ihn bändigen, nicht einmal mit Ketten. Schon oft hatte man ihn an Händen und Füßen gefesselt, aber er hatte jedesmal die Ketten zerrissen. Keiner wurde mit ihm fertig. Er war Tag und Nacht in den Grabhöhlen oder auf den Bergen und schrie und schlug mit Steinen auf sich ein.

Schon von weitem sah er Jesus und lief zu ihm hin. Er warf sich vor ihm nieder und schrie laut: „Jesus, du Sohn des höchsten Gottes, was willst du von mir? Um Gottes willen, quäle mich doch nicht!" Denn Jesus hatte dem bösen Geist befohlen, den Mann zu verlassen. Nun fragte Jesus ihn: „Wie heißt du?" Der antwortete: „Legion. Wir sind nämlich viele!" Und er flehte Jesus an: „Vertreib uns nicht aus dieser Gegend!"

In der Nähe weidete eine große Schweineherde am Berghang. Die bösen Geister baten: „Laß uns doch in diese Schweine fahren!" Jesus erlaubte es ihnen. Da verließen sie den Mann, fuhren in die Schweine, und die ganze Herde stürzte sich über das steile Ufer in den See und ertrank. Es waren etwa zweitausend Tiere.

Die Schweinehirten liefen davon und erzählten in der Stadt und in den Dörfern, was geschehen war. Die Leute wollten es mit eigenen Augen sehen. Sie kamen zu Jesus und sahen den Mann, der von so vielen bösen Geistern besessen gewesen war: er saß da, ordentlich angezogen und bei klarem Verstand. Da befiel sie große Furcht. Die Augenzeugen berichteten ihnen ausführlich, wie es bei der Heilung des Besessenen zugegangen war. Sie erzählten auch von dem Vorfall mit den Schweinen. Darauf drängten die Leute Jesus, ihr Gebiet zu verlassen.

Als Jesus ins Boot stieg, bat ihn der Geheilte: „Laß mich mit dir gehen!" Aber Jesus erlaubte

Abb. 47
Das Theater von Gerasa

es ihm nicht, sondern sagte: „Geh zurück zu deinen Angehörigen und erzähl ihnen, was der Herr für dich getan und wieviel Erbarmen er mit dir gehabt hat." Der Mann gehorchte und ging. Er zog durch das Gebiet der Zehn Städte und verkündete überall, was Jesus für ihn getan hatte. Und alle staunten. (Markus 5,1—20)

Die Tochter des Jaïrus

Jesus fuhr wieder ans andere Seeufer zurück. Bald hatte sich eine große Menschenmenge um ihn versammelt. Noch während er am See war, kam ein Synagogenvorsteher namens Jaïrus zu ihm. Er fiel vor Jesus nieder und bat ihn inständig: „Meine kleine Tochter ist todkrank; bitte, komm und leg ihr die Hände auf, damit sie gerettet wird und am Leben bleibt!"
Jesus ging mit ihm, und viele andere schlossen sich an. Darum gab es ein ziemliches Gedränge. Es war auch eine Frau dabei, die seit zwölf Jahren an schweren Blutungen litt. Sie hatte schon viele Behandlungen von den verschiedensten Ärzten über sich ergehen lassen. Ihr ganzes Vermögen hatte sie dafür geopfert,

Abb. 48
Mosaikfußboden in Gerasa

aber es hatte nichts genützt; im Gegenteil, ihr Leiden war nur schlimmer geworden. Diese Frau hatte von Jesus gehört; sie drängte sich in der Menge von hinten an ihn heran und berührte sein Gewand. Denn sie sagte sich: „Wenn ich nur sein Gewand anfasse, werde ich gesund." Im selben Augenblick hörte die Blutung auf, und sie spürte, daß sie ihre Plage los war. Jesus merkte sofort, daß jemand seine heilende Kraft in Anspruch genommen hatte. Er drehte sich um und fragte: „Wer hat mein Gewand berührt?" „Du siehst doch, wie die Leute sich um dich drängen", sagten seine Jünger, „und dann fragst du noch, wer dich berührt hat?" Aber Jesus blickte umher, um zu sehen, wer es gewesen war. Die Frau zitterte vor Angst; sie wußte ja, was mit ihr vorgegangen war. Darum fiel sie vor ihm nieder und erzählte ihm alles. „Dein Vertrauen hat dir geholfen", sagte Jesus zu ihr. „Geh in Frieden! Du bist von deinem Leiden befreit."
Während Jesus noch sprach, kamen Boten aus dem Haus des Synagogenvorstehers und sagten zu Jaïrus: „Deine Tochter ist gestorben. Du brauchst den Lehrer nicht weiter zu bemühen." Jesus hörte es und sagte zu Jaïrus: „Erschrick nicht, hab nur Vertrauen!" Dann ging er weiter; nur Petrus, Jakobus und dessen Bruder Johannes durften mitgehen. Als sie beim Haus des Synagogenvorstehers ankamen, sah Jesus schon die aufgeregten Menschen und hörte das Klagegeschrei. Er ging ins Haus und sagte: „Was soll der Lärm? Warum weint ihr? Das Kind ist nicht tot — es schläft nur." Sie lachten ihn aus; aber er schickte alle bis auf die Eltern des Mädchens und die drei Jünger aus dem Haus. Dann ging er in den Raum, in dem das Kind lag. Er nahm es bei der Hand und sagte: „Talita kum!" das heißt: ‚Steh auf, Mädchen!' Das Mädchen stand sofort auf und ging umher. Es war zwölf Jahre alt. Alle waren vor Entsetzen außer sich. Aber Jesus verbot ihnen nachdrücklich, es anderen weiterzuerzählen. Dann sagte er: „Gebt dem Kind etwas zu essen!" (Markus 5,21—43)

Jesus in Nazaret

Von dort ging Jesus in seine Heimatstadt. Seine Jünger begleiteten ihn. Am Sabbat sprach er in der Synagoge, und alle, die ihn hörten, waren sehr verwundert. „Wo hat er das her?" fragten sie einander. „Von wem hat er diese Weisheit? Wie kann er solche Wunder tun? Er ist doch der Zimmermann, der Sohn von Maria und der Bruder von Jakobus, Joses, Judas und Simon. Und leben nicht seine Schwestern hier bei uns?" Darum wollten sie nichts von ihm wissen. Aber Jesus sagte zu ihnen: „Ein Prophet wird überall geachtet, nur nicht in seiner Heimat, bei seinen Verwandten und in seiner Familie." Deshalb konnte er dort auch keine Wunder tun; nur einigen Kranken legte er die Hände auf und heilte sie. Er wunderte sich, daß die Leute von Nazaret ihm das Vertrauen verweigerten. Er ging in die umliegenden Dörfer und sprach dort zu den Menschen. (Markus 6,1—6)

Die Aussendung der zwölf Jünger

Jesus rief die zwölf Jünger zu sich, gab ihnen die Vollmacht, böse Geister auszutreiben, und sandte sie zu zweien aus. Er befahl ihnen: „Nehmt nichts mit auf den Weg außer einem Wanderstock; kein Brot, keine Vorratstasche und auch kein Geld! Zieht Sandalen an, aber nehmt kein zweites Hemd mit!" Weiter sagte er: „Wenn jemand euch aufnimmt, dann bleibt in seinem Haus, bis ihr von da weiterzieht. Wenn ihr in einen Ort kommt, wo die Leute euch nicht aufnehmen und nicht anhören wollen, dann zieht weiter und schüttelt den Staub von den Füßen, damit sie gewarnt sind."

Die Jünger machten sich auf den Weg und forderten die Menschen auf, ihr Leben zu ändern. Sie trieben viele böse Geister aus, salbten viele Kranke mit Öl und heilten sie. (Markus 6,7—13)

Jesus gibt fünftausend Menschen zu essen

Die Apostel kehrten zu Jesus zurück und berichteten ihm, was sie gesagt und getan hatten. „Kommt, wir suchen einen ruhigen Platz", sagte Jesus, „wo ihr allein sein und ein wenig ausruhen könnt." Denn es war ein ständiges Kommen und Gehen, so daß sie nicht einmal Zeit zum Essen hatten. Sie stiegen in ein Boot und fuhren an eine einsame Stelle. Aber man sah sie abfahren, und viele hörten davon. So kam es, daß die Leute aus allen Orten vorausliefen und Jesus und seine Jünger an der Landestelle erwarteten.

Als Jesus aus dem Boot stieg, sah er die vielen Menschen. Er bekam Mitleid mit ihnen, denn sie waren wie Schafe, die keinen Hirten haben. Darum sprach er lange zu ihnen. Als es Abend wurde, kamen die Jünger zu Jesus und sagten: „Es ist schon spät, und die Gegend hier ist einsam. Darum schick die Leute in die Dörfer und Gehöfte ringsum, damit sie sich etwas zu essen kaufen." „Warum?" erwiderte Jesus.

Die Speisung der Fünftausend
Der im Text genannte „ruhige Platz" ist am einsamen Ostufer des Sees Gennesaret zu suchen. Auf der dichter besiedelten Westseite hätte der Nahrungsmangel, der die Voraussetzung für die Speisung darstellt, nicht so leicht eintreten können. Der Evangelist Lukas nennt die Gegend von Betsaida im Nordosten, Johannes dagegen denkt an Tiberias am Westufer. Der Ort der Speisung wird also in der Überlieferung nicht genau festgelegt.
Nach jüdischem Brauch fand die tägliche Hauptmahlzeit am Abend statt. Sie bestand aus Weizen- oder Gerstenbroten, die tellergroß waren und beim Austeilen gebrochen, nicht geschnitten wurden. Gesalzene oder gebackene Fische stellten die Zukost dar, auf die man nicht gerne verzichtete. Ein altes Rabbinen-Wort lautete: „Eine Mahlzeit ohne Fische ist keine Mahlzeit."
Der Bericht über die Speisung durch Jesus weist enge Beziehungen zu der Vorstellung auf, daß Gott sein Volk in seinem Reich zu einer Mahlgemeinschaft zusammenführen wird. Die frühchristlichen Hörer dieser Erzählung erkannten zugleich einen starken Anklang an das Abendmahl, das sie regelmäßig und häufig begingen.

Abb. 49
Mosaik „Die wunderbare Speisung" / Es stammt aus dem 5. Jahrhundert und hat einst den Boden einer Kirche am See Gennesaret geschmückt.

Reinheitsvorschriften

Nach altjüdischer Vorstellung sollte Israel ein reines und heiliges Volk sein, in einem reinen und heiligen Lande leben und sich so von anderen Völkern unterscheiden. Reinheit wurde dabei sowohl kultisch-dinghaft wie auch sittlich-religiös verstanden.

Zur Zeit Jesu hat die Frage der Reinheit eine besondere Rolle gespielt. Die Leute von Qumran (vgl. S. 12) versuchten, mit scharfen Bestimmungen die Reinheit der Gemeinde zu erreichen: „Man muß scheiden zwischen rein und unrein und den Unterschied klarmachen zwischen heilig und profan." Wasserbäder und Waschungen dienten der Reinigung, die auch ethisch gewahrt bleiben mußte: „Nicht werden sie rein, wenn sie nicht umkehren von ihren bösen Taten, und Unreines ist an allen, die sein (Gottes) Wort übertreten."

Auch für die Pharisäer war Reinheit ein vordringliches Problem. Unrein waren für sie die Masse des Volkes, das die religiösen Vorschriften nicht im vollen Ausmaß beachtete, die Sadduzäer, die Samariter und die Heiden. Das Gesetz auslegend gingen sie der Frage nach, was verunreinigend wirkte, welche Grade der Verunreinigung auftreten und wie eine Reinigung zu erreichen ist. Ein Reinigungsmittel stellte z. B. das Abspülen der Hände vor, während und nach der Mahlzeit dar, das in besonderer Weise geschehen mußte.

Der Protest Jesu richtete sich dagegen, daß in der Frage der Reinigung die ethische Komponente zurücktrat und daß Vorurteile und eine äußerliche Gesetzlichkeit in den Vordergrund rückten. Die Abschließung der Pharisäer von den anderen Menschen, die sie als unrein ansahen, wurde durch die Reinheitsvorschriften wesentlich gefördert.

„Gebt doch ihr ihnen zu essen!" Sie wandten ein: „Dann müßten wir ja für zweihundert Silberstücke Brot einkaufen!" Aber Jesus befahl ihnen: „Seht nach, wie viele Brote ihr hier habt!" Sie taten es und berichteten: „Fünf Brote sind da und zwei Fische."

Jesus wies die Jünger an, sie sollten die Leute auffordern, Gruppen zu bilden und sich ins Gras zu setzen. So lagerten sich die Leute in Gruppen zu hundert und zu fünfzig. Dann nahm Jesus die fünf Brote und die zwei Fische, sah zum Himmel und dankte Gott. Er brach die Brote in Stücke, gab sie den Jüngern, und die verteilten sie. Dann teilte er auch die beiden Fische aus. Alle bekamen genug zu essen. Die Jünger füllten sogar noch zwölf Körbe mit dem, was von den Broten und Fischen übrigblieb. Etwa fünftausend Männer hatten an der Mahlzeit teilgenommen. (Markus 6,30—44)

Jesus geht über das Wasser

Gleich darauf schickte Jesus seine Jünger im Boot nach Betsaida ans andere Seeufer voraus. Er ließ die Leute nach Hause gehen und stieg dann auf einen Berg, um zu beten. Als es dunkel wurde, war Jesus allein an Land und das Boot weit draußen auf dem See. Er sah, daß seine Jünger beim Rudern nur mühsam vorwärts kamen, weil sie gegen den Wind ankämpfen mußten. Gegen Morgen kam Jesus auf dem Wasser zu ihnen und wollte an ihnen vorbeigehen. Als die Jünger ihn auf dem Wasser gehen sahen, meinten sie, es sei ein Gespenst, und schrien auf. Denn sie sahen ihn alle und zitterten vor Angst. Sofort sprach er sie an: „Erschreckt nicht! Ich bin's, habt keine Angst!" Dann stieg er zu ihnen ins Boot, und der Wind legte sich. Da gerieten sie vor Entsetzen ganz außer sich. Denn sie waren auch durch das Wunder mit den Broten noch nicht zur Einsicht gekommen; sie begriffen einfach nichts. (Markus 6,45—52)

Jesus heilt Kranke in Gennesaret

Sie überquerten den See und landeten bei Gennesaret. Die Bewohner dieser Gegend erkannten Jesus sogleich, als er aus dem Boot stieg. Sie gingen ins ganze Gebiet und brachten die Kranken auf ihren Matten immer an den Ort, von dem sie hörten, daß Jesus dort sei. Wohin er auch kam, in Städte oder Dörfer oder zu Gehöften, dorthin brachte man die Kranken, legte sie auf die Marktplätze und fragte ihn, ob sie nicht wenigstens die Quaste seines Gewandes berühren dürften. Und alle, die das taten, wurden gesund. (Markus 6,53—56)

Über rein und unrein

Eines Tages kamen einige Gesetzeslehrer aus Jerusalem und trafen sich mit den Pharisäern bei Jesus. Sie bemerkten, daß einige seiner Jünger mit unreinen Händen aßen, das heißt, daß sie die Hände vor dem Essen nicht nach der religiösen Vorschrift gewaschen hatten. Denn die Pharisäer und auch alle anderen Juden richten sich nach den Vorschriften der Vorfahren und essen nur, wenn sie sich die Hände in der vorgeschriebenen Weise gewaschen haben. Auch wenn sie vom Markt kommen, essen sie nicht, bevor sie sich durch ein Bad gereinigt haben. So befolgen sie noch eine ganze Reihe von Vorschriften über die Reinigung von Bechern, Töpfen, Kupfergeschirren und Sitzpolstern. Daher fragten die Pharisäer und Gesetzeslehrer Jesus: „Warum richten sich deine Jünger nicht nach den Vorschriften der Vorfahren, sondern essen mit unreinen Händen?"

Jesus antwortete ihnen: „Der Prophet Jesaja hat treffend von euch Scheinheiligen gesprochen! In seinem Buch heißt es ja: ‚Dieses Volk da ehrt mich nur mit Worten, sagt Gott, aber mit dem Herzen ist es weit weg von mir. Ihr ganzer Gottesdienst ist sinnlos, denn sie lehren nur Gebote, die sich Menschen ausgedacht haben.' Gottes Gebot schiebt ihr zur Seite, aber an den Vorschriften von Menschen haltet ihr fest."

Und weiter sagte Jesus: „Wie geschickt bringt ihr es fertig, Gottes Gebote zu umgehen, damit ihr eure Vorschriften aufrechterhalten könnt! Mose hat bekanntlich gesagt: ‚Ehre deinen Vater und deine Mutter!' und ‚Wer zu seinem Vater oder seiner Mutter etwas Schändliches sagt, wird mit dem Tod bestraft.' Ihr dagegen behauptet: Wenn jemand zu seinem Vater oder seiner Mutter sagt: Korban — das heißt: Was ich euch eigentlich geben müßte, ist für Gott bestimmt —, dann braucht er seinen Eltern nicht mehr zu helfen. Ja, ihr erlaubt es ihm dann nicht einmal mehr. So macht ihr Gottes Gebot ungültig durch eure eigenen Vorschriften. Dafür gibt es noch viele andere Beispiele." (Markus 7,1—13)

Was macht unrein?

Dann rief Jesus die Menge wieder zu sich und sagte: „Hört zu und begreift! Nichts, was der Mensch von außen in sich aufnimmt, kann ihn unrein machen; nur das, was aus ihm selbst kommt, macht ihn unrein!"

Als Jesus sich vor der Menge in ein Haus zurückgezogen hatte, fragten ihn seine Jünger, wie er das gemeint habe. Er antwortete: „Seid

ihr denn auch so unverständig? Begreift ihr denn nicht? Das, was der Mensch von außen in sich aufnimmt, kann ihn nicht unrein machen, weil es nicht in sein Herz, sondern nur in den Magen gelangt und dann vom Körper wieder ausgeschieden wird." Damit erklärte Jesus, daß alle Speisen vor Gott rein sind. „Aber das", fuhr er fort, „was aus dem Menschen selbst kommt, macht ihn unrein. Denn aus ihm selbst, aus seinem Herzen, kommen die bösen Gedanken und mit ihnen Unzucht, Diebstahl, Mord, Ehebruch, Habsucht und andere schlimme Dinge wie Betrug, Lüsternheit, Neid, Verleumdung, Überheblichkeit und Unvernunft. All das kommt aus dem Innern des Menschen und macht ihn unrein."
(Markus 7,14—23)

Das Vertrauen einer nichtjüdischen Frau

Dann ging Jesus ins Gebiet von Tyrus, und weil er unerkannt bleiben wollte, ging er in ein Haus. Aber man hatte ihn schon erkannt. Bald kam eine Frau zu ihm, die von ihm gehört hatte; ihre Tochter war von einem bösen Geist besessen. Die Frau war keine Jüdin, sondern in dieser Gegend zu Hause. Sie fiel Jesus zu Füßen und bat ihn, den bösen Geist aus ihrer Tochter auszutreiben. Aber Jesus sagte zu ihr: „Zuerst müssen die Kinder satt werden. Es ist nicht recht, ihnen das Brot wegzunehmen und es den Hunden vorzuwerfen." „Gewiß, Herr", wandte sie ein, „aber die Hunde bekommen doch wenigstens die Brotkrumen, die die Kinder unter den Tisch fallen lassen." Jesus sagte zu

Die Zehn Städte
Die Zehn Städte (griechisch: Dekapolis) waren ein Bund hellenistischer Städte im Ostjordanland mit wechselnder Mitgliederzahl. Er erstreckte sich von Damaskus im Norden bis nach Philadelphia (heute Amman) im Süden. Die Römer unterstellten die Dekapolis der syrischen Provinzverwaltung, um sie dem jüdischen Einfluß zu entziehen. Ihren Mitgliedsstädten gewährten sie erweiterte kommunale Rechte.

Abb. 50
Fischerboote auf dem See Gennesaret

Abb. 51
Naïn / Naïn liegt in Untergaliläa am Nordabhang des sogenannten Kleinen Hermon (Dschebel el-Dahi) (vgl. Karte 7). Im Hintergrund unseres Bildes (Nordrichtung) ist der Tabor (vgl. auch Farbtafel 16) zu erkennen, der in der frühchristlichen Legende als Berg der Verklärung (vgl. Markus 9,2-13) galt. Westlich des Tabor führte die „Via Maris", die „Meeresstraße" zum See Gennesaret; in acht Stunden konnte ein Wanderer nach Kafarnum gelangen (35 km nördlich von Naïn). Zwei bis drei Stunden benötigte man, um das 10 km nordwestlich von Naïn gelegene Nazaret zu erreichen.
Wenn Lukas am Ende seiner Erzählung (7,11-17) berichtet, die Nachricht von der Auferweckung habe sich überall in Judäa verbreitet, so meint er damit wahrscheinlich allgemein das jüdische Land. Vielleicht hatte er aber auch keine deutliche Vorstellung davon, daß Naïn in Galiläa zu suchen ist.

ihr: „Das ist ein Wort! Geh nach Hause; der böse Geist hat deine Tochter verlassen." Die Frau ging nach Hause und fand ihr Kind gesund auf dem Bett liegen; der böse Geist war fort. (Markus 7,24—30)

Jesus heilt im Gebiet der Zehn Städte einen Taubstummen

Aus der Gegend von Tyrus zog Jesus über Sidon zum See von Galiläa mitten ins Gebiet der Zehn Städte. Dort brachte man einen Taubstummen zu ihm mit der Bitte, ihm die Hände aufzulegen. Jesus führte ihn ein Stück von der Menge fort und legte seine Finger in die Ohren des Kranken; dann berührte er dessen Zunge mit Speichel. Er blickte zum Himmel empor, stieß einen Seufzer aus und sagte zu dem Mann: „Effata!" Das heißt: „Öffne dich!" Im selben Augenblick konnte der Mann hören, auch seine Zunge löste sich, und er konnte richtig sprechen. Jesus verbot den Anwesenden, es irgend jemand weiterzusagen; aber je mehr er es ihnen verbot, desto mehr machten sie es bekannt. Die Leute waren ganz außer sich und sagten: „Wie gut ist alles, was er gemacht hat: den Gehörlosen gibt er das Gehör und den Stummen die Sprache." (Markus 7,31—37)

Der Hauptmann von Kafarnaum

Einmal ging Jesus nach Kafarnaum. Dort lebte ein Hauptmann, ein Nichtjude. Er hatte einen Diener, den er sehr schätzte; der war todkrank. Als der Hauptmann von Jesus hörte, schickte er einige angesehene Männer der jüdischen Gemeinde zu ihm. Sie sollten ihn bitten, zu kommen und seinem Diener das Leben zu retten. Die Männer kamen zu Jesus und baten ihn inständig: „Der Mann verdient deine Hilfe. Er liebt unser Volk. Er hat uns sogar die Synagoge gebaut."
Jesus ging mit ihnen. Als er nicht mehr weit vom Haus entfernt war, schickte der Hauptmann ihm Freunde entgegen und ließ ihm ausrichten: „Herr, bemühe dich doch nicht selbst! Ich weiß, daß ich dir, einem Juden, nicht zumuten kann, mein Haus zu betreten. Deshalb hielt ich mich auch nicht für würdig, selbst zu dir zu kommen. Du brauchst nur ein Wort zu sagen, und mein Diener wird gesund. Auch ich unterstehe höherem Befehl und kann meinen Soldaten Befehle erteilen. Wenn ich zu einem sage: ‚Geh!', dann geht er; wenn ich zu einem anderen sage: ‚Komm!', dann kommt er; und wenn ich meinem Diener befehle: ‚Tu das!', dann tut er's."

Als Jesus das hörte, wunderte er sich über ihn. Er drehte sich um und sagte zu der Menge, die ihm folgte: „Wahrhaftig, solch ein Vertrauen habe ich nicht einmal in Israel gefunden."
Als die Boten des Hauptmanns in das Haus zurückkamen, war der Diener gesund.
(Lukas 7,1—10)

Totenerweckung in Naïn

Bald darauf ging Jesus nach Naïn. Seine Jünger und viele Leute folgten ihm. Als sie in die Nähe des Stadttors kamen, trafen sie auf einen Trauerzug. Der einzige Sohn einer Witwe sollte beerdigt werden, und zahlreiche Bewohner der Stadt begleiteten die Mutter. Als der Herr die Witwe sah, tat sie ihm sehr leid, und er sagte zu ihr: „Weine nicht!" Dann trat er näher und berührte die Bahre. Die Träger blieben stehen. Jesus sagte zu dem Toten: „Ich befehle dir: Steh auf!" Da richtete er sich auf und fing an zu reden, und Jesus gab ihn seiner Mutter zurück. Alle wurden von Furcht gepackt; sie priesen Gott und riefen: „Ein großer Prophet ist unter uns aufgetreten! Gott selbst ist seinem Volk zu Hilfe gekommen!" Dieser Ruf verbreitete sich im ganzen jüdischen Land und in allen angrenzenden Gebieten.
(Lukas 7,11—17)

Die Boten des Täufers Johannes

Johannes hörte durch seine Jünger von all diesen Ereignissen. Er rief zwei von ihnen zu sich und schickte sie mit der Frage zum Herrn: „Bist du der Retter, der kommen soll, oder müssen wir auf einen anderen warten?" Die beiden kamen zu Jesus und sagten zu ihm: „Der Täufer Johannes hat uns zu dir geschickt, um dich zu fragen: ‚Bist du der Retter, der kommen soll, oder müssen wir auf einen anderen warten?'" Jesus heilte damals gerade viele Leute von Krankheiten und schlimmen Leiden; er befreite Menschen von bösen Geistern und gab vielen Blinden das Augenlicht. Er antwortete den Boten: „Geht zurück zu Johannes und berichtet ihm, was ihr hier gesehen und gehört habt: Blinde sehen, Gelähmte gehen, Aussätzige werden gesund, Taube hören, Tote stehen auf, und den Armen wird die Gute Nachricht verkündet. Freuen darf sich jeder, der nicht an mir irre wird!"
(Lukas 7,18—23)

Jesus spricht über den Täufer

Als die Boten des Täufers wieder weggegangen waren, fing Jesus an, zu der Menge über Johannes zu sprechen: „Als ihr zu ihm in die

Abb. 52
Die Franziskanerkirche in Naïn / Im Jahre 1880 erbauten Franziskaner diese Kirche in Erinnerung an die Totenerweckung in Naïn.
Der Name „Naïn" bedeutet auf hebräisch „die Liebliche". Es handelte sich bei dem Ort, der als arabische Siedlung heute noch besteht, im Altertum um eine zwar kleine, aber nicht unbedeutende Stadt. Nach dem Bericht des Lukas-Evangeliums war sie von Mauern umzogen, die ihre Einwohner vor Angriffen schützten. In ihrer Umgebung befanden sich im hügeligen Gelände die Grabhöhlen, in denen die Toten aus der Stadt beigesetzt wurden.
Das heiße Klima, das in Palästina herrscht, erfordert es, daß Gestorbene noch am Tage des Todes bestattet werden. Das geschieht in den späten Stunden des Nachmittags, wenn die Sonnenhitze nachzulassen beginnt, bzw. am Abend. Diese Tageszeit darf man auch für die bei Lukas berichtete Episode annehmen. Da es im alten Judentum als religiös verdienstvoll galt, einen Toten zur letzten Ruhe zu begleiten, konnte auch die sozial an sich zurückgesetzte Witwe mit einem großen Trauerzug für ihren Sohn rechnen. In der Nähe des Stadttores begegnete dann der Zug des Todes dem Zug des Lebens, der von Jesus angeführt wurde.

Wüste hinausgegangen seid, was habt ihr da erwartet? Etwa ein Schilfrohr, das jeder Windzug bewegt? Oder was sonst wolltet ihr sehen? Einen Mann in vornehmer Kleidung? Leute mit prächtigen Kleidern, die im Luxus leben, wohnen doch in Palästen! Also, was habt ihr erwartet? Einen Propheten? Ich versichere euch: ihr habt mehr gesehen als einen Propheten. Johannes ist der, von dem es in den heiligen Schriften heißt: ‚Ich sende meine Boten vor dir her', sagt Gott, ‚damit er den Weg für dich bahnt.' Ich versichere euch: Johannes ist bedeutender als irgendein anderer Mensch, der je gelebt hat. Und trotzdem: Der Geringste in Gottes neuer Welt ist größer als er.
Alle, die Johannes zuhörten, sogar die Zolleinnehmer, unterwarfen sich dem Urteil Gottes und ließen sich von Johannes taufen. Nur die Pharisäer und Gesetzeslehrer mißachteten die Rettung, die Gott ihnen zugedacht hatte, und lehnten es ab, sich von Johannes taufen zu lassen.

Das Ende des Täufers Johannes

Das Ende des Täufers Johannes
Das Wirken Johannes des Täufers hatte der Viertelfürst Herodes Antipas (im Volk ließ er sich gern König nennen) in Tiberias mit Besorgnis verfolgt. Die Kritik des Johannes an dem Ehebruch, den der Fürst begangen hatte, bot schließlich den Anlaß, den unbequemen Mahner gefangenzunehmen. Die Hinrichtung wurde nach Flavius Josephus auf der Festung Machärus östlich des Toten Meeres vollzogen. Diese Ereignisse erscheinen bei Markus in einer novellistisch bearbeiteten Form. Johannes hatte eine Gemeinde um sich versammelt. Sie übte eine eigene Gebets- und Fastenpraxis (Lukas 11,1; Markus 2,18; Matthäus 9,14; Lukas 5,33). Indem er sich von Johannes taufen ließ, gehörte ihr Jesus vorübergehend an.

Die Jesusbewegung trennte sich jedoch bald von der Johannesbewegung. Die Evangelisten legten Wert darauf, Jesus von Johannes und der Täufergemeinde abzusetzen. Offensichtlich bestanden noch längere Zeit neben den Christengemeinden Täuferkreise, in denen Johannes, nicht Jesus, als Messias verehrt wurde. Nach der Apostelgeschichte (18,24ff.) traten im kleinasiatischen Ephesus noch in den 50er Jahren des 1. Jahrhunderts, also nach mehr als 20 Jahren, Anhänger des Johannes auf.

Abb. 53
Das heutige Naïn

Mit wem soll ich die Menschen von heute vergleichen? Sie sind wie Kinder, die auf dem Marktplatz sitzen und sich gegenseitig zurufen: ‚Wir haben euch Hochzeitslieder gespielt, aber ihr habt nicht getanzt.' ‚Wir haben euch Trauerlieder gesungen, und ihr habt nicht geweint!' Der Täufer Johannes fastete und trank keinen Wein, und ihr sagtet: ‚Er ist von einem bösen Geist besessen.' Der Menschensohn ißt und trinkt, und ihr sagt: ‚Seht ihn euch an, diesen Vielfraß und Säufer, diesen Kumpan der Zolleinnehmer und Sünder!' Aber die Weisheit Gottes wird bestätigt durch alle, die für sie offen sind." (Lukas 7,24—35)

Der Täufer Johannes wird hingerichtet

Inzwischen hatte auch König Herodes von Jesus gehört; denn überall redete man von ihm. Die einen sagten: „Der Täufer Johannes ist vom Tod auferstanden, darum kann er solche Taten vollbringen." Andere hielten ihn für Elija, wieder andere meinten, er sei ein Prophet wie die Propheten der alten Zeit. Herodes aber war überzeugt, daß er der Täufer Johannes sei. „Es ist der, dem ich den Kopf abschlagen ließ", sagte er, „und jetzt ist er auferstanden."

Herodes hatte nämlich Johannes festnehmen und ins Gefängnis werfen lassen. Der Grund dafür war: Herodes hatte seinem Bruder Philippus die Frau, Herodias, weggenommen und sie geheiratet. Johannes hatte ihm daraufhin vorgehalten: „Es war dir nicht erlaubt, die Frau deines Bruders zu heiraten." Herodias war wütend auf Johannes und wollte ihn töten, konnte sich aber nicht durchsetzen. Denn Herodes wußte, daß Johannes ein frommer und heiliger Mann war; darum wagte er nicht, ihn anzutasten. Er hielt ihn zwar in Haft, ließ sich aber gerne etwas von ihm sagen, auch wenn er beim Zuhören jedesmal in große Verlegenheit geriet.

Aber dann kam für Herodias die günstige Gelegenheit. Herodes hatte Geburtstag und gab ein Fest für alle hohen Regierungsbeamten, die Offiziere und die angesehensten Bürger von Galiläa. Dabei trat die Tochter von Herodias als Tänzerin auf. Das gefiel allen so gut, daß der König zu dem Mädchen sagte: „Wünsche dir, was du willst; du wirst es bekommen." Er schwor sogar: „Ich werde dir alles geben, was du willst, und wenn es mein halbes Königreich wäre!"

Da ging das Mädchen zu seiner Mutter und fragte, was es sich wünschen solle. Die Mutter sagte: „Den Kopf des Täufers Johannes." Schnell ging das Mädchen wieder zu Herodes und trug seine Bitte vor: „Ich will, daß du mir jetzt sofort den Kopf des Täufers Johannes auf einem Teller überreichst!" Der König wurde traurig, aber weil er vor allen Gästen einen Schwur geleistet hatte, wollte er die Bitte nicht abschlagen. Er schickte den Henker und befahl ihm, den Kopf des Johannes zu bringen. Der Henker ging ins Gefängnis und enthauptete Johannes. Dann brachte er den Kopf auf einem Teller herein und überreichte ihn dem Mädchen, das ihn an seine Mutter weitergab.

Als die Jünger des Täufers Johannes erfuhren, was geschehen war, holten sie den Toten und begruben ihn. (Markus 6,14—29)

Jesus beim Pharisäer Simon

Ein Pharisäer hatte Jesus zum Essen eingeladen. Jesus ging in sein Haus, und sie legten sich zu Tisch. In derselben Stadt lebte eine Frau, die für ihr ausschweifendes Leben bekannt war. Als sie hörte, daß Jesus bei dem Pharisäer eingeladen war, kam sie mit einem Fläschchen voll kostbarem Salböl. Weinend trat sie von hinten an Jesus heran, und ihre Tränen fielen auf seine Füße. Da trocknete sie ihm mit ihren Haaren die Füße ab, küßte sie und goß das Öl über sie aus.

Als der Pharisäer, der Jesus eingeladen hatte, das sah, sagte er sich: „Wenn dieser Mann wirklich ein Prophet wäre, wüßte er, was für eine das ist, von der er sich da anfassen läßt! Er müßte wissen, daß sie eine Prostituierte ist."
Da sprach Jesus ihn an: „Simon, ich muß dir etwas sagen!" Simon sagte: „Lehrer, bitte sprich!"
Jesus begann: „Zwei Männer hatten Schulden bei einem Geldverleiher, der eine schuldete ihm fünfhundert Silberstücke, der andere fünfzig. Weil keiner von ihnen zahlen konnte, erließ er beiden ihre Schulden. Welcher von ihnen wird wohl dankbarer sein?" Simon antwortete: „Ich nehme an, der Mann, der ihm mehr ge-

schuldet hat." „Du hast recht", sagte Jesus. Dann wies er auf die Frau und sagte zu Simon: „Sieh diese Frau an! Ich kam in dein Haus, und du hast mir kein Wasser für die Füße gereicht; sie aber hat mir die Füße mit Tränen gewaschen und mit ihren Haaren abgetrocknet. Du gabst mir keinen Kuß zur Begrüßung, sie aber hat nicht aufgehört, mir die Füße zu küssen, seit ich hier bin. Du hast meinen Kopf nicht mit Öl gesalbt, sie aber hat mir die Füße mit kostbarem Öl übergossen. Darum versichere ich dir: ihre große Schuld ist ihr vergeben worden. Das zeigt sich an der Liebe, die sie mir erwiesen hat. Wem wenig vergeben wird, der liebt auch nur wenig."
Dann sagte Jesus zu der Frau: „Deine Schuld ist dir vergeben!" Die anderen Gäste fragten einander: „Was ist das für ein Mensch, daß er sogar Sünden vergibt?" Jesus aber sagte zu der Frau: „Dein Vertrauen hat dich gerettet. Geh in Frieden!" (Lukas 7,36—50)

Frauen ziehen mit Jesus

Danach zog Jesus von Stadt zu Stadt und von Dorf zu Dorf. Er verkündete überall die Gute Nachricht, daß Gott jetzt seine Herrschaft auf-

Abb. 54
Kaiser Tiberius / Zu Ehren dieses römischen Kaisers, der 14-37 n. Chr. regierte, nannte Herodes Antipas die von ihm erbaute Residenzstadt am See Gennesaret Tiberias. Tiberius ist der Kaiser, in dessen Lebenszeit das Wirken Jesu fällt. Er lebte von 42 v. Chr. bis 37 n. Chr.
An die Regierung gelangte er erst spät, nachdem alle anderen Anwärter auf die Nachfolge des Kaisers Augustus gestorben waren. Die dauernden Zurücksetzungen machten ihn mißtrauisch und verbittert.
Als Kaiser bemühte er sich um einen sachlichen Regierungsstil. Er wirtschaftete sparsam und besserte die Finanzlage des römischen Imperiums zusehends.
Seine Pläne, Germanien zu erobern und dem Römischen Reich einzuverleiben, mißlangen jedoch. Seinen Vorstößen in das Gebiet der germanischen Stämme (er gelangte bis an die Elbe) war kein dauernder politischer Erfolg beschieden.

Abb. 55
Reste der Festung Machärus / Herodes d. Gr. hatte Machärus auf der Ostseite des Toten Meeres stark befestigen lassen. Auch ein Palast wurde dort errichtet. Nach dem Zeugnis des jüdischen Schriftstellers Josephus war dies der Ort, an dem der Herodessohn Herodes Antipas den Täufer Johannes hatte festsetzen und hinrichten lassen.

Frauen in der Umgebung Jesu
Es ist auffällig, daß Jesus Frauen in seiner Begleitung duldete. Bei den Juden war die Frau den Sklaven und den Kindern gleichgestellt. Sie besaß nicht das Recht, in der Synagoge zu sprechen. Von einer ganzen Reihe religiöser Verpflichtungen war sie befreit. In der Tora sollte sie nicht unterrichtet werden. Es ist der dreifache Lobpreis eines Gelehrten überliefert, der Gott dankt, weil er nicht als Heide, als Frau oder als Ungelehrter geschaffen worden sei. Jesus behält Frauen in seiner Umgebung und bestätigt ihnen damit die Würde als Menschen vor Gott.

Abb. 56
An der Straße zwischen Jerusalem und Jericho / Das Foto bezieht sich auf das Gleichnis vom „Barmherzigen Samariter" (Lukas 10.29-37). Dieses Gleichnis gehört zu den Kernstücken der Guten Nachricht Jesu.
Die alte Straße zwischen Jerusalem und Jericho war 27 km lang. Sie führte durch gebirgiges Wüstengelände. Da in Jericho viele Priester des Jerusalemer Tempels wohnten — die Stadt hieß geradezu „Priesterstadt" — ist die im Gleichnis geschilderte Situation sehr lebensecht. Priester und Levit konnten für die Verweigerung der Hilfe Gründe der kultischen Reinheit vorschützen, die durch das Berühren eines Mannes, der vielleicht tot war, gefährdet war.

richten und sein Werk vollenden werde. Die zwölf Jünger begleiteten ihn, außerdem folgten ihm einige Frauen, die er von bösen Geistern befreit und von anderen Leiden geheilt hatte. Es waren Maria aus Magdala, aus der er sieben böse Geister ausgetrieben hatte, Johanna, die Frau von Chuzas, einem Beamten in der Verwaltung des Fürsten Herodes, dazu Susanna und viele andere Frauen. Sie alle sorgten mit ihrem Vermögen für den Unterhalt Jesu und seiner Jünger. (Lukas 8,1—3)

Das wichtigste Gebot

Ein Gesetzeslehrer wollte Jesus auf die Probe stellen und fragte ihn: „Lehrer, was muß ich tun, um das ewige Leben zu bekommen?" Jesus antwortete: „Was steht denn im Gesetz? Was liest du dort?" Der Mann antwortete: „Liebe den Herrn, deinen Gott, von ganzem Herzen, mit ganzem Willen, mit deiner ganzen Kraft und deinem ganzen Verstand! Und: Liebe deinen Mitmenschen wie dich selbst!" „Richtig geantwortet", sagte Jesus. „Handle so, dann wirst du leben." (Lukas 10,25—28)

Das Beispiel des barmherzigen Samariters

Aber der Gesetzeslehrer wollte sich verteidigen und fragte Jesus: „Wer ist denn mein Mitmensch?" Jesus begann zu erzählen: „Ein Mann ging von Jerusalem nach Jericho. Unterwegs überfielen ihn Räuber. Sie nahmen ihm alles weg, schlugen ihn zusammen und ließen ihn halbtot liegen. Nun kam zufällig ein Priester denselben Weg. Er sah den Mann liegen, machte einen Bogen um ihn und ging vorbei. Genauso machte es ein Levit: er sah ihn und ging vorbei. Schließlich kam ein Mann aus Samarien. Als er den Überfallenen sah, hatte er Mitleid. Er ging zu ihm hin, behandelte seine Wunden mit Öl und Wein und verband sie. Dann setzte er ihn auf sein eigenes Reittier und brachte ihn in das nächste Gasthaus, wo er sich um ihn kümmerte. Am anderen Tag gab er dem Wirt zwei Silberstücke und sagte: ‚Pflege ihn! Wenn du noch mehr brauchst, will ich es dir bezahlen, wenn ich zurückkomme.'"
„Was meinst du?" fragte Jesus. „Wer von den dreien hat an dem Überfallenen als Mitmensch gehandelt?" Der Gesetzeslehrer antwortete: „Der ihm geholfen hat!" Jesus erwiderte: „Dann geh und mach es ebenso!"
(Lukas 10,29—37)

Jesus bei Maria und Marta

Als Jesus und seine Jünger weiterzogen, kamen sie in ein Dorf, in dem er von einer Frau namens Marta gastlich aufgenommen wurde. Sie hatte eine Schwester mit Namen Maria, die setzte sich vor den Füßen des Herrn nieder und hörte ihm zu. Marta dagegen hatte alle Hände voll zu tun, um ihn zu bedienen. Sie trat zu Jesus und sagte: „Herr, kümmert es dich nicht, daß mich meine Schwester die ganze Arbeit allein tun läßt? Sag ihr doch, daß sie mir helfen soll!" Der Herr antwortete ihr: „Marta, Marta, du sorgst und mühst dich um so viele Dinge, aber nur eines ist notwendig. Maria hat das Bessere gewählt, und das soll ihr nicht weggenommen werden." (Lukas 10,38—42)

Das verlorene Schaf

Eines Tages waren zahlreiche Zolleinnehmer und andere, die einen ebenso schlechten Ruf hatten, zu Jesus gekommen und wollten ihn hören. Die Pharisäer und Gesetzeslehrer waren darüber ärgerlich und sagten: „Er läßt das Gesindel zu sich! Er ißt sogar mit ihnen!" Da erzählte ihnen Jesus ein Gleichnis:
„Stellt euch vor, einer von euch hat hundert Schafe, und eines davon verläuft sich. Läßt er dann nicht die neunundneunzig allein in der Steppe weiden und sucht das verlorene so lange, bis er es findet? Wenn er es gefunden hat, freut er sich, nimmt es auf die Schultern und trägt es nach Hause. Dort ruft er seine Freunde und Nachbarn und sagt zu ihnen: ‚Freut euch mit mir, ich habe mein verlorenes Schaf wiedergefunden!' Ich sage euch: Genauso ist bei Gott im Himmel mehr Freude über einen Sünder, der ein neues Leben anfängt, als über neunundneunzig andere, die das nicht nötig haben." (Lukas 15,1—7)

Die verlorene Münze

„Oder stellt euch vor, eine Frau hat zehn Silbermünzen und verliert eine davon. Zündet sie da nicht ein Licht an, fegt das ganze Haus und sucht in allen Ecken, bis sie die Münze gefunden hat? Und dann ruft sie ihre Freundinnen und Nachbarinnen zusammen und sagt zu ihnen: ‚Freut euch mit mir, ich habe die verlorene Münze wiedergefunden!' Ich sage euch: Genauso freuen sich die Engel Gottes über einen einzigen Sünder, der ein neues Leben anfängt." (Lukas 15,8—10)

Der Vater und seine zwei Söhne

Jesus erzählte weiter: „Ein Mann hatte zwei Söhne. Der jüngere sagte: ‚Vater, gib mir den Teil der Erbschaft, der mir zusteht!' Da teilte der Vater seinen Besitz unter die beiden auf. Nach ein paar Tagen machte der jüngere Sohn seinen ganzen Anteil zu Geld und zog in die

Die Samariter

Die Samariter sind Nachkommen assyrischer Kolonisten, die nach 721 v. Chr. in Samarien angesiedelt wurden, das die Assyrer erobert hatten. Sie übernahmen in der neuen Heimat den Jahweglauben, schlossen sich aber nicht dem Jerusalemer Tempelkult an. Sie besaßen dafür auf dem Berg Garizim ein eigenes kultisches Zentrum. In der Römerzeit nahmen die Samariter eine römerfreundliche Stellung ein. Die Vergünstigungen, die sie dadurch erwarben, steigerten den Haß, der zwischen den Juden und ihnen zu Beschimpfungen und auch zu Tätlichkeiten führte. Das Wort „Samariter" galt zur Zeit Jesu unter den Israeliten als Schimpfwort. Ehen zwischen Juden und Samaritern waren verboten. Selbst Vieh durfte ein Jude nicht an einen Samariter verkaufen, der als „unreiner" Ketzer angesehen wurde.

Rechtsbestimmungen zum Gleichnis
„Der Vater und seine zwei Söhne"
Da Palästina seine Bewohner nicht voll
ernähren konnte, hat es immer Aus-
wanderer gegeben, die sich in der
Diaspora eine neue Existenz aufzubauen versuchten. Der gläubige Jude
war aber bestrebt, im Alter möglichst
wieder zurückzukehren.
Nach den gesetzlichen Bestimmungen
5. Mose 21,17 erhält bei einer Erbteilung
unter zwei Söhnen der ältere $2/3$, der
jüngere $1/3$ des Vermögens. Wenn der
Erblasser die Teilung noch bei Lebzeiten vornimmt, kann er die Erbschaft,
die nun als Schenkung gilt, auch anders
verteilen. Es verbleibt ihm aber bis zum
Tode die volle Nutzung des gesamten
Vermögens. Der jüngere Sohn des
Gleichnisses Lukas 15,11-32 verlangt
und erhält also weit mehr, als ihm
rechtlich zusteht.
Auch in der Diaspora versuchte der
gläubige Jude, die religiösen Vorschrif-
ten, die in der Heimat galten, nach
Möglichkeit einzuhalten. Der jüngere
Sohn des Gleichnisses fällt von dieser
Ordnung ab, wenn er die Arbeit eines
Schweinehirten annimmt. Das Schwein
ist für den Juden, aber auch für den
Moslem, das „unreine" Tier schlecht-
hin. Darum lautet ein rabbinischer Satz:
„Verflucht sei der Mensch, der
Schweine züchtet!"

Fremde. Dort lebte er in Saus und Braus und
verjubelte alles. Als er nichts mehr hatte, brach
in jenem Land eine große Hungersnot aus; da
ging es ihm schlecht. Er fand schließlich Arbeit
bei einem Bürger des Landes, der schickte ihn
zum Schweinehüten aufs Feld. Er war so
hungrig, daß er auch mit dem Schweinefutter
zufrieden gewesen wäre; aber selbst das ver-
wehrte man ihm. Endlich ging er in sich und
sagte: ‚Die Arbeiter meines Vaters bekommen
mehr, als sie essen können, und ich werde hier
noch vor Hunger umkommen. Ich will zu
meinem Vater gehen und zu ihm sagen: Vater,
ich bin vor Gott und vor dir schuldig geworden;
ich verdiene es nicht mehr, dein Sohn zu sein.
Nimm mich als einen deiner Arbeiter in
Dienst!'
So machte er sich auf den Weg zu seinem
Vater. Der sah ihn schon von weitem kommen,
und voller Mitleid lief er ihm entgegen, fiel ihm
um den Hals und küßte ihn. ‚Vater', sagte der
Sohn, ‚ich bin vor Gott und vor dir schuldig
geworden, ich verdiene es nicht mehr, dein
Sohn zu sein!' Aber der Vater rief seine Diener:
‚Schnell, holt das beste Kleid für ihn, steckt ihm
einen Ring an den Finger und bringt ihm
Schuhe! Holt das Mastkalb und schlachtet es!
Wir wollen ein Fest feiern und uns freuen! Mein
Sohn hier war tot, jetzt lebt er wieder. Er war
verloren, jetzt ist er wiedergefunden.' Und sie
begannen zu feiern.
Der ältere Sohn war noch auf dem Feld. Als er
zurückkam und sich dem Haus näherte, hörte
er das Singen und Tanzen. Er rief einen der
Diener herbei und fragte, was da los sei. Der

sagte: ‚Dein Bruder ist zurückgekommen, und
dein Vater hat das Mastkalb schlachten lassen,
weil er ihn gesund wiederhat.' Da wurde der
ältere Bruder zornig und wollte nicht ins Haus
gehen. Schließlich kam der Vater heraus und
redete ihm gut zu. Aber der Sohn sagte zu ihm:
‚Du weißt doch: all die Jahre habe ich wie ein
Sklave für dich geschuftet, nie war ich dir
ungehorsam. Was habe ich dafür bekommen?
Mir hast du nie auch nur einen Ziegenbock
gegeben, damit ich mit meinen Freunden
feiern konnte. Aber der da, dein Sohn, hat dein
Geld mit Huren durchgebracht; und jetzt
kommt er nach Hause, da schlachtest du gleich
das Mastkalb für ihn.' ‚Mein Sohn', sagte da der
Vater, ‚du bist immer bei mir, und dir gehört
alles, was ich habe. Wir konnten doch gar nicht
anders als feiern und uns freuen. Denn dein
Bruder war tot, jetzt ist er wieder am Leben! Er
war verloren, aber jetzt ist er wiedergefunden!'" (Lukas 15,11—32)

Der untreue Verwalter

Jesus erzählte seinen Jüngern: „Ein reicher
Mann hatte einen Verwalter, der ihn betrog. Als
er davon hörte, ließ er ihn rufen und stellte ihn
zur Rede: ‚Was muß ich von dir hören? Leg die
Abrechnung vor, du kannst nicht länger mein
Verwalter sein!' Da sagte sich der Mann: ‚Was
soll ich machen, wenn mein Herr mir die Stelle
wegnimmt? Für schwere Arbeiten bin ich zu
schwach, und zu betteln schäme ich mich. Ich
weiß, was ich tun werde: Ich muß mir Freunde
verschaffen, die mich aufnehmen, wenn ich

Abb. 57
Hirt und Herde in Palästina

64

hier entlassen werde.' So rief er nacheinander alle zu sich, die bei seinem Herrn Schulden hatten. Er fragte den ersten: ‚Wieviel schuldest du meinem Herrn?' ‚Hundert Fässer Olivenöl', war die Antwort. ‚Hier ist dein Schuldschein', sagte der Verwalter; ‚setz dich hin und schreib fünfzig!' Einen anderen fragte er: ‚Wie steht es bei dir, wieviel Schulden hast du?' ‚Hundert Sack Weizen', war die Antwort. ‚Hier ist dein Schuldschein, schreib achtzig!'"
Jesus lobte den betrügerischen Verwalter, weil er so klug war. Denn die Menschen dieser Welt sind viel klüger im Umgang mit ihresgleichen als die Menschen des Lichtes. „Ich sage euch", fügte Jesus hinzu, „nutzt das leidige Geld dazu, durch Wohltaten Freunde zu gewinnen. Wenn es mit euch und eurem Geld zu Ende geht, werden sie euch dafür eine Wohnung bei Gott verschaffen." (Lukas 16,1–8)

Die Pflicht eines Dieners

Jesus sagte: „Stellt euch vor, ihr habt einen Sklaven, der vom Pflügen oder Schafehüten nach Hause kommt. Werdet ihr zu ihm sagen: ‚Bitte, komm gleich zu Tisch'? Gewiß nicht! Ihr werdet ihm befehlen: ‚Mach das Essen fertig, zieh dich um und bediene mich bei Tisch, wenn ich esse und trinke. Danach kannst auch du essen und trinken.' Werdet ihr euch vielleicht bei ihm bedanken, weil er euren Befehl ausgeführt hat? So ist es auch mit euch. Wenn ihr alles getan habt, was euch von Gott befohlen wurde, dann sagt: ‚Wir sind nur Diener; wir haben nichts als unsere Schuldigkeit getan.'" (Lukas 17,7–10)

Jesus heilt zehn Aussätzige

Auf dem Weg nach Jerusalem zog Jesus durch das Grenzgebiet von Samarien und Galiläa. Als er in ein Dorf ging, kamen ihm zehn Aussätzige entgegen. Sie blieben in gehörigem Abstand stehen und riefen laut: „Jesus! Herr! Hab Erbarmen mit uns!" Jesus befahl ihnen: „Geht zu den Priestern und laßt euch untersuchen!"
Unterwegs wurden sie gesund. Einer aus der

Pharisäergebet
Von Rabbi Nechunja ben Haqana (um 70 n. Chr.) ist folgendes Gebet überliefert: „Ich danke dir, Jahwe, mein Gott und Gott meiner Väter, daß du mir mein Teil gegeben hast bei denen, die im Lehrhaus und in den Synagogen sitzen, und daß du mir mein Teil nicht in den Theatern und Zirkussen gegeben hast. Denn ich mühe mich, um den Garten Eden zu erwerben, und jene mühen sich um den Brunnen der Grube."

Abb. 58
Wüste bei Jericho / Jericho, die grünende und blühende Oasenstadt, ist von lebensfeindlicher Wüste umgeben.

Abb. 59
Wachtturm in einem palästinischen Weinberg / Wein war zur Zeit Jesu ein Volksgetränk. Erst das Vordringen des Islam hat den Weinanbau in Palästina zum Erliegen gebracht, weil Mohammed seinen Anhängern den Genuß berauschender Getränke verboten hatte.
Die Weinkultur, die sich in mehreren Gleichnissen Jesu spiegelt, war sehr arbeitsaufwendig. Die Weinstöcke waren zu pflegen, der Boden mußte gelockert, das Unkraut gejätet werden. Um den Weinberg herum zog sich eine Hecke oder eine Mauer aus Feldsteinen. Ein Turm diente den Wächtern als Unterkunft und Ausguck. Meist im Weinberg selbst wurde die zweiteilige Kelter angelegt. In einem oberen Becken wurden die reifen Trauben mit den Füßen zertreten, im unteren Teil sammelte sich der Traubensaft. Diesen füllte man dann zum Gären in Krüge oder Tierhautschläuche, die neu sein mußten, damit der gärende Most sie nicht zum Zerreißen brachte.

Gruppe kam zurück, als er es merkte. Laut pries er Gott, warf sich vor Jesus nieder und dankte ihm. Der Mann war ein Samariter. Jesus sagte: „Zehn habe ich gesund gemacht. Wo sind die anderen neun? Warum sind sie nicht auch zurückgekommen, um Gott die Ehre zu erweisen, wie dieser Fremde hier?" Dann sagte er zu dem Mann: „Steh auf und geh nach Hause, dein Vertrauen hat dich gerettet."
(Lukas 17,11—19)

Der Richter und die Witwe

Mit einem Gleichnis zeigte Jesus seinen Jüngern, daß sie immer beten und darin nicht nachlassen sollten. Er erzählte: „In einer Stadt lebte ein Richter, der nicht nach Gott fragte und alle Menschen verachtete. In der gleichen Stadt lebte auch eine Witwe. Sie kam immer wieder zu ihm gelaufen und bat ihn: ‚Verhilf mir zu meinem Recht!' Lange Zeit wollte der Richter nicht, doch schließlich sagte er sich: ‚Es ist mir zwar völlig gleichgültig, was Gott und Menschen von mir halten; aber weil die Frau mir lästig wird, will ich dafür sorgen, daß sie ihr Recht bekommt. Sonst kratzt sie mir noch die Augen aus.'"
Und der Herr sagte: „Merkt euch gut, was dieser korrupte Richter sagt. Wird Gott nicht erst recht seinen Erwählten zu Hilfe kommen, wenn sie ihn Tag und Nacht anflehen? Wird er zögern? Ich versichere euch: er wird ihnen sehr schnell ihr Recht verschaffen. Aber wird der Menschensohn, wenn er kommt, auf der Erde noch Menschen finden, die in Treue auf ihn warten?" (Lukas 18,1—8)

Der Pharisäer und der Zolleinnehmer

Jesus erzählte einigen, die sich für untadelig hielten und auf andere herabsahen, folgende Geschichte:
„Zwei Männer gingen in den Tempel, um zu beten, ein Pharisäer und ein Zolleinnehmer. Der Pharisäer stellte sich ganz vorne hin und betete: ‚Gott, ich danke dir, daß ich nicht so habgierig, unehrlich und verdorben bin wie die anderen Leute, zum Beispiel dieser Zolleinnehmer. Ich faste zwei Tage in der Woche und gebe dir den zehnten Teil von allen meinen Einkünften!' Der Zolleinnehmer aber stand ganz hinten und getraute sich nicht einmal aufzublicken. Er schlug sich an die Brust und sagte: ‚Gott, hab Erbarmen mit mir, ich bin ein sündiger Mensch!'"
Jesus schloß: „Ich sage euch, als der Zolleinnehmer nach Hause ging, hatte Gott ihn angenommen, den anderen nicht. Denn wer sich erhöht, der wird erniedrigt; aber wer sich geringachtet, der wird erhöht."
(Lukas 18,9—14)

Jesus und Zachäus in Jericho

Jesus kam nach Jericho und zog durch die Stadt. Dort lebte ein Mann namens Zachäus. Er war der oberste Zolleinnehmer und war sehr reich. Er wollte unbedingt sehen, wer dieser Jesus sei. Aber er war klein, und die Menschenmenge versperrte ihm die Sicht. So lief er voraus und kletterte auf einen Maulbeerfeigenbaum, um Jesus sehen zu können, wenn er vorbeizog. Als Jesus an die Stelle kam, schaute er hinauf und redete ihn an: „Zachäus, komm schnell herunter, ich muß heute dein Gast sein!" Zachäus stieg sofort vom Baum und nahm Jesus mit großer Freude bei sich auf.
Alle waren darüber entrüstet, daß Jesus bei einem so schlechten Menschen einkehrte. Aber Zachäus wandte sich an den Herrn und sagte zu ihm: „Herr, ich verspreche dir, ich werde die Hälfte meines Besitzes den Armen geben. Und wenn ich jemand betrogen habe, will ich ihm das Vierfache zurückgeben." Da sagte Jesus zu ihm: „Heute hast du mit deiner ganzen Familie die Rettung erfahren. Denn trotz allem bist auch du ein Nachkomme Abrahams. Der Menschensohn ist gekommen, um die Verlorenen zu suchen und zu retten."
(Lukas 19,1—10)

Die Arbeiter im Weinberg

Einmal sagte Jesus: „Wenn Gott sein Werk vollendet, wird es sein wie bei einem Weinbergbesitzer, der früh am Morgen einige Leute für die Arbeit in seinem Weinberg anstellte. Er einigte sich mit ihnen auf den üblichen Tageslohn von einem Silberstück, dann schickte er sie in den Weinberg. Um neun Uhr ging er wieder auf den Marktplatz und sah dort noch ein paar Männer arbeitslos herumstehen. Er sagte auch zu ihnen: ‚Ihr könnt in meinem Weinberg arbeiten, ich will euch angemessen bezahlen.' Und sie gingen hin. Genauso machte er es mittags und gegen drei Uhr. Selbst als er um fünf Uhr das letzte Mal zum Marktplatz ging, fand er noch einige herumstehen und sagte zu ihnen: ‚Warum tut ihr den ganzen Tag nichts?' Sie antworteten: ‚Weil uns niemand eingestellt hat.' Da sagte er: ‚Geht auch ihr noch hin und arbeitet in meinem Weinberg!'

Am Abend sagte der Besitzer des Weinbergs zu seinem Verwalter: ‚Ruf die Leute zusammen und zahl allen ihren Lohn. Fang bei denen an, die zuletzt gekommen sind, und höre bei den ersten auf.' Die Männer, die erst um fünf Uhr angefangen hatten, traten vor, und jeder bekam ein Silberstück. Als nun die an der Reihe waren, die ganz früh angefangen hatten, dachten sie, sie würden entsprechend besser be-

Abb. 60
Jericho / Jericho liegt 250 m unter dem Meeresspiegel etwa 7 km westlich des Jordans (vgl. Karte 2 auf S. 15.) Die Entfernung zum Nordufer des Toten Meeres beträgt rund 10 km.
Lebensspender für Jericho ist die ganzjährig fließende Quelle En es-Sultan. Sie bewässert die Jordanebene und ermöglicht eine ertragreiche Oasenkultur. Bananen, Dattelpalmen, Orangen, Wein und Getreide werden angebaut.
Der älteste Teil Jerichos liegt unmittelbar an dieser Quelle. Der ellipsenförmige Ruinenhügel Tell es-Sultan ist etwa 21 m hoch, 380 m lang und 150 m breit. Ausgrabungen stießen in Trümmerschichten vor, die 8 000 bis 10 000 Jahre alt sind (unser Foto).
Im Alten Testament wird Jericho mit dem Eindringen israelitischer Stämme in das Gebiet westlich des Jordans in Verbindung gebracht. Nach dem Josuabuch (Kapitel 6) wurde die Stadt erobert und zerstört, als sie sich den eindringenden Israeliten widersetzte.

Abb. 61
Stadtturm des alten Jericho aus dem
8. Jahrtausend vor Christus / Bei Ausgrabungen in Jericho wurde dieser
Turm freigelegt. Er war bis in eine Höhe
von 9 m noch erhalten. Der in der Tiefe
erkennbare Eingang ermöglicht den
Zugang zu einer Treppe, die im Inneren
über 22 Stufen steil nach oben führt.
Die befestigte Stadt läßt auf eine ent
wickelte Ackerbaukultur schließen.

Abb. 62
Ausgrabungen im Jericho der Zeit Jesu / Um die Zeitenwende befand sich Jericho etwa 2 km von dem alten Stadthügel entfernt am Austritt des Wadi el-Kelt aus dem Gebirge. Herodes der Große (gest. 4 v. Chr.) hatte sich durch die klimatisch günstige Lage der Oasenstadt veranlaßt gesehen, hier seine Winterresidenz einzurichten. Er ließ Festungswerke, Palastgebäude, Bäder und andere Bauten errichten. Sein Sohn Archelaus, der bis zum Jahr 6 n. Chr. in Judäa regierte, aber auch die danach amtierenden römischen Prokuratoren setzten die Bautätigkeit fort. Jesus kam also in eine Stadt mit vielen beeindruckenden neuen Gebäuden und Anlagen.
Auf dem Berg im Hintergrund lag die Burg Kypros, welche den Aufstieg in das Wüstengebirge sicherte. Eine römische Straße führte in ihrem Sichtbereich hinauf nach Jerusalem.
Das neue — arabische — Jericho führt den Namen Eriha. Es liegt südöstlich des alten Jericho und im Osten der herodianischen Stadt.

zahlt, aber auch sie bekamen jeder ein Silberstück. Da schimpften sie über den Besitzer und sagten: ‚Die anderen, die zuletzt gekommen sind, haben nur eine Stunde lang gearbeitet, und du behandelst sie genauso wie uns? Dabei haben wir den ganzen Tag in der Hitze geschuftet!' Da sagte der Weinbergbesitzer zu einem von ihnen: ‚Mein Lieber, ich tue dir kein Unrecht. Hatten wir uns nicht auf ein Silberstück geeinigt? Das hast du bekommen, und nun geh! Ich will nun einmal dem letzten hier genausoviel geben wie dir! Ist es nicht meine Sache, was ich mit meinem Eigentum mache? Oder bist du neidisch, weil ich großzügig bin?'"
Jesus schloß: „So werden die Letzten die Ersten sein, und die Ersten die Letzten." (Matthäus 20,1—16)

Über die Habgier

Ein Mann in der Menge wandte sich an Jesus: „Lehrer, sag doch meinem Bruder, er soll mit mir das Erbe teilen, das unser Vater uns hinterlassen hat!" Jesus antwortete ihm: „Ich bin nicht zum Richter für eure Erbstreitigkeiten bestellt." Dann sagte er zu allen: „Gebt acht! Hütet euch vor jeder Art von Habgier! Denn das Leben eines Menschen hängt nicht von seinem Besitz ab, auch wenn dieser noch so groß ist."
Jesus erzählte ihnen dazu eine Geschichte: „Ein reicher Gutsbesitzer hatte eine besonders gute Ernte gehabt. ‚Was soll ich nur tun?' überlegte er. ‚Ich weiß nicht, wo ich das alles unterbringen soll!' ‚Ich hab's', sagte er, ‚ich reiße meine Scheunen ab und baue größere! Dann kann ich das ganze Getreide und alle meine Vorräte dort unterbringen und kann zu mir selbst sagen: Gut gemacht! Jetzt bist du auf viele Jahre versorgt und kannst dir Ruhe gönnen! Iß und trink nach Herzenslust und genieße das Leben!' Aber Gott sagte zu ihm: ‚Du Narr, noch in dieser Nacht mußt du sterben! Wem gehört dann dein Besitz?'" Und Jesus schloß: „So geht es allen, die nur für sich selbst Reichtümer sammeln, aber in den Augen Gottes nicht reich sind." (Lukas 12,13—21)

Die Männer, die Pilatus töten ließ

Um diese Zeit kamen einige Leute zu Jesus und erzählten ihm von den Männern aus Galiläa, die Pilatus töten ließ, als sie gerade im Tempel Opfer darbrachten; ihr Blut vermischte sich mit dem Opferblut. Doch Jesus sagte zu ihnen: „Meint ihr etwa, daß sie einen so grausamen

Der römische Prokurator Pilatus

Zur Zeit Jesu regierten in Judäa nicht mehr wie zuvor einheimische Vasallenfürsten, sondern die Römer hatten dieses Gebiet direkt ihrer Verwaltung unterstellt. Nach dem Sturz des Herodessohnes Archelaus im Jahre 6 n. Chr. waren römische Statthalter (Prokuratoren) Träger der höchsten staatlichen Gewalt.

Von diesen Prokuratoren erscheint Pontius Pilatus mehrfach im Neuen Testament. Vor allem ist er als Richter im Prozeß gegen Jesus bekannt (vgl. S. 99).

Pontius Pilatus war von 26 bis 36 n. Chr. römischer Statthalter über Judäa mit Jerusalem und Samaria. Er war auch außerbiblischen Quellen nach zu urteilen ein harter und vielfach ungerecht regierender Mann, der wenig Rücksicht auf seine Untertanen nahm. Z. B. ließ er ohne Rücksicht auf die jüdische Bilderscheu seine Soldaten mit ihren Standarten, auf denen der Kaiser abgebildet war, in Jerusalem einmarschieren. Im ehemaligen Palast des Herodes stellte er Votivschilder mit dem Kaisernamen auf. Den Bau einer Wasserleitung finanzierte er aus dem Tempelschatz. Im Jahre 35 befahl er, eine Gruppe opfernder Samariter auf dem Garizim zusammenzuhauen. Daraufhin ließ ihn sein unmittelbarer Vorgesetzter, der römische Legat für Syrien, Vitellius, nach Rom zitieren, wo er vom Kaiser Caligula seines Amtes entsetzt wurde.

Abb. 63
Reste eines Säulenganges im herodianischen Jericho

Abb. 64
Bei Ausgrabungen freigelegter Wassergraben / Der Graben, der noch ebenso wasserdicht ist wie zur Zeit Jesu, war Teil eines Ziergartens im Bereich der Herodesbauten in Jericho.

Tod fanden, weil sie schlimmere Sünder waren als die anderen Leute in Galiläa? Nein, ich versichere euch: wenn ihr euch nicht ändert, werdet ihr alle genauso umkommen! Oder denkt an die achtzehn, die der Turm am Schiloachteich unter sich begrub! Meint ihr, daß sie schlechter waren als die übrigen Einwohner Jerusalems? Nein, ich versichere euch: ihr werdet alle genauso umkommen, wenn ihr euch nicht ändert!" (Lukas 13,1—5)

Der unfruchtbare Feigenbaum

Dann erzählte ihnen Jesus ein Gleichnis: „Ein Mann hatte in seinem Weinberg einen Feigenbaum; aber wenn er Früchte suchte, fand er nie etwas daran. Schließlich sagte er zum Gärtner: ‚Sieh her, drei Jahre warte ich nun schon darauf, daß dieser Feigenbaum Früchte trägt, aber ich finde keine. Hau ihn um, was soll er für nichts und wieder nichts den Boden aussaugen!' Aber der Gärtner meinte: ‚Herr, laß ihn doch noch ein Jahr stehen. Ich will den Boden rundherum gut auflockern und düngen. Vielleicht trägt er nächstes Jahr Früchte. Wenn nicht, dann laß ihn umhauen.'" (Lukas 13,6—9)

Das Gleichnis vom großen Fest

Jesus ging einmal zum Essen in das Haus eines führenden Pharisäers. Einer von den Gästen sagte zu Jesus: „Freuen darf sich jeder, der zu Tisch geladen wird in Gottes neuer Welt!"

Darauf erzählte ihm Jesus ein Gleichnis: „Ein Mann hatte viele Leute zu einem großen Essen eingeladen. Als es soweit war, schickte er seinen Diener, um die Gäste zu bitten: ‚Kommt! Alles ist hergerichtet.' Aber einer nach dem anderen begann, sich zu entschuldigen. Der erste erklärte: ‚Ich habe ein Stück Land gekauft, das muß ich mir jetzt unbedingt ansehen; bitte entschuldige mich.' Ein anderer sagte: ‚Ich habe fünf Ochsengespanne gekauft und will gerade sehen, ob sie etwas taugen; bitte entschuldige mich.' Ein dritter sagte: ‚Ich habe eben erst geheiratet, darum kann ich nicht kommen.'

Der Diener kam zurück und berichtete alles seinem Herrn. Da wurde der Herr zornig und befahl ihm: ‚Lauf schnell auf die Straßen und Gassen der Stadt und hol die Armen, Verkrüppelten, Blinden und Gelähmten her.' Der Diener kam zurück und meldete: ‚Herr, ich habe deinen Befehl ausgeführt, aber es ist immer noch Platz da.' Der Herr sagte zu ihm: ‚Geh auf die Feldwege und an die Hecken und Zäune und dränge die Leute zu kommen, damit mein Haus voll wird.' Das aber versichere ich euch: von den zuerst geladenen Gästen kommt mir keiner an meinen Tisch!" (Lukas 14,15—24)

Lazarus und der Reiche

Ein anderes Mal sagte Jesus: „Es war einmal ein reicher Mann, der immer die teuerste und beste Kleidung trug und Tag für Tag im Luxus lebte. Vor seinem Haustor lag ein Armer, der hieß Lazarus. Sein Körper war ganz mit Geschwüren bedeckt. Er wartete darauf, daß von den Mahlzeiten des Reichen ein paar kümmerliche Reste für ihn abfielen. Er konnte sich nicht einmal gegen die Hunde wehren, die seine Wunden beleckten.

Der Arme starb, und die Engel trugen ihn zu Abraham in den Himmel. Auch der Reiche starb und wurde begraben. Drunten in der Totenwelt litt er große Qualen. Als er aufblickte, sah er

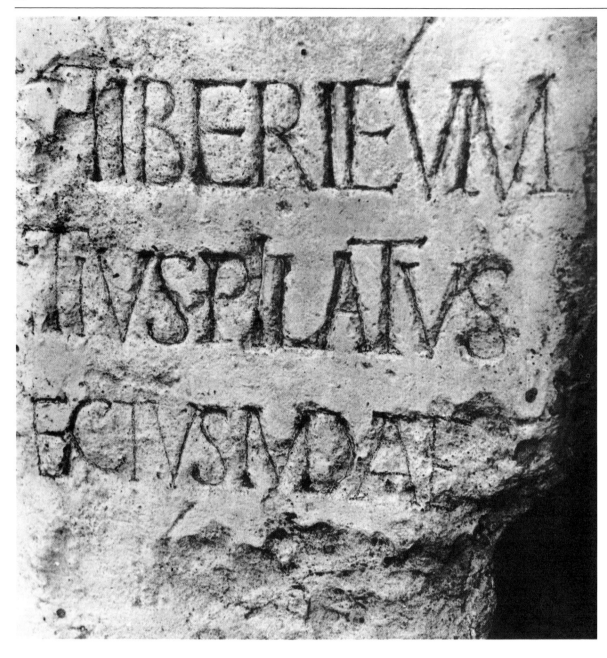

Abb. 65
Pilatus-Inschrift / Bei Ausgrabungen in dem römischen Theater von Cäsarea fanden 1961 italienische Archäologen einen Stein mit dem Namen des römischen Statthalters. Der Inschriftenstein war zu einer Stufe zurechtgehauen und in eine Treppe eingefügt worden. Ein Teil der Inschrift wurde dabei weggemeißelt. Die erhalten gebliebene Inschrift zeigt unser Foto. Sie könnte (vgl. Kroll, S. 165) wie folgt ergänzt werden:

CAESARIENSIBUS TIBERIEUM
           PON TIUS PILATUS
     PRAEF ECTUS IUDAE (AE)
        D E (DIT)

„Pontius Pilatus, Präfekt von Judäa, hat den Einwohnern von Cäsarea dieses Tiberium geschenkt."

Abb. 66
Von Pilatus ausgegebene Münze / Die Vorderseite (oben) stellt einen römischen Krummstab dar, er wird von dem Namen des Kaisers Tiberius umrandet. Die Rückseite trägt die Jahreszahl 17. Das 17. Regierungsjahr des Tiberius ist vermutlich das Jahr 30/31 n. Chr.
Wie G. Kroll bemerkt, dokumentiert sich auch in diesen Münzen die Rücksichtslosigkeit des Prokurators gegenüber dem religiösen Empfinden der Juden. Der Krummstab war das Abzeichen des obersten Auguren, eines heidnischen römischen Priesters.

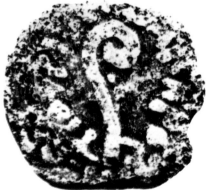

hoch oben Abraham und Lazarus bei ihm. Da rief er laut: ‚Vater Abraham, hab Mitleid mit mir! Schick mir doch Lazarus! Er soll seine Fingerspitze ins Wasser tauchen und meine Zunge ein wenig kühlen, denn das Feuer brennt entsetzlich.' Aber Abraham sagte: ‚Denk daran, daß es dir im Leben immer gut gegangen ist, Lazarus aber schlecht. Dafür kann er sich nun hier freuen, während du Qualen leidest. Außerdem liegt zwischen uns und euch ein tiefer Graben. Selbst wenn jemand wollte, könnte er nicht zu euch kommen, genauso wie keiner von dort zu uns gelangen kann.'
Da bat der reiche Mann: ‚Vater Abraham, dann schick doch Lazarus wenigstens in mein Elternhaus. Ich habe noch fünf Brüder. Er soll sie warnen, damit sie nicht auch an diesen schrecklichen Ort kommen.' Doch Abraham sagte: ‚Deine Brüder haben das Gesetz Moses und die Weisungen der Propheten. Sie brauchen nur darauf zu hören.' Der Reiche erwiderte: ‚Vater Abraham, das genügt nicht! Aber wenn einer von den Toten zu ihnen käme, dann würden sie sich ändern.' Abraham sagte: ‚Wenn sie auf Mose und die Propheten nicht hören, dann lassen sie sich auch nicht überzeugen, wenn jemand vom Tod aufersteht.'"
(Lukas 16,19—31)

Das Gleichnis vom hartherzigen Schuldner

Petrus wandte sich an Jesus und fragte ihn: „Herr, wenn mein Bruder an mir schuldig wird, wie oft muß ich ihm verzeihen? Siebenmal?"

„Nein, nicht siebenmal", antwortete Jesus, „sondern siebzigmal siebenmal!" Und er fuhr fort:

„Wenn Gott seine Herrschaft aufrichtet, handelt er wie ein König, der mit den Verwaltern seiner Güter abrechnen wollte. Gleich zu Beginn brachte man ihm einen Mann, der ihm einen Millionenbetrag schuldete. Da er nicht zahlen konnte, befahl der Herr, ihn selbst mit Frau und Kindern und seinem ganzen Besitz zu verkaufen und den Erlös für die Tilgung der Schulden zu verwenden. Aber der Schuldner warf sich vor ihm nieder und bat: ‚Hab doch Geduld mit mir! Ich will dir ja alles zurückzahlen.' Da bekam der Herr Mitleid; er gab ihn frei, und auch die Schuld erließ er ihm.

Kaum draußen, traf dieser Mann auf einen Kollegen, der ihm einen geringen Betrag schuldete. Den packte er an der Kehle, würgte ihn und sagte: ‚Gib zurück, was du mir schuldest!' Der Schuldner fiel auf die Knie und

Abb. 67
Feigen / Die Frühfeigen reifen im Juni, die Sommerfeigen im August. Die Winterfrüchte hängen gelegentlich bis zum nächsten Frühjahr an den Zweigen.
Auf dem Bild sind die ersten und die zweiten Feigen zu sehen. Die Fruchtansätze erscheinen fast gleichzeitig mit den jungen Blättern.

Abb. 68
Cäsarea am Meere, Hafenkastell aus der Kreuzfahrerzeit / Die römischen Prokuratoren, die im Auftrage Roms Judäa mit Jerusalem und Samaria verwalteten, residierten in Cäsarea Maritima (= „am Meer gelegen"). Die Reste des von ihnen bewohnten Palastes sind noch vorhanden.
Cäsarea war ein bedeutender Hafen am Mittelmeer, Palästinas Tor nach Rom. In den von der Apostelgeschichte geschilderten Ereignissen (s. S. 173) spielt Cäsarea eine bedeutende Rolle.

Abb. 69
Die Panshöhle bei Cäsarea Philippi
(Banijas) / Das Bekenntnis des Petrus,
Jesus sei „Christus, der versprochene
Retter", wurde nach Markus 8,29 bei
Cäsarea Philippi ausgesprochen. Die
Gründung dieser Stadt (3/2 v. Chr.) geht
auf den Vasallenfürsten Herodes Philip-
pus zurück. Um den römischen Kaiser
(= Cäsar) Augustus und sich selbst zu
ehren, gab er der Ansiedlung den
Namen Cäsarea Philippi.
Der arabische Ort Banijas, der in der
Neuzeit die Lage von Cäsarea Philippi
anzeigte, wurde 1967 von den Israelis
zerstört.

Abb. 70
Das sogenannte Grab des Propheten
Elija bei Banijas

bettelte: ‚Hab Geduld mit mir! Ich will es dir ja zurückgeben!' Aber darauf wollte sein Gläubiger nicht eingehen, sondern ließ ihn sofort ins Gefängnis werfen, bis er die Schuld beglichen hätte.

Als das die anderen sahen, waren sie bestürzt. Sie liefen zu ihrem Herrn und erzählten ihm, was geschehen war. Er ließ den Mann kommen und sagte: ‚Was bist du für ein böser Mensch! Ich habe dir deine ganze Schuld erlassen, weil du mich darum gebeten hast. Hättest du nicht auch Erbarmen mit deinem Kollegen haben können, so wie ich es mit dir gehabt habe?' Dann übergab er ihn voller Zorn den Fol-

terknechten zur Bestrafung, bis die ganze Schuld zurückgezahlt wäre.

So wird euch mein Vater im Himmel auch behandeln, wenn ihr eurem Bruder nicht von Herzen verzeiht." (Matthäus 18,21—35)

Das Bekenntnis des Petrus bei Cäsarea Philippi

Jesus zog mit seinen Jüngern weiter in die Dörfer bei Cäsarea Philippi. Unterwegs fragte er sie: „Für wen halten mich eigentlich die Leute?" Sie gaben zur Antwort: „Einige halten dich für den Täufer Johannes, andere für Elija,

Abb. 71
Im Quellgebiet des Jordan / Unweit des früheren Cäsarea Philippi bildet sich aus drei Quellflüssen der Jordan, Palästinas Hauptstrom. In seinem Oberlauf weist er ein starkes Gefälle auf.

und wieder andere meinen, du seist einer der Propheten." „Und ihr", wollte Jesus wissen, „für wen haltet ihr mich?" Da sagte Petrus: „Du bist Christus, der versprochene Retter!" Aber Jesus schärfte ihnen ein, mit niemand darüber zu reden. (Markus 8,27–30)

Erste Todesankündigung

Daraufhin erklärte Jesus den Jüngern zum erstenmal, was ihm bevorstand: „Der Menschensohn wird vieles erleiden müssen. Die Ratsältesten, die führenden Priester und die Gesetzeslehrer werden ihn aburteilen. Man wird ihn töten, doch nach drei Tagen wird er auferstehen."
Jesus sagte das ganz offen. Da nahm Petrus ihn beiseite und machte ihm Vorhaltungen. Aber Jesus wandte sich um, sah die anderen Jünger und wies Petrus zurecht. „Geh weg, du Satan!" sagte er. „Was du im Sinn hast, entspricht nicht Gottes Willen, sondern menschlichen Wünschen." (Markus 8,31–33)

Jesus das Kreuz nachtragen

Dann rief Jesus die ganze Menschenmenge hinzu und sagte: „Wer mit mir gehen will, der muß sich und seine Wünsche aufgeben. Er muß sein Kreuz auf sich nehmen und mir auf meinem Weg folgen. Denn wer sein Leben retten will, wird es verlieren. Aber wer sein Leben für mich und für die Gute Nachricht verliert, wird es retten. Was hat ein Mensch davon, wenn er die ganze Welt gewinnt, aber zuletzt sein Leben verliert? Womit will er es dann zurückkaufen? Die Menschen dieser schuldbeladenen Generation wollen von Gott nichts wissen. Wenn einer nicht den Mut hat, sich vor ihnen zu mir und zu meiner Botschaft zu bekennen, dann wird auch der Menschensohn keinen Mut haben, sich zu ihm zu bekennen, wenn er in der Herrlichkeit seines Vaters mit den heiligen Engeln kommt!"
Und er fügte hinzu: „Ihr könnt euch darauf verlassen: einige von euch, die jetzt hier stehen, werden noch zu ihren Lebzeiten sehen, wie Gottes Herrschaft machtvoll aufgerichtet wird." (Markus 8,34–38; 9,1)

Drei Jünger sehen Jesu Herrlichkeit auf einem hohen Berg

Sechs Tage später nahm Jesus die drei Jünger Petrus, Jakobus und Johannes mit sich und führte sie auf einen hohen Berg. Sonst war niemand bei ihnen. Vor den Augen der Jünger ging mit Jesus eine Verwandlung vor. Seine Kleider wurden so leuchtend weiß, wie es

Abb. 72
Eine der drei Jordanquellen

Abb. 73
Der Hermon / Cäsarea Philippi und die
Jordanquellen befinden sich im Gebiet
des Hermon. Dieser Berg im Norden
Palästinas ist eine uralte heidnische
Kultstätte. Er ist 2814 m hoch und viele
Monate lang im Jahr mit Schnee be-
deckt. Aus diesem Grunde nennen ihn
die Umwohner „Schneeberg". Er ist
weit nach Palästina hinein zu sehen.
Am regenreichen Südwesthang werden
Wein, Südfrüchte und Oliven angebaut,
z. T. im Terrassen-Feldbau.

Abb. 74
Der Tabor / (Vgl. auch Farbtafel 16)
Durch seine charakteristische Form und
Lage bedingt, heißt der Tabor bei den
Umwohnern schlechthin „der Berg" =
Dschebel et-Tor. Seine runde Kuppel
gehört mit einer Höhe von rund 560 m
zu den markanten Erhebungen des
untergaliläischen Hügellandes. Von
Nazaret aus ist er gut zu sehen. Er liegt
etwa 8 km südöstlich von Jesu Heimatstadt entfernt.
Der Berg, auf dem die Jünger Jesu
Herrlichkeit schauten (Markus 9,2-13),
ist wie die Stätte der Bergpredigt oder
der Versuchung in den Evangelien nicht
genannt. Offensichtlich hat die ur-
sprüngliche Überlieferung mit der
Ortsbezeichnung „Berg" keine geogra-
phische Festlegung im Sinn gehabt,
sondern einen theologischen Hinweis
geben wollen: Berge sind Stätten eines
besonderen Gottesverhältnisses, so wie
einst Gott auf einem Berg den Bund mit
seinem Volk geschlossen hat. Erst die
frühchristliche Legende hat das Ver-
herrlichungsgeschehen verdinglicht,
indem sie den Tabor als Ort der Verklärung nannte.

keiner auf der Erde machen kann. Auf einmal sahen sie Elija und Mose bei Jesus stehen und mit ihm reden. Da sagte Petrus zu Jesus: „Wie gut, daß wir hier sind, Lehrer! Wir wollen drei Zelte aufschlagen, eins für dich, eins für Mose und eines für Elija." Aber er wußte gar nicht, was er sagte, denn er und die beiden anderen waren vor Schreck ganz verstört. Da kam eine Wolke und warf ihren Schatten über sie. Eine Stimme aus der Wolke sagte: „Dies ist mein Sohn, dem meine ganze Liebe gilt; auf ihn sollt ihr hören!" Dann aber, als sie um sich blickten, sahen sie niemand mehr, nur Jesus war noch bei ihnen.

Während sie den Berg hinunterstiegen, befahl ihnen Jesus: „Sprecht mit niemand über das, was ihr gesehen habt, bis der Menschensohn vom Tod auferstanden ist!" Sie griffen dieses Wort auf und fingen an zu erörtern, was denn das heiße, vom Tod auferstehen.

Dann fragten sie Jesus: „Warum behaupten die Gesetzeslehrer, daß vor dem Ende noch Elija wiederkommen muß?" Jesus sagte: „Elija kommt zwar zuerst, um das ganze Volk Gottes wiederherzustellen. Aber warum heißt es dann noch in den heiligen Schriften, daß der Menschensohn vieles erleiden muß und verspottet wird? Ich sage euch, Elija ist schon gekommen, und sie haben mit ihm gemacht, was sie wollten. So ist es ja auch über ihn geschrieben." (Markus 9,2—13)

Heilung eines Kindes

Als sie zu den anderen Jüngern zurückkamen, war dort eine große Menschenmenge versammelt; in der Mitte standen einige Gesetzeslehrer, die sich mit den Jüngern stritten. Als die Menschen Jesus sahen, gerieten sie in Aufregung; sie eilten zu ihm hin und begrüßten ihn. Jesus fragte die Jünger: „Worüber streitet ihr euch mit den Gesetzeslehrern?" Ein Mann aus der Menge wandte sich an Jesus: „Ich habe meinen Sohn zu dir gebracht; er ist von einem bösen Geist besessen, darum kann er nicht sprechen. Immer, wenn dieser Geist ihn packt, zerrt er ihn hin und her. Schaum steht dann vor seinem Mund, er knirscht mit den Zähnen, und sein ganzer Körper wird steif. Ich habe deine Jünger gebeten, den bösen Geist auszutreiben, aber sie konnten es nicht."

Da sagte Jesus: „Ihr habt kein Vertrauen zu Gott! Wie lange soll ich noch bei euch aushalten und euch ertragen? Bringt den Jungen her!" Sie brachten ihn. Sobald der böse Geist Jesus erblickte, riß er das Kind zu Boden, so daß es sich mit Schaum vor dem Mund hin- und herwälzte. „Wie lange hat er das schon?"

fragte Jesus. „Von klein auf", sagte der Vater. „Oft wäre er fast ums Leben gekommen, weil der böse Geist ihn ins Feuer oder ins Wasser warf. Hab Erbarmen mit uns und hilf uns, wenn du kannst!" „Was heißt hier: ‚Wenn du kannst'?" sagte Jesus. „Wer Gott vertraut, dem ist alles möglich." Da brach es aus dem Vater hervor: „Ich vertraue ihm ja — und kann es doch nicht! Hilf mir vertrauen!"

Da immer mehr Leute zusammenliefen, bedrohte Jesus den bösen Geist: „Du stummer und tauber Geist, ich befehle dir: Verlaß dieses Kind und komm nie wieder zu ihm zurück!" Der Geist schrie, schüttelte den Jungen hin und her und fuhr aus. Der Junge lag wie leblos am Boden, so daß die Leute schon sagten: „Er ist tot." Aber Jesus nahm ihn bei der Hand, richtete ihn auf, und er stand auf.

Als Jesus später im Haus war, fragten ihn seine Jünger: „Warum konnten wir den bösen Geist nicht austreiben?" Da sagte Jesus: „Nur durch Gebet kann man solche Geister austreiben." (Markus 9,14—29)

Zweite Todesankündigung

Sie gingen von dort weiter und durchzogen Galiläa. Jesus wollte nicht, daß jemand davon wußte. Er erklärte seinen Jüngern, was ihm bevorstand: „Der Menschensohn wird den Menschen ausgeliefert werden. Sie werden ihn töten, doch nach drei Tagen wird er auferstehen." Die Jünger verstanden nicht, was Jesus damit sagen wollte; aber sie scheuten sich, ihn zu fragen. (Markus 9,30—32)

Der bedeutendste Jünger

Sie kamen nach Kafarnaum, und als sie im Haus waren, fragte Jesus seine Jünger: „Worüber habt ihr euch denn unterwegs gestritten?" Sie schwiegen, denn sie hatten sich gestritten, wer von ihnen wohl der Bedeutendste wäre. Da setzte sich Jesus hin, rief alle zwölf zu sich und sagte: „Wer der Erste sein will, der muß sich allen anderen unterordnen und ihnen dienen." Er winkte ein Kind heran, stellte es in ihre Mitte, nahm es in seine Arme und sagte: „Wer in meinem Namen solch ein Kind aufnimmt, der nimmt mich auf. Und wer mich aufnimmt, der nimmt nicht nur mich auf, sondern gleichzeitig den, der mich gesandt hat." (Markus 9,33—37)

Wer nicht gegen uns ist, ist für uns

Johannes sagte zu Jesus: „Wir haben da einen Mann gesehen, der hat deinen Namen dazu benutzt, böse Geister auszutreiben. Wir haben versucht, ihn daran zu hindern, weil er nicht zu uns gehört." „Laßt ihn doch", sagte Jesus; „denn wer meinen Namen gebraucht, um Wunder zu tun, kann nicht im nächsten Augenblick schlecht von mir reden. Wer nicht gegen uns ist, der ist für uns! Ich sage euch: wenn euch jemand auch nur einen Schluck Wasser zu trinken gibt, weil ihr zu mir gehört, wird er dafür belohnt werden." (Markus 9,38—41)

Warnung vor jeder Art von Verführung

„Wer auch nur einen einfachen Menschen, der mir vertraut, an mir irre werden läßt, der käme noch gut weg, wenn man ihn mit einem Mühlstein um den Hals ins Meer werfen würde. Wenn dich deine Hand zum Bösen verführt, dann hau sie ab. Es ist besser für dich, mit nur einer Hand bei Gott zu leben, als mit beiden Händen in die Hölle zu kommen, in das Feuer, das nie ausgeht. Oder wenn dich dein Fuß zum Bösen verführt, dann hau ihn ab; denn es ist besser für dich, mit nur einem Fuß ewig zu leben, als mit beiden Füßen in die Hölle geworfen zu werden. Und wenn dich dein Auge verführt, dann reiß es aus, denn es ist besser für dich, mit nur einem Auge in die neue Welt Gottes zu kommen, als mit beiden Augen in die Hölle zu fahren, wo die Qual nicht aufhört und das Feuer nicht ausgeht." (Markus 9,42—48)

Ein ernstes Wort an die Jünger

„Zu jeder Opfergabe gehört das Salz und zu jedem von euch das Feuer des Leidens, das euch reinigt und bewahrt. Salz ist etwas Gutes; wenn es aber seine Kraft verliert, wie soll es sie wiederbekommen? Zeigt, daß ihr die Kraft des Salzes in euch habt: haltet untereinander Frieden!" (Markus 9,49—50)

Aufbruch nach Judäa

Dann brach Jesus von dort auf und zog nach Judäa und in das Gebiet auf der anderen Seite des Jordans. Auch dort sammelten sich viele Menschen, und wie immer sprach er zu ihnen. (Markus 10,1)

Über die Ehescheidung

Da kamen einige Pharisäer und versuchten, ihm eine Falle zu stellen. Sie fragten ihn: „Ist es einem Mann erlaubt, seine Frau wegzuschicken?" Jesus antwortete mit einer Gegenfrage: „Was hat euch Mose denn für ein Gesetz gegeben?" Sie erwiderten: „Nach dem Gesetz Moses kann ein Mann seiner Frau eine Scheidungsurkunde ausstellen und sie dann wegschicken." Da sagte Jesus: „Mose hat euch die Ehescheidung nur zugestanden, weil ihr so hartherzig seid. Aber Gott hat am Anfang den Menschen als Mann und Frau geschaffen. Deshalb verläßt ein Mann Vater und Mutter, um mit seiner Frau zu leben. Die zwei sind dann eins, mit Leib und Seele. Sie sind also nicht mehr zwei, sondern eins. Und was Gott zusammengefügt hat, sollen Menschen nicht scheiden."

Als sie dann im Haus waren, baten die Jünger ihn wieder um eine Erklärung, und Jesus sagte zu ihnen: „Wer sich von seiner Frau trennt und eine andere heiratet, begeht Ehebruch gegenüber seiner ersten Frau. Und auch umgekehrt: eine Frau, die sich von ihrem Mann trennt und einen anderen heiratet, begeht Ehebruch." (Markus 10,2—12)

Jesus und die Kinder

Einige Leute brachten ihre Kinder zu Jesus, damit er ihnen die Hände auflegte, aber die Jünger wiesen sie ab. Als Jesus es bemerkte, wurde er zornig und sagte zu seinen Jüngern: „Laßt die Kinder doch zu mir kommen und hindert sie nicht, denn gerade für sie steht die neue Welt Gottes offen. Täuscht euch nicht: wer sich der Liebe Gottes nicht wie ein Kind öffnet, wird sie niemals erfahren." Dann nahm er die Kinder in die Arme, legte ihnen die Hände auf und segnete sie. (Markus 10,13—16)

Die Gefahr des Reichtums

Als Jesus weitergehen wollte, kam ein Mann zu ihm gelaufen, kniete vor ihm nieder und fragte: „Guter Lehrer, was muß ich tun, um das ewige Leben zu bekommen?" „Warum nennst du mich gut?" erwiderte Jesus, „nur einer ist gut, Gott! Und seine Gebote kennst du doch: Morde nicht, zerstöre keine Ehe, stiehl nicht, sage nichts Unwahres, beraube niemand, ehre deinen Vater und deine Mutter!" „Diese Gebote habe ich von Jugend an alle befolgt", erwiderte der Mann. Jesus sah ihn voller Liebe an und sagte: „Eines fehlt dir: Verkauf alles, was du hast, und gib das Geld den Armen, so wirst du bei Gott einen unverlierbaren Reichtum haben. Und dann geh mit mir!" Als der Mann das hörte, war er enttäuscht und ging traurig weg, denn er war sehr reich.

Jesus sah seine Jünger der Reihe nach an und sagte: „Wie schwer haben es doch reiche Leute, in die neue Welt Gottes zu kommen!" Die Jünger erschraken über dieses Wort, aber Jesus sagte noch einmal: „Ja, es ist sehr

Die Ehescheidung
(zu Markus 10,2-12)
Eine Ehescheidung konnte in Israel nur vom Manne ausgehen. Nach 5. Mose 24,1 war der Scheidungsgrund gegeben, wenn der Mann an seiner Frau etwas „Schandbares" entdeckte. Was darunter zu verstehen sei, war zur Zeit Jesu Gegenstand der Diskussion unter den Schriftgelehrten-Schulen Hillel und Schammaj. Schammaj verstand unter „Schandbarem" nur Unzucht, Hillel dagegen meinte gelegentlich, Schandbares sei bereits geschehen, wenn die Frau das Essen des Mannes habe anbrennen lassen.
Die Scheidung wurde vollzogen, indem der Mann seiner Frau einen Scheidebrief ausstellte. Dadurch war die Frau freigegeben; sie konnte in ihr Elternhaus zurückkehren oder eine neue Ehe eingehen (außer mit ihrem ersten Mann).
Ein Papyrus-Scheidebrief aus dem Jahre 111 n. Chr., der im Wadi Umrabbaat 18km südwestlich von Qumran gefunden wurde, enthält die Scheidungsformel, eine Ermächtigung zur Wiederverheiratung „mit jedem beliebigen jüdischen Mann", den Übergabeakt, finanzielle Vereinbarungen und die Erklärung der Bereitschaft, den Scheidebrief nochmals auszustellen. Unterschrieben ist das Dokument von dem Ehemann und von drei Zeugen.

Kinder in Israel
Das vom Pharisäismus beeinflußte Judentum hatte — wie auch andere antike Menschengruppen — für das Kind wenig Verständnis. Eine zahlreiche Nachkommenschaft wurde zwar als Gabe Gottes angesehen, aber als eigengeprägtes Wesen galt das Kind nichts. Von Rabbi Dosa ben Archinos ist der Ausspruch überliefert: „Der Morgenschlaf, der Mittagswein, das Geplauder mit den Kindern und der Aufenthalt in Zusammenkunftsorten der Menschen aus dem gemeinen Volk bringen den Menschen aus der Welt." Gesetzeslehrer erörterten die Frage, was aus den frühverstorbenen Kindern werde, da sie sich noch keine Verdienste mit der Erfüllung des Gesetzes erworben hätten.
Für Jesus steht fest, was die Gesetzeslehrer noch diskutieren: Den Kindern gehört das Reich Gottes — wie auch den Armen gehört (vgl. Lukas 6,20). Denn das Reich Gottes wird nicht durch Leistung erworben, sondern ist Gabe Gottes.

schwer hineinzukommen! Eher kommt ein Kamel durch ein Nadelöhr als ein Reicher in Gottes neue Welt." Da gerieten die Jünger völlig außer sich. „Wer kann dann überhaupt gerettet werden?" fragten sie einander. Jesus sah sie an und sagte: „Menschen können das nicht machen, aber Gott kann es. Für Gott ist nichts unmöglich."

Da sagte Petrus zu Jesus: „Du weißt, wir haben alles stehen- und liegenlassen und sind mit dir gegangen." Jesus antwortete: „Ich versichere euch: Jeder, der für mich und die Gute Nachricht sein Haus, seine Geschwister, seine Eltern oder Kinder oder seinen Besitz zurückgelassen hat, der wird all das in diesem Leben hundert-

werde: „Hört zu! Wir gehen jetzt nach Jerusalem. Dort wird der Menschensohn den führenden Priestern und Gesetzeslehrern ausgeliefert werden. Sie werden ihn zum Tod verurteilen und den Fremden übergeben, die Gott nicht kennen. Die werden ihren Spott mit ihm treiben, ihn anspucken, auspeitschen und töten; doch nach drei Tagen wird er vom Tod auferstehen." (Markus 10,32—34)

Nicht herrschen, sondern dienen

Da kamen Jakobus und Johannes, die Söhne von Zebedäus, zu Jesus und sagten zu ihm: „Wir möchten, daß du uns einen Wunsch er-

Abb. 75
Fries von der Synagoge in Kafarnaum

fach wiederbekommen: Häuser, Geschwister, Mütter, Kinder und Besitz, wenn auch unter Verfolgungen. Und in der kommenden Welt wird er das ewige Leben haben. Aber viele, die jetzt vorn sind, werden dann am Schluß stehen, und viele, die jetzt die Letzten sind, werden schließlich die Ersten sein."
(Markus 10,17—31)

Auf dem Weg nach Jerusalem:
dritte Todesankündigung

Sie waren auf dem Weg nach Jerusalem; Jesus ging ihnen voran. Seine Begleiter waren erschrocken, die Jünger aber hatten Angst. Wieder nahm Jesus die Zwölf beiseite und sagte ihnen, was bald mit ihm geschehen

füllst!" Jesus fragte sie: „Was wollt ihr denn von mir?" Sie sagten: „Wir möchten, daß du uns rechts und links von dir sitzen läßt, wenn du deine Herrschaft angetreten hast!" Jesus sagte zu ihnen: „Ihr wißt nicht, was ihr da verlangt! Könnt ihr den Leidenskelch trinken, den ich trinken muß? Könnt ihr die Taufe auf euch nehmen, die ich auf mich nehmen muß?" „Das können wir!" sagten sie. Jesus sagte zu ihnen: „Ihr werdet tatsächlich den gleichen Kelch trinken wie ich und die Taufe auf euch nehmen, die mir bevorsteht. Aber ich kann nicht darüber verfügen, wer rechts und links von mir sitzen wird. Auf diesen Plätzen werden die sitzen, die Gott dafür bestimmt hat."
Die anderen zehn hatten das Gespräch mitgehört und ärgerten sich über Jakobus und

Johannes. Darum rief Jesus sie zu sich und sagte: „Wie ihr wißt, unterdrücken die Herrscher ihre Völker, und die Großen mißbrauchen ihre Macht. Aber so soll es bei euch nicht sein. Wer von euch etwas Besonderes sein will, der soll den anderen dienen, und wer von euch an der Spitze stehen will, soll sich allen unterordnen. Auch der Menschensohn ist nicht gekommen, um sich bedienen zu lassen, sondern um zu dienen und sein Leben als Lösegeld für alle Menschen hinzugeben." (Markus 10,35—45)

Jünger ohne Wenn und Aber

Unterwegs sprach ein Mann Jesus an: „Ich bin bereit, dir überallhin zu folgen." Jesus sagte zu ihm: „Die Füchse haben ihren Bau und die Vögel ihr Nest; aber der Menschensohn hat keinen Platz, wo er sich hinlegen und ausruhen kann."
Zu einem anderen sagte Jesus: „Geh mit mir!" Er aber antwortete: „Herr, erlaube mir, erst noch meinen Vater zu begraben." Jesus sagte zu ihm: „Laß doch die Toten ihre Toten begraben! Du aber geh und verkünde, daß Gott jetzt seine Herrschaft aufrichten will!"
Ein anderer sagte: „Herr, ich will ja gerne mitkommen, aber laß mich erst noch von meiner Familie Abschied nehmen." Jesus sagte zu ihm: „Wer seine Hand an den Pflug legt und zurückschaut, den kann Gott nicht gebrauchen, wenn er jetzt seine Herrschaft aufrichten will." (Lukas 9,57—62)

Jesus heilt einen Blinden

Sie hatten Jericho erreicht. Als Jesus die Stadt mit seinen Jüngern und einer großen Menschenmenge wieder verlassen wollte, saß ein Blinder am Straßenrand und bettelte. Es war Bartimäus, der Sohn von Timäus. Als er hörte, daß Jesus von Nazaret vorbeikam, fing er an, laut zu rufen: „Jesus, Sohn Davids! Hab Erbarmen mit mir!"
Die Leute wollten ihn zum Schweigen bringen, aber er schrie noch lauter: „Sohn Davids, hab Erbarmen mit mir!" Da blieb Jesus stehen und sagte: „Ruft ihn her!" Sie gingen hin und sagten zu ihm: „Freu dich, Jesus ruft dich; steh auf!" Da sprang der Blinde auf, warf seinen Mantel ab und kam zu Jesus.
„Was soll ich für dich tun?" fragte Jesus; und der Blinde sagte: „Herr, ich möchte wieder sehen können!" Jesus antwortete: „Geh nur,

Der Tempel in Jerusalem

Der Tempel in Jerusalem war als Ort des Jahwe-Kultes zentrales Heiligtum Israels. Der Tempel galt als Stätte, an der der Gott des alttestamentlichen Bundes seinen Namen offenbarte und seine Herrlichkeit schauen ließ, ohne selbst an diesen Ort gebunden zu sein.

Im Tempel wurden nach ganz genauen Vorschriften Opfer verschiedener Art dargebracht. Im Laufe der Geschichte Israels bildete sich besonders das Tieropfer heraus. Das Opfertier wurde entweder ganz (Brand- oder Ganzopfer) oder zum Teil geopfert. Besonders das Blut, das als Sitz der Seele angesehen wurde, sollte Gott, dem Herrn des Lebens, dargebracht werden. Außerdem opferte man auch Mehl, Brot, Öl, Salz und Wein. Als Erstlingsopfer gab man die ersten und besten Früchte und die Erstgeburten des Viehs.

Das Opfer wurde in der Antike als Teil des Opfernden selbst verstanden und sollte Gemeinschaft mit der Gottheit herstellen helfen. Das Opfer konnte auch als Sühnopfer zur Beschwichtigung der zornigen Gottheit gegeben werden und der Beseitigung von Sünde und Unreinheit dienen.

Das Leben im Tempel war durch den Festkalender bestimmt. Mit der Geschichte Jesu ist besonders das Passafest verbunden, das 14 Tage nach dem ersten Frühjahrsvollmond gefeiert wurde.

Während der Verbannungszeit nach der Zerstörung Jerusalems im Jahre 587 v. Chr. war der offizielle Tempelkult unterbrochen. Das führte zur Entwicklung des opferlosen Synagogengottesdienstes, der auch nach der Rückkehr aus dem Exil beibehalten wurde und zur Zeit Jesu immer mehr an Bedeutung gewann (vgl. S. 25). Auch im Tempelkult selbst, der nach dem Exil wieder aufgenommen wurde, traten gottesdienstliche Elemente wie Gebet, Gesang und Unterweisung neben dem Opfer stärker hervor. Auf diese Weise war es möglich, die zweite und endgültige Zerstörung des Tempels im Jahre 70 n. Chr. religiös zu überwinden.

und Tor in Trümmer. Erst Jahrhunderte später entstand das jetzige Doppeltor. Erstmalig für das 8. Jahrhundert belegbar ist die Überlieferung, daß hier Jesus seinen Einzug in Jerusalem gehalten habe. Im Jahre 810 wurde das Tor bis auf eine kleine Pforte zugemauert, 1530 ließ Sultan Soliman es endgültig verschließen. Man sagt, er habe damit der volkstümlichen Vorstellung entgegenwirken wollen, Jesus werde bei seiner Wiederkunft durch dieses Tor in Jerusalem einziehen.

dein Vertrauen hat dich gerettet." Im gleichen Augenblick konnte er sehen und folgte Jesus auf seinem Weg. (Markus 10,46—52)

Jesus zieht in Jerusalem ein

Kurz vor Jerusalem kamen sie in die Nähe der Ortschaften Betfage und Betanien am Ölberg. Da schickte Jesus zwei seiner Jünger voraus und trug ihnen auf: „Geht in das Dorf da vorn! Dort werdet ihr gleich am Ortseingang einen jungen Esel angebunden finden, auf dem noch niemand geritten ist. Bindet ihn los und bringt ihn her. Und wenn jemand fragt: ‚Was tut ihr da?', dann antwortet: ‚Der Herr braucht ihn und wird ihn bald wieder zurückschicken.'"

Die beiden gingen hin und fanden tatsächlich den jungen Esel draußen auf der Straße an einem Hoftor angebunden. Als sie ihn losmachten, sagten ein paar Leute, die dort herumstanden: „Wie kommt ihr dazu, den Esel loszubinden?" Da sagten sie, was Jesus ihnen aufgetragen hatte, und man ließ sie gewähren.

Sie brachten den Esel zu Jesus, legten ihre Kleider über das Tier, und Jesus setzte sich darauf. Viele Leute breiteten ihre Kleider als Teppich auf die Straße. Andere rissen Zweige

von den Büschen auf den Feldern und legten sie auf den Weg. Die Menschen, die Jesus vorausliefen und die ihm folgten, begannen laut zu rufen: „Gepriesen sei Gott! Heil dem, der in seinem Auftrag kommt! Heil der Herrschaft unseres Vaters David, die jetzt anbricht! Gepriesen sei Gott in der Höhe!"
So kam Jesus nach Jerusalem. Er ging in den Tempel und sah sich dort alles an. Als es Abend geworden war, ging er mit seinen Jüngern nach Betanien zurück. (Markus 11,1—11)

Jesus und der Feigenbaum

Am nächsten Morgen, als sie wieder von Betanien kamen, hatte Jesus Hunger. Da sah er in einiger Entfernung einen Feigenbaum stehen, der schon Blätter trug. Er ging hin, um zu sehen, ob Früchte an ihm wären. Aber er fand nichts als Blätter, denn es war nicht die Jahreszeit für Feigen. Da sagte Jesus zu dem Feigenbaum: „Von dir soll nie mehr jemand Feigen essen!" Seine Jünger hörten es.
(Markus 11,12—14)

Jesus im Tempel

In Jerusalem ging Jesus wieder in den Tempel und fing sofort an, die Händler und Käufer hinauszujagen. Er stieß die Tische der Geldwechsler und die Stände der Taubenverkäufer um und ließ nicht zu, daß jemand irgend etwas durch den Vorhof des Tempels trug. Dazu sagte er ihnen: „Steht nicht in den heiligen Schriften, daß Gott erklärt hat: ‚Mein Tempel soll eine Stätte sein, an der alle Völker zu mir beten können'? — Ihr aber habt eine Räuberhöhle daraus gemacht!"
Als das die führenden Priester und Gesetzeslehrer hörten, suchten sie nach einer Möglichkeit, Jesus umzubringen. Sie fürchteten seinen Einfluß, denn die Volksmenge stand ganz im Bann seiner Worte. Am Abend verließen Jesus und seine Jünger wieder die Stadt. (Markus 11,15—19)

Über das Vertrauen

Früh am nächsten Morgen kamen sie wieder an dem Feigenbaum vorbei. Er war bis in die Wurzel abgestorben. Da erinnerte sich Petrus und sagte zu Jesus: „Sieh, der Feigenbaum, den du verflucht hast, ist verdorrt!" Jesus

Der Hohe Rat
Die führenden Priester in wichtigen Tempelämtern, Gesetzeslehrer und „Älteste" bildeten den Hohen Rat. Er stand unter dem Vorsitz des Hohenpriesters. Der Rat stellte Verwaltungsbehörde und Gerichtshof in einem dar. Er hatte 72 Mitglieder. Sein Sitz war Jerusalem.
Unter den „Ältesten" sind die Oberhäupter des jüdischen Landadels zu verstehen. Sie wohnten meistens in Jerusalem und ließen ihren Grundbesitz durch Ökonomen verwalten.
Neben Priesteraristokratie und Adel, die ihrer Abstammung wegen im Rat Sitz und Stimme hatten, bildeten die Gesetzeslehrer (Schriftgelehrten) eine dritte Gruppe. Sie hatten ihre Stellung ihrem Wissen zu verdanken und ihrem Einfluß auf das Volk. Als Kenner und Erklärer der Tora, des Gesetzes, waren sie Theologen und Juristen zugleich. Der Hohe Rat hatte Einfluß auf die ganze Judenschaft. Innerhalb Judäas, das seit 6 n. Chr. römische Provinz war, stellte er das höchste einheimische Machtorgan dar.

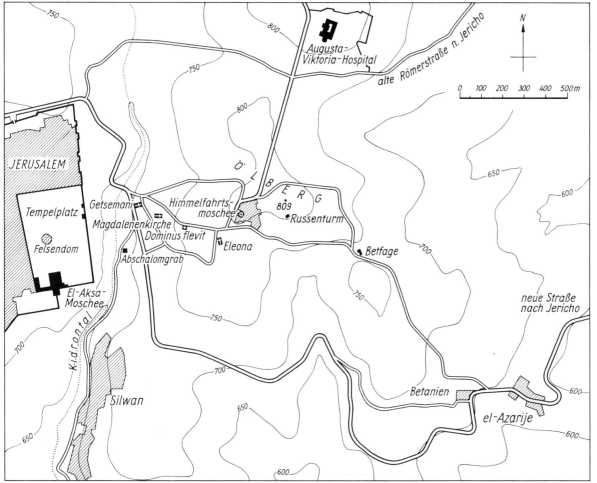

Karte 8
Jerusalem und der Ölberg / Die Ölbergkette beginnt nördlich von Jerusalem in der Höhe von 819 m, 2 km von der Stadtmauer entfernt. Dort bildet sie die Wasserscheide zwischen dem Toten Meer und dem Mittelmeer. Mit nur wenig veränderten Höhenlagen zieht sie sich in Richtung Südosten bis zum Standort des Augusta-Viktoria-Hospitals (815 m). Etwa 150 m südlich davon kreuzt die alte Römerstraße nach Jericho die Bergkette. Der eigentliche Ölberg wird dann durch die Bauwerke „Russenturm" und Himmelfahrtsmoschee gekennzeichnet. An dieser Stelle liegt der Ölberg dem Tempelgelände genau gegenüber, getrennt von ihm durch das Tal des Kidron. Dann fällt er bei dem Dorf Silwan in das Tal des Wadi en-Nar ab. Auf der Westseite des Ölbergs, durch das Kidrontal zu erreichen, liegt der Getsemani.

Abb. 78
Blick von Osten auf Jerusalem / Aus dieser Sicht — Standort ist der Ölberg — stellt sich die Stadt heute wie zu Jesu Zeiten als eine Stadt des Tempels dar. Hinter der Tempelmauer, die an dieser Stelle bis in die Neuzeit die östliche Stadtbegrenzung bildete, befindet sich der weiträumige Tempelplatz. Der mohammedanische Felsendom (Omar-Moschee) steht östlich des alten Tempels.
Die Altstadt reicht in Blickrichtung (Westen) über den umfriedeten Bereich der herodianischen Stadt hinaus. Die Grabeskirche (die Doppelkuppel im Mittelgrund links neben dem starken viereckigen Turm) bezeichnet die Stätte Golgotas am anderen Ende der Stadt, bereits außerhalb der herodianischen Westmauer liegend.
Denkt man sich eine Linie, beginnend rechts von der Grabeskirche, bis zur Mitte der rechten Bildkante, so folgt man etwa dem Verlauf der alten Nordmauer, die an der Burg Antonia endete. Unweit dieser Nordmauer vermutet die Überlieferung die Via dolorosa, den Schmerzensweg Jesu.

antwortete: „Ihr müßt nur Gott vertrauen. Ihr könnt euch darauf verlassen: Wenn ihr zu diesem Berg sagt: ‚Auf, stürze ins Meer!' und habt keinerlei Zweifel, sondern glaubt fest, daß es geschieht, dann geschieht es auch. Deshalb sage ich euch: Wenn ihr Gott um etwas bittet und darauf vertraut, daß die Bitte erfüllt wird, dann wird sie auch erfüllt. Aber wenn ihr betet, dann sollt ihr euren Mitmenschen verzeihen, falls ihr etwas gegen sie habt, damit euer Vater im Himmel euch eure Verfehlungen auch vergibt." (Markus 11,20—25)

Die Frage nach dem Auftraggeber

Wieder in Jerusalem, ging Jesus im Tempel umher, und die führenden Priester, die Gesetzeslehrer und Ratsältesten kamen zu ihm und fragten: „Woher nimmst du das Recht, hier so aufzutreten? Wer hat dir die Vollmacht dazu gegeben?"
„Ich will euch auch eine Frage stellen", antwortete Jesus. „Wenn ihr sie mir beantwortet, dann will ich euch sagen, mit welchem Recht ich so handle. Sagt mir: Woher hatte der Täufer Johannes den Auftrag zu taufen? Von Gott oder

von Menschen?" Sie berieten sich: „Wenn wir sagen ‚Von Gott', dann wird er fragen: Warum habt ihr dann Johannes nicht geglaubt? Wenn wir dagegen sagen ‚Von Menschen', dann haben wir die Menge gegen uns, weil alle überzeugt sind, daß Johannes ein Prophet war." So sagten sie zu Jesus: „Wir wissen es nicht." „Gut", erwiderte Jesus, „dann sage ich euch auch nicht, wer mich bevollmächtigt hat." (Markus 11,27—33)

Das Gleichnis von den bösen Weinbergspächtern

Jesus erzählte ihnen ein Gleichnis: „Ein Mann legte einen Weinberg an, machte einen Zaun darum, baute eine Weinpresse und errichtete einen Wachtturm. Dann verpachtete er den Weinberg und verreiste. Zur gegebenen Zeit schickte er einen Boten zu den Pächtern, um seinen Anteil am Ertrag des Weinbergs abholen zu lassen. Die Pächter aber verprügelten den Boten und ließen ihn unverrichteter Dinge abziehen. Der Mann schickte einen zweiten, dem schlugen sie den Kopf blutig und behandelten ihn auf die schimpflichste Weise. Zum drittenmal schickte er einen Boten. Den

brachten sie sogar um, und so machten sie es noch mit vielen anderen. Wer auch immer geschickt wurde, der wurde mißhandelt oder umgebracht.

Schließlich blieb ihm nur noch sein eigener Sohn, dem seine ganze Liebe galt. Den schickte er zu den Pächtern, weil er sich sagte: ‚Sie werden wenigstens vor meinem Sohn Respekt haben.' Aber die Pächter sagten zueinander: ‚Das ist der Erbe! Wir bringen ihn um, dann gehört der Weinberg uns!' So töteten sie ihn und warfen die Leiche aus dem Weinberg hinaus.

Was wird nun der Besitzer des Weinbergs tun? Er wird selbst hingehen, die Pächter töten und den Weinberg anderen anvertrauen. Ihr habt doch gelesen, was in den heiligen Schriften steht: ‚Der Stein, den die Bauleute weggeworfen haben, weil sie ihn für unbrauchbar hielten, der ist zum tragenden Stein geworden. Der Herr hat dieses Wunder vollbracht, und wir haben es gesehen.'"

Die führenden Priester, Gesetzeslehrer und Ratsältesten merkten, daß das Gleichnis auf sie gemünzt war, und wollten Jesus festnehmen. Aber sie hatten Angst vor dem Volk. So ließen sie ihn unbehelligt und gingen weg.
(Markus 12,1—12)

Die römische Kopfsteuer
Die Steuerfrage war im jüdischen Widerstand gegen die Römer von besonderer Wichtigkeit. Die Zeloten, deren Hauptzentrum Jesu Heimat Galiläa war, riefen zur Steuerverweigerung auf. In der Anerkennung der Steuerpflicht erblickten sie die Billigung einer fremden Herrschaft, die — wie sie meinten — dem im ersten Gebot verankerten Herrsein Gottes widersprach. Die Abgesandten des Hohen Rates stellten Jesus mit der Steuerfrage eine Falle. Bejahte er die unpopuläre Steuerpflicht, dann bestand die Möglichkeit, ihn vom Volk zu isolieren, das den Zeloten weithin Sympathien entgegenbrachte. Verneinte er sie, konnte man ihn bei den Römern als aufrührerischen Zeloten anzeigen.

Abb. 79
El-Aksa-Moschee und Altstadt / Südliche Fortsetzung der vorigen Abbildung. Im Süden des Tempelplatzes befindet sich heute die El-Aksa-Moschee. Unterhalb der Moschee werden Ausgrabungen durchgeführt, leider unter Mißachtung der Baudenkmale und Architekturreste aus islamischer Zeit. Sie haben es wahrscheinlich gemacht, daß die „Zinne des Tempels" (die Südostecke des heutigen Tempelplatzes) sich in ihren Grundmauern auf die Stützmauer des nachexilischen Tempels (6. Jahrhundert v. Chr.) gründet. Die Straße im Vordergrund senkt sich ins Kidrontal hinab.

Karte 9
Jerusalem / Jerusalem (arabisch el-Kuds) wird in seinem Kern durch Mauern aus der Türkenzeit gegliedert. Diese Gliederung ermöglicht auch auf einem Teil der in unserer Ausgabe des Neuen Testaments enthaltenen Fotografien eine erste Orientierung. Zu Beginn der christlichen Zeitrechnung war die Stadt gegenüber der heutigen Altstadt nach Süden hin verschoben. Die Ursprünge Jerusalems vor 1000 v. Chr. sind im Südosten nahe der Gihon-Quelle im Kidrontal zu suchen (David-Stadt). Die Quelle war für die Wasserversorgung unentbehrlich. Das Jerusalem der Zeitenwende, das häufig mit dem Namen des baufreudigen Herodes in Verbindung gebracht wird ("herodianisches Jerusalem"), lag in etwa 760 m Höhe auf zwei Zungen eines Kalksteinplateaus, das im Norden mit dem judäischen Zentralgebirge verbunden ist. Von dieser Seite her war die Stadt für etwaige Angreifer am leichtesten zu erreichen. Die übrigen Seiten der Stadt wurden durch tief eingeschnittene Täler abgesichert: Im Osten durch das Kidrontal, im Süden und Westen durch das Hinnomtal (Ge-Hinnom). Beide Täler vereinigen sich im Südosten der Stadt und streben dann dem Toten Meer zu. Eine flachere Talsenke ist heute mit Trümmern und Schutt weitgehend ausgefüllt. Sie wurde "Mitteltal" oder "Tyropöontal" (von den Einwohnern "Käsemachertal") genannt. Sie gliederte das Stadtgebiet in einen Südwesthügel und in einen kleineren und niedrigeren Osthügel, die durch eine Brücke verbunden waren. Das wichtigste Gebäude auf dem Westhügel war der Palast des Herodes. Nördlich von ihm, von der nach Osten zurückbiegenden Mauer aus dem Stadtgebiet ausgegrenzt, befand sich auf dem "Schädel" die Hinrichtungsstätte Golgota. Auf dem Osthügel war durch umfangreiche Kunstbauten das Gelände für den Tempel hergerichtet worden. Im Norden schloß die Burg Antonia an das Tempelgelände an. Nicht weit befand sich der Teich Betesda. In der Tiefe des Kidrontales, am Westufer des Ölbergs, lagen Felsengräber, von denen das Abschalom-Grab wegen seiner eigenartigen Haube besonders auffällig ist.

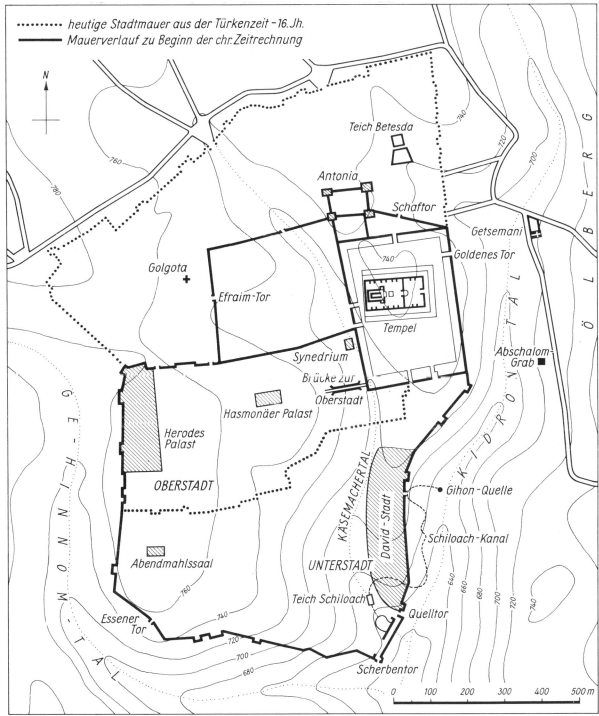

heutige Stadtmauer aus der Türkenzeit – 16. Jh.
Mauerverlauf zu Beginn der chr. Zeitrechnung

Die Frage nach der Steuer

Einige Pharisäer und Parteigänger von Herodes wurden nun zu Jesus geschickt, um ihm mit einer Frage eine Falle zu stellen. Sie kamen zu ihm und sagten: "Lehrer, wir wissen, daß es dir nur um die Wahrheit geht. Du läßt dich nicht von Menschen beeinflussen, auch wenn sie noch so mächtig sind, sondern sagst jedem klar und deutlich, wie er nach Gottes Willen leben soll. Nun sag uns: Ist es nach dem Gesetz Gottes erlaubt, dem römischen Kaiser Steuern zu zahlen oder nicht? Sollen wir es tun oder nicht?" Jesus erkannte ihre Falschheit und sagte: "Ihr wollt mir doch nur eine Falle stellen! Gebt mir eine Silbermünze, damit ich sie ansehen kann." Sie gaben ihm eine, und er fragte: "Wessen Bild und Name ist hier aufgeprägt?" "Des Kaisers", antworteten sie. Da sagte Jesus: "Dann gebt dem Kaiser, was dem Kaiser gehört, aber gebt Gott, was Gott gehört." Solch eine Antwort hatten sie nicht von ihm erwartet. (Markus 12,13–17)

Die Frage der Sadduzäer:
Werden die Toten auferstehen?

Dann kamen einige Sadduzäer zu Jesus. Die Sadduzäer bestreiten, daß die Toten auferstehen. „Lehrer", sagten sie „Mose hat uns die Vorschrift gegeben: ‚Wenn ein verheirateter Mann kinderlos stirbt, dann muß an seiner Stelle sein Bruder die Witwe heiraten und dem Verstorbenen Nachkommen verschaffen.' Nun gab es einmal sieben Brüder. Der älteste heiratete und starb kinderlos. Darauf heiratete der zweite die Witwe, starb aber auch kinderlos.

Die Sadduzäer

Neben Essenern (vgl. S. 12) und Pharisäern (vgl. S. 42) stellten die Sadduzäer eine dritte wichtige religiöspolitische Partei innerhalb des Judentums dar. Aus diesem Grunde bildete diese Gruppe eine der Hauptstützen des Tempelstaates, den sie bis zum römisch-jüdischen Krieg auch unter der direkten Verwaltung der Römer aufrechterhielt.

Die Sadduzäer waren liberal und konservativ zugleich. Liberal und fremden Kultureinflüssen gegenüber offen waren sie in ihrer Lebenseinstellung. Konservativ waren sie in ihren religiösen Ansichten. Während die Pharisäer versuchten, das Gesetz durch Auslegung und Erweiterung mit dem Leben des Volkes zu verbinden, beharrten die Sadduzäer auf der unveränderten Tora. Gegenüber der aufkommenden Endzeiterwartung verhielten sie sich ablehnend. Das Heil schien ihnen innergeschichtlich durch den israelitischen Tempelstaat mit seinen kultischen Grundordnungen garantiert zu sein. Eine Auferstehung der Toten hielten sie nicht für möglich, so wie sie auch die griechische Seelenlehre verwarfen. Jesus gegenüber verbanden sich die Sadduzäer jedoch auch mit ihren Gegnern, den Pharisäern. Der Sadduzäer Kajafas setzte das Todesurteil durch.

Abb. 80
Das herodianische Jerusalem im Großmodell / Blick von Südwesten nach Nordosten. Im Hintergrund der Tempelplatz mit der langgestreckten „Königlichen Halle". Links hinter der Halle der Tempel. Oben links sind noch zwei der vier wuchtigen Türme zu erkennen, die das Gebiet der Burg Antonia umgaben.
Die Stadthäuser im Vordergrund sind nach Osten gewandt. In ihrer Blickrichtung (Fortsetzung des Bildes über den rechten Bildrand hinaus) ist die alte Davidstadt zu suchen. Der Hang, auf dem sie stehen, gehört zu dem Südwesthügel Jerusalems, auf dem sich die sogenannte Oberstadt mit dem Palast des Herodes befand. Das Tal ist das sogenannte Käsemachertal (Mitteltal, Tyropöontal).

Abb. 81
Jerusalem von Süden / Auf der rechten Seite der tiefe Graben des Kidrontales, das sich bei dem Wäldchen im Mittelgrund des Bildes mit dem von links kommenden Hinnomtal vereinigt. Auf dem vom Tempel her abfallenden Bergrücken (dem Ofel) befand sich die Davidstadt. Links davon ist die Senke des Mitteltales zu erkennen, die den Übergang zur alten Oberstadt markierte. Im Hintergrund verläuft die Ölbergkette, die im Norden von der Erhöhung des Ras el-Mescharif (mit Neubauten) bis über den rechten Bildrand hinaus reicht. An der Westflanke des Ölbergs ist im Sonnenlicht gegenüber dem ummauerten Tempelbezirk die Kirche zu erkennen, die den Ort von Getsemani bezeichnet (rechter Bildrand oberes Viertel).

Beim dritten war es genauso. Alle sieben heirateten sie und starben ohne Nachkommen. Zuletzt starb auch die Frau. Wie ist das nun: Wessen Frau ist sie nach der Auferstehung, wenn es wahr ist, daß sie alle wieder zum Leben kommen? Sie war ja mit allen sieben verheiratet!''

„Ihr seht die Sache ganz falsch'', antwortete Jesus. „Ihr kennt weder die heiligen Schriften, noch wißt ihr, was Gott in seiner Macht vollbringt. Wenn die Toten auferstehen, werden sie nicht mehr heiraten, sondern sie werden leben wie die Engel im Himmel. Was aber die Auferstehung der Toten überhaupt betrifft: Ihr habt offenbar nie im Buch Moses die Geschichte vom brennenden Dornbusch gelesen. Dort steht, daß Gott zu Mose gesagt hat: ‚Ich bin der Gott Abrahams, der Gott Isaaks und der Gott Jakobs.' Und er ist doch ein Gott der Lebenden, nicht der Toten! Ihr seid also ganz und gar im Irrtum.'' (Markus 12,18—27)

Das wichtigste Gebot

Ein Gesetzeslehrer hatte diesem Gespräch zugehört. Er war davon beeindruckt, wie Jesus den Sadduzäern geantwortet hatte, und so fragte er ihn: „Welches ist das wichtigste von allen Geboten des Gesetzes?'' Jesus sagte: „Das wichtigste Gebot ist dieses: ‚Hört, ihr Israeliten! Der Herr ist unser Gott, der Herr und kein anderer. Darum liebt ihn von ganzem Herzen, mit ganzem Willen und ganzem Verstand und mit allen Kräften!' Gleich danach

Abb. 82

Das Jerusalem der Jesuszeit von Südwesten / (Darstellung des Großmodells, Abb. 80.) Im Hintergrund der Tempelplatz mit der Burg Antonia. Dort waren zur Zeit der Prokuratorenherrschaft römische Soldaten untergebracht, die den Tempelplatz überwachen sollten. Besonders während der Festzeiten, wenn sich die Massen der Pilger im Tempelgelände drängten, achtete die Besatzung sehr genau darauf, was sich in ihrer Nachbarschaft abspielte.

Links von der Burg Antonia, nun schon an der Westseite der Stadt, sind die drei Türme des Herodespalastes zu sehen, die Herodes der Große dem Gedächtnis seines Bruders, seiner Frau und seines Freundes weihte: Phasael (links), Mariamne (mit spitzem Dach) und Hippikus (mit Kuppeldach). Heute sind lediglich noch die Grundmauern des Turmes Phasael ganz in der Nähe des Jaffa-Tores zu sehen.

Der Palast des Herodes (oder „Königshof") war zugleich eine Zitadelle. Sie sicherte die Eckpunkte zwischen der alten Nord- und Westmauer und beherrschte die ganze Oberstadt. Zwei Hallen, die durch Säulengänge miteinander verbunden waren, dienten dem höfischen Leben.

Der Palast wurde zur Zeit Jesu als Machtzentrum der Stadt von den römischen Prokuratoren bewohnt, wenn sie sich in Jerusalem aufhielten.

Abb. 83

Der Jerusalemer Tempel im Modell / (Vgl. Karte 10, S. 91) Herodes der Große hatte den Jerusalemer Tempel grundlegend rekonstruiert und zu einem prächtigen Bauwerk ausgebildet, das die Bewunderung der ganzen antiken Welt fand. Jesus hat den Tempel in dieser prächtigen Gestalt kennengelernt, die alle vorangehenden Tempel weit übertraf. Hier und dort wurde auch zu seiner Zeit noch auf dem Tempelgelände gebaut. Etwa 40 Jahre nach seinem Kreuzestod sank die ganze Herrlichkeit während des jüdischen Krieges in Schutt und Asche.

Die Baumeister des Herodes behielten den Grundplan und die Anlage des eigentlichen Tempels bei, da die alttestamentlichen Vorschriften maßgebend blieben. Das Gebäude, welches das Heilige und Allerheiligste umschloß, wurde jedoch in der Höhe verdoppelt. Die Fassade wurde mit Marmor verkleidet und mit Gold geschmückt. Goldene Spieße auf dem Dach sollten eine Verschmutzung durch Vögel verhindern.

Der Tempel war in verschiedene Bereiche gegliedert, die zu betreten von außen nach innen immer weniger Menschen erlaubt war. Der weite Tempelplatz, dessen Seitenlängen 360 und

zu Abb. 84 siehe Seite 91

kommt das andere Gebot: ‚Liebe deinen Mitmenschen wie dich selbst!' Es gibt kein Gebot, das wichtiger ist als diese beiden."

Da sagte der Gesetzeslehrer zu Jesus: „Du hast vollkommen recht, Lehrer. Es ist so, wie du sagst. Nur einer ist Gott, und es gibt keinen Gott außer ihm. Und darum sollen wir Gott lieben von ganzem Herzen, mit ganzem Verstand und mit allen Kräften, und unsere Mitmenschen lieben wie uns selbst. Das ist viel wichtiger, als Gott Brandopfer und alle möglichen anderen Opfer darzubringen." Jesus fand, daß er vernünftig geantwortet hatte, und sagte zu ihm: „Du fängst an zu begreifen, was es heißt, sich der Herrschaft Gottes zu unterstellen." Von da an wagte keiner mehr, ihn zu fragen.
(Markus 12,28—34)

Davids Sohn oder Davids Herr?

Bei diesen Auseinandersetzungen im Tempel stellte Jesus die Frage: „Wie können die Gesetzeslehrer behaupten, daß der versprochene Retter ein Sohn Davids ist? David sagte doch, erleuchtet vom heiligen Geist: ‚Gott, der Herr, sagte zu meinem Herrn: Setze dich an meine rechte Seite! Ich will dir deine Feinde unterwerfen, sie als Schemel unter deine Füße legen.' David selbst nennt ihn also ‚Herr' — wie kann er dann sein Sohn sein?"
(Markus 12,35—37)

Jesus warnt vor den Gesetzeslehrern

Die Menschenmenge hörte Jesus gerne zu. Als er zu ihnen redete, warnte er sie: „Nehmt euch in acht vor den Gesetzeslehrern! Sie zeigen

(noch zu Abb. 83)
270 m maßen, war mit Hilfe hoher Stützmauern entstanden. Große Säulenhallen umgaben ihn.

Hier — im Hof der Heiden, den auch Nichtisraeliten betreten durften — wurden jene Geschäfte abgewickelt, die Markus 11,15-17 geschildert sind. Das Markttreiben war gut geordnet. Die Hohen Priester vergaben die Konzessionen und ließen sich gut bezahlen. Geldwechsler wechselten die Münzen aus aller Herren Länder in die althebräische Halbschekelmünze um, mit der die Tempelsteuer bezahlt werden mußte. Taubenverkäufer hielten die Tiere feil, die als Reinigungsopfer zu opfern waren. Das Passafest war die hohe Zeit für diesen Handel. Jesus schritt dagegen ein, ohne daß die Tempelpolizei gegen ihn vorging, offenbar weil die Erregung der Volksmassen Gewaltanwendung ausschloß. Jesus unterband auch den Alltagsverkehr, der zwischen einzelnen Stadtteilen über das Tempelplateau hinweg verlief.

Eine Schranke und 14 Stufen (rechts vorn erkennbar) grenzten den äußeren Hof gegen den Inneren Tempel ab. Steintafeln in Latein und Griechisch drohten heidnischen Besuchern die Todesstrafe an, falls sie die Schranke überschritten.

Der Innere Tempel war mit Mauern und Türmen wie eine Festung gesichert. Im Jahre 70 hat er den Aufständischen, die den Tempel gegen die Römer verteidigten, tatsächlich noch als Bollwerk gedient, als die Römer bereits den äußeren Hof besetzt hielten.

Eine Tür im Osten gab den Weg in den sogenannten Hof der Frauen frei. Alle nach dem Gesetz reinen Juden, Männer und Frauen, durften diesen Hof betreten. Hier wurden die Verwaltungsangelegenheiten des Tempels erledigt. Von hier aus gelangte man auch zu den Gewölben, in denen die Tempelschätze verwahrt wurden.

Über 15 Stufen (im Modell halbkreisförmig angeordnet) gelangte der Besucher durch eine prächtige Bronzetür — das Nikanortor — hinauf in den nächsten Hof, der das zentrale Tempelgebäude umgab. Dieser Hof war für die israelitischen Männer bestimmt, die Opfer darbrachten und der Zeremonie zusahen. Frauen durften diesen Hof nicht betreten.

In einem ausschließlich Priestern zugänglichen abgegrenzten Bereich dieses Hofes stand in der Flucht der auf unserer Abbildung gut erkennbaren Tore der Brandopferaltar. Er war aus großen unbehauenen Steinen gemauert. Hier brachten die Priester die Opfer dar.

12 breite Stufen führten hinauf zum goldverzierten Haus der Anbetung, das in das Heilige und das Allerheiligste geteilt war. Im Heiligen standen der Räucheraltar, der siebenarmige Leuch-

ter und der Tisch mit den Schaubroten. Nur wenige Male in seinem Leben war es einem Priester vergönnt, hier das Räucheropfer darzubringen.

Das Allerheiligste durfte allein der Hohepriester betreten; aber auch ihm war es lediglich einmal im Jahr, am Versöhnungstag, gestattet. Im Allerheiligsten hatte zu Salomos Zeiten die Bundeslade gestanden. Zur Zeit Jesu war dieser Raum leer.

Abb. 84 (auf Seite 89)

Der Felsendom / Der Jerusalemer Tempel wurde nach seiner Zerstörung im Jahre 70 nicht wieder aufgebaut. Da seine Stätte jedoch auch den Mohammedanern heilig war (der Islam hat viele Elemente der jüdischen und christlichen Religion positiv aufgenommen), bauten die Kalifen Ende des 7. Jahrhunderts n. Chr. den achteckigen Felsendom mit der gewaltigen goldenen Kuppel. Nach Omar, der Jerusalem erobert und die Herrschaft des christlichen Reiches von Byzanz gebrochen hatte, wird das Heiligtum auch Omar-Moschee genannt. Im Inneren des Heiligtums liegt der Felsen offen, von dem es heißt, daß auf ihm Abraham seinen Sohn Isaak opfern wollte. Es ist möglich, daß dort der Brandopferaltar des alten jüdischen Tempels gestanden hat.

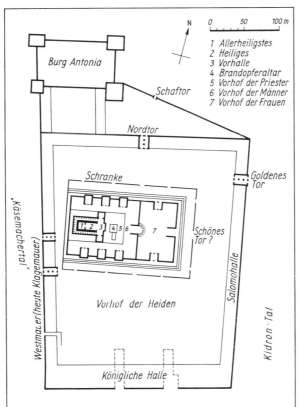

Karte 10
Der herodianische Tempel in Jerusalem

1 Allerheiligstes
2 Heiliges
3 Vorhalle
4 Brandopferaltar
5 Vorhof der Priester
6 Vorhof der Männer
7 Vorhof der Frauen

sich gern in ihren Talaren und lassen sich auf der Straße respektvoll grüßen. Beim Gottesdienst sitzen sie in der ersten Reihe, und bei Festmählern nehmen sie die Ehrenplätze ein. Sie sprechen lange Gebete, um einen guten Eindruck zu machen; in Wahrheit aber sind sie Betrüger, die hilflose Witwen um ihren Besitz bringen. Sie werden einmal besonders streng bestraft werden." (Markus 12,38—40)

Das Opfer der Witwe

Dann setzte sich Jesus im Tempel in der Nähe des Opferkastens nieder und beobachtete, wie die Besucher des Tempels Geld hineinwarfen. Viele wohlhabende Leute gaben großzügig. Dann kam eine arme Witwe und steckte nur zwei kleine Kupfermünzen hinein. Da rief Jesus seine Jünger herbei und sagte zu ihnen: „Ich versichere euch: diese Witwe hat mehr gegeben als alle anderen. Sie haben lediglich von ihrem Überfluß etwas abgegeben. Aber diese arme Witwe hat tatsächlich alles geopfert, was sie zum Leben hatte." (Markus 12,41—44)

Jesus und die Ehebrecherin

Dann gingen sie alle nach Hause. Jesus aber ging zum Ölberg. Am nächsten Morgen kehrte er sehr früh zum Tempel zurück. Alle Leute dort versammelten sich um ihn. Er setzte sich und begann, zu ihnen zu sprechen. Da führten die Gesetzeslehrer und Pharisäer eine Frau herbei, die beim Ehebruch ertappt worden war. Sie stellten sie so, daß sie von allen gesehen wurde. Dann sagten sie zu Jesus: „Diese Frau wurde ertappt, als sie gerade Ehebruch beging. In unserem Gesetz schreibt Mose vor, daß eine

Abb. 85

Die Klagemauer / An der Westseite des Tempelgeländes befindet sich die sogenannte Klagemauer. Die Klage um den zerstörten Tempel hat ihr den Namen gegeben. Bis zu zwei Dritteln ihrer Höhe sind hier noch die großen Steinquader der herodianischen Stützmauer für den Tempelplatz zu sehen. Im Vordergrund die Abteilung für die Frauen.

Abb. 86

Auf dem Tempelgelände

solche Frau gesteinigt werden muß. Was sagst du dazu?"

Mit dieser Frage wollten sie ihm eine Falle stellen, um ihn anklagen zu können. Aber Jesus bückte sich nur und schrieb mit dem Finger auf die Erde. Als sie nicht aufhörten zu fragen, richtete Jesus sich auf und sagte zu ihnen: „Wer von euch noch nie gesündigt hat, der soll den ersten Stein auf sie werfen." Dann bückte er sich wieder und schrieb auf die Erde. Als sie das hörten, zog sich einer nach dem anderen zurück; die Älteren gingen zuerst. Zuletzt war Jesus allein mit der Frau, die immer noch dort stand.

Er richtete sich wieder auf und fragte sie: „Wo sind sie geblieben? Ist keiner mehr da, um dich zu verurteilen?" „Keiner, Herr", antwortete sie. „Gut", sagte Jesus, „ich will dich auch nicht verurteilen! Du kannst gehen; aber tu es nicht wieder!" (Johannes 7,53—8,11)

Ankündigung der Tempelzerstörung

Als Jesus den Tempel verlassen wollte, kamen seine Jünger und wollten ihm die ganze Tempelanlage zeigen. Aber Jesus sagte: „Ihr bewundert das alles? Ich sage euch, hier wird kein Stein auf dem anderen bleiben. Alles wird bis auf den Grund zerstört werden." (Matthäus 24,1—2)

Über das Ende der Welt

Dann ging Jesus auf den Ölberg. Er setzte sich nieder; seine Jünger traten zu ihm und fragten: „Sag uns, wann wird das geschehen, und woran werden wir erkennen, daß du kommst und das Ende der Welt da ist?"
Jesus antwortete: „Seid auf der Hut und laßt euch von niemand täuschen. Viele werden mit meinem Anspruch auftreten und behaupten: ‚Ich bin Christus!' Damit werden sie viele irreführen. Erschreckt nicht, wenn nah und fern Kriege ausbrechen. Es muß so kommen, aber das ist noch nicht das Ende. Ein Volk wird gegen das andere kämpfen, ein Staat den anderen angreifen. Es wird überall Hungersnöte und Erdbeben geben. Das alles ist erst der Anfang vom Ende — so wie der Beginn der Geburtswehen.
Dann wird man euch ausliefern, euch quälen und töten. Die ganze Welt wird euch hassen, weil ihr euch zu mir bekennt. Wenn es soweit ist, werden viele vom Glauben abfallen und sich gegenseitig verraten und einander hassen. Zahlreiche falsche Propheten werden auftreten und viele von euch irreführen. Und weil das Böse überhand nimmt, wird die Liebe bei den meisten von euch erkalten. Wer aber bis zum Ende standhaft bleibt, wird gerettet. Zuvor wird die Gute Nachricht in der ganzen Welt ver-

Das Opfergeld
Im Frauenhof des Tempels befanden sich in der Schatzkammerhalle dreizehn posaunenförmige Geldbehälter (Opferkasten). In sie wurden gesetzlich vorgeschriebene Abgaben eingelegt. Der dreizehnte war für die freiwilligen Spenden bestimmt.
Der diensthabende Priester nahm die Gabe entgegen, ließ sich die Höhe des Betrages nennen und seinen Verwendungszweck, prüfte die Echtheit der Münzen und ließ die Gabe in den entsprechenden Geldbehälter werfen.

Abb. 87
Jerusalem: Altstadt, Tempelgelände und Ölberg / Blick von West nach Ost. Die im Bild überschaubare arabische Altstadt bedeckt etwa die Fläche, die im Norden des alten Jerusalem vom Tempelgelände bis zur Westmauer reichte, vor der sich Golgota befand. Hinter dem Tempelgelände erhebt sich der Ölberg. Über der goldenen Kuppel, rechts vom Turm der russischen Kirche auf dem Ölberg, verlief der nächste Weg nach Betanien, den Jesus sicher gegangen ist. Über der El-Aksa-Moschee sind im Dunst die kahlen Berge der Wüste Juda zu sehen, die sich bis zum Toten Meer absenken.

Abb. 88
Jerusalem von Osten / Das Kidrontal
liegt bereits im Schatten. Seine Flanken
werden von Gräberfeldern bedeckt. Das
Kidrontal galt seit dem 4. Jahrhundert
n. Chr. als Tal des Gerichts und der
Auferstehung. Daher ließen sich viele
Juden hier bestatten. Später wurden
auch islamische Friedhöfe angelegt.
Sie wurden allerdings von den israeli-
schen Behörden im Jahre 1970 enteig-
net und eingeebnet.
Felsendom und El-Aksa-Moschee nehmen den Mittelgrund ein. Links vom
Felsendom im Hintergrund die helle
und die dunkle Kuppel der Grabeskirche. Links davon der weiße Turm der
Erlöserkirche (= Aufnahmestandpunkt
von Abb. 87).

Abb. 89
Das Abschalomgrab / Auch das so-
genannte Abschalomgrab, das in Wahr-
heit ein Grabdenkmal ist, hat Jesus
bereits gesehen. Es ist zwar nicht in der
Davidszeit entstanden, wie es die
Legende will, die es mit Abschalom in
Verbindung brachte. Aber es stammt
spätestens aus der herodianischen
Epoche.

kündet werden, damit alle Menschen die Einladung in Gottes neue Welt hören. Dann erst
kommt das Ende.'' (Matthäus 24,3—14)

Der Höhepunkt der Not

,,Es heißt im Buch des Propheten Daniel, das
,entsetzliche Scheusal' werde im Heiligtum
stehen. — Wer dies liest, der überlege, was es
bedeutet! — Wenn ihr es dort seht, sollen alle
Bewohner Judäas in die Berge fliehen. Wer
gerade auf dem Dach ist, soll keine Zeit damit
verlieren, noch seine Sachen unten aus dem
Haus zu holen. Wer gerade auf dem Feld ist, soll
nicht nach Hause zurücklaufen, um seinen
Mantel zu holen. Besonders hart wird es die
Frauen treffen, die gerade ein Kind erwarten
oder einen Säugling stillen. Bittet Gott, daß ihr
nicht im Winter oder an einem Sabbat fliehen
müßt. Denn was dann geschieht, wird furcht-
barer sein als alles, was jemals seit Beginn der
Welt geschehen ist oder noch geschehen wird.
Wenn Gott diese Schreckenszeit nicht ab-
gekürzt hätte, würde kein Mensch gerettet
werden. Er hat sie aber denen zuliebe ab-
gekürzt, die er erwählt hat.
Wenn dann einer zu euch sagt: ,Seht her, hier
ist Christus!' oder: ,Dort ist er!' — glaubt ihm
nicht. Denn mancher falsche Christus und
mancher falsche Prophet wird auftreten. Sie
werden sich durch große Wundertaten ausweisen, so daß sogar die von Gott Erwählten
getäuscht werden könnten — wenn das überhaupt möglich wäre. Denkt daran, daß ich es
euch vorausgesagt habe! Wenn also die Leute

sagen: ‚Draußen in der Wüste ist er', dann geht nicht hinaus! Oder wenn sie sagen: ‚Er ist hier und hält sich in einem Haus verborgen', dann glaubt ihnen nicht! Denn der Menschensohn wird plötzlich und für alle sichtbar kommen, wie ein Blitz, der von Ost nach West über den Himmel zuckt. Wo Aas liegt, da sammeln sich die Geier.'' (Matthäus 24,15—28)

Der Weltrichter kommt

„Bald nach dieser Schreckenszeit wird sich die Sonne verfinstern, und der Mond wird nicht mehr scheinen, die Sterne werden vom Himmel fallen, und die Ordnung des Himmels wird zusammenbrechen. Dann wird das Zeichen des Menschensohnes am Himmel sichtbar werden. Die Völker der ganzen Welt werden jammern und klagen, wenn sie den Menschensohn auf den Wolken des Himmels mit göttlicher Macht

Abb. 90
Siebenarmiger Leuchter auf einem jüdischen Grabstein / (2. oder 3. Jahrhundert) Der siebenarmige Leuchter aus dem Jerusalemer Tempel war auch noch nach der Zerstörung des Heiligtums ein beliebtes Bildmotiv. Im Gegensatz zur Darstellung auf dem Titusbogen hat der Leuchter auf allen jüdischen Abbildungen nicht einen massiven, sondern einen dreiteiligen Fuß.

Abb. 91
Die Beute aus dem Tempel in Jerusalem / Dem siegreichen Feldherrn im Römisch-jüdischen Krieg widmete der Senat in Rom einen eintorigen Triumphbogen, der auf der Ostseite des Palatin errichtet wurde (s. Abb. 260). Die Einweihung fand 81 n. Chr. statt. Auf Reliefs ist u. a. der Triumphzug des Titus dargestellt, der nach dem Sieg in Rom stattgefunden hatte. Unser Foto zeigt die Beute aus dem Jerusalemer Tempel mit dem großen Leuchter.

und Herrlichkeit kommen sehen. Wenn die große Trompete ertönt, wird er seine Engel in alle Himmelsrichtungen ausschicken, damit sie von überallher die Menschen zusammenbringen, die er erwählt hat.'' (Matthäus 24,29—31)

Das Ende kommt überraschend

„Laßt euch vom Feigenbaum eine Lehre geben. Wenn der Saft in die Zweige schießt und der Baum Blätter treibt, dann wißt ihr, daß der Sommer bald da ist. So ist es auch, wenn ihr alle diese Dinge kommen seht: Dann wißt ihr, daß das Ende unmittelbar bevorsteht. Ich

Die Zerstörung des Jerusalemer Tempels

Jerusalem, wie es Jesus kannte, fiel im Jahre 70 — also etwa 4 Jahrzehnte nach der Kreuzigung Jesu — den Truppen des späteren römischen Kaisers Titus in die Hände. Einer gegen die römische Fremdherrschaft und die eigene Oberschicht gerichteten Aufstandsbewegung in Palästina war es zuvor gelungen, vorübergehende Erfolge zu erzielen. Titus belagerte Jerusalem von April bis September 70. Als letzte Bastion der Aufständischen fiel der Tempel, der bei den Kämpfen in Brand geriet und in Trümmer sank. Den Juden wurde keine Gelegenheit mehr gegeben, ihn wieder aufzubauen. Damit verloren sie ihr religiöses und nationales Zentrum. Nach einem zweiten Aufstand, der 132 bis 135 dauerte, verbot Kaiser Hadrian den Juden, sich im Gebiet von Jerusalem aufzuhalten. Die Stadt wurde ausschließlich von Heiden bewohnt. An die Stelle des Jahwe-Tempels trat ein Heiligtum des Jupiter Capitolinus.

sage euch: diese Generation wird das alles noch erleben. Himmel und Erde werden vergehen, aber meine Worte nicht.

Aber den Tag oder die Stunde, wann das geschehen soll, kennt niemand, auch nicht die Engel im Himmel — nicht einmal der Sohn. Nur der Vater kennt sie. Wenn der Menschensohn kommt, wird es sein wie zu Noachs Zeit. Damals vor der großen Flut aßen und tranken und heirateten die Menschen, wie sie es gewohnt waren — bis zu dem Tag, an dem Noach in die Arche ging. Sie ahnten nicht, was ihnen bevorstand, bis dann die Flut hereinbrach und sie alle wegschwemmte. So wird es auch sein, wenn der Menschensohn kommt. Von zwei Männern, die dann auf dem Feld arbeiten, wird der eine angenommen, der andere bleibt zurück. Von zwei Frauen, die dann zusammen Korn mahlen, wird die eine angenommen, die andere bleibt zurück.

Darum seid wachsam! Denn ihr wißt nicht, an welchem Tag euer Herr kommen wird. Ihr solltet euch darüber im klaren sein: Wenn ein Hausherr im voraus wüßte, zu welcher Nachtstunde der Dieb kommt, würde er aufbleiben und den Einbruch verhindern. Darum seid jederzeit bereit; denn der Menschensohn wird kommen, wenn ihr es nicht erwartet.''
(Matthäus 24,32—44)

Der treue Diener

,,Seid wie der treue und kluge Diener, dem sein Herr den Auftrag gegeben hat, die gesamte Dienerschaft zu beaufsichtigen und jedem pünktlich seine Tagesration auszuteilen. Er darf sich freuen, wenn der Herr zurückkehrt und ihn bei seiner Arbeit findet. Ich versichere euch: der Herr wird ihm die Verantwortung für alle seine Güter übertragen. Wenn er aber un-

Abb. 92
Felsengräber im Kidrontal / Das rechte Grab gilt als ,,Grab des Propheten Zacharias'' (vgl. Lukas 11,51). Das linke Grab war im Besitz einer Jerusalemer Priesterfamilie. Beide Grabstätten bestanden bereits zur Zeit Jesu (vgl. auch die Farbtafel 22).

zuverlässig ist und sich sagt: ‚So bald kommt mein Herr nicht zurück' und anfängt, die anderen zu schlagen und mit Säufern Gelage zu halten, dann wird sein Herr eines Tages völlig unerwartet zurückkommen. Er wird den ahnungslosen Diener in Stücke hauen und dorthin bringen lassen, wo die Heuchler ihre Strafe verbüßen. Dort gibt es nur Jammern und Zähneknirschen." (Matthäus 24,45—51)

Das Gleichnis von den Brautjungfern

„Wenn Gott sein Werk vollendet, wird es zugehen wie in der folgenden Geschichte: Zehn Mädchen gingen mit ihren Lampen hinaus, um den Bräutigam abzuholen. Fünf von ihnen handelten klug, die anderen fünf gedankenlos. Die Gedankenlosen nahmen nur ihre Lampen mit, während die Klugen auch noch Öl zum Nachfüllen mitnahmen.
Weil der Bräutigam sich verspätete, wurden sie alle müde und schliefen ein. Mitten in der Nacht hörte man rufen: ‚Der Bräutigam kommt, geht ihm entgegen!' Die zehn Mädchen wachten auf und brachten ihre Lampen in Ordnung. Da baten die Gedankenlosen die anderen: ‚Gebt uns von eurem Öl etwas ab, denn unsere Lampen gehen aus.' Aber die Klugen sagten: ‚Ausgeschlossen, dann reicht es weder für uns noch für euch. Geht lieber zum Kaufmann und holt euch welches!'
So machten sie sich auf den Weg, um Öl zu kaufen. Inzwischen kam der Bräutigam. Die fünf Klugen, die darauf vorbereitet waren, gingen mit ihm zum Hochzeitsfest, und die Türen wurden hinter ihnen geschlossen. Schließlich kamen die anderen nach und riefen: ‚Herr, mach uns auf!' Aber der Bräutigam wies sie ab und sagte: ‚Ich kenne euch überhaupt nicht!'
Darum bleibt wach, denn ihr wißt weder Tag noch Stunde im voraus!" (Matthäus 25,1—13)

Das Gleichnis vom anvertrauten Geld

„Es ist wie bei einem Mann, der verreisen wollte. Er rief vorher seine Diener zusammen und vertraute ihnen sein Vermögen an. Dem einen gab er fünf Zentner Silbergeld, dem anderen zwei Zentner und dem dritten einen, je nach ihren Fähigkeiten. Dann reiste er ab. Der erste, der die fünf Zentner bekommen hatte, steckte sofort das ganze Geld in Geschäfte und konnte die Summe verdoppeln. Ebenso machte es der zweite: zu seinen zwei Zentnern gewann er noch zwei hinzu. Der aber, der nur einen Zentner bekommen hatte, vergrub das Geld seines Herrn in der Erde.

Nach langer Zeit kam der Herr zurück und wollte mit seinen Dienern abrechnen. Der erste, der die fünf Zentner erhalten hatte, trat vor und sagte: ‚Du hast mir fünf Zentner anvertraut, Herr, und ich habe noch weitere fünf dazuverdient; hier sind sie!' ‚Sehr gut', sagte sein Herr, ‚du bist ein tüchtiger und treuer Mann. Du hast dich in kleinen Dingen als zuverlässig erwiesen, darum werde ich dir auch Größeres anvertrauen. Komm zu meinem Fest und freu dich mit mir!' Dann kam der mit den zwei Zentnern und sagte: ‚Du hast mir zwei Zentner gegeben, Herr, und ich habe noch einmal zwei Zentner dazuverdient.' ‚Sehr gut', sagte der Herr, ‚du bist ein tüchtiger und treuer Mann. Du hast dich in kleinen Dingen als zuverlässig erwiesen, darum werde ich dir auch Größeres anvertrauen. Komm zu meinem Fest und freu dich mit mir!'
Zuletzt kam der mit dem einen Zentner und sagte: ‚Herr, ich wußte, daß du ein harter Mann bist. Du erntest, wo du nicht gesät hast, und sammelst ein, wo du nichts ausgeteilt hast. Deshalb hatte ich Angst und habe dein Geld vergraben. Hier hast du es zurück.'
Da sagte der Herr zu ihm: ‚Du bist ein Faulpelz und Taugenichts. Wenn du wußtest, daß ich ernte, wo ich nicht gesät habe, und sammle, wo ich nichts ausgeteilt habe, warum hast du das Geld nicht wenigstens auf die Bank gebracht? Dann hätte ich es jetzt mit Zinsen zurückbekommen. Nehmt ihm sein Teil ab und gebt es dem, der die zehn Zentner hat! Denn wer viel hat, soll noch mehr bekommen, bis er mehr als genug hat. Wer aber wenig hat, dem wird auch noch das Letzte weggenommen werden. Und diesen Taugenichts werft hinaus in die Dunkelheit, wo es nichts als Jammern und Zähneknirschen gibt.'" (Matthäus 25,14—30)

Wonach der Weltrichter urteilt

„Wenn der Menschensohn in seiner Herrlichkeit kommt, begleitet von allen Engeln, dann wird er sich auf den königlichen Thron setzen. Alle Völker der Erde werden vor ihm versammelt werden, und er wird die Menschen in zwei Gruppen teilen, so wie ein Hirt die Schafe von den Ziegen trennt. Die Schafe wird er auf die rechte Seite stellen und die Ziegen auf die linke. Dann wird der König zu denen auf der rechten Seite sagen: ‚Kommt her! Euch hat mein Vater gesegnet. Nehmt Gottes neue Welt in Besitz, die er euch von Anfang an zugedacht hat. Denn ich war hungrig, und ihr habt mir zu essen gegeben; ich war durstig, und ihr habt mir zu trinken gegeben; ich war fremd, und ihr habt mich bei euch aufgenommen; ich war nackt,

Abb. 93
Römische Münzen /
Obere Münze
Vorderseite: Kaiser Augustus
Rückseite: Tempel des Mars
Untere Münze
Vorderseite: Kaiser Tiberius
Rückseite: Weibliche Gestalt mit Zweig, die wahrscheinlich den Frieden symbolisiert.

und ihr habt mir Kleidung gegeben; ich war krank, und ihr habt für mich gesorgt; ich war im Gefängnis, und ihr habt mich besucht.'
Dann werden die, die Gottes Willen getan haben, fragen: ‚Herr, wann sahen wir dich jemals hungrig und gaben dir zu essen? Oder durstig und gaben dir zu trinken? Wann kamst du als Fremder zu uns und wir nahmen dich auf, oder nackt und wir gaben dir Kleider? Wann warst du krank und wir sorgten für dich, oder im Gefängnis und wir besuchten dich?'
Dann wird der König antworten: ‚Ich will es

euch sagen: Was ihr für einen meiner geringsten Brüder getan habt, das habt ihr für mich getan.'
Dann wird er zu denen auf der linken Seite sagen: ‚Geht mir aus den Augen, Gott hat euch verflucht! Fort mit euch in das ewige Feuer, das für den Satan und seine Helfer vorbereitet ist! Denn ich war hungrig, aber ihr habt mir nichts zu essen gegeben; ich war durstig, aber ihr habt mir nichts zu trinken gegeben; ich war fremd, aber ihr habt mich nicht aufgenommen; ich war nackt, aber ihr habt mir keine Kleider

Abb. 94
Der Abendmahlssaal / In der alten Jerusalemer Oberstadt wird das sogenannte Coenaculum gezeigt; es hat seine jetzige Gestalt im 14. Jahrhundert erhalten. Hier soll Jesus mit seinen Jüngern das letzte Mahl gefeiert haben. Der bekannte Forscher der palästinischen Ortsüberlieferungen, Gustaf Dalman, bemerkte dazu: „Wenn auch das Abendmahl im jetzigen Abendmahlssaal nicht eingesetzt wurde, so ist doch das Gedächtnis an Jesu Sühnetod hier schon fruhzeitig gefeiert worden. Der Kelch, den die Jünger segnen, und das Brot, das sie brechen, haben hier ihre älteste Heimstatt. Hier ist daher die Mutter aller Kirchen zu sehen."

gegeben; ich war krank und im Gefängnis, aber ihr habt euch nicht um mich gekümmert.'
Dann werden auch sie ihn fragen: ,Herr, wann sahen wir dich jemals hungrig oder durstig, wann kamst du als Fremder, wann warst du nackt oder krank oder im Gefängnis — und wir hätten uns nicht um dich gekümmert?' Aber er wird ihnen antworten: ,Ich will es euch sagen: Was ihr an einem von meinen geringsten Brüdern zu tun versäumt habt, das habt ihr an mir versäumt.'
Auf diese also wartet die ewige Strafe. Die anderen aber, die Gottes Willen getan haben, empfangen das ewige Leben.''
(Matthäus 25,31—46)

Vor dem Passafest in Jerusalem: Pläne gegen Jesus

Es waren nur noch zwei Tage bis zum Passafest und der Festwoche, während der man nur ungesäuertes Brot ißt. Die führenden Priester und Gesetzeslehrer suchten nach einer Möglichkeit, Jesus heimlich zu verhaften und zu töten. ,,Aber auf keinen Fall darf das während des Festes geschehen'', sagten sie, ,,sonst gibt es einen Aufruhr im Volk.'' (Markus 14,1—2)

Eine Frau ehrt Jesus

Jesus war in Betanien bei Simon, dem Aussätzigen. Während des Essens kam eine Frau herein. Sie hatte ein Fläschchen mit reinem, kostbarem Nardenöl. Das öffnete sie und goß Jesus das Öl über den Kopf. Einige der Anwesenden waren darüber empört. ,,Was soll diese Verschwendung?'' sagten sie. ,,Dieses Öl hätte man für mehr als dreihundert Silberstücke verkaufen und das Geld den Armen geben können!'' Sie machten der Frau heftige Vorwürfe. Aber Jesus sagte: ,,Laßt sie doch in Ruhe! Warum bringt ihr sie in Verlegenheit? Sie hat mir einen guten Dienst getan. Arme wird es immer bei euch geben, und ihr könnt

Das Passafest
Das Passafest wurde zwei Wochen nach dem ersten Frühjahrsvollmond im Monat Nisan gefeiert. Zusammen mit dem anschließenden Fest der ungesäuerten Brote (Mazzenfest) war es der Erinnerung an den Auszug Israels aus Ägypten gewidmet, der im 2. Buch Mose beschrieben ist. Es war das bevorzugte Wallfahrtsfest, das viele Tausende aus aller Welt nach Jerusalem führte. Denn nur in Jerusalem durfte das Passalamm geschlachtet werden.
Die Pilger schlossen sich zu Passagenossenschaften zusammen, deren Mitgliederzahl 10-20 Personen betrug. Unter so viele Menschen wurde das Passalamm, ein einjähriges Schaf- oder Ziegenböckchen, verteilt. Frauen und Kinder nahmen an dem Fest teil. Es wurde dafür gesorgt, daß auch die Armen mitfeiern konnten.
Die Passalämmer wurden etwa vier Tage vor dem Fest beschafft und am Nachmittag vor der Passanacht geschlachtet. Nach Sonnenuntergang begann das Essen, das man nach antikem Brauch auf Polstern einnahm. Unter der Beikost befanden sich auch Brot und Wein.
Das Passa dauerte eine Nacht, die ,,heilige Nacht''. Ihm folgte das siebentägige Mazzenfest, das vom Volk ebenfalls Passa genannt wurde.

Abb. 95
Der Garten Getsemani mit alten Ölbäumen

Judas Iskariot

Der Beiname des Judas, „Iskariot", wird verschieden gedeutet. Er kann bedeuten: „aus Keriot stammend". Keriot lag in Südjudäa. Judas wäre dann als einziger im Jüngerkreis kein Galiläer gewesen. Diese Sonderstellung würde es begründen, daß seine Herkunft in einem Beinamen festgehalten wurde. Eine andere Deutung leitet „Iskariot" von „Sikarier" = „Dolchträger" ab. Die Sikarier bildeten zur Zeit Jesu den radikalen Flügel des jüdischen nationalen Widerstands gegen die Römer und deren einheimische Helfer. Sie waren bereit, auch den Mord als politisches Mittel in ihrem Kampf einzusetzen. Wenn Judas dieser Gruppe angehört haben sollte, würde die Vermutung an Wahrscheinlichkeit gewinnen, daß er mit seinem Verrat Jesus in die Entscheidung zwingen wollte: Er sollte sich gegenüber den Machthabern in Jerusalem als politischer Messias erweisen, der das Volk Gottes zum Sieg über die Feinde führt. Als Jesus, der seine Sendung anders verstand, sich widerstandslos gefangennehmen ließ und zum Tode verurteilt wurde, mußte Judas erkennen, daß sein Vorhaben gescheitert war. Nach Matthäus 27,3–10 hat er seine Tat bereut und Selbstmord begangen.

Zum Prozeß Jesu

Der oberste jüdische Gerichtshof, der Hohe Rat, tagte im Palast seines Vorsitzenden, des Hohenpriesters. Dieser Palast hat wahrscheinlich im südwestlichen Teil der Stadt gestanden. Es ist in der Forschung nicht entschieden, ob der Rat unter der Prokuratorenherrschaft Todesurteile vollstrecken lassen durfte. Da Jesus auf jeden Fall von den Römern hingerichtet wurde, hat unter Pontius Pilatus entweder ein zweites Verfahren gegen ihn stattgefunden, oder der römische Prokurator behandelte – in Fortsetzung der Ratsverhandlungen – einen jüdischen Antrag auf Todesurteil. Lukas berichtet, daß Jesus außerdem seinem Landesherrn Herodes Antipas vorgeführt wurde (23,6–12). Der Ort der Gerichtsverhandlung vor Pilatus wird an zwei Stellen gesucht. Normalerweise residierten die Prokuratoren, wenn sie sich in Jerusalem aufhielten, im Palast des Herodes. Es besteht jedoch auch die Möglichkeit, daß die Burg Antonia Schauplatz des Geschehens war. Die Zitadelle war ständig von einer römischen Garnison besetzt, die das Treiben auf dem Tempelgelände beobachtete.

ihnen jederzeit helfen, wenn ihr nur wollt. Aber mich habt ihr nicht mehr lange bei euch. Sie hat das Schönste getan, was sie tun konnte: Sie hat dieses Öl auf meinen Körper gegossen, um ihn schon im voraus für das Begräbnis zu salben. Ich versichere euch: überall in der Welt, wo die Gute Nachricht verkündet wird, wird man auch berichten, was sie getan hat, und an sie denken." (Markus 14,3–9)

Judas ist zum Verrat bereit

Danach ging Judas Iskariot, einer der zwölf Jünger, zu den führenden Priestern, um ihnen Jesus in die Hände zu spielen. Sie freuten sich darüber und versprachen ihm Geld. Von da an suchte Judas eine günstige Gelegenheit, Jesus zu verraten. (Markus 14,10–11)

Vorbereitungen zum Passamahl

Es war der erste Tag der Festwoche, während der man nur ungesäuertes Brot ißt, der Tag, an dem man die Passalämmer schlachtet. Da fragten die Jünger Jesus: „Wo sollen wir für dich das Passamahl vorbereiten?" Jesus schickte zwei von ihnen mit dem Auftrag fort: „Geht in die Stadt! Dort werdet ihr einen Mann treffen, der einen Wasserkrug trägt. Folgt ihm, bis er in ein Haus hineingeht, und sagt dem Hausherrn dort: ‚Unser Lehrer läßt fragen, wo er mit seinen Jüngern das Passamahl feiern kann.' Dann wird er euch ein großes Zimmer im Obergeschoß zeigen, das mit Polstern ausgestattet und schon zur Feier hergerichtet ist. Dort bereitet alles für uns vor." Die beiden gingen in die Stadt. Sie fanden alles so, wie Jesus es ihnen gesagt hatte, und bereiteten das Passamahl vor. (Markus 14,12–16)

Das letzte Mahl (das Abendmahl)

Als es Abend geworden war, kam Jesus mit den zwölf Jüngern. Während der Mahlzeit sagte er: „Es steht fest, daß einer von euch mich verraten wird – einer, der hier mit mir ißt." Die Jünger waren bestürzt, und einer nach dem anderen fragte ihn: „Du meinst doch nicht mich?" Jesus antwortete: „Es wird einer von euch zwölf sein, einer, der mit mir aus der gleichen Schüssel ißt. Der Menschensohn wird zwar sterben, wie es in den heiligen Schriften vorausgesagt ist. Aber wehe dem Menschen, der den Menschensohn verrät! Er wäre besser nie geboren worden!"
Während der Mahlzeit nahm Jesus Brot, dankte Gott, brach es in Stücke und gab es seinen Jüngern mit den Worten: „Nehmt, das ist mein

Leib!" Dann nahm er den Becher, sprach darüber das Dankgebet, gab ihnen auch den, und alle tranken daraus. Dabei sagte er zu ihnen: „Das ist mein Blut, das für alle Menschen vergossen wird. Mit ihm wird der Bund besiegelt, den Gott jetzt mit den Menschen schließt. Ich sage euch: Ich werde keinen Wein mehr trinken, bis ich ihn neu trinken werde, wenn Gott sein Werk vollendet hat!"
Dann sangen sie die Dankpsalmen und gingen hinaus zum Ölberg. (Markus 14,17–26)

Jesus und Petrus

Unterwegs sagte Jesus zu ihnen: „Ihr werdet alle an mir irre werden, denn es heißt: ‚Ich werde den Hirten töten, und die Schafe werden auseinanderlaufen.' Aber nach meiner Auferweckung vom Tod werde ich euch vorausgehen nach Galiläa."
Petrus widersprach ihm: „Selbst wenn alle anderen an dir irre werden — ich nicht!"
„Täusche dich nicht!" antwortete Jesus. „Bevor der Hahn heute nacht zweimal kräht, wirst gerade du dreimal behaupten, daß du mich nicht kennst." Da sagte Petrus noch bestimmter: „Das werde ich niemals tun, und wenn ich mit dir zusammen sterben müßte!" Das gleiche sagten auch alle anderen.
(Markus 14,27–31)

In Getsemani

Sie kamen an eine einsame Stelle, die Getsemani hieß. Dort sagte Jesus zu seinen Jüngern: „Bleibt hier sitzen, während ich beten gehe." Petrus, Jakobus und Johannes nahm er mit. Furcht und Zittern befielen ihn, und er sagte: „Auf mir liegt eine Last, die mich fast erdrückt. Bleibt hier und wacht!" Dann ging er noch ein paar Schritte weiter, warf sich auf die Erde und bat Gott, wenn es möglich wäre, ihm diese Leidensstunde zu ersparen. „Abba — lieber Vater", sagte er, „du kannst alles! Laß diesen Leidenskelch an mir vorübergehen! Aber es soll geschehen, was du willst, nicht was ich will."
Dann kehrte er zurück und sah, daß die drei eingeschlafen waren. Da sagte er zu Petrus: „Simon, schläfst du? Kannst du nicht einmal eine einzige Stunde wach bleiben?" Dann sagte er zu ihnen: „Bleibt wach und betet, damit ihr in der kommenden Prüfung nicht versagt. Den guten Willen habt ihr, aber ihr seid nur schwache Menschen."
Noch einmal ging Jesus weg und betete mit den gleichen Worten. Als er zurückkam, schliefen sie wieder. Sie konnten die Augen nicht

offenhalten und wußten nicht, was sie ihm antworten sollten. Als Jesus das dritte Mal zurückkam, sagte er zu ihnen: „Schlaft ihr denn immer noch und ruht euch aus? Genug jetzt, es ist soweit; gleich wird der Menschensohn den Feinden Gottes ausgeliefert. Steht auf, wir wollen gehen. Da ist er schon, der mich verrät!" (Markus 14,32—42)

Jesus wird festgenommen

Noch während er das sagte, kam Judas, einer der zwölf Jünger, mit einem Trupp von Männern, die mit Schwertern und Knüppeln bewaffnet waren. Sie waren von den führenden Priestern, den Gesetzeslehrern und Ratsältesten geschickt worden. Der Verräter hatte mit ihnen ein Erkennungszeichen ausgemacht:

„Wem ich einen Begrüßungskuß gebe, der ist es. Den nehmt fest und führt ihn unter Bewachung ab!" Judas ging sogleich auf Jesus zu, grüßte ihn und gab ihm einen Kuß. Da packten sie Jesus und nahmen ihn fest.

Aber einer von denen, die dabeistanden, zog sein Schwert, hieb auf den Diener des Obersten Priesters ein und schlug ihm ein Ohr ab. Jesus sagte zu den Männern: „Mußtet ihr wirklich mit Schwertern und Knüppeln anrücken, um mich gefangenzunehmen? Bin ich denn ein Verbrecher? Jeden Tag war ich bei euch im Tempel und habe gelehrt, da habt ihr mich nicht festgenommen. Aber die Voraussagen in den heiligen Schriften mußten in Erfüllung gehen." Da verließen ihn alle seine Jünger und flohen.

Ein junger Mann folgte Jesus; er war nur mit einem leichten Überwurf bekleidet. Ihn wollten

Abb. 96
Getsemani am Ölberg / Der Name Getsemani bedeutet „Ölkelter". Es handelte sich bei dem Grundstück vermutlich um ein Landgut mit Ölbäumen und einer Vorrichtung zur Ölgewinnung. Eine Ölkelter zeigt Farbtafel 19. Nach Johannes 18,1 befand es sich jenseits des Kidronbaches. Einige Forscher vermuten, daß sein Besitzer identisch ist mit dem Eigentümer des Hauses in der Oberstadt, in dem Jesus mit seinen Jüngern zuvor das Abendmahl gefeiert hatte. Obwohl bereits außerhalb der Stadtmauern liegend, wurde Getsemani noch zum Bereich von Jerusalem gerechnet. Dieser Umstand ist von Bedeutung, weil es während der Passanacht verboten war, Jerusalem zu verlassen. Das Foto auf S. 100 zeigt Kidrontal und Ölberg gegenüber dem Goldenen Tor. Die Straße überquert den Kidron in

einer S-Kurve. Der ummauerte Garten mit der rechts (südlich) anschließenden Kirche ist Getsemani. Sieben Ölbäume stehen noch in dem Garten, der den Franziskanern gehört. Ihr Alter zu bestimmen, ist sehr schwierig. Über tausend Jahre alt mögen sie sein. Aus der Zeit Jesu können sie nicht stammen, da bei der Belagerung Jerusalems im Jahre 70 alle Bäume im Umkreis von 20 km geschlagen worden sind. Die Getsemani-Kirche wurde vor 50 Jahren erbaut. Sie steht auf den Fundamenten älterer Kirchen, die anzeigen, daß die Getsemani-Tradition schon in frühen Jahrhunderten an dieser Stelle lokalisiert wurde.

Die Straße führt weiter nach Betanien und Jericho. Am Garten Getsemani nehmen jedoch auch drei Wege ihren Anfang, die direkt über den Ölberg führen. Der mittlere (und steilste) stellt die kürzeste Verbindung nach Betanien dar, das auf der anderen Seite des Ölbergs liegt. Jesus wird diesen Weg mehrfach gegangen sein.

Oberhalb der Getsemani-Kirche liegt die russisch-orthodoxe Magdalenenkirche. Dahinter ist die durch Bäume halb verdeckte Kapelle „Dominus flevit" („Der Herr hat geweint") zu sehen.

Abb. 97
Ritzzeichnungen römischer Soldaten / Bei Ausgrabungen im Bereich der ehemaligen Burg Antonia entdeckte man in den 30er Jahren unseres Jahrhunderts große Pflastersteine, auf denen Ritzzeichnungen angebracht waren. Wahrscheinlich stammen sie von römischen Soldaten, die sie für ihre Spiele verwendet haben mögen.

sie auch festnehmen; aber er riß sich los, ließ sein Kleidungsstück zurück und rannte nackt davon. (Markus 14,43—52)

Jesus vor dem jüdischen Rat

Dann brachten sie Jesus zum Haus des Obersten Priesters. Dort versammelten sich alle führenden Priester, Ratsältesten und Gesetzeslehrer. Petrus folgte Jesus in weitem Abstand und kam bis in den Innenhof des Hauses. Er setzte sich zu den Wächtern und wärmte sich am Feuer.

Die führenden Priester und der ganze Rat versuchten nun, Jesus durch Zeugenaussagen zu belasten, damit sie ihn zum Tod verurteilen könnten; aber es gelang ihnen nicht. Es meldeten sich zwar viele falsche Zeugen gegen ihn, aber ihre Aussagen stimmten nicht überein. Schließlich traten ein paar Männer auf und behaupteten: „Wir haben ihn sagen hören: ‚Ich will diesen Tempel, der von Menschen gebaut wurde, niederreißen und in drei Tagen einen anderen bauen, der nicht von Menschen gemacht ist.'" Aber auch ihre Aussagen widersprachen einander.

Da stand der Oberste Priester auf, trat in die

Mitte und fragte Jesus: „Hast du nichts gegen diese Anklagen vorzubringen?" Aber Jesus schwieg und sagte kein Wort. Darauf fragte der Oberste Priester ihn: „Bist du der versprochene Retter? Bist du der Sohn Gottes?" „Ich bin es!" sagte Jesus, „und ihr werdet sehen, wie der Menschensohn an der rechten Seite des Allmächtigen sitzt und mit den Wolken des Himmels kommt!"

Da zerriß der Oberste Priester sein Gewand und sagte: „Wir brauchen keine Zeugen mehr! Ihr habt seine Gotteslästerung gehört! Wie lautet euer Urteil?" Einstimmig erklärten sie: „Er hat den Tod verdient!" Einige begannen, Jesus anzuspucken. Sie banden ihm die Augen zu, ohrfeigten ihn und fragten: „Wer war es? Du bist doch ein Prophet!" Dann nahmen ihn die Wächter vor und schlugen ihn weiter. (Markus 14,53—65)

Petrus verleugnet Jesus

Petrus war noch immer unten im Hof. Eine Dienerin des Obersten Priesters kam vorbei. Als sie Petrus am Feuer bemerkte, sah sie ihn scharf an und meinte: „Du warst doch auch mit dem Jesus aus Nazaret zusammen!" Petrus stritt es ab: „Ich habe keine Ahnung; ich weiß überhaupt nicht, wovon du redest!" Dann ging er hinaus in die Vorhalle. In diesem Augenblick krähte ein Hahn.

Das Mädchen entdeckte Petrus dort wieder und sagte zu den Umstehenden: „Der gehört auch zu ihnen!" Aber er stritt es wieder ab. Kurz darauf fingen die Umstehenden noch einmal an: „Natürlich gehörst du zu ihnen, du bist doch aus Galiläa!" Aber Petrus schwor: „Gott soll mich strafen, wenn ich lüge! Ich kenne den Mann nicht, von dem ihr redet." Da krähte der Hahn zum zweitenmal, und Petrus erinnerte sich daran, daß Jesus zu ihm gesagt hatte: „Bevor der Hahn zweimal kräht, wirst du dreimal behaupten, daß du mich nicht kennst." Da fing er an zu weinen. (Markus 14,66—72)

Jesus vor Pilatus

Früh am Morgen schließlich traf der ganze jüdische Rat — die führenden Priester, die Ratsältesten und die Gesetzeslehrer — die Entscheidung: Sie ließen Jesus fesseln, nahmen ihn mit und übergaben ihn dem Prokurator Pilatus. Der fragte ihn: „Bist du der König der Juden?" „Ja", antwortete Jesus. Die führenden Priester brachten viele Beschuldigungen gegen ihn vor. Pilatus fragte ihn: „Willst du dich nicht verteidigen? Du hast ja gehört, was sie dir alles vorwerfen." Aber Jesus sagte kein einziges Wort. Darüber war Pilatus sehr erstaunt. (Markus 15,1—5)

Das Verhalten des Pilatus

Pilatus hat in seiner Amtstätigkeit die Juden häufig provoziert (vgl. S. 70). Um so auffälliger ist, daß er sich im Verlauf des Jesus-Prozesses wider besseres Wissen dem Wunsch des Hohen Rates beugte und das Todesurteil über den Angeklagten verhängte. W. Grundmann erklärt die Motive des Prokurators so: „Nun ist sicher, daß Pilatus mit dem nach dem Kaiser mächtigsten Mann im Imperium Romanum, mit Sejanus, befreundet gewesen ist. Sejanus wurde im Jahre 31 gestürzt und hingerichtet. Da er eine judenfeindliche Politik getrieben hatte, waren die Juden an seinem Sturz nicht unbeteiligt. Pilatus mußte sich nach dem Herbst 31 als gefährdet ansehen. Daß er in dieser Zeit seine Politik geändert hat, um sich die Juden günstig zu stimmen, ist z. B. daraus ersichtlich, daß er die herausfordernden Münzprägungen einstellte, die umlaufenden Münzen umprägen und eine Ersatzserie herstellen ließ. Wenn man sich entschließt, den Prozeß Jesu auf die Zeit nach dem Sturz des Sejanus anzusetzen, also auf das Jahr 32 oder 33 — in dem letzteren fiel der 14. Nisan sicher auf einen Freitag — dann würde verständlich, warum Pilatus so bereitwillig auf die jüdischen Wünsche einging und sich zum Todesurteil gegen Jesus treiben ließ." (Das Evangelium nach Markus S. 310f.)

Abb. 98
Die Via dolorosa / Erst spätere Legende hat den „Schmerzensweg" Jesu mit den Kreuzwegstationen festgelegt. Sie geht von der nicht gesicherten Annahme aus, daß die Verurteilung in der Burg Antonia erfolgt ist.

Barabbas und die Zeloten

Barabbas und die Zeloten
In der Gestalt des Barabbas (sein vollständiger Name war Jesus bar Abbas) spiegeln sich die scharfen sozialen Gegensätze, die im Palästina des 1. Jahrhunderts herrschten. Barabbas gehörte offensichtlich zu der Bewegung der Zeloten, der „Eiferer", die im Namen der Alleinherrschaft Gottes gegen die Fremdherrschaft der Römer und gegen die Unterdrückung durch die eigene Oberschicht kämpften. Sie lehnten die Steuerzahlung ab und gewannen so die Sympathien der kleinen Landeigentümer und Pächter, während sich die Besitzer der großen Landgüter mit den Römern verbündeten.
Zentrum der Zeloten-Bewegung war Galiläa. Die Bezeichnung „die Armen" sahen sie als Ehrentitel an, da den Armen Gottes Gnade sicher ist. Die Neuverteilung des Besitzes gehörte zu ihrem Programm, das sie mit gewaltsamen Aktionen gegen Römer und Römerfreunde durchsetzen wollten. Der Haß ihrer Gegner zeigte sich darin, daß die Zeloten unbeschadet ihrer Motive von Römern und Angehörigen der jüdischen Oberschicht schlechthin als „Räuber" diffamiert wurden. Die großen Nöte der Zeit deuteten die Zeloten als Zeichen des bevorstehenden Endes, nach dem Gott das Heil heraufführen werde.

Die Hinrichtung am Kreuz
Die Kreuzesstrafe stammt aus Persien. Die Römer hielten sie für die grausamste und verächtlichste Art der Hinrichtung, die auf Vollbürger normalerweise nicht angewandt wurde. Die Römer sahen jedoch in ihr ein vorzügliches Abschreckungsmittel gegenüber Sklaven und Bewohnern der unterworfenen Provinzen. Im Spartakusaufstand wurden Tausende der besiegten Aufständischen ans Kreuz geschlagen; um die Zeitenwende ließ ein römischer Statthalter 2000 Juden auf einmal kreuzigen. Die Juden übten die Kreuzigung nicht aus, sie kannten aber den Brauch, die Leichen der (meist durch Steinigung) Hingerichteten aufzuhängen, um die Schande zu vermehren. G. Kroll vermutet, daß auch aus diesem Grunde die Gegner Jesu auf die Kreuzesstrafe drängten: „Der Nazarener sollte nicht nur getötet werden, sondern sein Name sollte für alle Zeiten mit dem Fluch Gottes geächtet sein."

Freiheit für Barabbas, Todesurteil für Jesus

Es war üblich, daß Pilatus zum Passafest einen Gefangenen begnadigte, den das Volk bestimmen durfte. Damals war nun ein Mann namens Barabbas im Gefängnis, zusammen mit anderen, die während eines Aufruhrs einen Mord begangen hatten. Als die Volksmenge zu Pilatus zog und ihn um die übliche Begnadigung bat, fragte er sie: „Soll ich euch den König der Juden freigeben?" Denn er wußte genau, daß die führenden Priester Jesus nur aus Neid an ihn ausgeliefert hatten.
Aber die führenden Priester redeten auf die Leute ein, sie sollten fordern, daß Barabbas freigelassen würde. „Was soll ich denn mit dem machen, den ihr den König der Juden nennt?" fragte Pilatus. „Kreuzigen!" schrien sie. „Was hat er denn verbrochen?" fragte Pilatus; aber sie schrien noch lauter: „Kreuzigen!" Um dem Volk einen Gefallen zu tun, gab Pilatus Barabbas frei. Dann befahl er, Jesus auszupeitschen und ihn ans Kreuz zu nageln.
(Markus 15,6–15)

Die Soldaten verspotten Jesus

Die Soldaten brachten Jesus in den Hof des Palastes und riefen die ganze Mannschaft zusammen. Sie hängten ihm einen purpurfarbenen Mantel um, flochten eine Krone aus Dornenzweigen und setzten sie ihm auf. Dann fingen sie an, ihn zu begrüßen! „Der König der Juden, er lebe hoch!" Sie schlugen ihn mit einem Stock auf den Kopf, spuckten ihn an, warfen sich vor ihm auf die Knie und huldigten ihm wie einem König. Als die Soldaten ihn genug verspottet hatten, nahmen sie ihm den Mantel wieder ab und zogen ihm seine eigenen Kleider an. Dann führten sie ihn hinaus, um ihn ans Kreuz zu nageln. (Markus 15,16–20)

Jesus am Kreuz

Unterwegs trafen sie auf einen Mann, der gerade vom Feld in die Stadt zurückkam, und zwangen ihn, das Kreuz zu tragen. Es war Simon aus Zyrene, der Vater von Alexander und Rufus. Sie brachten Jesus an die Stelle, die Golgota heißt, das bedeutet ‚Schädel'. Dort wollten sie ihm Wein mit einem betäubenden Zusatz geben; aber Jesus nahm ihn nicht.
Sie nagelten ihn ans Kreuz und verteilten untereinander seine Kleider. Durch das Los bestimmten sie, was jeder bekommen sollte. Es war neun Uhr morgens, als sie ihn kreuzigten. Als Grund für seine Hinrichtung hatte man auf ein Schild geschrieben: „Der König der Juden!" Zugleich mit Jesus nagelten sie zwei Verbrecher an Kreuze, einen links und einen rechts von ihm.
Die Leute, die vorbeikamen, schüttelten höhnisch den Kopf und beschimpften Jesus: „Ha! Wolltest du nicht den Tempel niederreißen und in drei Tagen wieder aufbauen? Dann befreie dich doch und komm herunter vom Kreuz!" Genauso machten sich die führenden Priester und die Gesetzeslehrer über Jesus lustig: „Anderen hat er geholfen, aber sich selbst kann er nicht helfen! Dieser Retter und König von Israel! Er soll doch vom Kreuz herunterkommen! Wenn wir das sehen, werden wir ihm glauben." Auch die beiden, die mit ihm gekreuzigt waren, beschimpften ihn.
(Markus 15,21–32)

Jesus stirbt

Um zwölf Uhr mittags wurde es im ganzen Land dunkel. Die Dunkelheit dauerte bis um drei Uhr. Gegen drei Uhr schrie Jesus: „Eloi, eloi, lema sabachtani?" – das heißt: „Mein Gott, mein Gott, warum hast du mich verlassen?" Einige von denen, die dabeistanden und es hörten, sagten: „Er ruft nach Elija!" Einer holte schnell einen Schwamm, tauchte ihn in Essig, steckte ihn auf eine Stange und gab Jesus zu trinken. Dabei sagte er: „Nun werden wir ja sehen, ob Elija kommt und ihn herunterholt." Aber Jesus schrie laut auf und starb.
Da zerriß der Vorhang vor dem Allerheiligsten im Tempel von oben bis unten. Der römische Hauptmann aber, der dem Kreuz gegenüberstand und miterlebt hatte, wie Jesus aufschrie und starb, sagte: „Dieser Mann war wirklich Gottes Sohn!"
Auch einige Frauen waren da, die alles aus der Ferne beobachteten, unter ihnen Maria aus Magdala und Maria, die Mutter von Jakobus dem Jüngeren und Joses, sowie Salome. Sie hatten Jesus in Galiläa begleitet und für ihn gesorgt. Auch noch viele andere Frauen waren da, die mit ihm nach Jerusalem gekommen waren. (Markus 15,33–41)

Das Begräbnis

Es war Abend geworden, und der nächste Tag war ein Sabbat. Damit dieser nicht entweiht würde, nahm Josef aus Arimathäa es auf sich, zu Pilatus zu gehen und ihn um den Leichnam Jesu zu bitten. Er war ein hochgeachtetes Ratsmitglied und wartete darauf, daß Gott seine Herrschaft aufrichte. Pilatus war erstaunt zu hören, daß Jesus schon gestorben war. Er ließ sich daher von dem Hauptmann Bericht

erstatten und fragte ihn, ob Jesus schon tot sei. Als der Hauptmann es ihm bestätigte, überließ er Josef den Toten. Josef kaufte ein Leichentuch, nahm Jesus vom Kreuz und wickelte ihn in das Tuch. Dann legte er ihn in ein Grab, das in einen Felsen gehauen war. Zuletzt rollte er einen Stein vor den Grabeingang. Maria aus Magdala und Maria, die Mutter von Joses, sahen zu und merkten sich, wo Jesus lag. (Markus 15,42—47)

Jesus lebt

Am Abend, als der Sabbat vorbei war, kauften Maria aus Magdala, Maria, die Mutter von Jakobus, und Salome wohlriechende Öle, um den Toten einzubalsamieren. Ganz früh am Sonntagmorgen, als die Sonne gerade aufging, kamen sie zum Grab. Unterwegs hatten sie sich überlegt, wer ihnen den Stein vom Grabeingang wegrollen könnte, denn er war sehr groß. Aber als sie hinsahen, bemerkten

sie, daß der Stein schon entfernt war. Sie gingen in die Grabhöhle hinein und sahen dort auf der rechten Seite einen jungen Mann in einem weißen Gewand sitzen. Sie erschraken sehr. Er aber sagte zu ihnen: „Habt keine Angst! Ihr sucht Jesus von Nazaret, der ans Kreuz genagelt wurde. Er ist nicht hier; Gott hat ihn vom Tode erweckt! Hier seht ihr die Stelle, wo er gelegen hat. Und nun geht und sagt seinen Jüngern, vor allem Petrus: ‚Er geht euch nach Galiläa voraus. Dort werdet ihr ihn sehen, genau, wie er es euch gesagt hat.'" Da verließen sie die Grabhöhle und flohen. Sie zitterten vor Entsetzen. Und weil sie solche Angst hatten, erzählten sie niemand etwas davon. (Markus 16,1—8)

Auf dem Weg nach Emmaus

Am selben Tag gingen zwei, die zu den Jüngern Jesu gehört hatten, nach dem Dorf Emmaus, das etwa zehn Kilometer von Jerusalem ent-

Abb. 99

Golgota und die Grabeskirche / Der Flurteil, der im alten Jerusalem „Schädel" hieß, liegt heute inmitten der dichtbebauten Stadt. Zur Zeit, da er als Hinrichtungsstätte diente, mußte er sich vor den Toren befunden haben. Eine sorgfältige Auswertung der Berichte über den Verlauf der Jerusalemer Nordmauer macht es möglich, im Bereich der heutigen Grabeskirche die Orte wiederzufinden, an denen Jesus gekreuzigt und begraben wurde. Bereits Kaiser Konstantin (306-337 n. Chr.) ließ über Golgota und über dem nur 40 m weiter westlich lokalisierten Grab Jesu eine große Basilika errichten. Die heutige Grabeskirche ist im wesentlichen ein Bau aus der Kreuzfahrerzeit (Mitte des 12. Jahrhunderts), der nach einem Brand 1810 mit Veränderungen wieder aufgebaut wurde. Unter der großen Kuppel befindet sich das Heilige Grab. Die Kreuzigungsstätte ist unter dem eingerüsteten Gebäudeteil am rechten Bildrand zu suchen.

Emmaus

Die Lage des Ortes ist umstritten. Im Abstand von 60 Stadien = 12 km von Jerusalem ist kein Ort dieses Namens bekannt. Einige Handschriften verbessern die Zahl 60 in 160. Dann ist an das Emmaus zu denken, das sich am Westrand des Gebirges westnordwestlich in Richtung Jafo befand. Der Name Emmaus hat sich bis in die Gegenwart in der arabischen Namensform Amwas erhalten. Zwei warme Quellen bestätigen, daß der Ort zu Recht Emmaus = „Warmbrunnen" heißt. Der Ort liegt 23 km Luftlinie von Jerusalem entfernt. Die Gebirgswege, über die er zu erreichen war, mögen etwa 160 Stadien = 30 km Länge aufweisen.

Das arabische Dorf Amwas wurde im Junikrieg 1967 zerstört.

Ein zweites Emmaus lag nur 6 km von Jerusalem entfernt. Diesem Ort, auf den die Entfernungsangabe des Lukas auch nicht zutrifft, fehlt jedoch die Lokaltradition, die schon frühzeitig für Amwas nachweisbar ist.

fernt lag. Unterwegs unterhielten sie sich über alles, was geschehen war. Als sie so miteinander sprachen und alles hin und her überlegten, kam Jesus dazu und ging mit ihnen. Aber sie erkannten ihn nicht; sie waren wie mit Blindheit geschlagen. Er fragte sie: „Worüber redet ihr denn so eifrig unterwegs?" Da blieben sie traurig stehen, und der eine — er hieß Kleopas — fragte: „Du bist wohl der einzige in Jerusalem, der nicht weiß, was dort in den letzten Tagen geschehen ist?" „Was denn?" fragte Jesus. „Das mit Jesus von Nazaret", sagten sie. „Er war ein Prophet; in Worten und Taten hat er vor Gott und dem ganzen Volk seine Macht erwiesen. Unsere führenden Priester und die anderen Ratsmitglieder haben ihn zum Tod verurteilt und ihn ans Kreuz nageln lassen. Und wir hatten doch gehofft, er werde der Mann sein, der Israel befreit! Heute ist schon der dritte Tag, seitdem das geschehen ist. Und jetzt haben uns einige Frauen, die zu uns gehören, noch mehr erschreckt. Sie gingen heute früh zu seinem Grab, konnten aber seinen Leichnam nicht finden. Sie kamen zurück und erzählten, sie hätten Engel gesehen, die hätten ihnen gesagt, daß er lebt. Einige von uns sind gleich zum Grab gelaufen und haben alles so gefunden, wie es die Frauen erzählten. Aber ihn selbst haben sie nicht gesehen."

Da sagte Jesus zu ihnen: „Was seid ihr doch

Abb. 100
Im Hof der Grabeskirche / Die Fassade stammt aus der Zeit der Kreuzzüge.

blind! Wie schwer tut ihr euch zu glauben, was die Propheten vorausgesagt haben! Der versprochene Retter mußte doch erst dies alles erleiden, um zu seiner Herrlichkeit zu gelangen!" Und Jesus erklärte ihnen die Worte, die sich auf ihn bezogen, von den Büchern Moses und der Propheten angefangen durch alle heiligen Schriften.

Mittlerweile waren sie in die Nähe von Emmaus gekommen. Jesus tat so, als wollte er weitergehen. Aber sie hielten ihn zurück und baten: „Bleib doch bei uns! Es ist fast Abend, und gleich wird es dunkel." Da folgte er ihrer Einladung und blieb bei ihnen. Während des Abendessens nahm er das Brot, dankte Gott, brach es in Stücke und gab es ihnen. Da gingen ihnen die Augen auf, und sie erkannten Jesus. Aber im selben Augenblick verschwand er vor ihnen. Sie sagten zueinander: „Wurde uns nicht ganz heiß ums Herz, als er unterwegs mit uns sprach und uns die heiligen Schriften erklärte?" Sie machten sich sofort auf den Rückweg nach Jerusalem. Als sie dort ankamen, waren die Elf mit allen übrigen versammelt und riefen ihnen zu: „Der Herr ist wirklich auferweckt worden! Simon hat ihn gesehen." Da erzählten ihnen die beiden, was sie unterwegs erlebt hatten und wie sie den Herrn erkannt hatten, als er ihnen das Brot austeilte. (Lukas 24,13—35)

Jesus erscheint den Jüngern

Während die beiden noch erzählten, stand plötzlich der Herr selbst mitten unter ihnen. Er grüßte sie: „Ich bringe euch Frieden!" Sie erschraken, denn sie meinten einen Geist zu sehen. Aber er sagte: „Warum seid ihr so erschrocken? Warum kommen euch solche Zweifel? Schaut mich doch an, meine Hände, meine Füße, dann erkennt ihr, daß ich es wirklich bin. Faßt mich an und überzeugt euch; ein Geist hat doch nicht Fleisch und Knochen wie ich!" Während er das sagte, zeigte er ihnen seine Hände und seine Füße. Als sie es in ihrer Freude und Verwunderung noch immer nicht fassen konnten, fragte er: „Habt ihr etwas zu essen da?" Sie gaben ihm ein Stück gebratenen Fisch, und er aß es vor ihren Augen.

Dann sagte er zu ihnen: „Als ich noch bei euch war, habe ich euch gesagt: ‚Alles, was im Gesetz Moses, in den Schriften der Propheten und in den Psalmen über mich steht, muß in Erfüllung gehen.'" Und er half ihnen, die heiligen Schriften richtig zu verstehen. „Hier steht es doch geschrieben", erklärte er ihnen: „Der versprochene Retter muß leiden und sterben und am dritten Tag vom Tod auferstehen. Den Menschen aller Völker muß verkündet werden, daß ihnen um seinetwillen Umkehr zu Gott und Vergebung der Schuld angeboten wird. Und das muß in Jerusalem anfangen. Ihr seid Zeugen von all dem und sollt dafür einstehen! Ich aber werde den Geist, den mein Vater euch versprochen hat, zu euch senden. Wartet hier in der Stadt, bis ihr mit der Kraft von oben gestärkt werdet." (Lukas 24,36—49)

Die Aussendung

Die elf Jünger gingen nach Galiläa auf den Berg, zu dem Jesus sie bestellt hatte. Als sie ihn dort sahen, warfen sie sich vor ihm nieder, aber einige taten es mit zwiespältigem Herzen. Jesus trat auf sie zu und sagte: „Gott hat mir unbeschränkte Vollmacht im Himmel und auf Erden gegeben. Darum geht nun zu allen Völkern der Welt und macht die Menschen zu meinen Jüngern! Tauft sie im Namen des Vaters und des Sohnes und des Heiligen Geistes und lehrt sie, alles zu befolgen, was ich euch aufgetragen habe. Und das sollt ihr wissen: Ich bin immer bei euch, jeden Tag, bis zum Ende der Welt." (Matthäus 28,16—20)

2 Das Evangelium nach Johannes

Das Johannes-Evangelium
Auch dieses biblische Buch gehört der literarischen Gattung der Evangelien an. Aber in
der Art der Darstellung und auch im Stoff
weicht es ganz erheblich von Matthäus,
Markus und Lukas ab. Offenbar beabsichtigt
der Verfasser, ohne die anderen Versuche
verleugnen oder korrigieren zu wollen, *die*
Darstellung Jesu zu geben, die in vollendeter
Weise erkennen läßt, daß Jesus der Gesalbte
Gottes ist. Auf diese Weise will er angemessen zum Ausdruck bringen, was bereits in
der früheren Tradition enthalten war. „Ihm
liegt nicht so sehr daran darzustellen, was
Jesus war, sondern was die Christen an
Jesus haben."

Der Glaube an den Auferstandenen bietet
ihm die theologische Basis, auf die er sein
Evangelium aufbaut. Das schließt nicht aus,
daß er auch zuverlässige chronologische und
topographische Überlieferung bietet.
Es ist unwahrscheinlich, daß das Evangelium
von dem Zebedäussohn Johannes stammt,
der ein direkter Jünger Jesu war. Vielleicht
ist es in einem Kreis entstanden, der in
Ephesus und Kleinasien beheimatet war und
der sich um einen angesehenen Christen mit
dem Namen Johannes scharte. In der Forschung werden jedoch auch andere Möglich-
keiten erörtert, die Verfasserfrage zu beant-
worten.

Christus — „das Wort"

Am Anfang, bevor die Welt geschaffen wurde, war Er, der „das Wort" ist. Er war bei Gott und in allem Gott gleich. Von Anfang an war er bei Gott. Durch ihn wurde alles geschaffen; nichts ist entstanden ohne ihn. In allem Geschaffenen war er das Leben, und für die Menschen war er das Licht. Das Licht strahlt in der Finsternis, und die Finsternis hat es nicht auslöschen können.

Ein Mann wurde von Gott gesandt, er hieß Johannes. Er sollte die Menschen auf das Licht hinweisen, damit alle es erkennen und annehmen. Er selbst war nicht das Licht; er sollte nur auf das Licht hinweisen.

Das wahre Licht ist Er, „das Wort". Er kam in die Welt und war in der Welt, um allen Menschen Licht zu geben. Die Welt war durch ihn geschaffen worden, und doch erkannte sie ihn nicht. Er kam in sein eigenes Land, doch sein eigenes Volk wies ihn ab. Manche aber nahmen ihn auf und schenkten ihm ihr Vertrauen. Ihnen gab er das Recht, Kinder Gottes zu werden. Das wurden sie nicht durch natürliche Geburt oder weil Menschen es so wollten, sondern weil Gott ihnen ein neues Leben gab.

Er, „das Wort", wurde ein Mensch, ein wirklicher Mensch von Fleisch und Blut, und nahm Wohnung unter uns. Wir sahen seine Macht und Hoheit, die göttliche Hoheit des einzigen Sohnes, die ihm der Vater gegeben hat. Gottes ganze Güte und Treue ist uns in ihm begegnet.

Johannes trat als Zeuge für ihn auf und rief: „Das ist der, von dem ich sagte: ‚Nach mir kommt einer, der über mir steht; denn bevor ich geboren wurde, war er schon da.'"

Aus seinem Reichtum hat er uns beschenkt; er hat uns alle mit Güte überschüttet.

Durch Mose gab Gott uns das Gesetz, in Jesus Christus aber ist uns seine ganze Güte und Treue begegnet. Kein Mensch hat Gott jemals gesehen. Nur der einzige Sohn, der ganz eng mit dem Vater verbunden ist, hat uns gezeigt, wer Gott ist. (Johannes 1,1—18)

Die Hochzeit in Kana

In Kana in Galiläa fand eine Hochzeit statt. Jesus war mit seinen Jüngern eingeladen, und auch seine Mutter war dort.

Als der Weinvorrat zu Ende war, sagte seine Mutter zu ihm: „Sie haben keinen Wein mehr!" Jesus erwiderte ihr: „Was ich zu tun habe, ist meine Sache, nicht deine. Meine Zeit ist noch nicht da." Da wandte sich seine Mutter an die Diener und sagte: „Tut alles, was er euch befiehlt!"

Im Haus standen sechs Wasserkrüge aus Ton, von denen jeder etwa hundert Liter faßte. Man brauchte sie wegen der Reinigung, die das Gesetz vorschreibt. Jesus sagte zu den Dienern: „Füllt diese Krüge mit Wasser!" Sie füllten sie bis an den Rand. Dann befahl er ihnen: „Nehmt eine Probe von dem Wasser und bringt sie dem Mann, der für das Festessen verantwortlich ist."

Abb. 101
Papyrus[52] mit Text des Johannes-Evangeliums / Diese Papyrusstücke aus der Bibliothek John Rylands in Manchester sind Anfang des 2. Jahrhunderts in Ägypten beschrieben worden. Sie enthalten Textteile aus dem 18. Kapitel des Johannes-Evangeliums. Es handelt sich um die älteste Abschrift einer neutestamentlichen Schrift, die uns überhaupt erhalten ist. Ihre Entdeckung und Veröffentlichung durch den englischen Wissenschaftler C. H. Roberts im Jahre 1935 stützt die heute allgemein verbreitete Annahme, daß das Johannes-Evangelium etwa in den 90er Jahren des 1. Jahrhunderts entstanden ist.

Das taten sie, und der Mann probierte das Wasser, da war es zu Wein geworden. Er wußte aber nicht, woher der Wein kam; nur die Diener, die ihm das Wasser gebracht hatten, wußten es. Er rief also den Bräutigam zu sich und sagte: „Jeder andere bringt zuerst den besten Wein auf den Tisch, und wenn die Gäste schon reichlich getrunken haben, folgt der gewöhnliche. Aber du hast den besten Wein bis zum Schluß aufgehoben!"

Mit diesem Wunder in Kana in Galiläa setzte

Jesus ein erstes Zeichen; damit zeigte er seine Herrlichkeit, und seine Jünger faßten Vertrauen zu ihm. Danach ging Jesus mit seiner Mutter, seinen Brüdern und seinen Jüngern nach Kafarnaum und blieb einige Tage dort. (Johannes 2,1—12)

Jesus und Nikodemus

Einer der führenden jüdischen Männer war Nikodemus; er gehörte zu den Pharisäern.

Nikodemus

Obwohl er einen griechischen Namen trug, war Nikodemus Jude. Er gehörte zum Hohen Rat, dem Jerusalemer jüdischen Führungsgremium. Jesus nannte ihn einen „Lehrer Israels". Er war also eine der anerkannten Lehrautoritäten. Daß er reich war, läßt sich aus Johannes 19,39 erschließen: Nikodemus stiftete etwa 100 Pfund eines Gemischs von Myrrhen, Harz und Aloe, das zum Einbalsamieren des toten Jesus diente.

Nikodemus kam nachts zu Jesus, weil auch er die Jesusgegner fürchten mußte.

Abb. 102
2000 Jahre alte Amphoren

Eines Nachts kam er zu Jesus und sagte zu ihm: „Wir wissen, daß Gott dich gesandt und dich als Lehrer bestätigt hat. Nur mit Gottes Hilfe kann jemand solche Taten vollbringen, wie du sie tust."

Jesus antwortete: „Ich versichere dir: nur wer von neuem geboren ist, wird Gottes neue Welt zu sehen bekommen." „Wie kann ein erwachsener Mensch noch einmal geboren werden?" fragte Nikodemus. „Er kann doch nicht in den Leib seiner Mutter zurückkehren

schensohn erhöht werden. Dann wird jeder, der ihm vertraut, durch ihn das ewige Leben finden.

Gott liebte die Menschen so sehr, daß er seinen einzigen Sohn hergab. Nun wird jeder, der sein Vertrauen auf den Sohn Gottes setzt, nicht zugrunde gehen, sondern ewig leben. Gott sandte ihn nicht in die Welt, um die Menschen zu verurteilen, sondern um sie zu retten. Wer sich auf den Sohn Gottes verläßt, der wird nicht verurteilt. Wer sich aber nicht auf ihn verläßt,

Abb. 103
Kafr Kenna / An der Straße von Nazaret zum See Gennesaret liegt Kafr Kenna, ein von Arabern bewohntes Städtchen mit etwa 3 000 Einwohnern. Es mag, wenn man von den Kirchen absieht, dem heutigen Besucher einen ähnlichen Anblick bieten, wie ihn Jesus hatte, wenn er durch diesen Ort zog, der nur 5 km von seiner Heimatstadt entfernt lag.
Die Kirche links im Bild wurde Ende des vorigen Jahrhunderts von Franziskanermönchen erbaut. Sie ist der Erinnerung an das Weinwunder von Kana gewidmet. Allerdings ist die Mehrzahl der Palästinaforscher der Ansicht, daß mit dem Johannes 2,1-12 genannten Kana die Ruinenstätte Chirbet Kana 14 km nördlich von Nazaret am Rande der Battof-Ebene gemeint ist. Die bessere Verkehrslage an einer der Hauptverkehrsstraßen Galiläas, die den Pilgern größere Bequemlichkeit bot, mag die Aufwertung von Kafr Kenna begünstigt haben.

und ein zweites Mal auf die Welt kommen!"

Jesus sagte: „Ich versichere dir: nur wer von Wasser und Geist geboren wird, kann in Gottes neue Welt hineinkommen. Was Menschen zur Welt bringen, ist und bleibt menschlich. Geistliches aber kann nur vom Geist Gottes geboren werden. Wundere dich nicht, wenn ich dir sage: Ihr müßt alle von neuem geboren werden. Der Wind weht, wo es ihm gefällt. Du hörst ihn nur rauschen, aber du weißt nicht, woher er kommt und wohin er geht. So ist es auch bei denen, die vom Geist geboren werden."

„Wie ist das möglich?" fragte Nikodemus. Jesus antwortete: „Du bist ein anerkannter Lehrer Israels und weißt das nicht? Ich will es dir ganz deutlich sagen: Wir sprechen über Dinge, die wir kennen, und machen Aussagen über das, was wir sehen. Aber keiner von euch ist bereit, auf unsere Aussage zu hören. Ihr glaubt mir ja schon nicht, wenn ich zu euch über irdische Dinge rede. Wie könnt ihr mir dann glauben, wenn ich über das rede, was im Himmel ist? Und doch ist niemand im Himmel gewesen als nur der Menschensohn, der vom Himmel gekommen ist. Mose richtete den Pfahl mit der bronzenen Schlange sichtbar in der Wüste auf. Genauso muß auch der Men-

der ist schon verurteilt, weil er Gottes einzigen Sohn ablehnt. So wird das Urteil vollstreckt: Das Licht ist in die Welt gekommen, aber die Menschen hatten die Dunkelheit lieber als das Licht; denn ihre Taten waren schlecht. Jeder, der Böses tut, haßt das Licht und bleibt im Dunkeln, damit seine schlechten Taten nicht sichtbar werden. Aber wer der Wahrheit gehorcht, kommt zum Licht; denn das Licht macht sichtbar, daß er mit seinen Taten Gott gehorsam war." (Johannes 3,1—21)

Jesus und die Frau aus Samarien

Jesus kam in die Nähe des Dorfes Sychar, das nicht weit von dem Feld entfernt liegt, das Jakob einst seinem Sohn Josef vererbt hatte. Dort befand sich der Jakobsbrunnen. Jesus war von dem langen Weg müde geworden und setzte sich an den Brunnen. Es war gegen Mittag.

Seine Jünger waren ins Dorf gegangen, um etwas zu essen zu kaufen. Da kam eine samaritische Frau zum Wasserholen, und Jesus sagte zu ihr: „Gib mir einen Schluck Wasser!" Die Frau antwortete: „Du bist Jude, und ich bin eine Samariterin. Wie kannst du mich da um etwas zu trinken bitten?'' Die Juden vermeiden nämlich jede Berührung mit Samaritern. Jesus antwortete: ,,Wenn du wüßtest, was Gott schenken will und wer dich jetzt um Wasser bittet, dann hättest du *ihn* um Wasser gebeten, und er hätte dir lebendiges Wasser gegeben.''

,,Du hast doch keinen Eimer'', sagte die Frau, ,,und der Brunnen ist tief. Woher willst du dann lebendiges Wasser haben? Unser Stammvater Jakob hat uns diesen Brunnen hinterlassen. Er selbst, seine Söhne und seine ganze Herde tranken aus ihm. Du willst doch nicht sagen, daß du mehr bist als Jakob?'' Jesus antwortete: ,,Wer dieses Wasser trinkt, wird wieder durstig. Wer aber von dem Wasser trinkt, das ich ihm gebe, wird niemals mehr Durst haben. Ich gebe ihm Wasser, das in ihm zu einer Quelle wird, die ewiges Leben schenkt.''

,,Gib mir von diesem Wasser'', sagte die Frau,

Abb. 104
Erdwall bei Balata, dem alten Sichem / Wenige hundert Meter von dieser Stelle entfernt befindet sich der Jakobsbrunnen. Dort traf Jesus nach dem Bericht des Johannes mit der samaritischen Frau zusammen.

Abb. 105
Sychar (Askar) / Sychar ist der Ort, aus dem die samaritische Frau stammte. Er liegt etwa 1 km vom Jakobsbrunnen entfernt (siehe Karte 11 auf S. 113) Im Hintergrund ist der Garizim. Auf dem Gipfel (links) befindet sich das Weli des Scheich Abu Geranem, ein mohammedanisches Heiligengrab. Etwas westlich davon feiert die Samariter-Gemeinde bis heute ihr Passafest. Die rechte Anhöhe ist der Tell er-Ras. Ausgrabungen aus dem Jahre 1964 ergaben, daß sich auf ihm der Tempel der Samariter befand, auf dessen Trümmern im 2. Jahrhundert der Kaiser Hadrian einen Jupitertempel errichten ließ. Eine Treppe, von der noch einige Felsenstufen erhalten sind, erleichterte den Zugang zum Heiligtum von Neapolis aus.

Karte 11
Sichem in Samarien / Kerngebiet des von den Samaritern (s. S. 62) bewohnten Landes war die Gegend zwischen den Bergen Garizim (868 m) und Ebal (938 m) im Gebirge Efraïm. Auf dem Garizim befand sich ein samaritischer Tempel, der im Jahre 107 v. Chr. von dem Hohenpriester Johannes Hyrkanus zerstört wurde. Bis heute blieb der Berg jedoch Heiligtum der Samariter, von denen noch etwa 250 in Nablus, dem alten Neapolis, wohnen. Diese Stadt war eine römische Neugründung für Sichem, dessen Reste heute 2 km weiter östlich in Balata zu finden sind. Nablus-Neapolis wurde erst im Jahre 72 n. Chr. von Kaiser Vespasian gegründet. In der Zeit, in der die Erzählung Johannes 4,1-42 spielt, lag das alte Sichem bereits in Trümmern. Das Heer des Johannes Hyrkanus hatte es ebenfalls zerstört. Einziger Ort in der Nähe des Jakobsbrunnens war damals Sychar, das etwa 1 km nordöstlich von Sichem lag. Der Jakobsbrunnen existiert noch heute. Er ist etwa 50 m tief und enthält „lebendiges" Quellwasser, das vom Garizim her gespeist wird.

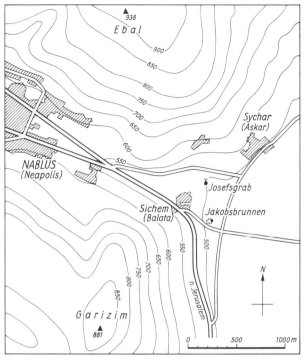

Abb. 106
Die samaritische Gesetzesrolle / Die Handschrift enthält die fünf Bücher Mose. Sie wird von der kleinen Samariter-Gemeinde in Nablus aufbewahrt.

„dann werde ich keinen Durst mehr haben und muß nicht mehr hierher kommen, um Wasser zu schöpfen." Jesus forderte sie auf: „Geh und bring deinen Mann her!" „Ich habe keinen Mann", sagte die Frau. Jesus erwiderte: „Es stimmt, wenn du sagst, daß du keinen Mann hast. Du warst fünfmal verheiratet, und der Mann, mit dem du jetzt zusammenlebst, ist gar nicht dein Mann. Da hast du ganz recht."
„Ich sehe, du bist ein Prophet", sagte die Frau. „Unsere Vorfahren verehrten Gott auf diesem Berg. Ihr Juden dagegen behauptet, daß Jeru-

salem der Ort ist, an dem Gott verehrt werden will." Jesus sagte zu ihr: „Glaube mir, es kommt die Zeit, in der die Menschen den Vater weder auf diesem Berg noch in Jerusalem anbeten werden. Ihr Samariter kennt Gott eigentlich gar nicht, zu dem ihr betet; doch wir kennen ihn, denn die Rettung kommt von den Juden. Aber eine Zeit wird kommen, und sie hat schon begonnen, da wird der Geist, der Gottes Wahrheit enthüllt, Menschen befähigen, den Vater an jedem Ort anzubeten. Gott ist ganz anders als diese Welt, er ist machtvoller Geist, und die ihn anbeten wollen, müssen vom Geist der Wahrheit neu geboren sein. Von solchen Menschen will der Vater angebetet werden."
Die Frau sagte zu ihm: „Ich weiß, daß der versprochene Retter kommen wird. Wenn er kommt, wird er uns alles sagen." Jesus antwortete: „Du sprichst mit ihm; ich bin es."
In diesem Augenblick kehrten seine Jünger zurück. Sie waren höchst erstaunt, ihn im Gespräch mit einer Frau anzutreffen. Aber keiner fragte ihn: „Was willst du von ihr?" oder „Woruber redest du mit ihr?"
Die Frau ließ ihren Wasserkrug stehen, ging ins Dorf und sagte zu den Leuten: „Kommt mit und seht euch den Mann an, der mir alles gesagt hat, was ich jemals getan habe! Vielleicht ist es der versprochene Retter." Da gingen sie alle hinaus zu Jesus.
Inzwischen forderten die Jünger Jesus auf: „Iß doch etwas!" Aber er antwortete: „Ich lebe von einer Nahrung, die ihr nicht kennt." Da fragten sie sich: „Hat ihm vielleicht jemand etwas zu essen gebracht?" Jesus sagte zu ihnen: „Meine Nahrung ist, daß ich dem gehorche, der mich gesandt hat, und das Werk vollende, das er mir aufgetragen hat. Ihr denkt wie das Sprichwort: ‚Zwischen Saat und Ernte liegen vier Monate!' Aber ich sage euch: Seht euch die Felder doch an! Das Korn ist schon reif für die Ernte. Wer sie einbringt, erhält schon jetzt seinen Lohn und sammelt Frucht für das ewige Leben. Gleichzeitig mit dem, der sät, freut er sich über seinen Lohn. Aber das Sprichwort stimmt, daß einer sät und ein anderer erntet. Ich habe euch zum Ernten auf ein Feld geschickt, auf dem ihr nicht gearbeitet habt. Andere haben dort vor euch gearbeitet, und ihr habt den Nutzen davon."
Viele Samariter in jenem Ort faßten Vertrauen zu Jesus, weil die Frau berichtet hatte: „Er hat mir alles gesagt, was ich jemals getan habe." Als sie zu Jesus kamen, baten sie ihn zu bleiben, und er verbrachte zwei Tage bei ihnen. Noch viele andere faßten aufgrund seiner Worte Vertrauen zu Jesus. Sie erklärten der Frau: „Jetzt vertrauen wir ihm nicht nur wegen

deiner Erzählung, sondern weil wir ihn selbst gehört haben. Wir wissen jetzt, daß er wirklich der Retter der Welt ist." (Johannes 4,5–42)

Die Heilung am Teich Betesda

Bald darauf war ein jüdisches Fest, und Jesus ging nach Jerusalem. Am Schaftor in Jerusalem befindet sich ein Teich mit fünf offenen Hallen. Auf hebräisch wird er Betesda genannt. Eine große Anzahl von Kranken lag ständig in den Hallen: Blinde, Gelähmte und Schwindsüchtige. (Sie warteten darauf, daß das Wasser Wellen schlug; denn von Zeit zu Zeit kam ein Engel Gottes und brachte das Wasser in Bewegung. Wer als erster in das bewegte Wasser hineinging, wurde gesund, ganz gleich, welche Krankheit er hatte.)

Unter ihnen war auch ein Mann, der seit achtunddreißig Jahren krank war. Jesus sah ihn dort liegen. Er wußte, wie lange der Mann schon unter seiner Krankheit litt, und fragte ihn: „Willst du gesund werden?" Der Kranke antwortete: „Herr, ich habe keinen, der mir in den Teich hilft, wenn das Wasser sich bewegt. Wenn ich es allein versuche, ist immer schon jemand vor mir da." Jesus sagte zu ihm: „Steh auf, nimm deine Matte und geh!" Im selben Augenblick wurde der Mann gesund. Er nahm seine Matte und konnte wieder gehen.

Dieser Vorfall ereignete sich an einem Sabbat. Die führenden Männer sagten deshalb zu dem Mann, der geheilt worden war: „Heute ist Sabbat, da darfst du keine Matte tragen!" Er antwortete: „Der Mann, der mich geheilt hat, befahl mir, meine Matte zu nehmen und zu gehen." Sie fragten ihn: „Wer ist es denn, der dir befahl, deine Matte zu nehmen und zu gehen?" Aber er konnte keine Auskunft darüber geben; Jesus hatte den Ort wegen der Menschenansammlung schon wieder verlassen.

Später traf Jesus den Mann im Tempel und sagte: „Hör gut zu! Du bist jetzt gesund. Tu kein Unrecht mehr, sonst wird es dir noch schlimmer ergehen." Der Geheilte ging fort und berichtete den führenden Männern, daß es Jesus war, der ihn gesund gemacht hatte. Von da an begannen sie, Jesus zu verfolgen, weil er an einem Sabbat geheilt hatte. Jesus aber sagte zu ihnen: „Mein Vater ist ständig am Werk, und ich bin es auch." Daraufhin waren sie noch

Abb. 107
Am Teich Betesda / Im vorigen Jahrhundert begannen Ausgrabungen, die mit Unterbrechungen bis in die 60er Jahre dieses Jahrhunderts fortgesetzt wurden. Sie erbrachten insgesamt gesehen eine Bestätigung der im Johannes-Evangelium vermittelten topographischen Angaben.

fester entschlossen, ihn zu töten. Denn Jesus hatte nicht nur die Sabbatvorschriften übertreten, er behauptete sogar, daß Gott sein Vater sei, und stellte sich so mit Gott auf eine Stufe. (Johannes 5,1—18)

Jesus gibt fünftausend Menschen zu essen

Jesus fuhr über den See von Galiläa, der auch See von Tiberias heißt. Eine große Menschenmenge folgte ihm, weil sie erlebt hatte, wie er die Kranken heilte. Jesus stieg auf einen Berg und setzte sich mit seinen Jüngern. Es war kurz vor dem Passafest.
Jesus blickte auf und sah die Menschenmenge auf sich zukommmen. Er wandte sich an Philippus: „Wo können wir genügend Nahrung kaufen, damit alle diese Leute satt werden?" Das sagte er, um Philippus auf die Probe zu stellen. In Wirklichkeit wußte er schon, was er tun würde. Philippus antwortete: „Man müßte für über zweihundert Silberstücke Brot kaufen,

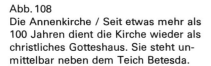

Abb. 108
Die Annenkirche / Seit etwas mehr als 100 Jahren dient die Kirche wieder als christliches Gotteshaus. Sie steht unmittelbar neben dem Teich Betesda.

Abb. 109
Auf dem Ausgrabungsgelande des Teiches Betesda / Die bisherigen Ausgrabungen haben nur einen kleinen Teil der vermutlich etwa 5000 qm großen Gesamtanlage freigelegt. Sie haben jedoch wichtige Aufschlüsse über den früheren Zustand gegeben.

wenn jeder wenigstens eine Kleinigkeit erhalten sollte." Andreas, ein anderer Jünger, der Bruder von Simon Petrus, sagte: „Hier ist ein Junge, der hat fünf Gerstenbrote und zwei Fische. Aber was hilft das bei so vielen Menschen?"
„Sorgt dafür, daß die Leute sich setzen", sagte Jesus. Sie setzten sich in das dichte Gras, das dort den Boden bedeckte. Es waren ungefähr fünftausend Männer. Jesus nahm die Brote, dankte Gott und verteilte sie an die Menge. Mit den Fischen tat er dasselbe, und alle hatten reichlich zu essen. Als sie satt waren, sagte er zu seinen Jüngern: „Sammelt die Brotreste auf, damit nichts verdirbt." Sie taten es und füllten zwölf Körbe mit den Resten. Soviel war von den fünf Gerstenbroten übriggeblieben.
Als die Leute sahen, was Jesus vollbracht hatte, sagten sie: „Das ist bestimmt der Prophet, der in die Welt kommen soll!" Jesus wußte, daß sie nun bald an ihn herantreten würden, um ihn mit Gewalt zu ihrem König zu machen. Deshalb zog er sich ganz allein wieder auf den Berg zurück. (Johannes 6,1—15)

Jesus geht über das Wasser

Als es Abend geworden war, gingen seine Jünger zum See hinunter. Sie stiegen in ein Boot, um über den See nach Kafarnaum zurückzufahren. Es wurde Nacht, und Jesus war immer noch nicht zu ihnen gekommen. Das Wetter war sehr stürmisch, und das Wasser schlug hohe Wellen. Die Jünger hatten eine Strecke von vier bis fünf Kilometern zurückgelegt. Plötzlich sahen sie Jesus, wie er über das Wasser ging und sich ihrem Boot näherte. Da packte sie die Angst. Aber Jesus sagte: „Habt keine Angst, *ich* bin's!" Sie wollten ihn zu sich ins Boot nehmen. Aber da waren sie auch schon am Ufer, genau an der Stelle, die sie erreichen wollten. (Johannes 6,16–21)

Abb. 110
Am Dorfbackofen / Brot zu bereiten war im alten Palästina ausgesprochene Frauenarbeit. An jedem Morgen wurde — meist aus dem billigeren Gerstenmehl — der Teig geknetet und mit Sauerteig und Salz versetzt. Mehrere Frauen benutzten denselben Backofen, der in seiner klassischen Form kleiner als der hier gezeigte war und von unten erhitzt wurde. Die Teigfladen klebten dabei an der Innenfläche des Ofens. Man backte Brot aber auch auf Backplatten, unter denen ein offenes Feuer brannte, oder man legte den Teig in glühende Asche. Das fertige Brot wurde nicht zerschnitten, sondern mit der Hand gebrochen.

Jesus ist das Brot, das Leben gibt

Die Volksmenge, die am anderen Ufer geblieben war, erinnerte sich am nächsten Tag, daß nur ein einziges Boot am Ufer gelegen hatte. Die Leute wußten, daß Jesus nicht ins Boot gestiegen war und seine Jünger ohne ihn abgefahren waren. Es legten aber andere Boote, die von Tiberias kamen, nahe bei dem Ort an, wo der Herr das Dankgebet gesprochen und die Menge das Brot gegessen hatte. Als die Leute nun sahen, daß Jesus nicht mehr da war

und seine Jünger auch nicht, stiegen sie in diese Boote. Sie fuhren nach Kafarnaum und wollten Jesus dort suchen.

Sie fanden Jesus tatsächlich auf der anderen Seite des Sees und fragten ihn: „Wann bist du hierhergekommen?" Jesus antwortete: „Ich weiß genau, ihr sucht mich nur, weil ihr von dem Brot gegessen habt und satt geworden seid. Doch ihr habt nicht verstanden, daß meine Taten Zeichen sind. Bemüht euch nicht um Nahrung, die verdirbt, sondern um Nahrung, die für das ewige Leben vorhält. Diese Nahrung wird euch der Menschensohn geben, denn Gott, der Vater, hat ihn dazu ermächtigt."

Da fragten sie ihn: „Was müssen wir tun, um Gottes Willen zu erfüllen?" Jesus antwortete: „Gott verlangt nur eins von euch: Ihr sollt dem vertrauen, den er gesandt hat." Sie erwiderten: „Welches besondere Zeichen deiner Macht läßt du uns sehen, damit wir dir glauben? Was wirst du tun? Unsere Vorfahren aßen Manna in der Wüste, wie es auch in den heiligen Schriften steht: ,Er gab ihnen Brot vom Himmel zu essen.'"

„Täuscht euch nicht", entgegnete Jesus, „nicht Mose hat euch das Brot vom Himmel gegeben, sondern mein Vater gibt euch das wahre Brot vom Himmel. Das Brot, das vom Himmel kommt und der Welt das Leben gibt, das ist wirklich Gottes Brot." Sie sagten: „Gib uns immer von diesem Brot!" „*Ich* bin das Brot, das Leben schenkt", sagte Jesus zu ihnen. „Wer zu mir kommt, wird nie mehr hungrig sein. Wer mir vertraut, wird keinen Durst mehr haben. Ich habe euch schon gesagt, daß ihr mir nicht glauben wollt, obwohl ihr mich seht. Alle, die mein Vater mir gibt, werden zu mir kommen, und ich werde keinen abweisen, der zu mir kommt. Ich bin vom Himmel gekommen, nicht um zu tun, was ich will, sondern um zu tun, was der will, der mich gesandt hat. Und er will von mir, daß ich keinen von denen verliere, die er mir gegeben hat. Vielmehr soll ich sie alle am letzten Tag zum Leben erwecken. Mein Vater will, daß alle, die den Sohn sehen und sich auf ihn verlassen, ewig leben. Ich werde sie am letzten Tag vom Tod auferwecken."

Die Zuhörer entrüsteten sich, weil er gesagt hatte: „Ich bin das Brot, das vom Himmel

Abb. 111
Das Nordwestufer des Sees Gennesaret / Blick vom Bootshafen in Tiberias über den See Gennesaret in Richtung Norden. Das gegenüberliegende Ufer streckt sich von der Ebene Gennesaret (links) bis etwa zum Einfluß des Jordans in den See (rechts). Die Mastspitze des Motorbootes in der Bildmitte weist auf ein Wäldchen im Hintergrund, den „Berg der Seligpreisungen". Links darunter befindet sich am Seeufer das Gelände des Siebenquells. Die wasserreichste Quelle ist En et-Tabqha.
Im Siebenquell-Gebiet befinden sich eine „Grotte der Seligpreisungen" (in Erinnerung an die Bergpredigt Jesu), eine „Kirche der Erscheinungen" und eine „Kirche der Brotvermehrung".
Nach Johannes ist der Ort des Speisungswunders allerdings auf dem Ostufer des Sees zu suchen.

Abb. 112
Fischernetze in Tiberias

gekommen ist." Sie sagten: „Wir kennen doch seine Eltern! Er ist doch Jesus, der Sohn Josefs! Wie kann er behaupten, er komme vom Himmel?" Jesus sagte zu ihnen: „Hört auf, euch zu entrüsten! Nur der kann zu mir kommen, den der Vater, der mich gesandt hat, zu mir führt. Und ich werde jeden, der zu mir kommt, am letzten Tag vom Tod erwecken. Die Propheten haben geschrieben: ‚Sie alle werden von Gott unterwiesen sein.' Wer den Vater hört und von ihm lernt, der kommt zu mir. Das heißt aber nicht, daß je ein Mensch den Vater gesehen hat. Nur der Eine, der von Gott kommt, hat den Vater gesehen.

Ich versichere euch: wer mir vertraut, wird ewig leben. *Ich* bin das Brot, das Leben schenkt. Eure Vorfahren aßen das Manna in der Wüste und sind trotzdem gestorben. Wer aber von dem Brot ißt, das vom Himmel kommt, wird nicht sterben. Ich bin das lebendige Brot, das vom Himmel gekommen ist. Jeder, der von diesem Brot ißt, wird ewig leben. Das Brot, das ich ihm geben werde, ist mein Leib. Ich gebe ihn hin, damit die Welt lebt."

Das löste unter den Zuhörern einen heftigen Streit aus. „Wie kann dieser Mensch uns seinen Leib zu essen geben?" fragten sie. Jesus sagte zu ihnen: „Täuscht euch nicht! Ihr habt keinen Anteil am Leben, wenn ihr den Leib des Menschensohns nicht eßt und sein Blut nicht trinkt. Wer meinen Leib ißt und mein Blut trinkt, der hat das Leben für immer, und ich werde ihn am letzten Tag zum Leben erwecken. Denn mein Leib ist die wahre Nahrung, und mein Blut ist der wahre Trank. Wer meinen Leib ißt und mein Blut trinkt, der lebt in mir und ich in ihm. Der Vater, von dem alles Leben kommt, hat mich gesandt, und ich lebe durch ihn. So wird auch der, der mich ißt, durch mich leben. Das also ist das Brot, das vom Himmel gekommen ist. Es ist etwas ganz anderes als das Brot, das eure Vorfahren gegessen haben. Sie sind danach trotzdem gestorben. Wer aber dieses Brot ißt, wird ewig leben."

Diese Rede hielt Jesus in der Synagoge von Kafarnaum. (Johannes 6,22—59)

Worte, die zum ewigen Leben führen

Viele seiner Anhänger hörten das und sagten: „Was er da redet, geht zu weit! So etwas kann man nicht mit anhören!" Jesus merkte, daß sie sich entrüsteten. Deshalb sagte er zu ihnen: „Ist euch das schon zuviel? Was werdet ihr erst sagen, wenn ihr den Menschensohn dorthin zurückkehren seht, wo er vorher war? Der Geist Gottes macht lebendig; alles Menschliche ist dazu nicht fähig. Aber die Worte, die ich zu euch gesprochen habe, sind vom Geist erfüllt und

bringen das Leben. Doch einige von euch vertrauen mir nicht.'' Jesus kannte nämlich von Anfang an alle, die ihn nicht annehmen würden, und wußte auch, wer ihn verraten würde. Er fügte hinzu: „Aus diesem Grunde habe ich zu euch gesagt: Nur der kann zu mir kommen, den Gott dazu fähig macht.''

Als seine Anhänger das hörten, wandten sich viele von ihm ab und wollten nicht länger mit ihm gehen. Da fragte Jesus seine zwölf Jünger: „Und ihr, was habt ihr vor? Wollt ihr mich auch verlassen?'' Simon Petrus antwortete ihm: „Herr, zu wem sonst sollten wir gehen? Deine Worte bringen das ewige Leben. Wir glauben und wissen, daß du der Gesandte Gottes bist.'' Jesus antwortete ihm: „Ich selbst habe euch zwölf doch ausgewählt. Trotzdem ist einer von euch ein Teufel!'' Er meinte Judas, den Sohn von Simon Iskariot. Obwohl Judas einer der zwölf Vertrauten war, war er es, der Jesus später verriet. (Johannes 6,60—71)

Jesus — die Tür

Jesus begann noch einmal: „Glaubt mir, *ich* bin die Tür zu den Schafen. Alle, die vor mir gekommen sind, waren Räuber und Diebe, doch die Schafe haben nicht auf sie gehört. *Ich* bin die Tür für die Schafe. Wer durch mich hineingeht, wird gerettet. Er wird ein- und ausgehen und Weideland finden. Der Dieb kommt nur zum Stehlen, Töten und Zerstören. Ich aber bin gekommen, damit meine Schafe das Leben haben, Leben im Überfluß.''
(Johannes 10,7—10)

Jesus — der gute Hirt

„*Ich* bin der gute Hirt. Ein guter Hirt ist bereit, für seine Schafe zu sterben. Jemand, dem die Schafe nicht selbst gehören, ist kein richtiger Hirt. Darum läßt er sie im Stich, wenn er den Wolf kommen sieht, und läuft davon. Dann stürzt sich der Wolf auf die Schafe und jagt sie auseinander. Wer die Schafe nur gegen Lohn hütet, läuft davon; denn die Schafe sind ihm gleichgültig. *Ich* bin der gute Hirt. Ich kenne meine Schafe, und sie kennen mich, so wie der Vater mich kennt und ich ihn. Ich bin bereit, für sie zu sterben.

Ich habe noch andere Schafe, die nicht zu diesem Schafstall gehören; auch die muß ich herbeibringen. Sie werden auf meine Stimme hören, und alle werden in einer Herde unter einem Hirten vereint sein.

Meine Schafe hören auf mich. Ich kenne sie, und sie folgen mir. Ich gebe ihnen das ewige Leben, und sie werden niemals umkommen. Keiner kann sie mir aus den Händen reißen; denn der Vater, der sie mir gegeben hat, ist mächtiger als alle. Keiner kann sie seinem Schutz entreißen. Der Vater und ich sind untrennbar eins.'' (Johannes 10,11—16; 27—30)

Abb. 113
Säulenfragment in Kafarnaum / Die Inschrift nennt als Verfertiger der Säule Alphäus, Sohn des Zebidah.

Abb. 114
Betanien / Die Lazaruskirche in Betanien, die 1954 erbaut wurde, steht auf dem östlichen Teil eines Geländes, das bereits im 4. Jahrhundert eine Kirche getragen hat; sie sollte an die Auferweckung des Lazarus erinnern. Das westliche Ende dieses Geländes, das z. T. mit Wohnhäusern überbaut wurde, wird durch das Minarett einer mohammedanischen Moschee markiert (im Mittelgrund des Bildes). Rechts daneben befindet sich ein Felsengrab, das als „Lazarusgrab'' bezeichnet wird. Die Ruine im Hintergrund gehört zu einer Benediktinerinnen-Abtei aus der Zeit der Kreuzfahrer.

Abb. 115
Am Rande des Tempelplatzes in Jerusalem

Lazarus aus Betanien stirbt

Lazarus aus Betanien wurde krank. — Betanien ist das Dorf, in dem Maria und ihre Schwester Marta wohnten. Maria war es, die später die Füße des Herrn mit dem kostbaren Öl übergossen und dann mit ihrem Haar getrocknet hat. Der kranke Lazarus war ihr Bruder. — Die Schwestern ließen Jesus mitteilen: „Dein Freund ist krank." Als Jesus das hörte, sagte er: „Die Krankheit wird nicht zum Tod führen, sondern zeigen, wie mächtig Gott ist. Durch sie wird Gott die Herrlichkeit seines Sohnes sichtbar machen."

Jesus liebte Marta und ihre Schwester und Lazarus. Aber als er die Nachricht erhielt, daß Lazarus krank sei, blieb er noch zwei Tage an demselben Ort. Dann sagte er zu seinen Jüngern: „Wir gehen nach Judäa zurück!" Sie antworteten: „Es ist noch nicht lange her, da hätten dich die Leute dort beinahe gesteinigt. Und nun willst du zu ihnen zurückkehren?" Jesus sagte: „Der Tag hat zwölf Stunden. Wenn ein Mann am hellen Tag wandert, stolpert er nicht, weil er das Tageslicht sieht. Lauft ihr aber ohne mich in der Nacht, so stolpert ihr, weil ihr das Licht nicht bei euch habt."

Jesus fügte hinzu: „Unser Freund Lazarus ist eingeschlafen. Aber ich werde hingehen und ihn aufwecken." Seine Jünger antworteten: „Wenn er schläft, wird er wieder gesund." Jesus hatte sagen wollen, daß Lazarus gestorben sei; sie aber meinten, er spreche vom gewöhnlichen Schlaf. Darum sagte Jesus ihnen offen: „Lazarus ist tot. Doch euretwegen bin ich froh, daß ich nicht bei ihm war. Auf diese Weise werdet ihr lernen, mir zu vertrauen. Und jetzt wollen wir zu ihm gehen." Thomas, der auch Zwilling genannt wird, sagte zu den anderen Jüngern: „Laßt uns mitgehen und mit ihm sterben!" (Johannes 11,1—16)

Jesus ist das Leben

Als Jesus nach Betanien kam, lag Lazarus schon vier Tage im Grab. Das Dorf war keine drei Kilometer von Jerusalem entfernt, und viele Leute aus Judäa hatten Marta und Maria aufgesucht, um die beiden zu trösten. Als Marta hörte, daß Jesus sich dem Dorf näherte, ging sie ihm entgegen. Maria blieb im Haus. Marta sagte zu Jesus: „Wenn du bei uns gewesen wärst, hätte mein Bruder nicht sterben müssen. Aber ich weiß, daß Gott dir auch jetzt keine Bitte abschlägt." „Dein Bruder wird auferstehen", sagte Jesus zu ihr. „Ich weiß", erwiderte sie, „am letzten Tag, wenn alle auferstehen, wird auch er ins Leben zurückkehren." Jesus sagte zu ihr: „*Ich* bin die Auferste-hung und das Leben. Wer mich annimmt, wird leben, auch wenn er stirbt, und wer lebt und sich auf mich verläßt, wird niemals sterben. Glaubst du das?" Sie antwortete: „Ja, ich glaube, daß du der versprochene Retter bist. Du bist der Sohn Gottes, der in die Welt kommen sollte."

Nach diesen Worten ging Marta zu ihrer Schwester zurück, nahm sie beiseite und sagte zu ihr: „Jesus ist hier und fragt nach dir!" Als Maria das hörte, stand sie schnell auf und lief zu ihm hinaus. Jesus hatte das Dorf selbst noch nicht erreicht. Er war immer noch an der Stelle, wo Marta ihn getroffen hatte. Die Leute, die bei Maria im Haus waren, um sie zu trösten, sahen, wie sie aufsprang und hinauseilte. Sie meinten, daß Maria zum Grab gehen wollte, und folgten ihr.

Als Maria zu Jesus kam und ihn sah, warf sie sich vor ihm nieder. „Wenn du bei uns gewesen wärst, hätte mein Bruder nicht sterben müssen", sagte sie zu ihm. Jesus sah sie weinen; auch die Leute, die mit ihr gekommen waren, weinten. Er wurde zornig und war sehr erregt. „Wo liegt er?" fragte er. „Komm, wir zeigen es dir!" sagten sie. Jesus kamen die Tränen. Da sagten sie: „Er muß ihn sehr geliebt haben!" Aber einige meinten: „Den Blinden hat er sehend gemacht. Warum hat er nicht verhindert, daß Lazarus gestorben ist?"

Aufs neue wurde Jesus zornig. Er ging zum Grab. Es bestand aus einer Höhle, und der Eingang war mit einem Stein verschlossen. „Nehmt den Stein weg!" befahl er. Marta, die Schwester des Toten, wandte ein: „Herr, es riecht doch schon! Er liegt seit vier Tagen im Grab." Jesus sagte zu ihr: „Ich habe dir doch gesagt, daß du die Herrlichkeit Gottes sehen wirst, wenn du nur Vertrauen hast." Sie nahmen den Stein weg. Jesus blickte zum Himmel auf und sagte: „Ich danke dir, Vater, daß du meine Bitte erfüllst. Ich weiß, daß du mich immer erhörst. Aber wegen der Leute hier spreche ich es aus — damit sie glauben, daß du mich gesandt hast." Nach diesen Worten rief er laut: „Lazarus, komm heraus!" Der Tote kam heraus; seine Hände und Füße waren mit Binden umwickelt, und sein Gesicht war mit einem Tuch verhüllt. Jesus sagte: „Nehmt ihm das ab, damit er weggehen kann." (Johannes 11,17—44)

Die Verschwörung gegen Jesus

Viele Leute aus Judäa, die bei Maria zu Besuch waren, hatten das miterlebt und faßten Vertrauen zu Jesus. Aber einige von ihnen gingen zu den Pharisäern und berichteten ihnen, was Jesus getan hatte. Da beriefen die führenden

Priester mit den Pharisäern eine Sitzung des Rates ein und sagten: „Was sollen wir machen? Dieser Mann tut so viele Wunder. Wenn wir ihn weitermachen lassen, werden sich ihm noch alle anschließen. Dann werden die Römer einschreiten und uns die Verfügungsgewalt über Tempel und Volk entziehen."

Kajaphas, einer von ihnen, der in jenem Jahr der Oberste Priester war, sagte: „Wo habt ihr euren Verstand? Seht ihr nicht, daß es günstiger für euch ist, wenn einer für alle stirbt, als wenn das ganze Volk vernichtet wird?" Das sagte er nicht aus eigenem Wissen. Weil er in jenem Jahr Oberster Priester war, sagte er in prophetischer Eingebung voraus, daß Jesus für das jüdische Volk sterben werde — und nicht nur für dieses Volk, sondern auch, um die verstreuten Kinder Gottes zusammenzuführen.

Von diesem Tag an waren sie fest entschlossen, Jesus zu töten. (Johannes 11,45—53) (Trotzdem geht Jesus, als das nächste Passafest naht, wieder nach Jerusalem.)

Jesus wäscht seinen Jüngern die Füße

Unmittelbar vor dem Passafest wußte Jesus, daß für ihn die Zeit gekommen war, diese Welt zu verlassen und zum Vater zu gehen. Er hatte die Menschen in der Welt, die zu ihm gehörten, immer geliebt, und er liebte sie bis zum Ende.

Jesus und seine Jünger waren beim Abendessen. Der Teufel hatte Judas, dem Sohn von Simon Iskariot, schon den Gedanken eingegeben, Jesus zu verraten. Jesus wußte, daß der Vater ihm die Macht über alle Dinge gegeben hatte. Er wußte, daß er von Gott gekommen war und bald wieder bei ihm sein würde. Er stand vom Tisch auf, zog sein Oberkleid aus, band sich ein Tuch um und goß Wasser in eine Schüssel. Dann machte er sich daran, seinen Jüngern die Füße zu waschen und mit dem Tuch abzutrocknen.

Als er zu Simon Petrus kam, sagte der: „Du, Herr, willst mir die Füße waschen, du mir?" Jesus antwortete ihm: „Was ich tue, kannst du jetzt noch nicht verstehen, aber später wirst du es begreifen." Petrus widersetzte sich: „Niemals sollst du mir die Füße waschen!" Jesus antwortete: „Wenn ich dir nicht die Füße wasche, hast du keinen Anteil an dem, was ich bringe." Da sagte Simon Petrus: „Wenn es so ist, dann wasche mir nicht nur die Füße, sondern auch die Hände und den Kopf!" Aber Jesus erwiderte: „Wer gebadet hat, der ist ganz rein und braucht sich nur noch die Füße zu

Die Fußwaschung
Einem anderen Menschen die Füße zu waschen, wurde im jüdischen Palästina einem Sklaven israelitischer Herkunft nicht zugemutet. Lediglich ein Sklave, der aus den Reihen der verachteten Heiden kam, war zu diesem niedrigsten aller Sklavendienste verpflichtet.

In Johannes 13,1 ff. werden die Vorbereitungen für die Waschung ausführlich beschrieben, um die Selbstentäußerung deutlich zu machen, die Jesus übt, indem er, der Herr, seinen Jüngern die Füße wäscht.

Der Verfasser des Johannes-Evangeliums beschreibt mit der Fußwaschung eine Beispielhandlung. Jesus will die Erniedrigung darstellen, die ihm bis zum Tod am Kreuz führt, um den Seinen als „Gereinigten" den Zugang zu Gott zu eröffnen. Damit setzt er auch die Maßstäbe dafür, wie sich die Jünger untereinander verhalten sollen.

Abb. 116
Ausgrabungsfunde in Jerusalem

Abb. 117
Blick über das Kidrontal / Am gegen-
überliegenden Berghang sind die
Häuser von Silwan zu sehen. Über den
Bergsattel links führt die Straße nach
Jericho.

waschen. Ihr seid alle rein — bis auf einen."
Jesus wußte, wer ihn verraten würde. Deshalb
sagte er: „Ihr seid alle rein, bis auf einen."
Nachdem Jesus ihnen die Füße gewaschen
hatte, zog er sein Oberkleid wieder an und
kehrte zu seinem Platz am Tisch zurück. „Begreift ihr, was ich eben für euch getan habe?"
fragte er sie. „Ihr nennt mich Lehrer und Herr.
Ihr habt recht, das bin ich. Ich bin euer Herr und
Lehrer, und doch habe ich euch eben die Füße
gewaschen. Ich habe euch ein Beispiel gegeben, damit auch ihr so handelt, wie ich an
euch gehandelt habe. Ich sage euch: ein Diener
ist nicht größer als sein Herr, und ein Bote ist
nicht größer als sein Auftraggeber. Das wißt ihr
jetzt; Freude ohne Ende ist euch gewiß, wenn
ihr auch danach handelt! Ich bin nicht mehr
lange bei euch, meine Kinder; dann werdet ihr

mich suchen. Aber ich sage euch dasselbe, was
ich schon den anderen gesagt habe: Wohin ich
gehe, dorthin könnt ihr nicht kommen.
Ich gebe euch jetzt ein neues Gebot, das Gebot
der Liebe. Ihr sollt einander genauso lieben,
wie ich euch geliebt habe. Wenn ihr einander
liebt, werden alle erkennen, daß ihr meine
Jünger seid." (Johannes 13,1—17; 33—35)

Jesus und Petrus

„Wohin willst du gehen?" fragte ihn Simon
Petrus. Jesus antwortete: „Wohin ich gehe,
dorthin kannst du mir jetzt nicht folgen, aber
später wirst du nachkommen." „Warum kann
ich jetzt nicht mitkommen?" fragte Petrus. „Ich
bin bereit, für dich zu sterben!" „Für mich

sterben?'' erwiderte Jesus. ,,Ich will dir sagen, was du tun wirst: Bevor der Hahn kräht, wirst du dreimal behaupten, daß du mich nicht kennst.'' (Johannes 13,36—38)

Jesus ist der Weg zum Vater

Dann sagte Jesus zu allen: ,,Erschreckt nicht, habt keine Angst! Vertraut Gott, und vertraut auch mir! Im Haus meines Vaters gibt es viele Wohnungen, und ich gehe jetzt, um dort einen Platz für euch bereitzumachen. Wenn es nicht so wäre, hätte ich euch nicht mit der Ankündigung beunruhigt, daß ich weggehe. Ich gehe also, um einen Platz für euch bereitzumachen. Dann werde ich zurückkommen und euch zu mir nehmen, damit auch ihr seid, wo ich bin. Den Weg zu dem Ort, an den ich gehe, kennt ihr ja.''
Thomas sagte zu ihm: ,,Wir wissen nicht einmal, wohin du gehst! Wie sollen wir dann den Weg dorthin kennen?'' Jesus antwortete: ,,Ich bin der Weg, der zur Wahrheit und zum Leben führt. Einen anderen Weg zum Vater gibt es nicht. Wenn ihr mich kennt, werdet ihr auch meinen Vater kennen. Schon jetzt kennt ihr ihn und habt ihn gesehen.''
Philippus sagte zu ihm: ,,Zeige uns den Vater! Mehr brauchen wir nicht.'' Jesus antwortete: ,,Nun bin ich so lange mit euch zusammengewesen, Philippus, und du kennst mich immer noch nicht? Jeder, der mich gesehen hat, hat den Vater gesehen. Wie kannst du dann sagen: ‚Zeige uns den Vater'? Glaubst du nicht, daß du in mir dem Vater begegnest? Was ich zu euch gesprochen habe, das stammt nicht von mir. Der Vater, der immer in mir ist, vollbringt durch mich seine Taten. Glaubt mir: ich lebe im Vater und der Vater in mir. Wenn ihr mir nicht auf mein Wort hin glaubt, dann glaubt mir wegen dieser Taten.

Abb. 118
Auf dem Ölberg in Jerusalem / Im Vordergrund die Kapelle ,,Dominus flevit'', links unterhalb von ihr die russisch-orthodoxe Magdalenenkirche. Links unten im Tal befindet sich der Garten Getsemani. Gegenüber der Nordostabschnitt der türkischen Stadtmauer. Sie schließt an dieser Stelle ein Gebiet ein, das z. Z. Jesu noch vor der ummauerten Stadt lag. Der Doppelteich Betesda befand sich dort.

Der Geist als „Stellvertreter"

Für „Stellvertreter" (Vers 16) steht im griechischen Urtext das Wort „Paraklet". Luther hat es in seinem Neuen Testament ungenau, aber einer alten Auslegungstradition folgend, mit „Tröster" übersetzt. In lateinischen Bibelübertragungen steht dafür häufig „advocatus", der „Anwalt", obwohl das griechische „Paraklet" nicht ganz so eindeutig der Rechtssprache entnommen ist, wie diese Übersetzung es nahelegt.

Bei „Paraklet" handelt es sich in der profanen Sprache um einen Menschen, der zugunsten eines anderen auftrat, um einen Fürsprecher und Helfer. Für den Zusammenhang bei Johannes bedeutet das: Jesus, der in seinem irdischen Dasein seinen Jüngern bisher das ewige Heil Gottes vermittelte, wird nach seiner Erhöhung in den himmlischen Bereich Gottes mit dem Heiligen Geist einen anderen Helfer entsenden, in dem er selbst gegenwärtig ist.

Ich versichere euch: Jeder, der mir vertraut, wird auch die Taten vollbringen, die ich tue. Ja, seine Taten werden meine noch übertreffen, denn ich gehe zum Vater. Dann werde ich alles tun, worum ihr bittet, wenn ihr euch dabei auf mich beruft. So wird durch den Sohn die Herrlichkeit des Vaters sichtbar werden. Wenn ihr euch auf mich beruft, werde ich euch jede Bitte erfüllen." (Johannes 14,1–14)

Jesus verspricht den Heiligen Geist

„Wenn ihr mich liebt, werdet ihr meine Weisungen befolgen. Ich werde den Vater bitten, daß er euch einen Stellvertreter für mich gibt, den Geist der Wahrheit, der für immer bei euch bleibt. Die Welt kann ihn nicht bekommen, denn sie sieht ihn nicht und kennt ihn nicht. Aber ihr kennt ihn, und er wird bei euch bleiben und in euch leben. Der Vater wird euch in meinem Namen einen Stellvertreter für mich senden, den heiligen Geist. Dieser wird euch an alles erinnern, was ich euch gesagt habe, und euch helfen, es zu verstehen.

Zum Abschied gebe ich euch den Frieden, *meinen* Frieden, nicht den Frieden, den die Welt gibt. Erschreckt nicht, habt keine Angst! Ihr habt gehört, wie ich zu euch sagte: ‚Ich verlasse euch und werde wieder zu euch kommen.' Wenn ihr mich wirklich liebtet, würdet ihr euch freuen, daß ich zum Vater gehe; denn er ist mächtiger als ich. Ich habe euch alles im voraus gesagt. Wenn es dann eintrifft, werdet ihr euch daran erinnern und mir vertrauen. Ich werde nicht mehr viel mit euch reden, weil der Herrscher dieser Welt schon auf dem Weg ist. Er hat keine Macht über mich, aber die Welt soll erkennen, daß ich den Vater liebe. Darum handle ich so, wie es mir mein Vater aufgetragen hat.
Und nun steht auf! Wir wollen gehen!"
(Johannes 14,15–17; 26–31)

Jesus ist der wahre Weinstock

„*Ich* bin der wahre Weinstock, und mein Vater ist der Weinbauer. Er entfernt jede Rebe an mir, die keine Frucht bringt; aber die fruchttragenden Reben reinigt er, damit sie noch mehr Frucht bringen. Ihr seid schon rein geworden durch die Botschaft, die ich euch verkündet habe. Bleibt mit mir vereint, dann werde auch ich mit euch vereint bliben. Nur wenn ihr mit mir vereint bleibt, könnt ihr Frucht bringen, genauso wie eine Rebe nur Frucht bringen kann, wenn sie am Weinstock bleibt.
Ich bin der Weinstock, und ihr seid die Reben. Wer in mir lebt, so wie ich in ihm, der bringt reiche Frucht. Denn ohne mich könnt ihr nichts vollbringen. Wer nicht mit mir vereint bleibt, der wird wie eine abgeschnittene Rebe fortgeworfen und vertrocknet. Solche Reben werden gesammelt und ins Feuer geworfen, wo sie verbrennen. Wenn ihr mit mir vereint bleibt und meine Worte in euch lebendig sind, könnt ihr den Vater um alles bitten, was ihr wollt, und ihr werdet es bekommen. Wenn ihr reiche Frucht bringt, erweist ihr euch als meine Jünger, und so wird die Herrlichkeit meines Vaters sichtbar.
Ich liebe euch so, wie der Vater mich liebt. Bleibt in dieser Liebe! Wenn ihr mir gehorcht, dann bleibt ihr in meiner Liebe, so wie ich meinem Vater gehorcht habe und mich nicht von seiner Liebe löse. Ich habe euch dies gesagt, damit meine Freude euch erfüllt und an eurer Freude nichts mehr fehlt.
Dies ist mein Gebot: Ihr sollt einander so lieben, wie ich euch geliebt habe. Niemand liebt mehr als der, der sein Leben für seine Freunde opfert. Ihr seid meine Freunde, wenn ihr tut, was ich euch auftrage. Ich werde euch nicht mehr Diener nennen; denn ein Diener weiß nicht, was sein Herr tut. Vielmehr nenne ich euch Freunde; denn ich habe euch alles mitgeteilt, was ich von meinem Vater gehört habe. Nicht ihr habt mich erwählt, sondern ich habe euch erwählt. Ich habe euch dazu bestimmt, reiche Frucht zu bringen. Es soll Frucht sein, die Bestand hat. Was ihr vom Vater unter Berufung auf mich erbittet, wird er euch geben. Ich gebe euch nur dieses eine Gebot: Ihr sollt einander lieben!" (Johannes 15,1–17)
(Wie der Evangelist weiter berichtet, brach später Jesus mit seinen Jüngern auf und ging mit ihnen zum Garten Getsemani jenseits des Kidronbaches. Dort wurde er verhaftet. Die Soldaten führten ihn zuerst zu Hannas, dem Schwiegervater des Obersten Priesters Kajaphas, danach zu Kajaphas selbst.)

Jesus wird Pilatus vorgeführt

Am frühen Morgen brachten sie Jesus vom Haus des Obersten Priesters Kajaphas zum Palast des römischen Prokurators. Die Juden gingen nicht in den Palast hinein, weil ihre Reinheitsvorschriften ihnen das verboten. Andernfalls hätten sie nicht das Passafest feiern können. Pilatus kam zu ihnen heraus und fragte: „Was für Anklagen habt ihr gegen diesen Mann?" Sie antworteten: „Wir hätten ihn nicht zu dir gebracht, wenn er kein Verbrecher wäre." „Dann nehmt ihn doch", sagte Pilatus, „und verurteilt ihn nach eurem eigenen Gesetz." „Aber wir dürfen ja niemand hinrichten!" erwiderten sie. So ging in Erfüllung, was Jesus gesagt hatte, als er von der Art seines Todes sprach.

Pilatus ging in den Palast zurück und ließ Jesus vorführen. "Bist du der König der Juden?" fragte er ihn. Jesus antwortete: "Bist du selbst auf diese Frage gekommen, oder haben dir andere von mir erzählt?" Pilatus erwiderte: "Hältst du mich etwa für einen Juden? Dein eigenes Volk und die führenden Priester haben dich mir übergeben. Was hast du getan?" Jesus sagte: "Mein Königtum stammt nicht von dieser Welt. Sonst würden meine Untertanen dafür kämpfen, daß ich den Juden nicht in die Hände falle. Nein, mein Königtum ist von ganz anderer Art!" Da fragte Pilatus ihn: "Du bist also doch ein König?" Jesus antwortete: "Ja, ich bin ein König. Ich wurde geboren und kam in die Welt, damit ich die Wahrheit bekanntmache. Wer zur Wahrheit gehört, hört auf mich." "Wahrheit", meinte Pilatus, "was ist das?" (Johannes 18,28—38a)

Jesus wird zum Tod verurteilt

Pilatus ging wieder zu den Juden hinaus und sagte zu ihnen: "Ich sehe keinen Grund, ihn zu verurteilen. Es ist aber üblich, daß ich jedes Jahr zum Passafest einen Gefangenen freilasse. Soll ich euch den König der Juden freigeben?" Sie schrien: "Nein, den nicht! Wir wollen Barabbas!" Barabbas aber war ein Straßenräuber.

Da ließ Pilatus Jesus abführen und auspeitschen. Die Soldaten flochten aus Dornenzweigen eine Krone und setzten sie Jesus auf. Sie hängten ihm einen roten Mantel um, traten vor ihn hin und riefen: "Der König der Juden, er lebe hoch!" Dabei schlugen sie ihm ins Gesicht.

Dann ging Pilatus noch einmal zu der Menge hinaus und sagte: "Ich bringe ihn euch hier heraus, damit ihr seht, daß ich keinen Grund zu seiner Verurteilung finden kann." Als Jesus herauskam, trug er die Dornenkrone und den roten Mantel. Pilatus sagte zu den Juden: "Da, seht ihn euch an, den Menschen!" Als die führenden Priester und die Wächter ihn sahen, schrien sie im Chor: "Kreuzigen! Kreuzigen!" Pilatus sagte zu ihnen: "Kreuzigt ihn doch selbst! Ich finde keinen Grund, ihn zu verurteilen." Die Juden hielten ihm entgegen: "Wir haben ein Gesetz. Nach diesem Gesetz muß er sterben, weil er behauptet, er sei Gottes Sohn."

Als Pilatus das hörte, bekam er noch mehr Angst. Er ging in den Palast zurück und fragte Jesus: "Woher kommst du?" Aber Jesus antwortete ihm nicht. Pilatus sagte zu ihm: "Willst du nicht mit mir reden? Denk daran, daß ich die Macht habe, dich freizugeben, aber auch die Macht, dich ans Kreuz nageln zu lassen!" Jesus antwortete: "Du hast nur Macht über mich, weil sie dir von Gott gegeben wurde. Darum haben die, die mich dir ausgeliefert haben, eine größere Schuld auf sich geladen." Wegen dieser Worte versuchte Pilatus noch einmal, ihn freizulassen. Aber die Menge schrie: "Wenn du ihn freiläßt, bist du kein Freund des Kaisers! Wer sich als König ausgibt, stellt sich gegen den Kaiser!"

Als Pilatus das hörte, ließ er Jesus herausführen. Er setzte sich auf den Richterstuhl an der Stelle, die Steinpflaster heißt, auf hebräisch: Gabbata. Es war der Tag vor dem Passafest, etwa zwölf Uhr mittags. Pilatus sagte zu den Juden: "Da habt ihr euren König!" Sie schrien: "Fort mit ihm! Ans Kreuz!" Pilatus fragte sie: "Euren König soll ich kreuzigen lassen?" Die führenden Priester antworteten: "Unser einziger König ist der Kaiser in Rom!" Da gab Pilatus ihnen nach und befahl, Jesus zu kreuzigen. (Johannes 18,38b—19,16)

(Jesus wurde gekreuzigt und starb. Das geschah an einem Freitag, am Tag vor dem Sabbat. Am Tag nach dem Sabbat ging Maria aus Magdala hinaus zum Grab.)

Jesus erscheint Maria aus Magdala

Maria stand noch vor dem Grab und weinte. Dabei beugte sie sich vor und schaute hinein. Da sah sie zwei weißgekleidete Engel. Sie saßen an der Stelle, wo Jesus gelegen hatte, einer am Kopfende und einer am Fußende. "Warum weinst du?" fragten die Engel. Maria antwortete: "Sie haben meinen Herrn fortgetragen, und ich weiß nicht, wohin sie ihn gebracht haben!"

Als sie sich umdrehte, sah sie Jesus dastehen. Aber sie wußte nicht, daß es Jesus war. Er fragte sie: "Warum weinst du? Wen suchst du?" Sie dachte, er sei der Gärtner, und sagte zu ihm: "Wenn du ihn fortgenommen hast, so sage mir, wohin du ihn gebracht hast. Ich möchte hingehen und ihn holen." "Maria!" sagte Jesus zu ihr. Sie wandte sich ihm zu und sagte: "Rabbuni!" Das ist hebräisch und heißt: Mein Herr! Jesus sagte zu ihr: "Halte mich nicht zurück! Ich bin noch nicht zu meinem Vater zurückgekehrt. Aber geh zu meinen Brüdern und sag ihnen von mir: Ich gehe zu dem, der mein und euer Vater ist, mein Gott und euer Gott." Maria aus Magdala ging zu den Jüngern und sagte: "Ich habe den Herrn gesehen!" Und sie berichtete ihnen, was er ihr aufgetragen hatte. (Johannes 20,11—18)

Schluß und Nachtrag des Johannes-Evangeliums

In Johannes 20,30-31 liegt der eigentliche Schluß des Johannes-Evangeliums vor. Er bezieht sich nicht nur auf die Osterereignisse, die zuvor berichtet werden, sondern auf das ganze Buch. Auch sind nicht allein die Berichte über Wunder gemeint. Die Wunder werden vielmehr als Zeichen verstanden, die mit Jesu Worten eng verbunden sind. Die Wunderzeichen sind „redende Taten", ihr Sinn wird in den Reden entwickelt. Umgekehrt stellen die Reden Jesu nicht einfach Menschenworte dar, sondern sind „Offenbarungsworte voll göttlicher Wunderkraft, sind Wunderwerke". (Rudolf Bultmann)

Nach dem Schluß des Evangeliums folgt mit Johannes 21,1-19 ein Nachtrag, der offensichtlich später hinzugefügt wurde. Wahrscheinlich haben Mitarbeiter und Schüler das Evangelium nach dem Tode des Verfassers mit dem Nachtrag herausgegeben.

Jesus erscheint seinen Jüngern

Es war spät abends an jenem Sonntag. Die Jünger hatten Angst vor den führenden Männern, deshalb hatten sie die Türen abgeschlossen. Da kam Jesus und trat in ihre Mitte. „Ich bringe euch Frieden!" sagte er. Dann zeigte er ihnen seine Hände und seine Seite. Sie freuten sich sehr, als sie den Herrn sahen. Noch einmal sagte Jesus zu ihnen: „Ich bringe euch Frieden! Wie der Vater mich gesandt hat, so sende ich nun euch." Dann hauchte er sie an und sagte: „Empfangt Gottes heiligen Geist! Wem ihr die Schuld erlaßt, dem ist sie von Gott vergeben. Wem ihr sie nicht erlaßt, dem ist sie auch von Gott nicht vergeben." (Johannes 20,19—23)

Jesus und Thomas

Als Jesus kam, war Thomas, genannt Zwilling, einer der zwölf Jünger, nicht dabeigewesen. Später erzählten ihm die anderen: „Wir haben den Herrn gesehen!" Thomas sagte zu ihnen: „Ich werde es solange nicht glauben, bis ich die Spuren von den Nägeln an seinen Händen gesehen habe. Ich will erst mit meinem Finger die Spuren von den Nägeln fühlen und meine Hand in seine Seitenwunde legen."

Eine Woche später waren die Jünger wieder im Haus versammelt, und Thomas war bei ihnen. Die Türen waren abgeschlossen. Jesus kam, trat in ihre Mitte und sagte: „Ich bringe euch Frieden!" Dann wandte er sich an Thomas: „Leg deinen Finger hierher und sieh dir meine Hände an! Streck deine Hand aus und lege sie in meine Seitenwunde! Hör auf zu zweifeln und glaube, daß ich es bin!" Da antwortete Thomas: „Mein Herr und mein Gott!" Jesus sagte zu ihm: „Bist du jetzt überzeugt, weil du mich gesehen hast? Freuen dürfen sich alle, die mich nicht sehen und mir trotzdem vertrauen!" (Johannes 20,24—29)

Der Zweck dieses Buches

Jesus tat vor den Augen seiner Jünger noch viele andere Wunder, durch die er ihnen seine Macht und Hoheit zeigte. Sie stehen nicht in diesem Buch. Was aber in diesem Buch steht, wurde aufgeschrieben, damit ihr daran festhaltet, daß Jesus der Sohn Gottes ist, der versprochene Retter. Wenn ihr euer Vertrauen auf ihn setzt, habt ihr durch ihn das Leben. (Johannes 20,30—31)

Abb. 119
Altes Felsengrab bei Jerusalem / Bei dem Grab, das Josef von Arimathäa zur Verfügung stellte (Markus 15,42-47), handelte es sich um ein Felsengrab, wie sie heute noch im Jerusalemer Gebiet zu sehen sind. In den Felsen waren Kammern eingehauen, in denen die Toten beigesetzt wurden. Es gab auch Gräber, die mit einem Rollstein verschlossen werden konnten (vgl. Farbtafel 23).

Ein Nachtrag zum Evangelium

Später zeigte sich Jesus seinen Jüngern noch einmal am See von Tiberias. Das geschah so: Simon Petrus, Thomas, der auch Zwilling genannt wurde, Natanaël aus Kana in Galiläa, die Söhne Zebedäus und zwei andere Jünger waren zusammen. Simon Petrus sagte zu den anderen: „Ich gehe fischen!" „Wir kommen mit", sagten sie zu ihm. Sie gingen hinaus und stiegen ins Boot; aber während der ganzen Nacht fingen sie nichts.

Als die Sonne aufging, stand Jesus am Ufer. Die Jünger wußten aber nicht, daß es Jesus war. Er redete sie an: „Kinder, habt ihr nicht ein paar Fische?" „Keinen einzigen!" antworteten sie. Er sagte zu ihnen: „Werft euer Netz an der rechten Bootsseite aus! Dann werdet ihr Erfolg haben." Sie warfen das Netz aus und fingen so viele Fische, daß sie das Netz nicht ins Boot ziehen konnten. Der Jünger, den Jesus liebte, sagte zu Petrus: „Es ist der Herr!" Als Petrus das hörte, warf er sich das Oberkleid über und sprang ins Wasser. Er hatte nämlich zum Arbeiten sein Oberkleid ausgezogen.

Sie waren etwa hundert Meter vom Land entfernt. Die anderen Jünger ruderten das Boot an Land und zogen das Netz mit den Fischen hinter sich her. Als sie an Land gingen, sahen sie ein Holzkohlenfeuer mit Fischen darauf, auch Brot lag dabei. Jesus sagte zu ihnen: „Bringt ein paar von den Fischen, die ihr eben gefangen habt!" Simon Petrus stieg ins Boot und zog das Netz an Land. Es war voll von großen Fischen, genau hundertdreiundfünfzig. Aber das Netz riß nicht, obwohl es so viele waren. Jesus sagte zu ihnen: „Kommt her und eßt!" Keiner von den Jüngern wagte zu fragen: „Wer bist du?" Sie wußten, daß es der Herr war. Jesus trat zu ihnen, nahm das Brot und verteilte es unter sie, ebenso die Fische.

Dies war das dritte Mal, daß sich Jesus seinen Jüngern zeigte, seit er vom Tod auferstanden war.

Nachdem sie gegessen hatten, sagte Jesus zu Simon Petrus: „Simon, Sohn von Johannes, liebst du mich mehr als die anderen hier?" Petrus antwortete: „Ja, Herr, du weißt, daß ich dich liebe." Jesus sagte zu ihm: „Sorge für meine Lämmer!" Ein zweites Mal sagte Jesus zu ihm: „Simon, Sohn von Johannes, liebst du mich?" „Ja, Herr, du weißt, daß ich dich liebe", antwortete er. Jesus sagte zu ihm: „Führe meine Schafe!" Ein drittes Mal fragte Jesus: „Simon, Sohn von Johannes, liebst du mich?" Petrus wurde traurig, weil er ihn ein drittes Mal fragte: „Liebst du mich?" Er sagte zu ihm: „Herr, du weißt alles, du weißt auch, daß ich dich liebe." Jesus sagte zu ihm: „Sorge für meine Schafe! Ich versichere dir: Als du jung warst, hast du deinen Gürtel selbst umgebunden und bist gegangen, wohin du wolltest; aber wenn du einmal alt bist, wirst du deine Hände ausstrecken, und ein anderer wird dich binden und dich dorthin führen, wohin du nicht gehen willst." Mit diesen Worten deutete Jesus an, mit welchem Tod Petrus einst Gott ehren werde. Dann sagte Jesus zu ihm: „Geh mit mir!" (Johannes 21,1—19)

3 Die Apostelgeschichte

Die Apostelgeschichte des Lukas
Die Apostelgeschichte bildet, wie aus der
Widmung an Theophilus hervorgeht, die
Fortsetzung des Lukas-Evangeliums. Ihr
Thema ist die Geschichte des Heils, das sich
durch die Verkündigung der Urgemeinde in
endzeitlicher Stunde ausbreitet. Diese Verkündigung wird durch den Geist beflügelt,
den der erhöhte Herr verliehen hat. Die
Apostelgeschichte schildert den Weg der
Guten Nachricht von Jerusalem bis ins
Zentrum des Römischen Reiches, bis nach
Rom.
Als zweiter Teil des lukanischen Gesamtwer-
kes kann die Apostelgeschichte nicht vor
dem Lukas-Evangelium entstanden sein
(s. S. 8). Sie wurde wahrscheinlich zwischen
80 und 90 geschrieben. Der Abfassungsort
läßt sich nicht mehr feststellen.

Das jüdische Pfingstfest
Das Apostelgeschichte 2,1 erwähnte „jüdische Pfingstfest" war das sogenannte Wochenfest, das zweite der Feste, zu denen jeder Israelit vor Gott im Heiligtum erscheinen sollte. Es war ein Erntefest, das zugleich in Erinnerung an die Verkündigung des Gesetzes (der Tora) am Gottesberg begangen wurde.

Juden in der Diaspora
Bereits vor dem jüdisch-römischen Krieg, der in der Zerstörung des Jerusalemer Tempels gipfelte (70 n. Chr.), lebte ein großer Teil aller Juden in der „Zerstreuung" (= Diaspora). In Apostelgeschichte 2,5-13 wird eine Reihe von Ländern aufgezählt, in denen die Juden z. T. recht stark vertreten waren. Dadurch ergab sich für die Zeitgenossen das Bild, daß Juden „aus aller Welt" (Vers 5) Zeugen der Pfingstereignisse waren.
An der Spitze der Aufzählung stehen die Parther. Sie waren damals Gegenstand des politischen Tagesgesprächs, weil sie die Ostgrenzen des Römischen Reiches unsicher machten. Die weiteren Völkerschaften folgen im wesentlichen in Richtung von Osten nach Westen.

Lukas schreibt
die Fortsetzung seines Berichts

Verehrter Theophilos,
in meiner ersten Schrift habe ich alles berichtet, was Jesus tat und lehrte, von Anfang an bis zu dem Tag, an dem er in den Himmel aufgenommen wurde. Zuvor gab er den Männern, die er, geleitet vom heiligen Geist, als Apostel ausgewählt hatte, Anweisungen für die Zukunft. Ihnen hatte er sich nach seinem Tod wiederholt gezeigt und ihnen die Gewißheit gegeben, daß er lebte. Während vierzig Tagen kam er immer wieder zu ihnen und sprach mit ihnen darüber, wie Gott seine Herrschaft aufrichten und sein Werk vollenden werde.
(Apostelgeschichte 1,1–3)

Jesus nimmt Abschied von seinen Jüngern

Als Jesus wieder einmal bei ihnen war, gab er ihnen die Anweisung: „Bleibt in Jerusalem und wartet auf den heiligen Geist, den euch mein Vater versprochen hat und den ich euch angekündigt habe. Johannes hat mit Wasser getauft, aber ihr werdet schon bald mit dem Geist Gottes getauft werden."
Da fragten sie ihn: „Herr, wirst du jetzt die Herrschaft Gottes in Israel aufrichten?" Jesus

Abb. 120
Die Himmelfahrtskapelle auf dem Ölberg

antwortete: „Den Zeitpunkt dafür hat mein Vater selbst festgelegt; ihr braucht ihn nicht zu kennen. Aber ihr werdet vom Geist Gottes erfüllt werden. Der wird euch fähig machen, überall als meine Zeugen aufzutreten: in Jerusalem und in ganz Judäa, in Samarien und bis ans äußerste Ende der Erde."
Während er das sagte, wurde er vor ihren Augen emporgehoben. Eine Wolke nahm ihn auf, so daß sie ihn nicht mehr sehen konnten.
Als sie jedoch nach oben starrten, standen plötzlich weißgekleidete Männer neben ihnen. „Ihr Galiläer", sagten sie, „warum steht ihr hier und schaut nach oben? Dieser Jesus, der von euch weg in den Himmel aufgenommen wurde, wird auf dieselbe Weise wiederkommen, wie ihr ihn habt weggehen sehen."
(Apostelgeschichte 1,4–11)

Der Geist Gottes kommt

Am jüdischen Pfingstfest waren wieder alle, die zu Jesus hielten, versammelt. Plötzlich hörte man ein mächtiges Rauschen, wie wenn ein Sturm vom Himmel herabweht. Dann sah man etwas wie Feuer, das sich zerteilte, und auf jeden von ihnen ließ sich eine Flammenzunge nieder. Alle wurden vom Geist Gottes erfüllt und begannen, in verschiedenen Sprachen zu reden, jeder wie es ihm der Geist Gottes eingab. (Apostelgeschichte 2,1–4)

Jedem in seiner Sprache

Nun lebten in Jerusalem fromme Juden aus aller Welt. Als sie das mächtige Rauschen hörten, strömten sie alle zusammen. Sie waren bestürzt, denn jeder hörte die versammelten Jünger in seiner eigenen Sprache reden. Außer sich vor Staunen riefen sie: „Die Leute, die da reden, sind doch alle aus Galiläa! Wie kommt es, daß wir sie in unserer Muttersprache reden hören? Unter uns sind Parther, Meder und Elamiter, Leute aus Mesopotamien und Kappadozien, aus Pontus und aus der Provinz Asien, aus Phrygien und Pamphylien, aus Ägypten, dem libyschen Zyrene und aus Rom, aus Kreta und Arabien, Menschen jüdischer Herkunft und solche, die sich der jüdischen Gemeinde angeschlossen haben. Und trotzdem hört jeder in seiner eigenen Sprache die Taten Gottes verkünden.
Erstaunt und verwirrt fragten sie einander, was das bedeute. Andere machten sich darüber lustig und meinten: „Die Leute sind doch betrunken!" (Apostelgeschichte 2,5–12)

Abb. 121
Der Ölberg mit der russisch-orthodoxen Magdalenenkirche / Christi Himmelfahrt, die am Anfang der Apostelgeschichte berichtet wird, entzieht sich als Erlebnis der Jünger einer gleichsam objektiven Beschreibung. Die entsprechenden Ortsüberlieferungen in Jerusalem stellen den Versuch dar, das Geschehen allgemein anschaulich zu machen.
Der Ort des Himmelfahrtsgeschehens wird gemeinhin auf die Höhe des Ölbergs verlegt. Dort befindet sich eine — jetzt mohammedanische — Kapelle, die diesem Ereignis gewidmet ist.
Im Vordergrund unseres Bildes sind Olivenbäume zu sehen, wie sie auch zur Zeit Jesu östlich von Jerusalem angepflanzt waren. Der Berg ist nach ihnen benannt.

Die Taufe auf den Namen Christi

Die Taufe auf den Namen Christi
Nach Apostelgeschichte 2,38 fordert
Petrus seine Zuhörer auf, sich taufen zu
lassen. Man darf daraus nicht schließen, daß die Taufe im christlichen
Verständnis von Anfang an in der
frühen Christenheit überall in gleicher
Weise geübt worden wäre. Die Apostelgeschichte selbst berichtet von über-
zeugten und aktiven Christen, die noch
mehr als zwei Jahrzehnte später die
Taufe auf den Namen Jesu Christi
nicht kannten, sondern lediglich die
Taufe des Johannes (18,24–19,7).
Jesus, der die Johannestaufe empfangen hatte, hat selbst nicht getauft. Wie
das Johannes-Evangelium berichtet,
tauften aber seine Jünger.
Mit der Taufe auf den Namen Jesu war
nach urchristlicher Erkenntnis der
Empfang des Heiligen Geistes verbunden, entsprechend der Zusage des
auferstandenen Herrn (Apostelgeschichte 1,5).

Karte 12
Der Mittelmeerraum im 1. Jahrhundert /
In die Übersichtskarte sind die Ausschnitte der Karten 13 bis 20 eingezeichnet.

Die Pfingstpredigt des Apostels Petrus

Da standen Petrus und die elf anderen Apostel auf, und Petrus rief laut: „Ihr Juden aus aller Welt und alle Bewohner Jerusalems! Hört mir zu und laßt euch erklären, was hier vorgeht. Diese Leute sind nicht betrunken; es ist ja erst neun Uhr früh. Hier geschieht vielmehr, was Gott durch den Propheten Joël angekündigt hat:
,Wenn die letzte Zeit anbricht, sagt Gott, werde ich alle Menschen mit meinem Geist erfüllen. Männer und Frauen in Israel werden dann zu Propheten, Alte wie Junge haben Träume und Visionen. Allen, die mir dienen, Männern und Frauen, gebe ich meinen Geist, und sie werden als Propheten reden. Am Himmel und auf der Erde lasse ich wunderbare Zeichen erscheinen: man sieht Blut, Feuer und dichte Rauchwolken, die Sonne verfinstert sich, und der Mond wird blutrot. Wer sich dann zum Herrn bekennt und seinen Namen anruft, wird gerettet.'
Ihr Leute von Israel, hört, was ich euch zu sagen habe! Jesus von Nazaret kam zu euch im Auftrag Gottes; das konntet ihr an den wunderbaren Taten sehen, die Gott durch ihn geschehen ließ. Ihr habt alles miterlebt, und doch habt ihr ihn durch Menschen, die Gott nicht kennen, ans Kreuz schlagen lassen. Aber so hatte Gott es vorherbestimmt. Er hat ihn auch aus der Gewalt des Todes befreit und wieder zum Leben erweckt; der Tod konnte ihn unmöglich gefangenhalten. Schon David hat von ihm gesagt:
,Ich habe den Herrn immer vor Augen. Er steht mir zur Seite, darum fühle ich mich sicher. Das erfüllt mein Herz mit Freude und läßt mich jubelnd singen. Selbst wenn ich sterbe, habe ich die Zuversicht, daß du, Herr, mich nicht bei den Toten läßt; du gibst deinen treuen Diener nicht der Verwesung preis. Du hast mir den Weg zum Leben gezeigt; in deiner Nähe bin ich froh und glücklich.'
Brüder, ich darf offen zu euch über unseren großen König David sprechen. Er starb und wurde begraben, und sein Grab ist noch heute bei uns zu sehen. Aber er war ein Prophet, und Gott hatte ihm feierlich zugesagt, einer seiner Nachkommen werde auf Gottes Thron sitzen. David sah also voraus, was Gott vorhatte, und seine Worte beziehen sich auf die Auferste-

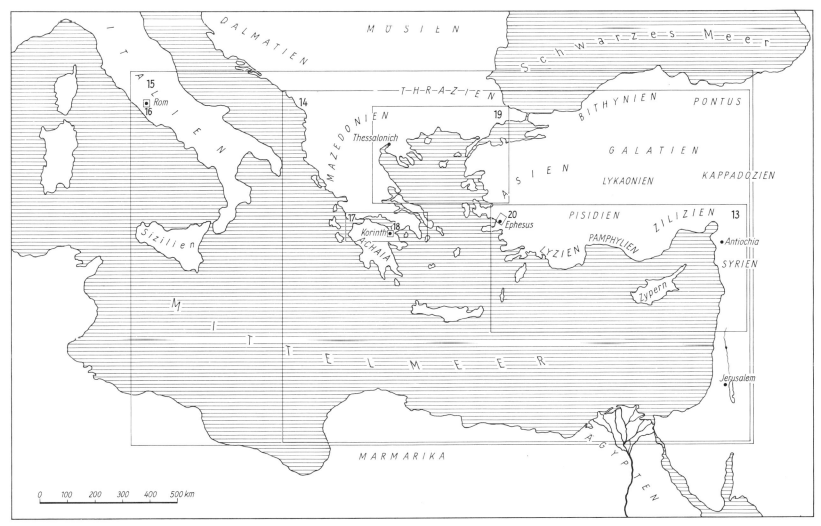

hung des versprochenen Retters. Von diesem gilt: ‚Gott ließ ihn nicht bei den Toten, und sein Körper ist nicht verwest.'

Diesen Jesus also hat Gott vom Tod erweckt, das können wir alle bezeugen. Er wurde zu dem Ehrenplatz an Gottes rechter Seite erhoben und erhielt von seinem Vater die versprochene Gabe, den heiligen Geist, damit er ihn an uns weitergibt. Was ihr hier seht und hört, sind die Wirkungen dieses Geistes. David ist ja nicht in den Himmel aufgenommen worden. Er sagt vielmehr:

‚Gott sagte zu meinem Herrn: Setze dich an meine rechte Seite, bis ich dir deine Feinde als Schemel unter die Füße lege.'

Alle Menschen in Israel sollen daran erkennen, daß Gott diesen Jesus, den ihr gekreuzigt habt, zum Herrn und Retter der Welt gemacht hat."

Dieses Wort traf die Zuhörer mitten ins Herz, und sie fragten Petrus und die anderen Apostel: „Brüder, was sollen wir tun?" Petrus antwortete: „Kehrt jetzt um und macht einen neuen Anfang! Laßt euch alle auf den Namen Jesu Christi taufen! Dann wird Gott euch eure Schuld vergeben und euch seinen heiligen Geist schenken. Was Gott versprochen hat, ist

für euch und eure Kinder bestimmt und für alle, die jetzt noch fern sind und die der Herr, unser Gott, hinzurufen wird."

Petrus beschwor und ermahnte sie noch weiter: „Laßt euch retten vor dem Verderben, das über diese schuldbeladene Generation hereinbricht!" Viele nahmen seine Worte zu Herzen und ließen sich taufen. Etwa dreitausend Menschen führte der Herr an diesem Tag der Gemeinde zu.
(Apostelgeschichte 2,14—41)

Das Leben in der Gemeinde

Sie alle blieben ständig beisammen; sie ließen sich von den Aposteln unterweisen und teilten alles miteinander, feierten das Mahl des Herrn und beteten gemeinsam. Durch die Apostel geschahen viele wunderbare Taten, und jedermann in Jerusalem spürte, daß hier wirklich Gott am Werk war. Alle, die zum Glauben gekommen waren, taten ihren ganzen Besitz zusammen. Wenn sie etwas brauchten, verkauften sie Grundstücke und Wertgegenstände und verteilten den Erlös unter die Bedürftigen in der Gemeinde. Tag für Tag versammelten

Abb. 122
Das Tempelgelände in Jerusalem / Der Jerusalemer Tempel blieb für die Urgemeinde zunächst religiöses Zentrum. Der Glaube an den auferstandenen Christus ließ sie für Außenstehende als eine jüdische Sekte erscheinen. Man nannte sie „Nazoräer" = „Nazarener-Sekte" (Apostelgeschichte 24,5) oder einfach „die Galiläer" (Apostelgeschichte 1,11). Die Apostel waren in den Augen der Jerusalemer etwas ungeschliffene Leute vom Lande. Ihr galiläischer Dialekt hob sie aus der Masse der Hauptstädter — sicher nicht zu ihrem Vorteil — heraus.
Auf dem älteren Luftbild ist die Weite des Tempelgeländes zu erkennen. Rechts — teilweise bereits im Schatten gelegen — das Kidrontal. Das „schöne Tor" bezeichnet den Eingang zum eigentlichen Tempelkomplex, in dessen Zentrum sich heute der Felsendom befindet. Die Apostelgeschichte 5,12 genannte Salomohalle stand an der Ostmauer (rechts) im Vorhof der Heiden.

Das Leben in der ersten Gemeinde
Die Urgemeinde in Jerusalem zeichnete sich durch einen starken Willen zur Gemeinschaft aus. Sie war aber in den Augen der Umwelt und auch in ihrem Selbstverständnis am Anfang noch ganz Bestandteil der jüdischen Religionsgemeinschaft.

Die Zusammenkünfte der Gemeindeglieder hatten einen gottesdienstlichen Charakter, obwohl auch für die Christen der Tempeldienst, an dem sie täglich teilnahmen, nach wie vor verbindlich war.

Die Unterrichtung durch die Apostel hatte Worte und Taten, Leben und Sterben und Auferstehen des Christus zum Inhalt; dabei wurde versucht, den Zusammenhang mit der Heiligen Schrift der Juden, mit dem Alten Testament, herzustellen. Auf diese Weise nahmen die Christen für sich in Anspruch, das rechtmäßige Volk Gottes, das wahre Israel zu sein.

Die gemeinsamen Mahlzeiten waren geprägt von der Erinnerung an Jesus, der mit seinen Jüngern das Brot gebrochen hatte. Im Dankgebet der Gemeinde schlossen sich die Glieder zur Gemeinschaft des Heils zusammen. Das griechische Wort dafür, Eucharistie, wurde zur Bezeichnung des Abendmahls.

Daß auch die Jerusalemer Urgemeinde keine Idealgemeinde war, wird in der Apostelgeschichte selbst deutlich (6,1-7). Unbestritten aber übte diese Art ihres Zusammenlebens eine große Anziehungskraft auf andere Menschen aus.

Abb. 123
Das Zionstor / Das Zionstor im südwestlichen Teil der Altstadt Jerusalems liegt in der Nähe jenes Stadtviertels, in dem Jesus vermutlich das Abendmahl gefeiert hat und in dem sich die Jerusalemer Urgemeinde zuerst versammelte. Der sogenannte christliche Zion deckt sich jedoch nicht mit dem ursprünglichen Zion, der im Südosten Jerusalems in dem Bereich der Davidstadt lag.

sie sich im Tempel, und in ihren Häusern feierten sie in jubelnder Freude und mit reinem Herzen das gemeinsame Mahl. Sie priesen Gott und wurden vom ganzen Volk geachtet. Der Herr führte ihnen jeden Tag weitere Menschen zu, die er retten wollte.
(Apostelgeschichte 2,42—47)

Heilung eines Gelähmten

Einmal gingen Petrus und Johannes in den Tempel. Es war drei Uhr, die Zeit für das Nachmittagsgebet. Am Schönen Tor des Tempelvorhofs saß ein Mann, der von Geburt an gelähmt war. Jeden Tag ließ er sich dorthin tragen und bettelte die Leute an, die in den Tempel gingen.
Als Petrus und Johannes vorbeikamen, bat er sie um eine Gabe. Sie wandten sich ihm zu, und Petrus sagte: „Sieh uns an!" Er tat es und erwartete, daß sie ihm etwas geben würden. Aber Petrus sagte: „Geld habe ich nicht; doch was ich habe, will ich dir geben. Im Namen Jesu Christi aus Nazaret: Steh auf, du kannst jetzt gehen!" Er faßte den Gelähmten bei der Hand und half ihm auf. Im gleichen Augenblick erstarkten dessen Füße und Gelenke, mit einem Sprung war er auf den Beinen und machte ein paar Schritte. Dann folgte er Petrus und Johannes in den Tempel, lief umher, sprang vor Freude und dankte Gott mit lauter Stimme.
Alle Menschen dort sahen, wie er umherging und Gott dankte. Als sie in ihm den Bettler erkannten, der sonst immer am Schönen Tor gesessen hatte, waren sie betroffen und ganz außer sich über das, was mit ihm geschehen war. (Apostelgeschichte 3,1—10)

Petrus spricht im Tempel

Sie beobachteten, daß der Geheilte sich eng an Petrus und Johannes hielt, und folgten ihnen voll Staunen in die Salomohalle. Petrus aber sagte zu der Menge, die dort zusammengeströmt war:
„Ihr Leute von Israel, warum staunt ihr? Was starrt ihr uns so an? Denkt nur nicht, wir hätten aus eigener Kraft oder mit unserer Frömmigkeit erreicht, daß der Mann hier gehen kann! Der Gott unserer Vorfahren Abraham, Isaak und Jakob hat Jesus, seinen Bevollmächtigten Diener, zu göttlicher Herrlichkeit erhoben — denselben Jesus, den ihr dem Tod ausgeliefert habt. Obwohl Pilatus ihn freilassen wollte, habt ihr auf seiner Verurteilung bestanden. Er war heilig und schuldlos, aber ihr habt euch gegen ihn entschieden und lieber die Freigabe eines Mörders verlangt. So habt ihr den, der das

Leben gebracht hat, getötet. Doch Gott hat ihn vom Tod erweckt, das können wir bezeugen. Das Vertrauen auf diesen Jesus hat den Mann, der hier steht und den ihr alle kennt, gesund gemacht. Der Name Jesus hat in ihm Glauben geweckt und ihm die volle Gesundheit geschenkt, die ihr an ihm seht."
(Apostelgeschichte 3,11—16)

Petrus und Johannes vor dem jüdischen Rat

Während Petrus und Johannes noch zu der Menge sprachen, traten ihnen die Priester und die Sadduzäer mit dem Kommandanten der Tempelwache entgegen. Sie waren aufgebracht, weil die Apostel zum Volk von der Auferstehung der Toten sprachen; die Apostel bezeugten nämlich, daß Jesus vom Tod auf-

Abb. 124
In der Altstadt Jerusalems

erstanden sei. Darum nahmen sie die beiden fest und sperrten sie über Nacht ins Gefängnis; es war nämlich schon Abend. Aber viele, die die Apostel gehört hatten, ließen sich überzeugen, und die Gemeinde wuchs auf fünftausend Mitglieder an.

Am nächsten Tag kamen in Jerusalem die führenden Priester und die Ratsältesten und die Gesetzeslehrer zusammen, dazu der Oberste Priester Hannas mit Kajaphas, Johannes, Alexander und allen, die sonst noch den Kreisen der führenden Priester angehörten. Sie ließen die Apostel vorführen und fragten sie: „Woher hattet ihr die Kraft, diesen Mann zu heilen? In wessen Namen habt ihr es getan?" Petrus antwortete ihnen, vom heiligen Geist erfüllt: „Führer und Älteste unseres Volkes! Wenn wir uns hier vor Gericht dafür verantworten müssen, daß wir Gutes getan und

heiligen Schriften: ‚Der Stein, den die Bauleute — das seid ihr! — als unbrauchbar weggeworfen haben, ist zum tragenden Stein geworden.' Jesus Christus und sonst keiner kann die Rettung bringen. Auf der ganzen Welt hat Gott keinen anderen Namen bekanntgemacht, durch den wir gerettet werden können."

Die Mitglieder des jüdischen Rates waren überrascht, mit welcher Sicherheit Petrus und Johannes sich verteidigten, obwohl sie offenkundig keine Gelehrten waren, sondern einfache Leute. Sie wußten, daß die beiden mit Jesus zusammengewesen waren, und sie sahen den Geheilten neben ihnen. So konnten sie ihre Aussage nicht anfechten. Sie schickten die beiden aus dem Sitzungssaal und berieten miteinander: „Was sollen wir mit ihnen machen? Ganz Jerusalem hat inzwischen erfahren, daß sie diese Heilung vollbracht haben;

Abb. 125
Ausgrabungen unterhalb der El-Aksa-Moschee im Süden des alten Tempels

diesem Kranken geholfen haben, dann sollt ihr und alle Leute in Israel wissen: Durch die Macht des Namens Jesu Christi aus Nazaret steht der Mann hier gesund vor euch. Ihr habt diesen Jesus gekreuzigt, aber Gott hat ihn vom Tod erweckt. Auf ihn bezieht sich das Wort in den

wir können sie also nicht leugnen. Aber damit die Sache nicht noch weiter bekannt wird, wollen wir ihnen mit Nachdruck verbieten, zu irgend jemand über diesen Jesus zu sprechen." Sie riefen also die beiden wieder herein und verboten ihnen streng, in Zukunft öffentlich von Jesus zu sprechen und seinen Namen bekanntzumachen.

Aber Petrus und Johannes erwiderten ihnen: „Entscheidet selbst, ob es Gott recht ist, euch mehr zu gehorchen als ihm! Wir können nicht verschweigen, was wir gesehen und gehört haben." Da drohten sie ihnen noch einmal und ließen sie dann gehen. Sie wagten nicht, sie zu bestrafen; denn das ganze Volk pries Gott für das, was geschehen war. Der Mann, der auf so wunderbare Weise geheilt wurde, war nämlich über vierzig Jahre lang gelähmt gewesen. (Apostelgeschichte 4,1—22)

Brüderliches Teilen in der Gemeinde

Die ganze Gemeinde war ein Herz und eine Seele. Wenn einer Vermögen hatte, betrachtete er es nicht als persönliches, sondern als gemeinsames Eigentum. Durch ihr Wort und die Wunder, die sie vollbrachten, bezeugten die Apostel Jesus als den auferstandenen Herrn, und Gott beschenkte die ganze Gemeinde reich mit den Wirkungen, die von seinem Geist ausgehen. Niemand aus der Gemeinde brauchte Not zu leiden. Sooft es an etwas fehlte, verkaufte irgendeiner sein Grundstück oder sein Haus und brachte den Erlös zu den Aposteln. Jeder bekam davon so viel, wie er nötig hatte.

So machte es auch Josef, ein Levit aus Zypern, den die Apostel Barnabas nannten, das heißt „der Mann, der anderen Mut macht". Er verkaufte seinen Acker, brachte das Geld und legte es den Aposteln zu Füßen. (Apostelgeschichte 4,32—37)

Das Ansehen der Gemeinde wächst

Durch die Apostel geschahen viele wunderbare Taten unter dem Volk. Die Gemeinde war einmütig in der Salomohalle beisammen. Von den Außenstehenden wagte niemand, sich unter sie zu mischen; aber alle sprachen mit Achtung von ihnen. Immer mehr Männer und Frauen bekannten sich zu Jesus als dem Herrn und schlossen sich der Gemeinde an. Man trug die Kranken auf die Straße und legte sie dort auf Betten und Matten. Wenn Petrus vorbeiging, sollte wenigstens sein Schatten auf den einen oder anderen von ihnen fallen. Auch aus der Umgebung von Jerusalem brachten viele Leute Kranke und Besessene, und alle wurden gesund. (Apostelgeschichte 5,12—16)

Die Apostel werden verfolgt

Der Oberste Priester und die Sadduzäer, die alle auf seiner Seite standen, wurden neidisch und beschlossen einzugreifen. Sie ließen die Apostel verhaften und ins Gefängnis werfen. Doch gleich in der ersten Nacht öffnete ein Engel des Herrn die Gefängnistore, führte die Apostel heraus und sagte zu ihnen: „Geht in den Tempel und verkündet allen die Botschaft von dem Leben, das Jesus gebracht hat!" Die Apostel gehorchten, gingen früh am Morgen in den Tempel und sprachen zu den Menschen. Der Oberste Priester und die Sadduzäer hatten inzwischen den jüdischen Rat, alle Ältesten des Volkes Israel, zu einer Sitzung zusammengerufen. Sie schickten in das Gefängnis, um die Apostel holen zu lassen. Aber die Abgesandten kamen unverrichteter Dinge zurück und berichteten: „Wir fanden das Gefängnis fest verschlossen, und die Wachen standen auf ihrem Posten. Aber als wir aufmachten, war das Gefängnis leer."

Der Kommandant der Tempelwache und die führenden Priester waren ratlos und konnten sich nicht erklären, was mit den Aposteln geschehen war. Da kam ein Mann und berichtete: „Die Männer, die ihr ins Gefängnis gesperrt habt, sind im Tempel und sprechen zum Volk!" Der Kommandant ging mit der Tempelwache hin, um sie zu holen. Sie vermieden es aber, Gewalt anzuwenden; denn sie hatten Angst, das Volk würde sie steinigen.

So brachten sie die Apostel vor den jüdischen

Rat, und der Oberste Priester hielt ihnen vor: „Wir haben euch deutlich genug befohlen, nicht mehr öffentlich von diesem Mann zu sprechen und seinen Namen bekanntzumachen. Und was tut ihr? Ihr redet und redet, bis auch der letzte in Jerusalem es gehört hat. Uns macht ihr für seinen Tod verantwortlich und wollt die Strafe Gottes über uns bringen!" Aber Petrus und die anderen Apostel antworteten: „Man muß Gott mehr gehorchen als den Menschen. Den Jesus, den ihr ans Kreuz ge-

Die Gütergemeinschaft in der Urgemeinde

Die Nachrichten der Apostelgeschichte über eine Art Gütergemeinschaft in der Jerusalemer Urgemeinde sind im Zusammenhang mit der Endzeiterwartung der frühen Christenheit zu sehen. Wenn — wie man glaubte — das Ende aller Zeiten bevorsteht, dann war es sinnlos, sich über den Tag hinaus noch um Gelderwerb und Geschäfte zu kümmern. Es genügte, daß der Lebensunterhalt für den Augenblick gesichert war; für die Zukunft mochte Gott sorgen. Die Herrlichkeit des kommenden Gottesreiches nahm den irdischen Gütern ihren Glanz. Aus dieser Stimmung heraus fühlten sich begüterte Christen bewogen, ihre Grundstücke zu verkaufen und den Erlös der Gemeinde zukommen zu lassen. Die Gemeinde versorgte damit die zahlreichen Armen und Witwen, die ihr angehörten. Auch die gemeinsamen Mahlzeiten wurden für die Unbemittelten mit finanziert.

Bei der Gütergemeinschaft der Urgemeinde handelte es sich also um den spontanen Versuch, angesichts des herannahenden Endes christliche Liebe zu üben. Von einer festen, für alle verbindlichen Ordnung war man weit entfernt.

Abb. 126
Alte Stufen im Tempelgelände

Abb. 127
Der Felsendom in Jerusalem / Im Jahre 636 n. Chr. besiegten 20 000 Mann des islamischen Kalifen Omar in der Gegend zwischen Jordan und Jarmuk das zahlenmäßig überlegene Heer des christlichen Kaisers von Ostrom/Byzanz. 638 fiel auch Jerusalem in die Hände Omars. 50 Jahre später ließ Kalif Abd el-Melek auf dem Gelände des ehemaligen israelitischen Tempels den Felsendom erbauen. Die kostbare Außenwand-Verkleidung des achteckigen Baus, der von einer Kuppel gekrönt wird, besteht aus Marmorplatten und weißen und blauen Fayencekacheln.

schlagen und hingerichtet habt, hat der Gott unserer Vorfahren vom Tod erweckt. Er hat ihn als Herrscher und Retter zu dem Ehrenplatz an seiner rechten Seite erhoben. Durch ihn will er Israel dazu bringen, daß es umkehrt und ihm seine Schuld vergeben werden kann. Das haben wir zu bezeugen, und durch uns bezeugt es der heilige Geist, den Gott denen gegeben hat, die ihm gehorchen.''

Als die Ratsmitglieder das hörten, wurden sie zornig und beschlossen, die Apostel zu töten. Da meldete sich ein Pharisäer namens Gamaliël zu Wort, ein Gesetzeslehrer, der beim ganzen Volk in hohem Ansehen stand. Er verlangte, daß die Angeklagten vorübergehend aus dem Saal gebracht würden, und sagte dann zu dem versammelten Rat: ,,Ihr Männer aus Israel, überlegt noch einmal genau, wie ihr mit diesen Leuten verfahren wollt. Vor einiger Zeit trat Theudas auf und behauptete, eine besondere Sendung zu haben. Etwa vierhundert Männer schlossen sich ihm an; aber dann fand er den Tod, seine Anhänger liefen auseinander, und alles war zu Ende. Danach kam zur Zeit der Volkszählung der Galiläer Judas und rief zum Aufstand auf. Er brachte eine stattliche Schar von Anhängern zusammen; aber auch er kam um, und alle, die ihm gefolgt

waren, zerstreuten sich. Darum rate ich euch: Geht nicht gegen diese Leute vor! Laßt sie laufen! Denn wenn hinter ihrer Sache nur Menschen stehen, löst sich alles von selbst wieder auf. Steht aber Gott dahinter, dann seid ihr machtlos gegen sie, und am Ende zeigt es sich, daß ihr gegen Gott selbst gekämpft habt.''

Die Ratsmitglieder mußten Gamaliël recht geben. Man rief die Apostel wieder herein, peitschte sie aus und ließ sie frei, verbot ihnen aber, weiterhin öffentlich von Jesus zu sprechen und seinen Namen bekanntzumachen. Die Apostel verließen den Rat voll Freude, weil Gott sie für wert gehalten hatte, für diesen hohen Namen zu leiden. Unbeirrt verkündeten sie Tag für Tag im Tempel und in den Häusern die Gute Nachricht, daß Jesus der versprochene Retter ist. (Apostelgeschichte 5,17—42)

Sieben Helfer für die Apostel

Einige Zeit später, als die Zahl der Jünger Jesu immer größer wurde, kam es zu einem Streit zwischen ihren griechisch-sprechenden Gliedern und denen mit hebräischer Muttersprache. Die griechische Gruppe beschwerte sich darüber, daß ihre Witwen bei der täglichen

Verteilung von Lebensmitteln zu kurz kamen. Da riefen die zwölf Apostel die ganze Gemeinde zusammen und sagten: „Liebe Brüder! Wir müssen die Botschaft Gottes verkünden und dürfen uns nicht durch den Dienst an bedürftigen Gemeindemitgliedern davon abhalten lassen. Darum wählt aus eurer Mitte sieben vertrauenswürdige Männer, denen Gott seinen heiligen Geist und Weisheit gegeben hat; ihnen wollen wir diese Aufgabe übertragen. Wir können uns dann ganz dem Gebet und der Verkündigung widmen."

Alle waren mit dem Vorschlag einverstanden. Sie wählten Stephanus, einen Mann mit festem Glauben, erfüllt vom heiligen Geist; außerdem Philippus, Prochorus, Nikanor, Timon, Parmenas und Nikolaus, einen Mann aus der Stadt Antiochia, der zum Judentum übergetreten war. Diese sieben brachte die Gemeinde zu den Aposteln. Die beteten für sie und legten ihnen die Hände auf.

Die Botschaft Gottes aber breitete sich auch weiterhin aus. Die Zahl der Christen in Jerusalem stieg von Tag zu Tag. Auch viele Priester nahmen die Gute Nachricht von Jesus an. (Apostelgeschichte 6,1—7)

Stephanus wird verhaftet

Stephanus vollbrachte erstaunliche Wunder unter dem Volk. Gott hatte ihm die Kraft dazu gegeben. Einige Männer aus der jüdischen Gemeinde der „Freigelassenen" sowie Juden aus Zyrene und Alexandria und aus Zilizien und der Provinz Asien diskutierten mit Stephanus und wollten ihn widerlegen; aber durch die Weisheit, die der heilige Geist ihm geschenkt hatte, war Stephanus ihnen weit überlegen, und sie mußten sich geschlagen geben.

Darum bestachen sie ein paar Leute, sie sollten überall verbreiten, daß er Mose und sogar Gott beleidigt habe. Damit brachten sie das Volk, die Ratsmitglieder und die Gesetzeslehrer gegen Stephanus auf. Man packte ihn und schleppte ihn vor den jüdischen Rat. Dort ließen sie falsche Zeugen auftreten, die behaupteten:

Abb. 128
Am Tempelplatz in Jerusalem

Stephanus

Stephanus, der erste Märtyrer der Kirche, war ein griechisch sprechender Judenchrist. Die Jerusalemer Gemeinde wählte ihn zu einem der sieben Armenpfleger, mit deren Einsetzung sie die in ihrer Mitte entstandenen Spannungen auszugleichen versuchte.

Wahrscheinlich war Stephanus, bevor er Christ wurde, Mitglied der jüdischen Synagogengemeinde der „Freigelassenen", zu der sich griechisch sprechende Juden aus der Diaspora in Jerusalem zusammengeschlossen hatten. So galt er mit seinem Übertritt zu der Christengemeinde als Abtrünniger, dem man als Gotteslästerer zuerst mit Mitteln der Diskussion, schließlich aber auch mit denen der Gewalt nachstellte.

Nachdem Stephanus gesteinigt worden war, weitete sich die Verfolgung auch auf die anderen griechisch sprechenden Mitglieder der Jerusalemer Gemeinde aus. Wie der weitere Bericht der Apostelgeschichte zeigt, blieb der hebräisch sprechende Teil unbehelligt. Die Christen jedoch, die aus Jerusalem fliehen mußten, trugen dazu bei, daß sich ihr Glaube rasch weiter verbreitete.

„Dieser Mann hält unaufhörlich Reden gegen unseren heiligen Tempel und gegen das Gesetz. Wir haben selbst gehört, wie er sagte: ‚Jesus von Nazaret wird den Tempel einreißen und die Gebote abschaffen, die uns Mose gegeben hat.'"

Alle im Rat blickten gespannt auf Stephanus. Sie sahen, daß sein Gesicht leuchtete wie das eines Engels. (Apostelgeschichte 6,8—15)

Stephanus rechtfertigt sich

Der Oberste Priester fragte: „Stimmt das, was diese Männer gegen dich vorbringen?" Stephanus antwortete: „Brüder und Väter, hört mich an! Der höchste Gott wohnt nicht in Häusern, die von Menschen gemacht sind. Durch den Propheten Jesaja hat er gesagt: ‚Der Himmel ist mein Thron, die Erde mein Fußschemel. Was für ein Haus wollt ihr da für mich bauen? Wo ist die Wohnung, in der ich Raum finden könnte? Habe ich nicht mit eigener Hand Himmel und Erde geschaffen?'

Ihr Starrköpfe, am Körper seid ihr beschnitten, aber euer Herz ist unbeschnitten, und eure Ohren sind verschlossen für Gottes Botschaft. Genau wie eure Vorfahren widersetzt ihr euch ständig dem Geist Gottes. Gibt es einen einzigen Propheten, den sie nicht verfolgt haben? Sie haben die Boten Gottes umgebracht, die das Kommen des einzig Gerechten im voraus angekündigt hatten. Den habt ihr nun verraten und ermordet! Gott hat euch durch Vermittlung von Engeln sein Gesetz gegeben; aber ihr habt es nicht befolgt!"
(Apostelgeschichte 7,1—2; 48—53)

Stephanus wird gesteinigt

Bei diesen Worten gerieten die Mitglieder des jüdischen Rates über Stephanus in solche Wut, daß sie mit den Zähnen knirschten. Stephanus aber blickte zum Himmel empor, vom Geist Gottes erfüllt. Dort sah er Gott in seiner Herrlichkeit und Jesus an seiner rechten Seite und rief: „Ich sehe den Himmel offen, und an der

Abb. 129
Das Stephanus-Tor / Das Tor aus der Türkenzeit im Nordosten Jerusalems erinnert an den ersten christlichen Märtyrer, der vor den Mauern der Stadt gesteinigt wurde.

rechten Seite Gottes steht der Menschensohn!" Als sie das hörten, schrien sie laut und hielten sich die Ohren zu. Alle miteinander stürzten sich auf ihn und schleppten ihn vor die Stadt, um ihn zu steinigen. Die Zeugen, die als erste einen Stein auf ihn zu werfen hatten, legten ihre Oberkleider vor einem jungen Mann namens Saulus ab, damit er sie bewachte. Während sie ihn steinigten, betete Staphanus: „Herr Jesus, nimm meinen Geist auf!" Dann kniete er nieder und rief laut: „Herr, strafe sie nicht für diese Schuld!" Mit diesen Worten starb er.

Saulus aber war völlig einverstanden mit dieser Hinrichtung.

(Apostelgeschichte 7,54—60; 8,1)

Die Gemeinde wird verfolgt

An diesem Tag begann für die Christen in Jerusalem eine harte Verfolgung. Mit Ausnahme der Apostel flohen alle nach Judäa und

Abb. 130

Das Damaskus-Tor / Nach einer anderen Überlieferung, die bis ins 5. Jahrhundert zurückverfolgt werden kann, wurde Stephanus nördlich des Damaskus-Tors umgebracht. Dieses Tor befindet sich im Norden der Altstadt Jerusalems.

Samarien. Ein paar fromme Männer begruben Stephanus und hielten eine große Totenklage über ihn.

Saulus aber wollte die Gemeinde des Herrn vernichten. Er durchsuchte die Häuser und ließ Männer und Frauen ins Gefängnis werfen.
(Apostelgeschichte 8,2—3)

Die Gute Nachricht kommt nach Samarien

Die Geflüchteten verbreiteten überall die Gute Nachricht von Jesus. Unter ihnen war auch Philippus. Er kam nach Samaria, der Hauptstadt Samariens, und verkündete, daß in Jesus der versprochene Retter gekommen sei. Alle nahmen einmütig seine Botschaft an; denn sie konnten mit eigenen Augen und Ohren die Wunder sehen und hören, die er vollbrachte. Mit lautem Geschrei verließen böse Geister die Besessenen, und viele Gelähmte und Verkrüppelte wurden geheilt. In der ganzen Stadt herrschte große Freude.
(Apostelgeschichte 8,4—8)

Der Magier Simon

Dort lebte auch ein Mann namens Simon, der das Volk der Samariter mit seinen Zauberkünsten umgarnte. Er gab sich als etwas Besonderes aus und hatte großen Zulauf aus allen Schichten der Bevölkerung. Die Leute sagten: „In diesem Mann lebt die Kraft eines Gottes; die ‚Große Kraft‘ ist in ihm leibhaftig erschienen!" Sie hielten große Stücke von ihm, weil er sie schon so oft mit Proben seiner Kunst in Erstaunen versetzt hatte. Als aber dann Philippus kam und zu ihnen von der anbrechenden Herrschaft Gottes und der Macht des Namens Jesu Christi sprach, glaubten sie ihm, und Männer wie Frauen ließen sich taufen. Auch Simon kam zum Glauben und wurde getauft. Er schloß sich eng an Philippus an und staunte über die mächtigen Wundertaten, die er ihn vollbringen sah.

Die Apostel in Jerusalem hörten, daß die Leute in Samarien die Botschaft Gottes angenommen hatten. Deshalb schickten sie Petrus und Johannes dorthin. Die beiden kamen nach Samaria und beteten zu Gott, daß er den Getauften seinen Geist schenke. Denn sie waren zwar auf den Namen des Herrn Jesus getauft worden, aber noch keiner hatte den heiligen Geist empfangen. Dann legten Petrus und Johannes ihnen die Hände auf, und sie wurden von Gottes Geist erfüllt.

Als Simon sah, daß die Menschen den heiligen Geist empfingen, wenn die Apostel ihnen die Hände auflegten, bot er Petrus und Johannes Geld an und sagte: „Verleiht doch auch mir diese Fähigkeit!" Aber Petrus fuhr ihn an: „Zur Hölle mit dir und deinem Geld! Meinst du vielleicht, du könntest kaufen, was Gott schenkt? Du hast keinen Anteil an unserer Sache und kein Recht darauf, weil du dich Gott nicht aufrichtig zuwendest. Kehr um und gib deine bösen Absichten auf! Bitte den Herrn, daß er diese Verirrung vergibt! Denn ich sehe, du bist voller Schlechtigkeit und ganz vom Bösen beherrscht!" Da bat Simon die Apostel: „Betet doch für mich zum Herrn, damit er mir die Strafe erläßt."

Nachdem Petrus und Johannes in der Stadt Samaria die Botschaft Gottes bezeugt hatten, kehrten sie wieder nach Jerusalem zurück. Unterwegs verkündeten sie in vielen Dörfern Samariens die Gute Nachricht von Jesus.
(Apostelgeschichte 8,9—25)

Philippus und der Äthiopier

Philippus aber erhielt durch einen Engel des Herrn den Auftrag: „Geh nach Süden, bis du auf die einsame Straße kommst, die von Jerusalem nach Gaza hinabführt!" Er machte sich sofort auf den Weg. Nun war dort gerade ein hochgestellter Mann aus Äthiopien auf der Heimreise, der Finanzverwalter der äthiopischen Königin, die den Titel Kandake führt, ein Eunuch. Er war nach Jerusalem gekommen, um den Gott Israels anzubeten, und fuhr jetzt wieder zurück. Unterwegs in seinem Wagen las er im Buch des Propheten Jesaja.

Der Geist Gottes sagte zu Philippus: „Folge diesem Wagen!" Philippus lief hin und hörte, wie der Mann laut im Buch des Propheten Jesaja las. Da fragte er ihn: „Verstehst du denn, was du da liest?" Der Äthiopier sagte: „Wie kann ich es verstehen, wenn mir niemand hilft!" Und er forderte Philippus auf, zu ihm in den Wagen zu steigen. Die Stelle, die er gelesen hatte, lautete:

„Wie ein Lamm, wenn es zum Schlachten geführt wird, wie ein Schaf, wenn es geschoren wird, duldete er alles schweigend, ohne zu klagen. Er wurde verurteilt und hingerichtet; aber mitten in der äußersten Erniedrigung verschaffte Gott ihm sein Recht. Er wurde von der Erde weggenommen, und seine Nachkommen kann niemand zählen."

Der Äthiopier fragte: „Bitte, sag mir doch: Um wen geht es denn hier? Meint der Prophet sich selbst oder einen anderen?" Philippus ergriff die Gelegenheit und verkündete ihm, von dem Prophetenwort ausgehend, die Gute Nachricht von Jesus.

Unterwegs kamen sie an einer Wasserstelle vorbei, und der Äthiopier sagte: „Da gibt es Wasser! Spricht etwas dagegen, daß ich mich

Der Magier Simon
Simon hat nicht nur magische Künste ausgeübt, sondern galt auch als Verkörperung der „Großen Kraft", einer Art Gottheit. Eine spätere gnostische Gemeinschaft erblickte in ihm ihren Ursprung.
Justin, der Märtyrer, der um 100 n. Chr. in Flavia Neapolis, dem alten Sichem, geboren wurde und als Samariter ein Landsmann des Zauberers war, berichtet, Simon habe eine gewisse Helena als „seine erste Einsicht" bezeichnet, ein Begriff, der mit der „Großen Kraft" verwandt ist. Der Magier sei in Rom, wo er sich z. Z. des Kaisers Klaudius (41-54 n. Chr.) aufhielt, und in seiner Heimat als Gott anerkannt worden „über jede Herrschaft, Macht und Kraft".
Die Apostelgeschichte wirft mit der Erzählung über das zweifelhafte Verhalten des Simon das Problem auf, daß es auch unter getauften Christen Menschen gibt, die Gott nicht wirklich gehorchen.
In der mittelalterlichen Kirche bezeichnete man die an sich verbotene, aber oft geübte Praxis, mit Geld kirchliche Ämter zu kaufen, als „Simonie".

taufen lasse?" (Philippus sagte: „Du kannst getauft werden, wenn du von ganzem Herzen glaubst." „Ja", antwortete der Äthiopier, „ich glaube, daß Jesus Christus der Sohn Gottes ist.") Er ließ den Wagen anhalten. Philippus ging mit ihm ins Wasser hinein und taufte ihn. Als sie aus dem Wasser herausstiegen, wurde Philippus vom Geist des Herrn weggenommen, und der Äthiopier sah ihn nicht mehr. Er war von Freude erfüllt und setzte seine Reise fort.

Philippus fand man in Aschdod wieder. Von dort bis nach Cäsarea verbreitete er in allen Städten die Gute Nachricht von Jesus. (Apostelgeschichte 8,26—40)

Die Bekehrung des Saulus

Unterdessen ging Saulus noch immer heftig gegen die Jünger des Herrn vor und tat alles, um sie auszurotten. Er ließ sich vom Obersten Priester Empfehlungsbriefe an die jüdische Gemeinde in Damaskus geben. Auch dort wollte er nach Anhängern des neuen Glaubens suchen und sie gefangen nach Jerusalem bringen, Männer wie Frauen.

Auf dem Weg nach Damaskus, kurz vor der Stadt, umstrahlte ihn plötzlich ein Licht vom Himmel. Er stürzte zu Boden und hörte eine Stimme: „Saul, Saul, warum verfolgst du mich?" „Wer bist du, Herr?" fragte er. „Ich bin Jesus, den du verfolgst", sagte die Stimme. „Doch nun steh auf und geh in die Stadt! Dort wirst du erfahren, was du tun sollst."

Der Werdegang des Saulus-Paulus (nach W. Grundmann)

Paulus wurde um das Jahr 10 n. Chr. geboren, wahrscheinlich in Tarsus in Zilizien im südlichen Kleinasien. Seine Eltern gehörten dem israelitischen Stamme Benjamin an. Sie gaben ihm den hebräischen Namen Schaul (Saulus); Paulus war ein römischer Beiname.

Der Kirchenlehrer Hieronymus weiß zu berichten, daß die Eltern des Paulus ursprünglich in der galiläischen Stadt Gischala beheimatet waren. Im Gefolge eines Aufruhrs seien sie gefangengenommen und als Sklaven nach Kleinasien verkauft worden. Nach einigen Jahren hätten sie jedoch ihre Freilassung erreicht. Wenn diese Nachricht den Tatsachen entspricht, würde es sich erklären, wieso Paulus zu einem römischen Namen gekommen ist und wieso er das römische Bürgerrecht besaß (Apostelgeschichte 16,37; 22,25-29). Es war üblich, daß der Name des Freilassenden von der ganzen Familie angenommen wurde. Im Falle des späteren Apostels müßte der frühere Besitzer also Paulus geheißen haben. Nahm der ehemalige Herr die Freigelassenen, über die er noch ein Patronatsrecht besaß, in seine Großfamilie auf, wurden sie Inhaber des römischen Bürgerrechts.

Als Student des mosaischen Rechts, der Tora, kam Paulus nach Jerusalem. Dort wohnte eine verheiratete Schwester, deren Sohn ihm gute 20 Jahre später das Leben rettete (Apostelgeschichte 23,16). Die Tora war für den frommen Juden Heilsweg und Lebensordnung in einem. Sie zu studieren bedeutete, zugleich Rechtswissenschaft und Theologie zu treiben.

Paulus gehörte zu der Partei der Pharisäer (vgl. S. 42), deren Gesetzesverständnis er sich aneignete (Philipper 3,5).

In Jerusalem schloß sich Paulus der hellenistischen Synagoge an. Zu ihr gehörten auch Christen wie Stephanus (Apostelgeschichte 6,9). In der Auseinandersetzung mit dem jungen Christen-

Abb. 131
Brunnen in Tarsus / Der Legende nach soll ihn bereits die Familie des Paulus benutzt haben.

Abb. 132
Tarsus in Zilizien / Altes Stadttor. In dieser Stadt wurde Paulus geboren.

tum ergriff Paulus gegen die — wie er meinte — gesetzlosen Anhänger eines gekreuzigten, also eines ganz offensichtlich falschen, Messias mit Eifer Partei. Er wollte das Bekenntnis der Christen „Jesus ist der Herr" durch die Abschwörungsformel „Jesus sei verflucht!" aufheben (1. Korinther 12,3). Da die Römer Religionsverfolgung nicht duldeten, ging Paulus mit seinem Eifern für Gottes Gesetz ein nicht unerhebliches Risiko ein.

Vor Damaskus wurde sein Leben jedoch grundlegend verändert. Den 25jährigen traf eine Erscheinung, die er selbst mit den Worten beschrieb, er habe den Herrn gesehen (1. Korinther 9,1; 15,8).

Abb. 133
Gasse in Tarsus / Rechts wird den Touristen das sogenannte Grundstück der Paulusfamilie gezeigt.

Den Männern, die Saulus begleiteten, verschlug es die Sprache. Sie hörten zwar die Stimme, aber sie sahen niemand. Als Saulus aufstand und die Augen öffnete, konnte er nicht mehr sehen. Da nahmen sie ihn an der Hand und führten ihn nach Damaskus. Drei Tage lang war er blind. Während dieser Zeit aß und trank er nichts.

In Damaskus lebte ein Jünger Jesu namens Hananias. Dem erschien der Herr und sagte: „Hananias!" „Ja, Herr", antwortete er. Der Herr sagte: „Geh in die Gerade Straße in das Haus von Judas und frage nach Saulus aus Tarsus. Er ist dort und betet. In einer Vision hat er gesehen, wie ein Mann namens Hananias zu ihm kommt und ihm die Hände auflegt, damit er wieder sehen kann." Hananias antwortete: „Herr, ich habe von vielen Seiten gehört, wie dieser Mann deine Anhänger in Jerusalem grausam verfolgt hat. Er ist mit der Vollmacht der führenden Priester nach Damaskus gekommen und will alle verhaften, die sich zu deinem Namen bekennen." Der Herr sagte zu ihm: „Geh unbesorgt hin, ich habe ihn als mein Werkzeug ausgesucht. Er soll meinen Namen den nichtjüdischen Völkern und ihren Herr-

schern bekanntmachen und auch dem Volk Israel. Und ich werde ihm zeigen, wieviel er für mich leiden muß."

Da ging Hananias in jenes Haus und legte Saulus die Hände auf. „Bruder Saul", sagte er, „der Herr hat mich geschickt — Jesus selbst, der dir unterwegs erschienen ist. Du sollst wieder sehen können und mit dem heiligen Geist erfüllt werden."

Im selben Augenblick fiel es Saulus wie Schuppen von den Augen, und er konnte wieder sehen. Er stand auf und ließ sich taufen. Dann aß er etwas und kam wieder zu Kräften. (Apostelgeschichte 9,1—19)

Saulus verkündet Jesus in Damaskus

Saulus blieb ein paar Tage bei der Gemeinde in Damaskus. Er ging sofort in die Synagogen und verkündete dort Jesus als den Sohn Gottes. Alle, die ihn hörten, fragten erstaunt: „Ist das nicht der Mann, der in Jerusalem alle verfolgt hat, die sich zu Jesus bekannten? Er ist doch eigens hergekommen, um auch hier die Anhänger dieses Mannes festzunehmen und den führenden Priestern auszuliefern!" Aber

Abb. 134
Damaskus / Die Lage inmitten einer fruchtbaren Oasenlandschaft und am Kreuzungspunkt mehrerer alter Handelsstraßen machte die Stadt bereits im Altertum zu einem wichtigen politischen und wirtschaftlichen Zentrum des Nahen Ostens.
Im Jahre 66 v. Chr. geriet Damaskus in den Herrschaftsbereich der Römer, die auch zur Zeit des Paulus die regierenden Nabatäerfürsten in ihrer Abhängigkeit hielten.
Die jüdische Gemeinde war im 1. Jahrhundert n. Chr. mit etwa 15 000 Gliedern und einem großen Kreis von Proselyten, die sich ebenfalls zur jüdischen Religion hielten, sehr ansehnlich. Unter ihnen befanden sich auch einige Christen. Um diese „Ketzer" zu bestrafen und zum Judentum zurückzuführen, reiste Paulus von Jerusalem nach Damaskus. Nach seiner Bekehrung zu Christus wurde er von denen aufgenommen, die er eigentlich verfolgen wollte.
Heute ist Damaskus die Hauptstadt der Republik Syrien und zählt rund 1,6 Millionen Einwohner.

Abb. 135
Stadtmauer in Damaskus / In einem Korb wurde Paulus heimlich die Stadtmauer hinuntergelassen, als ihm seine jüdischen Gegner nachstellten.

Saulus ließ sich nicht irremachen und wies aus den heiligen Schriften nach, daß Jesus der versprochene Retter ist. Die Juden in Damaskus waren bestürzt.
Nach einiger Zeit beschlossen sie, Saulus zu töten. Aber er erfuhr von ihrem Anschlag. Weil man ihm Tag und Nacht an den Stadttoren auflauerte, ließen ihn seine Freunde eines Nachts in einem Korb die Stadtmauer hinunter. (Apostelgeschichte 9,19—25)

Saulus in Jerusalem

Saulus ging nach Jerusalem und wollte sich dort den Jüngern Jesu anschließen. Aber sie hatten noch immer Angst vor ihm; denn sie konnten es nicht glauben, daß er wirklich ein Jünger geworden war. Da verwendete sich Barnabas für ihn und brachte ihn zu den Aposteln. Er erzählte ihnen, wie der Herr sich Saulus auf dem Weg nach Damaskus gezeigt und zu ihm gesprochen hatte, und wie mutig Saulus dann in Damaskus Jesus als den Herrn verkündet hatte. Da durfte Saulus bei ihnen aus und ein gehen.

Auch in Jerusalem verkündete er offen Jesus als den Herrn. Insbesondere sprach und diskutierte er mit den griechisch-sprechenden Juden. Die aber wollten ihn umbringen. Als die Christen in Jerusalem das erfuhren, brachten sie ihn nach Cäsarea und schickten ihn von dort nach Tarsus.

Die Gemeinde des Herrn in Judäa, Galiläa und Samarien erlebte nun eine friedliche Zeit.

Abb. 136
Das Tor Babesch-Scherki in Damaskus / In ihm sind wesentliche Teile einer Anlage aus römischer Zeit erhalten. Links sieht man Architekturreste, die zum Haupttor gehören, das für den Wagenverkehr bestimmt war. Es wurde inzwischen vollständig restauriert. Durch das kleinere Fußgängertor (Bildmitte) wurde das Foto Abb. 137 aufgenommen.

Sie festigte sich, und ihre Glieder lebten im Gehorsam gegenüber Gott. Der heilige Geist stand ihr bei und ließ die Zahl der Christen stetig wachsen. (Apostelgeschichte 9,26—31)
(Petrus unternahm viele Reisen. Längere Zeit blieb er in Joppe; dort wohnte er bei einem Gerber namens Simon.)

Petrus hat eine Vision

In Cäsarea lebte ein römischer Hauptmann namens Kornelius, der zum sogenannten Italischen Regiment gehörte. Er glaubte an Gott und hielt sich mit seiner ganzen Familie zur jüdischen Gemeinde. Er tat viel für notleidende Juden und betete regelmäßig. An einem Nachmittag gegen drei Uhr hatte er eine Vision. Er sah deutlich, wie ein Engel Gottes bei ihm eintrat und ihn mit seinem Namen anredete. Erschrocken blickte er den Engel an und fragte: „Was bedeutet das, Herr?" Der Engel antwortete: „Gott hat wohl bemerkt, wie treu du betest und wieviel Gutes du den Armen tust. Schicke darum Boten nach Joppe und laß einen gewissen Simon zu dir bitten, der den Beinamen Petrus trägt. Er ist zu Gast bei einem Gerber Simon, der sein Haus unten am Meer hat." Als der Engel wieder fortgegangen war, rief Kornelius zwei Diener und einen frommen Soldaten aus seinem persönlichen Gefolge. Er erzählte ihnen, was er erlebt hatte, und schickte sie nach Joppe.

Am nächsten Tag, als sie Joppe schon fast erreicht hatten, ging Petrus gegen Mittag auf das flache Dach des Hauses, um zu beten. Da bekam er Hunger und wollte gerne etwas essen. Während man das Essen zubereitete, hatte er eine Vision. Er sah, wie der Himmel sich öffnete und etwas herabkam, das wie ein großes Tuch aussah, das an vier Ecken gehalten wird. Darin waren alle Arten von vierfüßigen Tieren, Kriechtieren und Vögeln. Eine Stimme rief: „Petrus, schlachte und iß!" Aber Petrus antwortete: „Das kann ich nicht, Herr! Ich habe noch nie etwas Verbotenes oder Unreines gegessen." Doch die Stimme sagte: „Was Gott für rein erklärt, das erkläre du nicht für unrein!" Dies geschah dreimal; dann verschwand alles wieder im Himmel.
(Apostelgeschichte 10,1—16)

Petrus betritt ein nichtjüdisches Haus

Während Petrus ratlos darüber nachdachte, was das bedeuten sollte, hatten sich schon die Boten aus Cäsarea zu Simons Haus durchgefragt und standen vor dem Tor. „Ist hier ein Simon mit dem Beinamen Petrus zu Gast?" riefen sie. Petrus grübelte noch über den Sinn seiner Vision, da sagte ihm der Geist Gottes: „Drei Männer wollen zu dir! Geh hinunter und folge ihnen ohne Bedenken; ich habe sie geschickt." Da ging er hinunter und sagte zu ihnen: „Ich bin der, den ihr sucht. Was führt euch hierher?"

„Wir kommen vom Hauptmann Kornelius", sagten sie. „Er führt ein vorbildliches Leben und hält sich zur jüdischen Gemeinde; die Juden reden nur das Beste über ihn. Ein Engel Gottes hat ihm aufgetragen, dich in sein Haus einzuladen und zu hören, was du zu sagen hast."

Petrus bat die Männer ins Haus, und sie blieben über Nacht. Am anderen Morgen machte er sich mit ihnen auf den Weg; einige Christen aus Joppe begleiteten ihn. Am Tag darauf kamen sie nach Cäsarea. Kornelius hatte seine Verwandten und engsten Freunde zusammengerufen und erwartete sie. Als Petrus durchs Hoftor trat, kam er ihm entgegen und warf sich vor ihm nieder. Doch Petrus zog ihn hoch und

sagte: „Steh auf, ich bin auch nur ein Mensch!" Er sprach noch weiter mit Kornelius und betrat dabei das Haus. Als er die vielen Leute sah, sagte er zu ihnen: „Ihr wißt, daß ein Jude nicht mit einem Nichtjuden verkehren und vollends nicht sein Haus betreten darf. Aber mir hat Gott gezeigt, daß man keinen Menschen als unrein oder unberührbar betrachten soll. Deshalb habe ich eure Einladung ohne Bedenken angenommen. Und jetzt sagt mir, warum ihr mich gerufen habt!"

Kornelius antwortete: „Es war vor drei Tagen, ungefähr zur selben Zeit wie heute, um drei Uhr nachmittags. Ich betete hier im Haus, als plötzlich ein Mann in leuchtendem Gewand vor mir stand und sagte: ,Kornelius, Gott hat wohl bemerkt, wie treu du betest und wieviel Gutes du den Armen tust. Schicke darum Boten nach Joppe und laß Simon mit dem Beinamen Petrus zu dir bitten! Er ist zu Gast beim Gerber Simon unten am Meer!' Ich habe sofort zu dir geschickt und freue mich, daß du gekommen

Abb. 137
Die „Gerade Straße" in Damaskus / Diese Straße durchzieht die Stadt von Ost nach West. Zur Zeit des Paulus (vgl. Apostelgeschichte 9,11) war sie erheblich breiter und von Säulen flankiert, deren Reste gefunden wurden.
Bei dem Foto handelt es sich um eine ältere Archivaufnahme.

bist. Nun sind wir alle hier vor Gott versammelt und bereit zu hören, was der Herr dir aufgetragen hat." (Apostelgeschichte 10,17—33)

Petrus bezeugt zum erstenmal Jesus vor Nichtjuden

Petrus begann zu sprechen: „Wahrhaftig, jetzt begreife ich, daß Gott keine Unterschiede macht! Er liebt alle Menschen, ganz gleich, zu welchem Volk sie gehören, wenn sie ihn nur ernst nehmen und nach seinem Willen leben. Er hat dem Volk Israel die Botschaft bekanntgemacht, daß er Frieden gestiftet hat durch Jesus Christus, der der Herr ist über alle. Davon habt ihr gehört, und ihr habt erfahren, was sich im jüdischen Land zugetragen hat, beginnend in Galiläa, nachdem Johannes zur Taufe aufgerufen hatte. Ihr wißt von Jesus aus Nazaret, den Gott erwählt und mit seinem Geist und seiner Kraft erfüllt hat. Überall tat er Gutes und heilte alle, die der Teufel in seiner Gewalt hatte; denn Gott stand ihm bei. Wir können alles bezeugen, was er im jüdischen Land und in Jerusalem getan hat. Die Juden brachten ihn ans Kreuz, aber Gott erweckte ihn am dritten Tag vom Tod, so daß er sich unter uns als der Auferstandene zeigen konnte. Er zeigte sich jedoch nicht dem ganzen Volk, sondern nur uns Aposteln, die Gott zuvor als Zeugen ausgewählt hatte. Nach seiner Auferstehung aßen und tranken wir mit ihm, und er gab den Auftrag, dem Volk Israel zu bezeugen, daß er von Gott zum Richter über die Lebenden und die Toten eingesetzt ist. Alle Propheten haben von ihm gesprochen und haben vorausgesagt, daß jeder, der ihm vertraut, durch ihn Vergebung seiner Schuld empfangen kann." (Apostelgeschichte 10,34—43)

Auch Nichtjuden erhalten den heiligen Geist

Während Petrus noch sprach, kam der heilige Geist auf alle herab, die ihm zuhörten. Die Christen jüdischer Herkunft, die mit Petrus aus Joppe gekommen waren, gerieten außer sich vor Staunen, daß Gott auch den Nichtjuden seinen Geist schenkte. Sie hörten nämlich, wie die Versammelten in unbekannten Sprachen redeten und Gott priesen. Petrus aber sagte: „Diese Leute wurden genau wie wir vom heiligen Geist erfüllt. Wer kann ihnen dann die Taufe verweigern?" Und er befahl, sie auf den Namen Jesu Christi zu taufen. Danach baten sie ihn, noch ein paar Tage bei ihnen zu bleiben. (Apostelgeschichte 10,44—48)

Petrus berichtet in Jerusalem

Die Apostel und die anderen Christen in Judäa hörten, daß auch die Nichtjuden die Botschaft Gottes angenommen hatten. Als nun Petrus nach Jerusalem zurückkehrte, machten sie ihm Vorwürfe: „Du bist zu Leuten gegangen, die nicht zu unserem Volk gehören! Du hast sogar mit ihnen gegessen!" Da erzählte ihnen Petrus ausführlich, was geschehen war:

„Ich hatte noch kaum begonnen, zu ihnen zu sprechen, da kam der heilige Geist auf sie herab, genau wie damals am Anfang auf uns. Da fiel mir ein, daß der Herr gesagt hatte: ‚Johannes hat mit Wasser getauft, aber ihr werdet mit dem Geist Gottes getauft werden.' Es ist klar: Gott hat ihnen das gleiche Geschenk gegeben wie uns, nachdem sie genau wie wir Jesus Christus als ihren Herrn angenommen hatten. Mit welchem Recht hätte ich mich da Gott in den Weg stellen können?"

Als die Apostel und die anderen Christen in Jerusalem das hörten, gaben sie ihren Widerstand auf. Sie priesen Gott und sagten: „Also hat Gott auch den Nichtjuden die Möglichkeit gegeben, zu ihm umzukehren und das wahre Leben zu gewinnen." (Apostelgeschichte 11,1—4; 15—18)

Die Gemeinde in Antiochia

Die Christen, die in der Verfolgungszeit nach der Ermordung von Stephanus aus Jerusalem geflohen waren, kamen zum Teil bis nach Phönizien, Zypern und Antiochia. Sie verbreiteten die Botschaft von Jesus zunächst nur unter den Juden. Aber einige von ihnen, die aus Zypern und Zyrene stammten, kamen nach Antiochia und verkündeten dort auch den Nichtjuden die Gute Nachricht von Jesus. Gott stand ihnen zur Seite, so daß viele Menschen Jesus als ihren Herrn annahmen.

Die Gemeinde in Jerusalem hörte davon und schickte Barnabas nach Antiochia. Als er hinkam und sah, was Gott in seiner großen Güte dort gewirkt hatte, freute er sich und ermahnte die Glaubenden, an ihrem Vorsatz festzuhalten und dem Herrn treu zu bleiben. Denn Barnabas war ein tüchtiger Mann, erfüllt mit dem heiligen Geist und mit lebendigem Glauben. So kam es, daß noch mehr Menschen sich der Gemeinde anschlossen und Jesus als Herrn annahmen.

Barnabas aber ging nach Tarsus, um Saulus zu suchen; und als er ihn gefunden hatte, nahm er ihn mit nach Antiochia. Ein ganzes Jahr lang wirkten beide gemeinsam in der Gemeinde und unterwiesen viele Menschen im Glauben. Hier in Antiochia kam zuerst die Bezeichnung „Christen" für die Anhänger Jesu auf. (Apostelgeschichte 11,19—26)

(Von Antiochia breitete sich die Gute Nachricht über ganz Kleinasien aus. Es begann damit, daß Barnabas und Paulus im Auftrag der Gemeinde eine große Reise antraten. Sie besuchten Salamis und Paphos auf der Insel Zypern, dann setzten sie zum kleinasiatischen Festland über. Antiochia in Pisidien, Ikonium, Lystra und Derbe waren Stationen auf ihrem Wege. Nach Jahren erst kehrten sie nach Antiochia zurück.)

Entscheidung in Jerusalem

Nun kamen einige Christen aus Judäa nach Antiochia und erklärten den Brüdern: „Ihr könnt nicht gerettet werden, wenn ihr euch nicht beschneiden laßt, wie es das Gesetz Moses vorschreibt." Mit dieser Forderung riefen sie eine große Unruhe in der Gemeinde hervor, und Paulus und Barnabas hatten eine heftige Auseinandersetzung mit ihnen. Schließlich wurde beschlossen, die beiden sollten mit einigen Christen aus Antiochia nach Jerusalem gehen und den Aposteln und Gemeindevorstehern die Streitfrage vorlegen.

Paulus und Barnabas wurden von der Gemeinde feierlich verabschiedet. Sie zogen durch Phönizien und Samarien und erzählten überall, wie auch die Nichtjuden Jesus als ihren Herrn angenommen hatten. Darüber freuten sich alle Brüder. Bei der Ankunft in Jerusalem wurden Paulus und Barnabas von der versammelten Gemeinde, den Aposteln und den Gemeindevorstehern herzlich begrüßt. Sie berichteten ihnen, was Gott durch sie unter den Nichtjuden getan hatte. Aber einige Pharisäer, die Christen geworden waren, meldeten Bedenken an: „Man muß sie beschneiden", sagten sie, „und von ihnen fordern, daß sie das Gesetz Moses befolgen!"

Die Apostel und die Gemeindevorsteher traten zusammen, um vor der gesamten Gemeinde die Frage zu erörtern. Nach einer langen Diskussion stand Petrus auf und sagte: „Liebe Brüder! Wie ihr wißt, hat Gott mich als einen der Euren schon vor langer Zeit dazu ausersehen, daß Menschen aus anderen Völkern durch mich die Gute Nachricht hören und Jesus als ihren Herrn annehmen. Und Gott, der die Herzen aller Menschen kennt, hat bestätigt,

Abb. 138
Cäsarea, Trümmer des Amphitheaters / Der Name Cäsarea bedeutet „kaiserliche Stadt". Cäsarea wurde 20-9 v. Chr. von Herodes zu Ehren des römischen Kaisers Augustus erbaut. Sie entwickelte sich in kurzer Zeit zur ersten Hafenstadt Palästinas. Zur Zeit Jesu diente sie den römischen Prokuratoren von Judäa und Samaria als Residenzstadt.
Die Bevölkerung war überwiegend heidnisch. In der Apostelgeschichte erscheint Cäsarea mehrfach: als Wohnsitz des Philippus (8,40; 21,8) und des Hauptmanns Kornelius (Kapitel 10). Paulus war eine Zeitlang dort gefangen (23,23-35; 24,27; 25,1-4. 6. 13). In Cäsarea wurde Vespasian, der Feldherr im Krieg Roms gegen die Juden, von seinen Truppen zum Kaiser ausgerufen.
Das Theater des Herodes war das erste Theater im Vorderen Orient. Bei Ausgrabungen wurde dort eine Inschrift mit dem Namen des Pontius Pilatus gefunden (vgl. S. 70)

Die Entscheidung des Apostelkonzils
Die Entscheidung in Jerusalem, die
Apostelgeschichte 15,1-21 beschrieben
wird, fiel während des sogenannten
Apostelkonzils, das etwa 48/49 statt-
fand. Die Vertreter der antiochenischen
Christengemeinde, Paulus, Barnabas
und „einige andere", verhandelten mit
den Aposteln und Vorstehern der
Jerusalemer Urgemeinde Jakobus,
Petrus, Judas und Silas.
Kernproblem der Auseinandersetzungen war die Frage, ob sich neugewon-
nene Christen, die zuvor nicht Juden,
sondern Heiden gewesen waren, der
jüdischen Beschneidung unterziehen
müßten. Paulus und seine Gefährten
brachten die Jerusalemer Autoritäten
dazu, die Heidenchristen von den
Verpflichtungen des jüdischen Religionsgesetzes zu befreien. Lediglich
einige wenige kultische Vorschriften,
wie sie auch für Nichtjuden in Israel
galten, sollten noch beachtet werden.
Im Brief an die Galater (vgl. S. 221)
berichtet Paulus, daß im Gefolge der
Verhandlungen die Missionsgebiete
aufgeteilt wurden: Die „Säulen" der
Jerusalemer Gemeinde sollten weiter
unter Juden arbeiten, die Bekehrung
der Heiden sollte Aufgabe der Antiochener sein.
Mit dem Apostelkonzil wurde endgültig
die Gefahr gebannt, daß das junge
Christentum lediglich eine jüdische
Sekte blieb. Mit der Entscheidung in
Jerusalem wurde der Weg zur Weltreli-
gion freigemacht.

daß auch die Nichtjuden dessen würdig sind;
denn er hat ihnen genauso seinen Geist gegeben wie uns. Durch den Glauben hat er sie
im Innersten rein gemacht. Dadurch hat er den
Unterschied zwischen ihnen und uns Juden
beseitigt. Warum fordert ihr nun Gott heraus
und legt ihnen eine Last auf, die weder unsere
Vorfahren noch wir selbst tragen konnten? Wir
selbst sind doch genau wie sie darauf angewiesen, daß wir durch das Vertrauen auf die
Gnade des Herrn Jesus gerettet werden."
(Apostelgeschichte 15,1—11)

Abb. 139
Kapitell aus hellenistischer Zeit in
Cäsarea

Karte 13
Die 1. Missionsreise des Paulus zusammen mit Barnabas

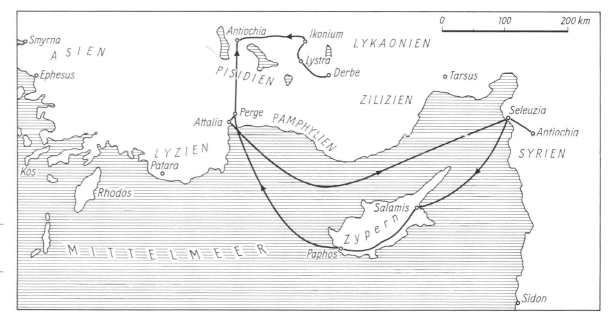

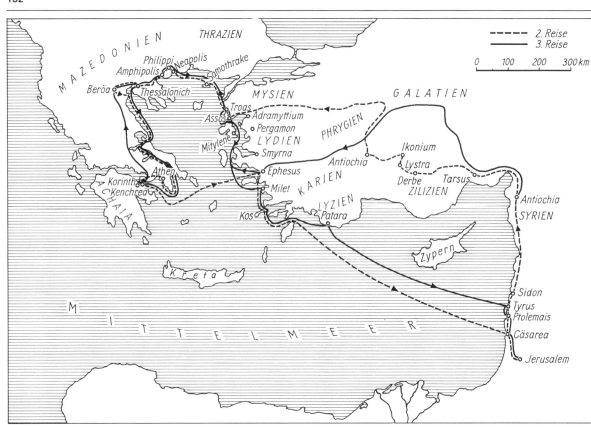

Karte 14
Die 2. und 3. Missionsreise des Paulus

- - - - 2. Reise
——— 3. Reise

0   100   200   300 km

Abb. 140
Antiochia (heute Antakje) / Die Stadt wurde 300 v. Chr. gegründet. Als Handelsmetropole gelangte sie zu Reichtum. Nach Rom und Alexandria war sie die drittgrößte Stadt des Römischen Reiches. Seit 64 v. Chr. residierten hier die römischen Statthalter der Provinz Syrien. Die Einwohnerschaft setzte sich aus Syrern, Griechen und Juden zusammen.
In Antiochia entstand eine Christengemeinde, der nicht nur Juden, sondern auch ehemalige Heiden angehörten. Auf ihre Glieder wurde erstmals der Name „Christen" angewandt (vgl. Apostelgeschichte 11,26). Die Stadt war Ausgangspunkt einer bedeutenden Missionstätigkeit.

Paulus bringt die Gute Nachricht nach Europa

Troas war z. Z. des Paulus eine römische Kolonie, die im Westen der gleichnamigen Landschaft lag. Nicht weit von der Stadt befanden sich die Reste von Troja, dessen Belagerung und Zerstörung in den homerischen Epen „Ilias" und „Odyssee" geschildert werden.

Der Übergang nach Europa im Jahre 49 lag im Zuge einer weiträumigen Missionsstrategie. Paulus wollte quer durch das Mittelmeergebiet in den Zentren des Römischen Reiches den Christusglauben verkündigen und ihn bis nach Spanien, ans Ende der damals bekannten Welt tragen.

Es ist nicht überliefert, ob Paulus bis auf die Iberische Halbinsel gelangt ist. Wahrscheinlich war Rom der westlichste Ort, an dem er wirken konnte. Dort fand er, als er als Gefangener in die Hauptstadt des Reiches gebracht wurde, bereits eine Christengemeinde vor, die vermutlich schon vor dem Jahre 49 entstanden war. So ist nicht anzunehmen, daß die Gemeinden, die der Apostel nach seiner Überfahrt nach Mazedonien gründete, wirklich die ersten auf dem europäischen Kontinent waren.

Jakobus macht sich zum Anwalt der nichtjüdischen Christen

Aus der ganzen Versammlung kam kein Wort des Widerspruchs, und alle hörten aufmerksam zu, als Paulus und Barnabas von den wunderbaren Taten berichteten, die sie mit Gottes Hilfe unter den Nichtjuden vollbracht hatten. Als die beiden geendet hatten, stand Jakobus auf und sagte:

„Hört mir zu, liebe Brüder! Simon hat uns erzählt, wie Gott selbst eingegriffen hat, um sich aus den Nichtjuden ein Volk zu sammeln, das ihn ehrt. Das stimmt mit den Worten der Propheten überein, denn dort heißt es: ‚Danach will ich mich euch zuwenden, sagt der Herr, und das zerfallene Haus Davids wieder aufbauen. Aus den Trümmern will ich es von neuem errichten, damit auch die übrigen Menschen nach mir fragen, alle Völker, die ich zu meinem Eigentum erklärt habe. Ich, der Herr, werde tun, was ich seit Urzeiten beschlossen habe.' Darum bin ich der Ansicht, wir sollten die Menschen aus anderen Völkern, die sich Gott zuwenden, nicht mit dem ganzen jüdischen Gesetz belasten. Wir wollen ihnen nur vorschreiben, daß sie kein Fleisch von Tieren essen, die als Opfer für die Götzen geschlachtet worden sind, denn es ist unrein; weiter sollen sie sich vor der Blutschande hüten, kein Fleisch von erwürgten Tieren und kein Tierblut genießen. Diese Vorschriften Moses sind seit alten Zeiten in jeder Stadt bekannt; denn sie werden jeden Sabbat überall in den Synagogen vorgelesen."
(Apostelgeschichte 15,12—21)
(Einige Zeit später brach Paulus wieder zu einer Reise auf, diesmal nicht mit Barnabas, sondern mit Silas und Timotheus. Sie zogen mitten durch Kleinasien und gelangten schließlich an die Küste des Ägäischen Meeres, nach Troas.)

Der Ruf nach Europa

In Troas hatte Paulus in der Nacht eine Vision: Er sah einen Mann aus Mazedonien vor sich, der ihn bat: „Komm zu uns herüber und hilf uns!" Daraufhin suchten wir sofort nach einem Schiff, das uns nach Mazedonien mitnehmen konnte. Denn wir waren sicher, daß Gott uns gerufen hatte, den Menschen dort die Gute Nachricht zu bringen.
(Apostelgeschichte 16,9—10)

Abb. 141
Der Orontes bei Antiochia / Die Benennung Antiochia „am Orontes" unterschied die Stadt vom gleichnamigen Antiochia in Pisidien (Kleinasien).

In Philippi: die Bekehrung der Lydia

Wir fuhren von Troas auf dem kürzesten Weg nach der Insel Samothrake, und am zweiten Tag erreichten wir Neapolis. Von dort gingen wir landeinwärts nach Philippi, einer Stadt im ersten Bezirk Mazedoniens, einer Ansiedlung von römischen Bürgern. Wir hielten uns einige Tage dort auf und warteten auf den Sabbat. Dann gingen wir vor das Tor an den Fluß. Wir vermuteten, daß sich dort Juden zum Gebet versammeln würden. Wir setzten uns und sprachen mit den Frauen, die gekommen waren. Eine von ihnen war Lydia; sie stammte aus Thyatira und handelte mit Purpurstoffen. Sie hielt sich zur jüdischen Gemeinde. Der Herr weckte ihre Aufmerksamkeit, und sie hörte genau zu, als Paulus sprach. Sie ließ sich mit allen ihren Leuten taufen. Darauf lud sie uns in ihr Haus ein und sagte: ,,Wenn ihr überzeugt seid, daß ich Jesus als Herrn angenommen habe, dann müßt ihr meine Gäste sein!'' Sie drängte uns, mit ihr zu kommen.
(Apostelgeschichte 16,11—15)

Paulus und Silas im Gefängnis

Eines Tages trafen wir auf dem Weg zur Gebetsstätte eine Sklavin. Aus ihr redete ein Geist, der die Zukunft wußte. Mit ihren Prophezeiungen brachte sie ihren Besitzern viel Geld ein. Das Mädchen lief hinter Paulus und uns anderen her und rief: ,,Diese Leute sind Diener des höchsten Gottes! Sie können euch sagen, wie ihr gerettet werdet.'' Das ging einige Tage so, bis Paulus es nicht länger anhören konnte. Er drehte sich um und sagte zu dem Geist: ,,Ich befehle dir im Namen Jesu Christi: Fahre von ihr aus!'' Im gleichen Augenblick verließ sie der Wahrsagegeist.

Als die Besitzer der Sklavin merkten, daß der Geist, der ihnen soviel Geld gebracht hatte, aus dem Mädchen ausgefahren war, packten sie Paulus und Silas. Sie schleppten die beiden auf den Marktplatz vor das städtische Gericht und verklagten sie vor den obersten Beamten: ,,Diese Juden hier stiften Unruhe in unserer Stadt. Sie wollen Sitten einführen, die gegen unsere Ordnung sind und die wir als römische Bürger nicht annehmen dürfen.'' Auch das Volk war aufgebracht und verlangte ihre Bestrafung. Die Beamten ließen Paulus und Silas die Kleider vom Leib reißen und gaben Befehl, sie auszupeitschen. Nachdem man ihnen viele Schläge verabreicht hatte, warf man sie ins Gefängnis. Dem Gefängniswärter wurde eingeschärft, sie sicher zu verwahren. So kamen sie in die hinterste Zelle, und ihre Füße wurden in den Holzblock eingeschlossen.

Der Wir-Bericht der Apostelgeschichte
Kapitel 16, Vers 11 erscheint in der Apostelgeschichte plötzlich ein ,,Wir'' als Subjekt. Man hat daraus schließen wollen, daß sich der Verfasser des neutestamentlichen Buches, der Arzt Lukas, selbst als Augenzeuge der Geschehnisse in die Erzählung einführt. Die neuere Forschung beurteilt eine solche Folgerung jedoch überwiegend als zu weit gehend. Die Zuverlässigkeit des Wir-Berichtes wird damit nicht in Zweifel gezogen.

Abb. 142
Felsenkirche bei Antiochia / In der Grotte sollen Petrus und Paulus gepredigt haben.

Abb. 143
Antike Entwässerungskanäle bei Seleuzia / In Seleuzia befand sich der Antiochia am nächsten gelegene Hafen (vgl. Farbtafel 26).

Um Mitternacht beteten Paulus und Silas und priesen Gott in Lobgesängen. Die anderen Gefangenen hörten es. Plötzlich erschütterte ein heftiges Erdbeben das Gefängnis. Die Türen sprangen auf, und allen Gefangenen fielen die Fesseln ab. Der Gefängniswärter fuhr aus dem Schlaf. Als er die Türen offenstehen sah, dachte er, die Gefangenen seien geflohen. Er zog sein Schwert und wollte sich töten.

Da rief Paulus, so laut er konnte: „Tu dir nichts an! Wir sind alle noch hier." Der Wärter rief nach Licht, stürzte in die Zelle und warf sich zitternd vor Paulus und Silas nieder. Dann führte er sie hinaus und fragte: „Ihr Herren, was muß ich tun, um gerettet zu werden?" „Nimm Jesus als deinen Herrn an und vertraue ihm", antworteten sie, „dann wirst du gerettet und deine Angehörigen mit dir!" Und sie sagten ihm und allen anderen in seinem Haus die Botschaft Gottes.

Der Gefängniswärter nahm Paulus und Silas noch in derselben Stunde mit sich und wusch ihre Wunden. Anschließend ließ er sich mit seiner ganzen Familie taufen. Dann führte er die beiden hinauf in seine Wohnung und bewirtete sie. Er und alle seine Leute waren glücklich, daß sie zum Glauben an Gott gefunden hatten.

Als es Tag wurde, schickten die Stadtobersten die Gerichtsboten mit der Weisung, die beiden Männer freizulassen. Der Gefängniswärter sagte zu Paulus: „Ich habe den Befehl bekommen, euch freizulassen. Ihr könnt also unbehelligt weggehen." Aber Paulus rief den Boten nach: „Man hat uns ohne Urteil öffentlich ausgepeitscht, obwohl wir das römische Bürgerrecht haben, und hat uns ins Gefängnis geworfen. Und nun will man uns heimlich abschieben? Nein, die Verantwortlichen sollen persönlich kommen und uns freilassen!"

Die Gerichtsboten meldeten das ihren Vorgesetzten. Als diese hörten, daß Paulus und

Abb. 144
Die Zilizische Pforte / Das Taurus-gebirge mit seinen mehr als 3000 m hohen Bergen trennt Zilizien vom Zentralteil Kleinasiens. Nördlich von Tarsus durchquert eine Paßstraße das Gebirge durch die sogenannte Zilizische Pforte (1 100 m über NN), die bereits Paulus benutzt hat.

Abb. 145
Im Inneren Kleinasiens / In das weiche
Gestein der Tuffkegel haben bereits
steinzeitliche Menschen Grotten und
Höhlen eingehauen, die ihnen als
Wohnung dienten. In neuerer Zeit
haben viele Bauern ihre Kegelbehau-
sungen verlassen und sind in moderne
Häuser umgezogen. Die Tuffkegel
werden als Vorratsräume weiterhin
genutzt.

Silas römische Bürger seien, erschraken sie.
Sie kamen selbst und entschuldigten sich.
Dann führten sie die beiden aus dem Gefängnis
und baten sie, die Stadt zu verlassen. Vorher
gingen Paulus und Silas noch einmal zu Lydia.
Sie trafen dort die Brüder und machten ihnen
Mut. Danach reisten sie weiter. (Apostel-
geschichte 16,16—40)
(Der Weg des Apostels führte über Amphipolis,
Apollonia und Thessalonich nach Beröa. Dort
ließ Paulus Silas und Timotheus zurück und
begab sich allein nach Athen.)

Paulus in Athen

Während Paulus in Athen auf die beiden
wartete, war er im Innersten betroffen, weil die
Stadt voll von Götzenbildern war. Er redete in
der Synagoge zu den Juden und auch zu den
Griechen, die sich zur jüdischen Gemeinde
hielten, und sprach jeden Tag mit den Leuten,
die er auf dem Marktplatz antraf. Darunter
waren auch einige Philosophen der epi-
kureischen und stoischen Richtung, die mit ihm
diskutierten. Einige von ihnen meinten: ,,Was
will dieser Schwätzer eigentlich?'' Andere
sagten: ,,Er scheint irgendwelche fremden
Götter zu verkünden.'' Paulus hatte nämlich
von Jesus und der Auferstehung gesprochen.
Sie nahmen ihn mit sich zum Areopag und

wollten Näheres erfahren. „Uns interessiert deine neue Lehre", sagten sie. „Manches klingt sehr fremdartig, und wir würden gerne genauer wissen, was es damit auf sich hat." Denn die Athener und die Fremden in Athen kennen keinen besseren Zeitvertreib, als stets das Allerneueste in Erfahrung zu bringen und es weiterzuerzählen.

Paulus trat vor sie alle hin und sagte zu ihnen: „Männer von Athen! Ich habe wohl gemerkt, daß ihr die Götter hoch verehrt. Ich bin durch eure Stadt gegangen und habe mir eure heiligen Stätten angesehen. Dabei habe ich einen Altar entdeckt mit der Inschrift: ‚Für den unbekannten Gott'. Diesen Gott, den ihr verehrt, ohne ihn zu kennen, will ich euch jetzt bekanntmachen. Er ist der Gott, der die Welt geschaffen hat und alles, was darin lebt. Als Herr über Himmel und Erde wohnt er nicht in Tempeln, die ihm die Menschen gebaut haben. Er ist auch nicht darauf angewiesen, von den Menschen versorgt zu werden; denn er selbst gibt ihnen das Leben und alles, was sie zum

sich bemühen, ihn zu finden. Er ist jedem von uns nahe; denn durch ihn leben, handeln und sind wir. Oder wie es eure Dichter ausgedrückt haben: ‚Auch wir sind göttlicher Abkunft.' Wenn das aber so ist, dürfen wir nicht dem Irrtum verfallen und meinen, die Gottheit gleiche den Bildern aus Gold, Silber und Stein, die von menschlicher Erfindungskraft und Kunstfertigkeit geschaffen wurden. Bisher hat Gott mit Nachsicht darüber hinweggesehen, weil die Menschen es aus Unwissenheit getan haben. Aber jetzt fordert er alle Menschen überall auf, umzukehren und einen neuen Anfang zu machen. Denn er hat einen Tag festgesetzt, an dem er die ganze Menschheit gerecht richten will, und zwar durch den Mann, den er dazu bestimmt hat. Ihn hat er vor aller Welt dadurch ausgewiesen, daß er ihn vom Tod erweckt hat."

Als sie Paulus von der Auferstehung reden hörten, lachten ihn einige aus; andere sagten: „Darüber mußt du uns das nächste Mal mehr erzählen." Als Paulus darauf die Versammlung

Abb. 146
Brücke aus der Römerzeit in Anatolien

Leben brauchen. Er hat aus dem ersten Menschen alle Völker der Menschheit hervorgehen lassen, damit sie die Erde bewohnen. Für jedes Volk hat er im voraus bestimmt, wie lange es bestehen und in welchen Grenzen es leben soll. Er wollte, daß die Menschen ihn suchen und

verließ, schlossen sich ihm ein paar Männer an und wurden Christen, darunter Dionysius, der dem Areopag angehörte, und auch eine Frau namens Damaris.
(Apostelgeschichte 17,16—34)

Abb. 147
Tumuli-Häuser in Kleinasien / Das
lateinische Wort ,,tumulus'' bedeutet
,,Hügel''.

Abb. 148
Löwenplastiken an einem alten Tor in
Alaca-Hüyük (Türkei)

In Korinth

Danach verließ Paulus Athen und ging nach Korinth. Dort traf er einen Juden aus Pontos. Er hieß Aquila und war mit seiner Frau Priszilla gerade aus Italien gekommen; denn Kaiser Klaudius hatte alle Juden aus Rom ausweisen lassen. Paulus besuchte die beiden. Weil er wie Aquila Zeltmacher war, blieb er bei ihnen und arbeitete dort. An jedem Sabbat sprach er in der Synagoge und versuchte, Juden und Griechen zu überzeugen.

Als Silas und Timotheus aus Mazedonien nachkamen, konnte Paulus sich ganz seiner eigentlichen Aufgabe widmen. Er bezeugte den Juden, daß Jesus der versprochene Retter ist. Als sie ihm aber widersprachen und ihn beschimpften, schüttelte er den Staub aus seinen Kleidern und sagte: „Ihr habt es euch selbst zuzuschreiben, wenn ihr verlorengeht. Mich trifft keine Schuld. Von jetzt an werde ich mich an die Nichtjuden wenden."

Er verließ die Synagoge und sprach von nun an in dem danebenliegenden Haus des Titius Justus, einem Griechen, der sich zur jüdischen Gemeinde hielt. Der Synagogenvorsteher Krispus nahm mit seiner ganzen Familie Jesus als Herrn an. Viele Korinther, die davon erfuhren, kamen ebenfalls zum Glauben und ließen sich taufen.

Der Herr aber sagte in einer nächtlichen Vision zu Paulus: „Hab keine Angst, sondern verkünde unbeirrt die Gute Nachricht! Ich stehe dir bei. Keiner kann dir etwas anhaben; denn ich habe eine große Gemeinde in dieser Stadt." So blieb Paulus eineinhalb Jahre dort und sagte den Menschen die Botschaft Gottes.
(Apostelgeschichte 18,1—11)

Abb. 149
Herstellung von Lehmziegeln / Dies geschieht noch auf dieselbe Art wie in der Antike.

Abb. 150
Die St.-Georgs-Rotunde in Thessaloniki
(Thessalonich) / Thessalonich war die
bedeutendste Handelsstadt Mazedoniens. In der Römerzeit kam sie zu
voller Blüte. Zur Zeit des Paulus war sie
eine politisch weitgehend selbständige
Stadt.
In Thessalonich existierte eine jüdische
Gemeinde mit einer eigenen Synagoge.
Paulus fand jedoch seine Anhänger
vornehmlich unter den Griechen. Er
gründete eine Gemeinde, der haupt-
sächlich Handwerker und kleine Gewer-
betreibende angehörten. An sie richtete
er zwei Briefe, die in die Sammlung des
Neuen Testaments aufgenommen
wurden (1. und 2. Thessalonicher-
brief).
Um 300 n. Chr. machte Kaiser Galerius
Thessalonich zu seiner Residenz. Die
St.-Georgs-Rotunde gehört zusammen
mit dem Galeriusbogen (s. Abb. 236)
zu den Bauwerken, die damals als
Schmuck der Hauptstadt neu entstanden.
Zusammen mit seinem Mitregenten
Diokletian setzte Galerius eine der
blutigsten Christenverfolgungen in
Gang. Ihr fiel der spätere Schutzheilige
der Stadt, Demetrius, zum Opfer.

162

Paulus vor Gallio

Als Gallio zum neuen Statthalter der römischen Provinz Achaia ernannt wurde, rotteten sich die Juden zusammen und schleppten Paulus vor Gericht. „Dieser Mann", sagten sie, „überredet die Leute, Gott auf eine Weise zu verehren, die gegen das Gesetz verstößt." Paulus wollte gerade mit seiner Verteidigung beginnen, da erklärte Gallio: „Wenn es sich um ein schweres Vergehen oder ein Verbrechen handelte, wäre es meine Pflicht, euch Juden anzuhören. Aber weil es hier um Streitfragen über religiöse Lehren und Autoritäten und um euer eigenes Gesetz geht, müßt ihr die Angelegenheit schon unter euch ausmachen. Ich mag in solchen Fragen nicht den Richter spielen." Damit wies er sie hinaus. Da packten alle Juden ihren Gemeindevorsteher Sosthenes und verprügelten ihn unter Gallios Augen. Doch der kümmerte sich nicht darum.
(Apostelgeschichte 18,12—17)
(Paulus blieb noch eine Zeitlang bei den Brüdern in Korinth. Dann fuhr er mit dem Schiff ostwärts hinüber nach Ephesus und von dort nach Cäsarea. Nachdem er Jerusalem besucht hatte, kehrte er nach Antiochia zurück.
Doch nicht lange verweilte er in der Stadt am Orontes. Erneut brach er auf. Er reiste durch das kleinasiatische Hochland und kam auf der sog. 3. Missionsreise nach Ephesus. In dieser Stadt hielt er sich länger als zwei Jahre auf.)

Unruhen in Ephesus

Paulus entschloß sich, über Mazedonien und Griechenland nach Jerusalem zu reisen. „Danach", sagte er, „muß ich auch Rom besuchen." Seine beiden Mitarbeiter Timotheus und Erastus schickte er nach Mazedonien voraus. Er selbst blieb noch eine Weile in der Provinz Asien.
In dieser Zeit kam es wegen der neuen Lehre zu schweren Unruhen in Ephesus. Es gab dort nämlich einen Silberschmied namens Demetrius, der silberne Nachbildungen vom Tempel der Göttin Artemis verkaufte; das brachte ihm und den Handwerkern, die er beschäftigte, einen schönen Gewinn. Dieser Demetrius rief alle, die in diesem Gewerbe tätig waren, zusammen und sagte: „Männer, ihr wißt: unser ganzer Wohlstand hängt davon ab, daß wir diese Nachbildungen herstellen. Und ihr werdet erfahren haben, daß dieser Paulus den Leuten einredet: ‚Götter, die man mit Händen macht, sind gar keine Götter.' Er hat mit seinen Reden nicht nur hier in Ephesus Erfolg, sondern fast überall in der Provinz Asien. Deshalb besteht die Gefahr, daß er nicht nur unseren Handel in Verruf bringt. Stellt euch vor, es

würde soweit kommen, daß der Tempel der großen Göttin Artemis seine Bedeutung verliert! Stellt euch vor, daß die Göttin selbst in Vergessenheit gerät, die heute überall in unserer Provinz und in der ganzen Welt verehrt wird!"
Als sie das hörten, wurden sie wütend und riefen: „Groß ist die Artemis von Ephesus!" Die Unruhe breitete sich in der ganzen Stadt aus. Gaius und Aristarch, die sich Paulus in Mazedonien angeschlossen hatten, wurden von der Menge gepackt und zum Theater geschleppt. Paulus wollte sich der Menge stellen, aber die Brüder ließen ihn nicht aus dem Haus. Auch einige hohe Beamte der Provinz, die ihm freundlich gesonnen waren, warnten ihn durch

Abb. 151
Statue eines griechischen Philosophen / Der Kopf wurde in römischer Zeit ergänzt (Rom: Palazzo Spada).

Abb. 152
Athen, Blick auf die Akropolis von Südwesten / (Vgl. Farbtafel 29) Der Felsen der Akropolis erhebt sich etwa 90 m über der Stadt. Schon vor 5 000 Jahren siedelten sich an der Südseite Menschen an, wie vorgeschichtliche Funde beweisen. Wenn Gefahr drohte, zogen sich die Ansiedler auf den schwer zugänglichen Tafelberg zurück.
Auf der Akropolis befanden sich schon früh verschiedene Heiligtümer. Als Hauptgottheit, die der nach ihr benannten Stadt Schutz und Heil versprach, wurde die jungfräuliche Göttin Athene verehrt.
Die Bauten, deren Ruinen das Bild des Burgbergs bestimmen, stammen zum größten Teil aus der Blütezeit Athens im 5. Jahrhundert v. Chr. Im Zentrum steht der Tempel der Athene Parthenos, kurz Parthenon genannt. Links dahinter befindet sich das Erechtheion, die bauliche Zusammenfassung mehrerer alter Kultstätten. Dort haben sich der

Sage nach Athene und der Meeresgott Poseidon um den Besitz der Stadt gestritten. Poseidon ließ eine Quelle entspringen, Athene pflanzte einen Ölbaum. Dafür wurde der Göttin der Sieg zugesprochen.
Am Zugang zur Akropolis im Westen (links) erkennt man die Propyläen, die glanzvolle Eingangsgestaltung. Gegenüber den Propyläen (auf dem Bild nicht mehr sichtbar), liegt etwa 40 m tiefer der Areopagfelsen. Im Hintergrund ist der zweite markante Berg Athens zu sehen, der Lykabettos. Im Mittelgrund, auf der Südseite der Akropolis, befindet sich links das Odeion des Herodes Attikus aus dem 2. Jahrhundert n. Chr. Es wird auch in der Gegenwart noch für Theater- und Musikaufführungen genutzt.

Abb. 153
Reiter vom Fries des Parthenontempels / Dieses Bildwerk befindet sich jetzt im Britischen Museum in London.

Abb. 154
Tempel der Athene Parthenos (Parthenon) / Das bedeutendste Bauwerk der Akropolis stellt der Parthenon-Tempel dar. 447-438 v. Chr. wurde er unter Leitung der Architekten Iktinos und Kallikrates errichtet. Die Frontseite mit acht Säulen ist über 30 m breit. Die Länge des Tempels mit 17 Säulen in einer Reihe mißt 71 m. Die Säulen dorischer Ordnung sind 10 m hoch. Die Gesamthöhe des Bauwerks betrug 19 m.
Den Eindruck vollendeter Harmonie erreichten die Architekten durch gezielte Abweichungen von der Norm. Damit der Unterbau nicht eingesenkt erscheint, verliehen sie ihm eine leichte Wölbung. Die äußeren Säulen sind ein wenig nach innen geneigt, um lotrecht stehend zu wirken.
Den figürlichen Schmuck am Tempel und die Gestaltung der Athene-Statue aus Gold und Elfenbein, die im Inneren des Tempels stand, hatte der berühmteste Bildhauer der Zeit, Phidias, übernommen. Er wirkte auch als künstlerischer Oberleiter des ganzen Akropolis-Objekts und fertigte das große Athene-Standbild an, das sich auf dem Freigelände befand.

Abb. 155
Der Areopagfelsen in Athen

Abb. 156
Athen. Blick von der Akropolis nach Südosten / Im Mittelgrund liegt der rechteckige Platz des Olympieions. Eine Gruppe von 13 gigantischen Säulen und zwei einzelstehenden Säulen rechts davon gehörten zu dem größten griechischen Tempelbau. Er war dem olympischen Zeus gewidmet. Erst nach mehr als 500jähriger Bauzeit wurde der 110 m lange und 54 m breite Tempel unter Kaiser Hadrian vollendet. Die Säulen werden daher auch „Säulen des Hadrian" genannt.
An der linken Seite des Platzes ist das Hadrianstor zu erkennen, das die Vorstadt mit dem alten Athen verband. Links hinter dem bewaldeten Hügel befindet sich das Stadion. Dort fanden im Altertum die Wettkämpfe der panathenäischen Spiele statt.
Diese Spiele, die jährlich in bescheidenerer Form und alle vier Jahre mit großer Pracht gefeiert wurden, stellten Höhepunkte des religiös-gesellschaftlichen Lebens im antiken Athen dar. Nach einer Modernisierung war das Stadion Austragungsort der ersten Olympischen Spiele der Neuzeit im Jahre 1896.

Boten davor, sich im Theater sehen zu lassen.

Unter den dort Zusammengeströmten herrschte die größte Verwirrung. Alle schrien durcheinander, und die meisten wußten nicht einmal, worum es ging. Die Juden schickten Alexander nach vorn. Einige aus der Menge erklärten ihm den Anlaß. Da winkte er mit der Hand und wollte vor dem Volk eine Verteidigungsrede für die Juden halten. Aber als die Leute merkten, daß er Jude war, schrien sie ihn nieder und riefen zwei Stunden lang im Chor: „Groß ist die Artemis von Ephesus!''

Schließlich gelang es dem Sekretär der Volksversammlung, die Menge zu beruhigen. „Männer von Ephesus'', rief er, „in der ganzen Welt weiß man doch, daß zu unserer Stadt der berühmte Tempel der Göttin Artemis gehört und hier ihr vom Himmel gefallenes Bild verehrt wird. Das kann niemand abstreiten. Beruhigt euch also und laßt euch zu nichts hinreißen. Ihr habt diese Männer hergeschleppt, obwohl sie weder den Tempel beraubt noch unsere Götting beleidigt haben. Wenn Demetrius und seine Handwerker geschädigt worden sind, dann gibt es dafür Gerichte und Behörden. Dort können sie ihre Klage vorbringen. Wenn ihr aber andere Forderungen habt, muß das auf einer ordentlichen Volksversammlung geklärt werden. Was heute geschehen ist, kann uns leicht als Rebellion ausgelegt werden. Es gibt keinen Grund für diesen Aufruhr, wir können ihn durch nichts rechtfertigen.'' Mit diesen Worten löste er die Versammlung auf.

Als der Tumult sich gelegt hatte, rief Paulus die Christen zusammen. Er machte ihnen noch einmal Mut und verabschiedete sich von ihnen, um nach Mazedonien zu reisen. Dort besuchte

er überall die Gemeinden und stärkte sie durch seine Worte. Schließlich kam er nach Griechenland und blieb drei Monate dort.
(Apostelgeschichte 19,21—20,2)

(Paulus verließ Griechenland wieder. Ein Schiff brachte ihn von Philippi/Neapolis nach Troas. Durch die Küstenstädte der Provinz Asia gelangte Paulus nach Milet.)

Abschied von der Gemeinde in Ephesus

Von Milet aus schickte Paulus den Gemeindevorstehern in Ephesus eine Nachricht und ließ sie bitten, zu ihm zu kommen. Als sie da waren, sagte er:
„Ihr wißt, wie ich von dem Tag an, als ich die Provinz Asien betrat, bei euch gelebt habe. Mit selbstloser Hingabe habe ich für den Herrn gearbeitet, manchmal unter Tränen und in großer Notlage, wenn mich die Juden verfolgten. Ich habe euch nicht verschwiegen, was für euch wichtig ist, wenn ich vor der Gemeinde oder in euren Häusern sprach. Juden wie Nichtjuden habe ich beschworen, zu Gott umzukehren und Jesus Christus als ihren Herrn anzunehmen. Jetzt gehorche ich dem heiligen Geist und gehe nach Jerusalem, und es ist ungewiß, was dort mit mir geschehen wird. Ich weiß nur: In jeder Stadt, in die ich komme, kündigt mir der heilige Geist an, daß in Jerusalem Verfolgung und Gefangenschaft auf mich warten. Aber was liegt schon an meinem Leben! Wichtig ist nur, daß ich bis zum Schluß den Auftrag erfülle, den mir Jesus, der Herr, übertragen hat: die Gute Nachricht zu verkünden, daß Gott sich über die Menschen erbarmt hat.
Ich weiß, daß ich jetzt zum letzten Mal unter euch bin. Ihr und alle, denen ich die Botschaft von der anbrechenden Herrschaft Gottes verkündet habe, werdet mich nicht wiedersehen. Deshalb erkläre ich heute feierlich vor euch: Mich trifft kein Vorwurf, wenn einer von euch verlorengeht. Ich habe nicht versäumt, euch alles zu verkünden, was Gott zu unserer Rettung getan hat und tun wird. Gebt acht auf euch selbst und auf die ganze Herde, die der heilige Geist eurer Leitung und Fürsorge anvertraut hat! Seid treue Hirten der Gemeinde, die Gott durch das Blut seines eigenen Sohnes erworben hat. Denn ich weiß, wenn ich nicht mehr da bin, werden gefährliche Wölfe bei euch eindringen und unter der Herde wüten, und aus euren eigenen Reihen werden Männer auftreten und mit verlogenen Reden unter den Glaubenden Anhänger für sich selbst werben. Darum gebt acht und denkt immer daran, daß ich mich drei Jahre lang Tag und Nacht, oft

unter Tränen, um jeden einzelnen von euch bemüht habe.
Nun stelle ich euch unter den Schutz Gottes und unter die Botschaft seiner rettenden Gnade. Durch sie wird er euch im Glauben reifen lassen und euch künftig das ewige Leben schenken, zusammen mit allen, die ihm gehören. Ihr wißt, daß ich nie einen Menschen um Geld oder Kleidung gebeten habe. Mit diesen meinen Händen habe ich verdient, was meine Begleiter und ich selbst zum Leben brauchten. Ich habe euch stets ein Vorbild gegeben, daß man hart arbeiten muß, um auch den Bedürftigen helfen zu können. Denkt an die Worte

Abb. 157
Die Göttin Athene auf einem Weihrelief / Schöpfer dieses Kunstwerkes, das sich im Akropolis-Museum befindet, ist wahrscheinlich der berühmte griechische Bildhauer und Erzgießer Myron, der im 5. Jahrhundert v. Chr. lebte.

Abb. 158
Korinth, im Vordergrund die Reste der
Gerichtstribüne (das Bema) / Nach
Meinung einiger Forscher ist hier
Paulus vor Gallio, dem Gouverneur der
römischen Provinz Achaia, erschienen.
Wahrscheinlicher ist jedoch, daß die
Apostelgeschichte 18,12-17 beschrie-
bene Verhandlung in der sogenannten
Nordbasilika an der Straße nach Le-
chäon (vgl. Lageplan S. 203, Farb-
tafel 31 und Abb. 228) stattgefunden
hat.

Abb. 159
Die Gallio-Inschrift von Delphi / Lucius
Junius Gallio Annaeanus, ein Bruder
des berühmten Philosophen Seneca,
war vorübergehend Prokonsul der
Provinz Achaia mit Sitz in Korinth. Eine
Inschrift aus Delphi, die 1905 rekonstruiert werden konnte, bestätigte die
Angaben der Apostelgeschichte und
ermöglichte es, den Aufenthalt des
Paulus in Korinth auf den Zeitraum
zwischen 50 und 52 festzulegen. In der
Inschrift nennt Kaiser Klaudius den
Gallio „seinen Freund und Prokonsul
von Achaia". Die entscheidenden Worte
befinden sich in der Zeile 6 (= Zeile 4
des größten Steinfragments). Dort ist
der Name des Gallio in griechischer
Schreibung festgehalten.

des Herrn Jesus, der gesagt hat: ‚Geben macht mehr Freude als nehmen.'"

Nachdem Paulus geendet hatte, kniete er mit ihnen nieder und betete. Als sie ihn zum Abschied umarmten und küßten, brachen sie in lautes Weinen aus. Am meisten bedrückten sie seine Worte: „Ihr werdet mich nicht wiedersehen." Dann begleiteten sie ihn zum Schiff. (Apostelgeschichte 20,17—38)

Paulus reist nach Jerusalem

Wir verabschiedeten uns und fuhren ab. Wir kamen bei gutem Wind nach Kos, erreichten am nächsten Tag Rhodos und dann Patara. Dort fanden wir ein Schiff, das nach Phönizien fuhr, und gingen an Bord. Als Zypern in Sicht kam, steuerten wir südlich an der Insel vorbei mit Kurs auf Syrien. In Tyrus mußte das Schiff die Ladung löschen, und wir gingen an Land. Wir suchten die Christen am Ort auf und blieben eine Woche bei ihnen. Vom heiligen Geist getrieben, warnten sie Paulus vor der Reise nach Jerusalem. Als unser vorgesehener Aufenthalt zu Ende ging, begleiteten sie uns mit ihren Frauen und Kindern bis vor die Stadt. Am Strand knieten wir mit ihnen nieder und beteten. Dann verabschiedeten wir uns und bestiegen das Schiff, während sie nach Hause zurückkehrten.

In Ptolemaïs waren wir am Ziel unserer Schiffsreise. Wir besuchten unsere Glaubensgenossen und blieben einen Tag bei ihnen. Am nächsten Tag gingen wir zu Fuß weiter und erreichten Cäsarea. Dort kehrten wir im Haus des Evangelisten Philippus ein. Er war einer der sieben Helfer und hatte vier Töchter, die ehelos geblieben waren und die Gabe hatten, prophetische Weisungen zu verkünden.

Nach einigen Tagen kam aus Judäa ein Prophet namens Agabus. Er nahm Paulus den Gürtel ab, fesselte sich damit Hände und Füße und

Abb. 160
Standort des Artemistempels in Ephesus / Der Artemistempel zählte zu den antiken Weltwundern. Die ionischen Einwanderer hatten den in Kleinasien sehr verbreiteten Kult der Artemis, einer Naturgottheit, bereits vorgefunden. Im Jahr 262 n. Chr. wurde der Tempel von den Goten zerstört. Ausgrabungen im alten Stadtgebiet führten vor etwa 100 Jahren zur Wiederentdeckung des Tempelbezirks.

sagte: „Das verkündet der heilige Geist: So werden die Juden in Jerusalem den Besitzer dieses Gürtels fesseln und den Fremden ausliefern, die Gott nicht kennen." Als wir das hörten, flehten wir allesamt, auch unsere Gastgeber, Paulus an, nicht nach Jerusalem zu gehen. Er aber sagte: „Warum weint ihr und macht mir das Herz schwer? Ich bin bereit, mich in Jerusalem nicht nur fesseln zu lassen, sondern auch für Jesus, meinen Herrn, zu sterben." Da Paulus sich nicht überreden ließ, gaben wir nach und sagten: „Wie der Herr will, soll es geschehen!"

Danach brachen wir auf und reisten nach Jerusalem. Einige Brüder aus Cäsarea begleiteten uns und brachten uns zu Mnason aus Zypern, bei dem wir wohnen sollten. Er war einer der ersten, die Jesus als Herrn angenommen hatten. (Apostelgeschichte 21,1—16)

lieber Bruder, wie es hier steht. Wir haben Tausende von Juden, die Jesus als ihren Herrn angenommen haben, und sie alle halten sich auch als Christen noch streng an das Gesetz Moses. Man hat ihnen erzählt, daß du die Juden im Ausland dazu bringst, sich von Mose abzuwenden. Sie sollen ihre Kinder nicht mehr beschneiden und nicht länger nach den alten Vorschriften leben. Was sollen wir machen? Sie werden sicher erfahren, daß du hier bist. Deshalb solltest du unserem Rat folgen. Wir haben hier vier Männer, die das Gelübde auf sich genommen haben, eine Zeitlang keinen Wein zu trinken und sich das Haar nicht schneiden zu lassen. Die Zeit ihres Gelübdes ist gerade abgelaufen. Schließ dich ihnen an und nimm an den abschließenden Weihen teil. Du kannst die Kosten für das Opfer übernehmen. Dann werden alle erkennen, daß die Berichte über dich falsch sind und daß du selbst nach dem Gesetz Moses lebst. Wegen der Nicht-

Abb. 161
Rekonstruktion des Artemistempels in Ephesus

Paulus bei Jakobus in Jerusalem

Bei der Ankunft in Jerusalem wurden wir von den Brüdern dort herzlich aufgenommen. Am nächsten Tag ging Paulus mit uns zu Jakobus. Alle Vorsteher der Gemeinde waren versammelt. Paulus begrüßte sie und gab einen ausführlichen Bericht über das, was Gott durch seinen Dienst als Apostel bei den Nichtjuden vollbracht hatte. Als sie das hörten, priesen sie Gott und sagten dann zu Paulus: „Du siehst,

juden, die Christen geworden sind, haben wir ja schon eine Entscheidung getroffen. Wir haben ihnen geschrieben, sie sollten weder Fleisch vom Götzenopfer essen noch Blut genießen, kein Fleisch von erwürgten Tieren anrühren und sich vor Blutschande hüten." Paulus folgte dem Rat und nahm die vier Männer mit. Am nächsten Tag bereitete er sich mit ihnen auf den Tempelbesuch vor. Dann ging er zu den Priestern, um ihnen zu melden, daß die

Zeit ihres Gelübdes abgelaufen sei. Nach sieben Tagen sollte das abschließende Opfer dargebracht werden.
(Apostelgeschichte 21,17—26)

Verhaftung im Tempel

Als die sieben Tage fast um waren, sahen Juden aus der Provinz Asien Paulus im Tempel. Sie hetzten das Volk auf, packten Paulus und schrien: „Männer von Israel, zu Hilfe! Da ist er, der überall gegen das Volk Israel, gegen das Gesetz Moses und gegen diesen Tempel spricht! Jetzt hat er sogar Griechen in den Tempel mitgebracht und diesen heiligen Ort entweiht!" Sie hatten nämlich Paulus in der Stadt mit Trophimus aus Ephesus gesehen und dachten, er hätte ihn auch in den Tempel mitgenommen. Die ganze Stadt geriet in Aufregung; die Leute liefen zusammen, packten Paulus und zerrten ihn aus dem inneren Bereich des Heiligtums. Sofort wurden die Tore des inneren Vorhofes hinter ihm geschlossen.
Die Menge stürzte sich auf Paulus und wollte ihn umbringen. Da wurde dem Kommandanten der römischen Garnison gemeldet: „Ganz Jerusalem ist in Aufruhr!" Er rief sofort Offiziere und Soldaten und eilte zu der Volksmenge. Als die Leute die Truppen sahen, ließen sie davon ab, auf Paulus einzuschlagen. Der Kommandant nahm Paulus fest und ließ ihn mit zwei Ketten fesseln. Dann fragte er die Umstehenden: „Wer ist der Mann, und was hat er getan?" Aber die Leute schrien so wild durcheinander, daß er sich kein genaues Bild von den Vorgängen machen konnte. So befahl er, Paulus in die Kaserne zu bringen. Am Aufgang zur Kaserne kam die Menge Paulus gefährlich nahe, so daß die Soldaten ihn tragen mußten. Denn alle liefen hinterher und riefen: „Schlagt ihn tot!"
(Apostelgeschichte 21,27—36)

Paulus verteidigt sich vor dem Volk

Bevor er in die Kaserne geführt wurde, wandte sich Paulus an den Kommandanten: „Darf ich dir etwas sagen?" „Du sprichst griechisch?" erwiderte der Kommandant. „Dann bist du also nicht jener Ägypter, der vor einiger Zeit eine Verschwörung angezettelt und viertausend bewaffnete Terroristen in die Wüste hinaus geführt hat?" Paulus antwortete: „Ich bin ein Jude aus Zilizien, ein Bürger der bekannten Stadt Tarsus. Laß mich bitte zu der Menge reden." Der Kommandant war damit einverstanden.
Paulus stand auf der Freitreppe und bat die Menge mit einer Handbewegung um Ruhe. Als der Lärm sich gelegt hatte, begann er auf hebräisch zu reden: „Ihr Männer, Brüder und Väter, hört zu, was ich zu meiner Verteidigung zu sagen habe." Als sie hörten, daß er hebräisch sprach, wurden sie noch stiller, und Paulus konnte weiterreden:
„Als ich einmal im Tempel betete, hatte ich eine Erscheinung. Ich sah den Herrn und hörte ihn sagen: ‚Verlaß Jerusalem auf dem schnellsten Weg, denn die Leute hier werden dir nicht

Paulus als Gefangener
In den Kapiteln 21 bis 28 schildert die Apostelgeschichte, wie Paulus in Jerusalem gefangengenommen und über Cäsarea nach Rom gebracht wurde. Dort sollte seine Sache vom Kaiser entschieden werden. Die Gefangenschaftszeit, von der nicht überliefert wird, wie sie ausgegangen ist, fällt wahrscheinlich in die Jahre 58—63 Anfang 61 dürfte Paulus in Rom eingetroffen sein.

Abb. 162
Kultstatue der Artemis von Ephesus / Diese Alabasterfigur ist dem Standbild der Artemis im Tempel nachgebildet.

Abb. 163
In Ephesus

Abb. 164
Cäsarea, Aquaedukt aus der Römerzeit

glauben, wenn du für mich eintrittst.' ‚Herr', sagte ich, ‚aber sie müßten es doch; denn sie wissen ja, wie ich früher in den Synagogen deine Anhänger festnehmen und auspeitschen ließ. Als dein Zeuge Stephanus gesteinigt wurde, war ich selbst dabei; ich war mit allem einverstanden und bewachte die Kleider seiner Mörder.' Doch der Herr sagte: ‚Geh, ich will dich weit hinaus zu fremden Völkern senden!'"
(Apostelgeschichte 21,37—22,2; 17—21)

Paulus wird unterbrochen

Bis dahin hatte die Menge Paulus ruhig zugehört. Aber nun fingen sie alle an zu schreien: „Weg mit ihm, schlagt ihn tot! Er darf nicht am Leben bleiben!" Sie tobten, rissen ihre Mäntel ab und warfen Staub in die Luft.
Der Kommandant befahl, Paulus in die Kaserne zu bringen. Er wollte ihn unter Peitschenhieben verhören lassen, um herauszubringen, warum die Juden so wütend auf ihn waren. Als die Soldaten ihn schon festbinden wollten, sagte Paulus zu dem Offizier, der die Ausführung überwachte: „Dürft ihr denn einen römischen Bürger auspeitschen, noch dazu ohne ein ordentliches Gerichtsverfahren?" Der Offizier lief zum Kommandanten und sagte: „Weißt du, was du da tust? Der Mann hat das römische Bürgerrecht!"
Der Kommandant ging selbst zu Paulus und fragte ihn: „Bist du wirklich römischer Bür-

ger?" Paulus bestätigte es, und der Kommandant sagte zu ihm: „Ich mußte für mein Bürgerrecht viel Geld bezahlen." „Ich besitze es schon von Geburt an!" erwiderte Paulus. Die Männer, die ihn verhören sollten, ließen sofort von ihm ab, und auch der Kommandant bekam es mit der Angst zu tun, weil er einen römischen Bürger hatte fesseln lassen.
(Apostelgeschichte 22,22—29)

Paulus vor dem jüdischen Rat

Am anderen Tag machte der Kommandant einen weiteren Versuch, herauszubringen, was die Juden so gegen Paulus aufgebracht hatte. Er ließ ihn aus der Zelle holen, rief die führenden Priester und den ganzen jüdischen Rat zusammen und stellte Paulus vor die Versammlung.
Weil Paulus wußte, daß die Anwesenden teils Sadduzäer, teils Pharisäer waren, rief er in die Versammlung hinein: „Brüder, ich bin ein Pharisäer und komme aus einer Pharisäerfamilie. Ich stehe hier vor Gericht, nur weil ich daran glaube, daß die Toten auferstehen!"
Damit spaltete er den Rat in zwei Lager, denn Sadduzäer und Pharisäer fingen sofort an, miteinander zu streiten. Die Sadduzäer glauben nämlich im Gegensatz zu den Pharisäern weder an die Auferstehung noch an Engel und andere unsichtbare Wesen. Das Geschrei wurde immer lauter. Einige Gesetzeslehrer aus

Das römische Bürgerrecht
Paulus besaß das römische Bürgerrecht, das zu seiner Zeit sehr geschätzt wurde. Es befreite von entehrenden Strafen wie Geißelung und Kreuzigung und gab seinem Inhaber das Recht, gegen ein Urteil bei dem Kaiser in Rom Berufung einzulegen. Die in den Provinzen lebenden römischen Bürger brauchten sich nur der römischen Gerichtsbarkeit zu unterwerfen, die in Strafsachen von dem jeweiligen Statthalter ausgeübt wurde.

Die Prokuratoren Felix und Festus
Zwei hohe römische Beamte in Judäa befaßten sich mit dem Prozeß gegen Paulus. Marcus Antonius Felix hatte das einst von Pontius Pilatus (s. S. 69) verwaltete Amt eines Prokurators (Gouverneur) von Judäa in den Jahren 52—59 inne. Den Juden gegenüber pflegte er hart durchzugreifen. So ließ er den jüdischen Hohenpriester Jonathan hinrichten. Als er abberufen wurde, verklagten ihn die Einwohner von Cäsarea bei Kaiser Nero; er wurde jedoch freigesprochen.
Porzius Festus regierte 60—62 über Judäa. Das Urteil über ihn ist positiver. Er starb 62 n.Chr. in Judäa.

Abb. 165
Das Theater in Milet / Die kleinasiatische Stadt Milet war als Seehafen und als Zentrum des Handels weithin berühmt. Schiffe aus Milet liefen alle Häfen des Mittelmeeres an. Besonders eng waren die Beziehungen zu den Küstengebieten des Schwarzen Meeres.
Aus Milet stammten die Philosophen Thales, Anaximander und Anaximenes.
Nach der Eroberung durch die Perser im Jahre 494 v. Chr. verlor Milet seine Bedeutung. Erst unter den Römern nahm die Stadt wieder eine aufsteigende Entwicklung.
1899-1914 fanden Ausgrabungen statt, deren Ergebnisse z. T. in den Staatlichen Museen zu Berlin ausgestellt sind. Neben einem repräsentativen Markttor aus dem 2. Jahrhundert wurden das Theater, das Rathaus und Thermen freigelegt.
Milet ist Ausgrabungsstätte bis in die Gegenwart geblieben.

der Gruppe der Pharisäer traten schließlich vor und erklärten: „Wir können dem Mann nichts vorwerfen. Vielleicht hat er tatsächlich einen Geist oder Engel gehört!"
Der Streit wurde am Ende so heftig, daß der Kommandant fürchtete, sie könnten Paulus in Stücke reißen. So ließ er ihn von seinen Soldaten herausholen und wieder in die Kaserne bringen.
In der folgenden Nacht aber trat der Herr zu Paulus und sagte zu ihm: „Nur Mut! Du bist hier in Jerusalem für mich eingetreten; du sollst es auch in Rom tun."
(Apostelgeschichte 22,30; 23,6—11)

Paulus wird nach Cäsarea
zu Felix gebracht

Der Kommandant rief zwei Offiziere und befahl ihnen: „Sorgt dafür, daß zweihundert Schwerbewaffnete, siebzig Reiter und zweihundert Leichtbewaffnete sich für neun Uhr heute abend zum Abmarsch nach Cäsarea fertigmachen. Besorgt ein paar Reittiere für Paulus und bringt ihn sicher zum Prokurator Felix!"
Dann schrieb er folgenden Brief:
„Klaudius Lysias an den hochverehrten Gouverneur Felix: Sei gegrüßt! Den Mann, den ich dir sende, hatten die Juden ergriffen und wollten ihn töten. Als ich erfuhr, daß er römischer Bürger ist, ließ ich ihn durch meine Wache in Sicherheit bringen. Da ich erfahren wollte, weshalb sie ihn verfolgen, brachte ich ihn vor ihren Rat. Aber es stellte sich heraus, daß er nichts getan hat, worauf Todesstrafe oder Gefängnis steht. Ihre Vorwürfe beziehen sich nur auf Fragen des jüdischen Gesetzes. Da ich von einer Verschwörung gegen ihn erfahren habe, schicke ich ihn zu dir. Ich habe auch die Kläger angewiesen, ihre Sache gegen ihn bei dir vorzutragen."
Die Soldaten brachten Paulus befehlsgemäß noch in der Nacht bis nach Antipatris. Am nächsten Tag kehrten die Fußtruppen nach Jerusalem zurück, während die Reiter Paulus weitergeleiteten. Sie brachten ihn nach Cäsarea und übergaben den Brief und den Gefangenen dem Prokurator Felix. Der las den Brief und fragte Paulus, aus welcher Provinz er stamme. „Aus Zilizien", sagte Paulus. Felix erklärte: „Ich werde dich verhören, wenn deine Ankläger auch hier sind." Dann befahl er, Paulus an seinem Amtssitz, in dem von Herodes erbauten Palast, gefangenzuhalten.
Als Felix nach zwei Jahren durch Porzius Festus abgelöst wurde, wollte er den Juden noch einen Gefallen tun und ließ Paulus im Gefängnis. (Apostelgeschichte 23,23—35; 24,27)

Abb. 166
Am Forum in Cäsarea / Paulus wurde zwei Jahre lang (wahrscheinlich Ende 58 bis 60 n. Chr.) in Cäsarea festgehalten. Der Prokurator Felix verschleppte den Prozeß, weil er hoffte, Paulus werde sich mit Geld freikaufen. Dies ist jedenfalls die Deutung der Apostelgeschichte. Sein Nachfolger Festus überwies im Jahre 60 den Prozeß nach Rom, nachdem Paulus beim Kaiser Berufung eingelegt hatte.

Paulus appelliert vor Festus an den Kaiser in Rom

Drei Tage nach seinem Amtsantritt reiste Festus von Cäsarea nach Jerusalem. Die führenden Priester und die einflußreichsten Juden sprachen wegen Paulus bei ihm vor und baten ihn, den Gefangenen nach Jerusalem bringen zu lassen. Sie planten nämlich einen Anschlag und wollten ihn unterwegs töten. Doch Festus erklärte: „Paulus bleibt in Cäsarea. Ich selbst kehre bald wieder dorthin zurück. Eure Bevollmächtigten können ja mitkommen und ihre Anklage vorbringen, wenn der Mann wirklich das Recht verletzt hat."

Festus blieb noch eine gute Woche in Jerusalem und reiste dann nach Cäsarea zurück. Gleich am nächsten Tag eröffnete er die Gerichtsverhandlung und ließ Paulus kommen. Als dieser erschien, umstellten ihn die Juden aus Jerusalem und brachten viele schwere Anklagen gegen ihn vor. Sie konnten aber keine einzige beweisen. Paulus verteidigte sich: „Ich habe weder das Gesetz Moses noch den Tempel oder den römischen Kaiser angegriffen."

Festus wollte sich bei den Juden beliebt machen und fragte Paulus: „Ist es dir recht, wenn ich den Prozeß nach Jerusalem verlege?" Paulus erwiderte: „Ich stehe hier vor dem kaiserlichen Gericht, das für meinen Fall zuständig ist. Du weißt genau, daß ich mich

Asien anlaufen sollte, und fuhren ab. Der Mazedonier Aristarch aus Thessalonich begleitete uns. Am nächsten Tag erreichten wir Sidon. Julius war sehr entgegenkommend und erlaubte Paulus, seine Glaubensgenossen dort zu besuchen und sich bei ihnen zu erholen. Als wir von dort weiterfuhren, hatten wir Gegenwind; darum segelten wir an der Ostseite Zyperns entlang. Zilizien und Pamphylien ließen wir rechts liegen und erreichten schließlich Myra in Lyzien. Dort fand der Hauptmann ein Schiff aus Alexandria, das nach Italien fuhr, und brachte uns an Bord.

Viele Tage lang machten wir nur wenig Fahrt und kamen mit Mühe bis auf die Höhe von Knidos. Dann zwang uns der Wind, den Kurs zu ändern. Wir hielten auf Kreta zu, umsegelten

Abb. 167
Ornamentiertes Architekturfragment aus Cäsarea

gegen die Juden in keiner Weise vergangen habe. Wenn ich etwas getan habe, worauf die Todesstrafe steht, bin ich bereit zu sterben. Aber wenn ihre Anklagen falsch sind, darf ich auch nicht an sie ausgeliefert werden. Ich verlange, daß mein Fall vor den Kaiser kommt!" Festus besprach sich mit seinen Beratern und entschied dann: „Du hast an den Kaiser appelliert, darum sollst du vor den Kaiser gebracht werden." (Apostelgeschichte 15,1—12)

Schiffsreise nach Rom

Als unsere Abreise nach Italien beschlossen war, übergab man Paulus und einige andere Gefangene einem Hauptmann namens Julius aus einem Syrischen Regiment, das den Ehrennamen „Kaiserliches Regiment" trug. Wir gingen an Bord eines Schiffes aus Adramyttium, das die Häfen an der Küste der Provinz

Kap Salmone und erreichten mit knapper Not einen Ort, der Guthafen heißt, nicht weit von der Stadt Lasäa. Wir hatten inzwischen viel Zeit verloren. Das Herbstfasten war vorbei, und die Schiffahrt wurde gefährlich. Deshalb warnte Paulus seine Bewacher. „Ich sehe voraus", sagte er, „daß eine Weiterfahrt zu großen Schwierigkeiten führen wird. Sie bringt nicht nur Ladung und Schiff in Gefahr, sondern auch das Leben der Menschen an Bord." Aber der Hauptmann hörte mehr auf den Kapitän und den Schiffseigentümer als auf das, was Paulus sagte. Außerdem war der Hafen zum Überwintern nicht sehr geeignet. So waren die meisten dafür, wieder in See zu stechen und zu versuchen, noch bis nach Phönix zu kommen. Dieser kretische Hafen ist nach Südwesten und Nordwesten hin offen, und man konnte dort den Winter zubringen.
(Apostelgeschichte 27,1—12)

Sturm auf See

Als ein leichter Südwind einsetzte, nahm man es für ein günstiges Zeichen. Die Anker wurden gelichtet, und das Schiff segelte so dicht wie möglich an der Küste Kretas entlang. Aber bald brach aus der Richtung der Insel ein Sturm los, der gefürchtete Nordost, und riß das Schiff mit. Da es unmöglich war, Kurs gegen den Wind zu halten, ließen wir uns einfach treiben. Im Schutz der kleinen Insel Kauda war der Sturm etwas weniger heftig, und wir konnten mit einiger Mühe das Beiboot einholen. Danach legte man zur Sicherung ein paar Taue fest um das ganze Schiff. Um nicht in die Große Syrte verschlagen zu werden, holten die Seeleute das Hauptsegel ein und ließen das Schiff dahintreiben. Der Sturm setzte dem Schiff stark zu, deshalb warf man am nächsten Tag einen Teil der Ladung ins Meer. Am Tag darauf warfen die Seeleute eigenhändig die Schiffsausrüstung über Bord. Tagelang zeigten sich weder Sonne noch Sterne am Himmel. Der

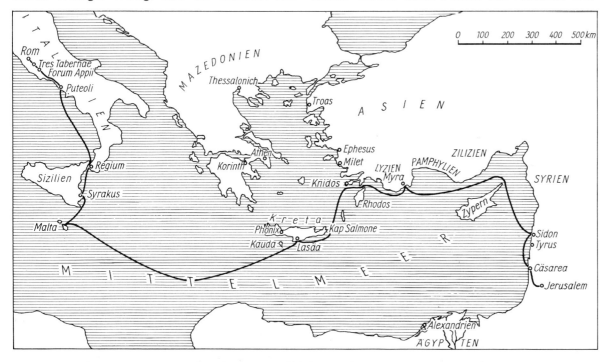

Karte 15
Die Reise des Paulus nach Rom

Abb. 168
Darstellung eines Schiffes aus Pompeji / Die Zunahme der Einwohnerzahl Roms und der Rückgang des Ackerbaus in Italien machten in steigendem Maße die Einfuhr von Getreide notwendig. Ohne die Getreidelieferungen aus Alexandria wäre die Versorgung der Bevölkerung Roms nicht möglich gewesen; denn unter Augustus erhielten 200 000 Menschen in Rom kostenlos Brotgetreide. Der nächste Hafen war Ostia an der Tibermündung; er wurde durch dauerndes Ausbaggern für die Schiffahrt offengehalten.
Wegen des westlichen Windes, der im Herbst im östlichen Mittelmeer vorherrscht, segelten die Getreideschiffe von Alexandria fast genau nördlich nach Myra. Von dort fuhren sie an der Küste Kleinasiens so weit wie möglich nach Norden, bis sie südlich von Griechenland Kurs auf die Straße von Messina nahmen.
Das Schiff, das Paulus nach Italien brachte, landete bereits in Puteoli in der Campania.

Abb. 169
Römische Schiffe / Oben: Silberne
Tetradrachme aus der Zeit Neros,
geprägt in Alexandria. Auf ihr ist ein
Segelschiff dargestellt.
Unten: Eine Bronzesesterze aus Rom.
Sie zeigt Schiffe im Hafen von Ostia.

Sturm ließ nicht nach, und so verloren wir am Ende jede Hoffnung auf Rettung.

Niemand wollte mehr essen. Da erhob sich Paulus und sagte: „Ihr hättet auf meine Warnung hören und im Hafen bleiben sollen. Dann wäre uns dies erspart geblieben. Aber jetzt bitte ich euch: Laßt den Mut nicht sinken! Alle werden am Leben bleiben, nur das Schiff geht verloren. In der vergangenen Nacht erschien mir nämlich ein Engel des Gottes, dem ich gehöre und dem ich diene, und sagte zu mir: ‚Hab keine Angst, Paulus! Du mußt vor den Kaiser treten, und auch alle anderen, die mit dir auf dem Schiff sind, wird Gott deinetwegen retten. Also seid mutig, Männer! Ich vertraue Gott, daß alles so kommen wird, wie er es gesagt hat. Wir werden an einer Insel stranden.''

Wir trieben nun schon die vierzehnte Nacht im Sturm auf dem Mittelmeer. Gegen Mitternacht vermuteten die Seeleute Land in der Nähe. Sie warfen ein Lot aus und kamen auf 36 Meter Wassertiefe. Etwas später waren es nur noch 27 Meter. Sie fürchteten, auf ein Küstenriff aufzulaufen, darum warfen sie vom Heck aus vier Anker aus und wünschten sehnlichst den Tag herbei. Aber noch in der Dunkelheit versuchten die Seeleute, das Schiff zu verlassen. Unter dem Vorwand, vom Bug aus Anker auszuwerfen, brachten sie das Beiboot zu Wasser. Aber Paulus warnte den Hauptmann und die Soldaten: „Wenn die Seeleute das Schiff verlassen, habt ihr keine Aussicht auf Rettung mehr.'' Da hieben die Soldaten die Taue durch und ließen das Beiboot davontreiben.

Noch bevor der Tag anbrach, forderte Paulus alle auf, doch etwas zu essen: „Ihr wartet nun schon vierzehn Tage auf Rettung und habt die ganze Zeit über nichts gegessen. Ich bitte euch deshalb, eßt etwas; das habt ihr nötig, wenn ihr überleben wollt. Keiner von euch wird auch nur ein Haar von seinem Kopf verlieren.'' Dann nahm Paulus Brot, dankte Gott vor allen und begann zu essen. Da bekamen auch sie wieder Mut und aßen ebenfalls. Wir waren insgesamt zweihundertsechsundsiebzig Leute auf dem Schiff. Als alle satt waren, warfen sie die Getreideladung über Bord, das Schiff zu erleichtern. (Apostelgeschichte 27,13—38)

Schiffbruch

Bei Tagesanbruch sahen die Seeleute eine Küste, die ihnen unbekannt war. Aber sie entdeckten eine Bucht mit einem flachen Strand und wollten versuchen, das Schiff dort auf Grund zu setzen. Sie kappten die Ankertaue, ließen die Anker im Meer zurück und machten zugleich die Steuerruder klar. Dann hißten sie das Vordersegel, und als das Schiff im Wind wieder Fahrt machte, hielten sie auf die Küste zu. Aber sie liefen auf eine Sandbank auf. Der Bug rammte sich so fest ein, daß das Schiff nicht wieder flott zu machen war, und das Hinterdeck zerbrach unter der Wucht der Wellen.

Die Soldaten beschlossen, alle Gefangenen zu töten, damit keiner durch Schwimmen ent-

Abb. 170
Die Via Appia bei Rom / Die Via Appia
(= „Appische Straße'') war eine der
wichtigsten und schönsten Straßen des
Römischen Reiches. Auf ihr ist Paulus
nach Rom gebracht worden. Sie war
8 m breit und 450 km lang. Bereits 312
v. Chr. hatte man mit ihrem Bau begonnen; um 100 n. Chr. ließ Kaiser Trajan
sie vollenden.
Die Straße trug auf festgestoßenem
Kies eine Decke von genau gefügten
Quadersteinen. 70 cm hohe Einfassungssteine bildeten die seitliche Begrenzung.
1850-1853 ließ Papst Pius IX. die Via
Appia zwischen Rom und Fratocchi
ausgraben. Zahlreiche Grabmonumente
flankieren die Straße.

kommen könne. Aber der Hauptmann wollte Paulus retten und verhinderte es. Alle sollten versuchen, das Land zu erreichen. Auf seinen Befehl sprangen zuerst die Schwimmer über Bord. Die übrigen sollten sich Planken und anderen Wrackteilen anvertrauen. So kamen wir alle unversehrt an Land.
(Apostelgeschichte 27,39—44)

Von Malta nach Rom

Nach drei Monaten fuhren wir mit einem Schiff aus Alexandria welter, das in einem Hafen Maltas überwintert hatte und „Die Dioskuren" hieß. Wir kamen nach Syrakus, wo wir drei Tage blieben. Von dort ging es weiter nach Regium. Am Tag darauf kam Südwind auf, und wir brauchten bis Puteoli nur zwei Tage. In der Stadt fanden wir Christen, die uns einluden, eine Woche bei ihnen zu bleiben.
Und dann kamen wir nach Rom. Die Christen dort hatten von unserer Ankunft gehört und kamen uns bis nach „Drei Tavernen", einige sogar bis nach Appiusmarkt entgegen. Als Paulus sie sah, fühlte er sich sehr ermutigt und dankte Gott. (Apostelgeschichte 28,11—15)

Paulus in Rom

In Rom bekam Paulus die Erlaubnis, sich eine Privatunterkunft zu suchen. Er hatte nur einen Soldaten als Wache.
Nach drei Tagen lud er die führenden Juden der Stadt ein. Als alle beisammen waren, sagte er: „Liebe Brüder! Obwohl ich nichts gegen unser Volk oder das Gesetz unserer Vorfahren getan habe, wurde ich in Jerusalem festgenommen und an die Römer ausgeliefert. Die Römer haben mich verhört und wollten mich freilassen, weil sie keinen Grund fanden, mich zum Tod zu verurteilen. Doch weil die Juden dagegen protestierten, blieb mir nur der Ausweg, an den Kaiser zu appellieren. Ich hatte dabei aber nicht die Absicht, mein Volk anzuklagen. Das wollte ich euch sagen, und darum habe ich euch hergebeten. Ich bin gefangen, weil ich das verkünde, worauf ganz Israel hofft."
Sie antworteten ihm: „Uns hat niemand aus Judäa über dich geschrieben; es ist auch kein Bruder gekommen, der uns offiziell oder privat etwas Belastendes über dich mitgeteilt hätte. Wir würden aber gern deine Ansichten hören, denn wir haben erfahren, daß die Glaubensrichtung, zu der du gehörst, überall auf Widerspruch stößt." Sie verabredeten sich für ein andermal.
Am festgesetzten Tag kamen noch mehr von ihnen zu Paulus in seine Unterkunft. Vom

Abb. 171
Kaiser Nero / Skrupellosigkeit und grausame Willkür kennzeichneten die Regierungszeit Neros (54-68 n. Chr.), besonders deren letzte sechs Jahre. Mit Mord und Intrige hatte ihn seine Mutter Agrippina an die Macht gebracht, Mittel der Gewalt gebrauchte Nero auch weiterhin. Im Jahre 59 ließ er sogar seine eigene Mutter umbringen. Den Verdacht, den großen Brand von Rom im Jahre 64 verschuldet zu haben, lenkte er auf Juden und Christen ab (1. Christenverfolgung).
Die römischen Historiker urteilen sehr schlecht über den Kaiser, obwohl er sich am Anfang seiner Herrschaft durch Reformen des Finanz- und Rechtswesens auch Verdienste um den Staat erwarb. Manche Christen erblickten in ihm den Antichrist. Für eine gewisse Beliebtheit im Volk spricht jedoch die Tatsache, daß nach dem Selbstmord des Kaisers im Jahre 68 noch mehrfach falsche Neros aufgetreten sind.

Morgen bis in die späte Nacht erklärte und bezeugte er ihnen, daß Gott angefangen hat, seine Herrschaft aufzurichten. Mit Worten aus dem Gesetz Moses und den Schriften der Propheten versuchte er, sie von Jesus zu überzeugen. Einige ließen sich auch überzeugen, andere wollten ihm nicht glauben. Sie konnten sich darüber nicht einig werden, und so gingen sie weg.
Paulus sagte noch zu ihnen: „Ich sehe, es ist wahr, was der heilige Geist durch den Propheten Jesaja zu euren Vorfahren gesagt hat: ‚Geh zu diesem Volk und sage: Hört nur zu, ihr versteht doch nichts; seht hin, soviel ihr wollt, ihr erkennt doch nichts! Denn dieses Volk ist im Innersten verstockt. Sie halten sich die Ohren zu und schließen die Augen, damit sie ja nicht sehen, hören und begreifen. Sonst würden sie zu mir umkehren, und ich könnte sie heilen.'"
Paulus fügte hinzu: „Ich muß euch sagen, daß Gott die versprochene Rettung jetzt zu den anderen Völkern geschickt hat. Und die werden hören!"
Zwei Jahre lang blieb Paulus in seiner Wohnung und konnte dort jedermann empfangen. Er sprach offen und ungehindert darüber, wie Gott angefangen hat, seine Herrschaft aufzurichten, und lehrte sie alles über Jesus Christus, den Herrn.
(Apostelgeschichte 28,16—31)

Das Ende des Paulus
Der Schluß der Apostelgeschichte läßt erkennen, daß sich Paulus in Rom in einer verhältnismäßig leichten Haft befand. Nach dem Ablauf von zwei Jahren mag der Prozeß bis zum Kaiser gelangt sein. Von Nero war jedoch wenig Gerechtigkeit zu erwarten. So mußte Paulus um 64 n. Chr. den Märtyrertod erleiden. Manche Forscher halten es jedoch auch für möglich, daß der Apostel noch einmal freigekommen und nach Spanien gereist ist.
Der 1. Clemensbrief, der zwischen 90 und 100 in Rom geschrieben wurde (er ist nicht Bestandteil des Neuen Testaments), erzählt mit hymnischen Worten von dem tapferen Ende des Apostels in der römischen Hauptstadt: „Um bösen Eifers und Streites willen wurde Paulus mit dem Siegerpreis der Ausdauer gekrönt, er, der siebenmal Fesseln getragen, Flüchtling gewesen, mit Steinigung bestraft wurde, als Herold gewirkt hat in Ost und West — er hat herrlichen Ruhm für seinen Glauben erlangt. Als er die ganze Welt Gerechtigkeit gelehrt hatte, bis in den äußersten Westen gelangt war und vor den Herrschern sein Bekenntnis abgelegt hatte, wurde er von der Welt befreit und an die heilige Stätte aufgenommen. Er ist das größte Vorbild der Ausdauer geworden."

4 Briefe des Paulus

Nur ein Teil der Briefe, die Paulus geschrieben hat, ist uns überliefert. Der Apostel bediente sich des Schemas, das wir auch von profanen Briefen seiner Zeit her kennen. Aber er füllte dieses Muster mit Formen der mündlichen Missionsrede: Predigt, Ermahnung, lehrhafte Darlegung, prophetisches Zeugnis, Hymnus. Diese Elemente beweisen, daß er ganz persönliche Briefe gewissermaßen in amtlicher Eigenschaft schrieb. Der Brief wurde für den Apostel zu einem Mittel, seine Missionsarbeit auch aus der Ferne fortzuführen.

An die Gemeinde in Rom schrieb Paulus wahrscheinlich von Korinth aus, etwa im Frühjahr 56 oder 57. Nachdem er seine Aufgabe im Osten des Römischen Reiches für erfüllt ansah, wollte er Rom zum Stützpunkt für seine Tätigkeit im Westen des Mittelmeergebietes machen. Er richtete dabei seinen Blick bis nach Spanien (Römer 15, 24.28).

In seinem Brief an die Christen in der Hauptstadt des Imperiums stellte Paulus sein Verständnis der Guten Nachricht von Jesus Christus umfassend dar. In ihr sieht er Gottes Macht wirken. „Sie bringt allen Menschen Rettung, die ihr glauben", führt der Apostel Römer 1,16 aus, das Thema des ganzen Briefes aufgreifend. Denn: „Durch die Gute Nachricht macht Gott seine große Treue bekannt. In ihr zeigt er, wie er selbst dafür sorgt, daß die Menschen vor ihm bestehen können. Der Weg dazu ist vom Anfang bis zum Ende das bedingungslose Vertrauen auf ihn." (Römer 1,17).

Der Brief an die Gemeinde in Rom

Abb. 172
Aquaedukt bei Rom / Der hohe Stand zivilisatorischer Technik, den Rom im 1. Jahrhundert erreicht hatte, wurde schon außerhalb der Stadt sichtbar. Als Paulus nach Rom kam, war die unter Kaiser Klaudius erbaute neue Wasserleitung gerade 10 Jahre alt. Sie war über 60 km lang. Dreiviertel der Strecke verlief sie unterirdisch; die letzten 15 km wurde sie über hohe Steinbogen in die Stadt geführt. Die erste Wasserleitung bauten die Römer bereits im Jahre 312 v. Chr. Weitere folgten, denen ein vorzügliches System von Abwasseranlagen entsprach.
Das Amt für Wasserversorgung der Stadt beschäftigte 240 städtische Sklaven und 460 kaiserliche Sklaven.

Zuschrift

Diesen Brief schreibt Paulus, der Jesus Christus dient.
Gott hat mich, Paulus, zum Apostel berufen; er hat mich dazu erwählt, seine Gute Nachricht bekanntzumachen, denn nun ist eingetroffen, was er durch seine Propheten in den heiligen Schriften angekündigt hatte: Er hat seine Zusagen eingelöst durch seinen Sohn, unseren Herrn Jesus Christus, von dem wir bekennen:
Er ist seiner irdischen Herkunft nach ein Nachkomme König Davids, seiner göttlichen Heiligkeit nach ist er der Sohn Gottes; in diese Machtstellung hat Gott ihn eingesetzt, indem er ihn als den ersten vom Tod erweckte. Durch Jesus Christus wurde mir die Gnade erwiesen, Apostel zu sein. Zur Ehre seines Namens soll ich Menschen aus allen Völkern dafür gewinnen, daß sie die Gute Nachricht annehmen und sich Gott im Gehorsam unterstellen. Zu diesen Menschen zählt auch ihr; denn er hat euch dazu berufen, daß ihr Jesus Christus gehört.
Ich grüße alle in Rom, die von Gott geliebt und dazu berufen sind, sein Volk zu sein. Ich bitte Gott, unseren Vater, und Jesus Christus, den Herrn, euch Gnade und Frieden zu schenken!
(Römer 1,1—7)

Paulus möchte nach Rom kommen

Vor allem anderen danke ich meinem Gott durch Jesus Christus für euch alle; denn in der ganzen Welt erzählt man von eurem Glauben. Jedesmal, wenn ich bete, denke ich an euch und bitte Gott darum, daß er mir endlich die Möglichkeit gibt, euch zu besuchen. Gott kann bezeugen, daß ich damit die Wahrheit sage — er, dem ich mit ganzem Herzen diene, indem ich die Botschaft von seinem Sohn bekanntmache. Ich würde euch gerne persönlich kennenlernen, um euch mit den Gaben zu dienen, die mir der Geist Gottes geschenkt hat. Dadurch möchte ich euch Mut machen — oder besser: Wir wollen uns gegenseitig durch unseren Glauben Mut machen, ihr mir und ich euch.
Ich kann euch versichern, Brüder: Ich hatte schon oft einen Besuch bei euch geplant, aber bis jetzt ließ Gott es nicht dazu kommen. Wie bei den anderen Völkern wollte ich auch bei euch Römern Menschen für Christus gewinnen. Ich bin allein verpflichtet: den Menschen mit einer hohen Kultur wie den Unzivilisierten, den Gebildeten und den Unwissenden. Darum liegt mir daran, auch euch in Rom die Gute Nachricht Gottes zu verkünden.
(Römer 1,8—15)

Die Macht der Guten Nachricht

Zu dieser Guten Nachricht bekenne ich mich offen und ohne Furcht; denn in ihr wirkt Gottes Macht. Sie bringt allen Menschen Rettung, die ihr glauben; den Juden zuerst, aber ebenso den Menschen aus den anderen Völkern. Durch die Gute Nachricht macht Gott seine große Treue bekannt. In ihr zeigt er, wie er selbst dafür sorgt, daß die Menschen vor ihm bestehen können. Der Weg dazu ist vom Anfang bis zum Ende das bedingungslose Vertrauen auf ihn. So steht es in den heiligen Schriften: „Wer Gott vertraut, kann vor ihm bestehen und wird leben." (Römer 1,16—17)

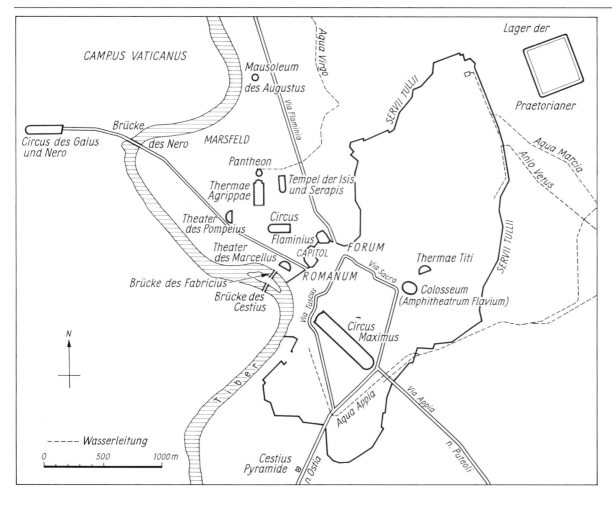

CAMPUS VATICANUS

Mausoleum des Augustus

Lager der Praetorianer

Circus des Gaius und Nero

Brücke des Nero

MARSFELD

Pantheon

Thermae Agrippae

Tempel der Isis und Serapis

Theater des Pompeius

Circus Flaminius

CAPITOL

Theater des Marcellus

Brücke des Fabricius

Brücke des Cestius

FORUM

ROMANUM

Via Sacra

Thermae Titi

Colosseum (Amphitheatrum Flavium)

Circus Maximus

Via Tuscus

N

Tiber

Aqua Appia

Via Appia

n. Puteoli

Cestius Pyramide

n. Ostia

Via Flaminia

Aqua Virgo

SERVII TULLII

Aqua Marcia

Anio Vetus

SERVII TULLII

----- Wasserleitung

0   500   1000 m

Karte 16

Das alte Rom / Rom liegt in der Landschaft Latium am Unterlauf des Tiber, dort, wo in alter Zeit der Fluß schiffbar wurde. Die tieferliegenden Gebiete wurden mit der Zeit durch Entwässerungsanlagen trockengelegt. Stadtmauern sicherten die Stadt vor feindlichen Angriffen. Mehrere Brücken verbanden die Stadt (13 der 14 Stadtbezirke lagen östlich des Tiber) mit dem Westufer. Strahlenförmig führten gut ausgebaute Straßen in die verschiedenen Gegenden Italiens. Die bekannte Via Appia war die Zugangsstraße von Süden. Auf ihr ist Paulus, von Puteoli kommend, in Rom eingezogen.

Eine Fülle von öffentlichen Gebäuden diente den verschiedenen Bedürfnissen der Bevölkerung: Tempel, Amtsgebäude, Verkaufshallen, Magazine und Badehäuser (Thermen). Der Repräsentationswille der Führenden fügte Paläste, Triumphbögen, Statuen, Obelisken und große Grabmale hinzu. Die Menge der Einwohner lebte in mehrstöckigen Mietshäusern, die bis unters Dach mit Menschen gefüllt waren. Man nannte diese Gebäude „Inseln", weil sie im Gegensatz zu den „Häusern" (domus), die von den Reichen bewohnt wurden, weder Vorhof noch Nebengebäude besaßen und einzeln oder auch in einer Gruppe inmitten eines freien Raumes standen.

Die Bevölkerung zählte nach Hunderttausenden. Die Stellung Roms als Hauptstadt eines Weltreiches führte Menschen der verschiedensten Nationalitäten in die Stadt, freiwillig und unfreiwillig. Denn das Heer der Sklaven, das weitgehend den komplizierten Mechanismus der Stadt in Gang hielt, wurde vorzugsweise aus den eroberten Provinzen rekrutiert.

Den Bedürfnissen des Militärstaates dienten die Soldatenlager und die Exerzierplätze der Campi, die zugleich Erholungszentren waren. Ein wichtiges Mittel römischer Innenpolitik war die Ausrichtung von Spielen. Der Circus maximus, der größte Zirkus, faßte 150 000 Zuschauer. Mehrere Theater boten Gladiatorenspiele, Tierkämpfe und Schauspiele, bei denen eine hochtechnisierte Bühnenmechanik zum Einsatz kam. Die Amphitheater waren auf Besucherzahlen von 20 000 ausgelegt.

Die Schuld der Menschheit

Gottes Strafgericht ist schon offenbar. Sein heiliger Zorn trifft alle, die ihn nicht ehren und seinen Willen mißachten. Sie kennen die Wahrheit, aber sie verleugnen sie durch ihr Verhalten. Denn was Menschen über Gott wissen können, ist ihnen bekannt. Gott selbst hat es ihnen bekanntgemacht. Zwar kann niemand Gott sehen; aber er zeigt sich den Menschen in seinen Werken. Weil er die Welt geschaffen hat, können sie seine ewige Macht und sein göttliches Wesen erkennen, wenn sie sich nicht dafür verschließen. Sie haben also keine Entschuldigung.

Aber obwohl sie Gott kannten, gaben sie ihm nicht die Ehre, die ihm zusteht, und dankten ihm nicht. Ihre Gedanken gingen in die Irre, und in ihren unverständigen Herzen wurde es finster. Sie bildeten sich etwas auf ihre Klugheit ein, aber in Wirklichkeit wurden sie zu Narren. Anstatt den ewigen Gott zu verehren, beteten sie Bilder von sterblichen Menschen, Vögeln, vierfüßigen Tieren und Schlangen an.

Darum hat Gott sie ihren Leidenschaften preisgegeben, so daß sie ihre eigenen Körper schänden. Sie beteten an, was Gott geschaffen hat, anstatt ihn selbst als Schöpfer zu ehren —

ihm sei Lob dafür für immer und ewig! Amen. Und weil sie dadurch die Wahrheit über Gott gegen eine Lüge eintauschten, lieferte er sie entehrenden Leidenschaften aus. So kam es dahin, daß ihre Frauen den natürlichen Geschlechtsverkehr mit dem widernatürlichen vertauschten, und ebenso gaben die Männer den natürlichen Verkehr mit den Frauen auf und entbrannten in Leidenschaft zueinander. Männer entehren sich durch den Umgang mit Männern. So werden sie an ihrem eigenen Körper für die Verwirrung ihres Denkens bestraft.

Weil diese Menschen es für unnötig hielten, nach Gott zu fragen und ihn ernst zu nehmen, hat Gott sie ihrem untauglich gewordenen Verstand überlassen, so daß sie tun, was sich nicht gehört. Jede Art von Unrecht und Schlechtigkeit häuft sich bei ihnen. Sie sind voll Gier, Gehässigkeit und Neid. Sie morden, streiten und betrügen. Sie stellen einander Fallen, sie reden gehässig über ihre Mitmenschen und bringen sie in schlechten Ruf. Sie hassen Gott. Sie sind gewalttätig, überheblich und prahlerisch. Sie denken sich immer neue Untaten aus. Sie gehorchen ihren Eltern nicht und folgen nur der eigenen Willkür.

Die christliche Gemeinde in Rom
Der Römerbrief ist das älteste Zeugnis für die Existenz einer christlichen Gemeinde in Rom. Eine Bemerkung des römischen Profanschriftstellers Sueton in einem biographischen Werk über Kaiser Klaudius, der 41—54 n. Chr. regierte, macht jedoch bereits für die 40er Jahre eine römische Gemeinde wahrscheinlich. Sueton berichtet, Klaudius habe im Jahre 49 Juden aus der Hauptstadt ausweisen lassen, weil sie durch einen gewissen Chrestus zu Aufruhr angestiftet worden seien. Mit einiger Gewißheit nimmt die Forschung an, daß dem römischen Historiker im Abstand von 80 Jahren (das „Leben des Klaudius" wurde etwa 120 n. Chr. geschrieben) ein Irrtum unterlaufen ist. Nicht ein jüdischer Aufrührer namens Chrestus, sondern das Evangelium von Jesus Christus habe die Juden in Rom so in Unruhe versetzt, daß der Kaiser sich veranlaßt sah, sie — oder wenigstens einen Teil von ihnen — aus der Hauptstadt zu vertreiben (vgl. Apostelgeschichte 18,2).
Es ist anzunehmen, daß das Christentum auf den Bahnen des Weltverkehrs verhältnismäßig früh in der Metropole des Imperium Romanum Eingang fand. Die nach Zehntausenden zählende jüdische Diaspora in Rom war der erste Nährboden für das Evangelium, das bald auch von Heiden aufgenommen wurde. Paulus scheint, als er 56/57 seinen Brief an die Gemeinde in Rom schrieb, vorwiegend mit Heidenchristen gerechnet zu haben.

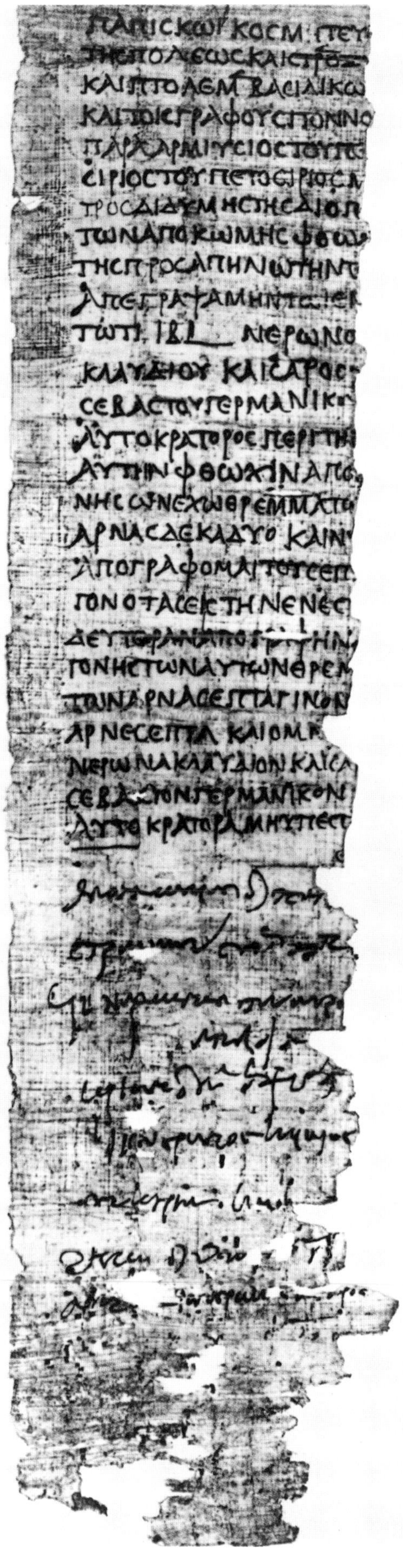

Abb. 173
Papyrus mit zwei Schriften auf einem Blatt (1. Jahrhundert) / Paulus hat seine Briefe diktiert (vgl. Römer 16,22). Durch einen eigenhändigen Schlußgruß bestätigte er die Echtheit des Briefes. Dies gilt für alle seine Schreiben. In einigen seiner Briefe wird dieser Umstand jedoch auch im Text ausdrücklich erwähnt. Auf diese Weise kam er bereits beim Verlesen in der Gemeindeversammlung zur Sprache.

Sie halten ihre Versprechen nicht, sie kennen weder Liebe noch Erbarmen. Dabei wissen sie genau, daß alle, die so leben, nach dem Urteil Gottes den Tod verdienen. Trotzdem bleiben sie dabei und geben auch noch denen Beifall, die ebenso handeln. (Römer 1,18—32)

Gottes Strafgericht gilt allen

Aber auch ihr, die ihr dieses Treiben mißbilligt, habt keine Entschuldigung. Wenn ihr die anderen verurteilt, sprecht ihr damit euch selbst das Urteil; denn ihr handelt genauso wie sie. Es stimmt: Gott verurteilt die Menschen, die solche Dinge tun, zu Recht. Aber wie wollt ihr seinem Strafgericht entkommen, wenn ihr selbst genau das tut, was ihr den anderen vorwerft? Verachtet ihr seine große Freundlichkeit, Nachsicht und Geduld? Merkt ihr nicht, daß Gott euch durch seine Freundlichkeit zur Umkehr bringen will? Aber ihr seid voll Trotz und nehmt euch seine Güte nicht zu Herzen. Damit macht ihr die Strafe nur noch schwerer, die euch an Gottes Gerichtstag trifft.
An diesem Tag wird Gott sein gerechtes Urteil öffentlich bekanntmachen. Er wird jedem Menschen den Lohn geben, der seinen Taten entspricht. Den einen gibt er ewiges Leben — es sind die, die unermüdlich das Gute tun und nach Anerkennung bei Gott und Unvergänglichkeit streben. Die anderen dagegen trifft Gottes schwerer Zorn — es sind die, die nur ihrer Selbstsucht leben, die nicht der Wahrheit folgen, sondern dem Unrecht. Über alle, die Unrecht tun, verhängt Gott Angst und Leiden, über die Juden zuerst, aber ebenso über die Menschen aus den anderen Völkern. Wer dagegen das Gute tut, ob Jude oder nicht, dem wird Gott ewige Herrlichkeit, Ehre und Frieden schenken.
Gott macht keine Unterschiede. Die Menschen, die gesündigt haben, ohne das Gesetz Gottes zu kennen, werden auch ohne Gesetz zugrunde gehen. Die Juden dagegen, die dieses Gesetz kennen und trotzdem sündigen, werden aufgrund des Gesetzes verurteilt werden. Wenn einer vor Gottes Gericht bestehen will, genügt es nicht, daß er das Gesetz kennt, er muß auch danach handeln. Die anderen Völker haben das Gesetz Gottes nicht; aber es gibt unter ihnen Menschen, die aus natürlichem Empfinden heraus tun, was das Gesetz verlangt. Obwohl es ihnen nicht bekanntgemacht worden ist, tragen sie es in sich selbst. Ihr Verhalten zeigt, daß ihnen die Forderungen des Gesetzes ins Herz geschrieben sind, und dasselbe beweist ihr Gewissen, dessen Stimme sie abwechselnd anklagt oder verteidigt. Wenn Gott über die

Abb. 174
Aquaedukt in Rom

Abb. 175
Auf dem Forum Romanum / Einer der
Mittelpunkte des städtischen Lebens
war das Forum Romanum. In der linken
Bildhälfte sind die Reste der julianischen Basilika zu erkennen. Es handelte sich dabei um eine öffentliche
Versammlungshalle. Rechts davon die
heilige Straße, die Julius Caesar
54 v. Chr. zu bauen begonnen hatte und
die Augustus im Jahre 12 n. Chr. dem
Gedächtnis seiner beiden Adoptivsöhne
Gaius und Lucius Caesar weihte.

geheimen Gedanken der Menschen Gericht halten wird, kommt das alles an den Tag. So bezeugt es die Botschaft, die Jesus Christus mir aufgetragen hat. (Römer 2,1—16)

Die Schuld der Juden

Wie steht es nun mit euch Juden? Ihr führt euren Namen als Ehrennamen. Ihr verlaßt euch darauf, daß ihr das Gesetz habt, und seid stolz darauf, daß ihr zu Gott in einem besonderen Verhältnis steht. Ihr kennt seinen Willen; sein Gesetz sagt, was ihr tun sollt und was nicht. Ihr traut euch zu, Blinde zu führen und denen Licht zu bringen, die im Dunkeln tappen. Den Unverständigen gebt ihr Anweisungen und unterrichtet die Unwissenden.

Tatsächlich besitzt ihr mit dem Gesetz alles,

Abb. 176
Tempel des Saturn / Der Tempel stammt aus dem 5. Jahrhundert v. Chr. Im Jahre 42 v. Chr. wurde er erneuert. Er diente als Schatzkammer des Senats.

was der Mensch über Gott und seinen Willen wissen muß. Ihr belehrt also die anderen; aber ihr vergeßt darüber, euch selbst zu belehren. Ihr sagt: „Bestehlt niemand!" — und stehlt selbst. Ihr sagt: „Zerstört keine Ehe!" — und hintergeht einander. Ihr verabscheut die Götzen — und bereichert euch an dem, was ihr aus ihren Tempeln stehlt. Ihr bildet euch etwas darauf ein, daß Gott euch sein Gesetz gegeben hat; aber ihr lebt nicht danach und macht Gott damit Schande. Die heiligen Schriften haben es vorausgesagt: „Durch euch kommt der Name Gottes bei den Völkern in Verruf."

Auch eure Beschneidung nützt euch nur, wenn ihr das Gesetz befolgt. Sonst wird sie ungültig, und ihr seid in Gottes Augen zu Unbeschnittenen geworden. Dann gilt aber auch das Umgekehrte: Wenn ein Unbeschnittener nach den Vorschriften des Gesetzes lebt, ist er in Gottes Augen ein Beschnittener geworden. Darum werden Menschen aus den unbeschnittenen Völkern über euch Juden das Urteil sprechen. Ihr verstoßt gegen das Gesetz Gottes, obwohl ihr es schriftlich habt und beschnitten seid. Sie dagegen befolgen Gottes Gesetz, obwohl sie nicht beschnitten sind. Zum Volk Gottes gehört nicht, wer äußerlich ein Jude ist, sondern wer es innerlich ist. Es kommt nicht darauf an, daß er an seinem Körper beschnitten wurde, sondern daß sein Herz es ist. Denn vor Gott zählt nicht die Beschneidung, die nach dem Buchstaben des Gesetzes erfolgt, sondern die Beschneidung, die durch den Geist Gottes geschieht. Der wahre Jude ist der, der nicht bei Menschen Anerkennung sucht, sondern bei Gott. (Römer 2,17—29)

Niemand kann mit Gott rechten

Haben dann die Juden gegenüber den anderen Völkern noch etwas voraus? Hat es für sie noch irgendeine Bedeutung, daß sie beschnitten sind? Allerdings hat es eine Bedeutung, sogar eine große. Erstens hat Gott zu ihnen gesprochen und ihnen sein Wort anvertraut. Es stimmt zwar, daß einige von ihnen Gott untreu wurden. Aber kann das Gottes Treue aufheben? Das ist ausgeschlossen! Vielmehr wird sich zeigen, daß Gott zu seinen Zusagen steht, auch wenn kein Mensch ihm treu bleibt. In den heiligen Schriften heißt es ja:

„Es wird sich zeigen, Herr, daß dein Wort gilt. Du wirst recht behalten, wenn dich einer zur Rechenschaft zieht."

Aber ist dann nicht unsere Untreue gerechtfertigt, wenn sie Gottes Treue erst richtig herausstellt? Und ist Gott nicht ungerecht, wenn er uns noch bestraft? Ich frage, wie Menschen eben fragen, und ich antworte: Gott ist nicht ungerecht! Sonst könnte er nicht der Richter der ganzen Welt sein. Wenn aber durch unsere Untreue die Treue Gottes erst voll zur Geltung kommt und sein Ruhm vergrößert wird, kann er uns dann noch als Sünder verurteilen? Warum sollen wir nicht sagen: „Tun wir doch Böses, damit Gutes dabei herauskommt!" Einige verleumden mich und unterstellen mir solche Grundsätze. Mit vollem Recht wird Gott sie dafür bestrafen. (Römer 3,1—8)

Abb. 177
Mausoleum des Augustus / Das Mausoleum liegt im Norden der Stadt in unmittelbarer Nähe des Tiber. Es wurde im Jahre 28 v. Chr. errichtet. In ihm sind die Urnen mit der Asche des Augustus, des Germanicus, der Livia, des Tiberius, des Caligula und vieler anderer Glieder der julianischen Dynastie beigesetzt.

Kein Mensch kann vor Gott bestehen

Drücke ich mich etwa um eine klare Auskunft? Durchaus nicht! Ich habe schon gesagt, daß die Juden genauso wie die anderen Völker in der Gewalt der Sünde sind. In den heiligen Schriften heißt es:

„Kein Mensch kann vor Gott bestehen; keiner ist verständig und fragt nach Gottes Willen. Alle sind vom rechten Weg abgekommen; allesamt sind sie zu nichts zu gebrauchen. Keiner von ihnen tut das Rechte, nicht einmal einer. Was sie sagen, bringt Tod und Verderben; von ihrer Zunge kommen bösartige Lügen. Ihre Worte sind tödlich wie Natterngift; Flüche und Drohungen sprudeln aus ihrem Mund. Vor keiner Untat schrecken sie zurück: sie vergießen das Blut unschuldiger Menschen; wo sie gehen, hinterlassen sie Verwüstung. Um Glück und Frieden für andere kümmern sie sich nicht. Sie kennen keine Ehrfurcht vor Gott."

Nun kennen wir die Regel: Was im Gesetz Gottes steht, gilt für die, denen das Gesetz gegeben ist. Keiner soll sich herausreden können. Die ganze Menschheit ist vor Gott schuldig. Kein Mensch hat getan, was das Gesetz fordert, darum kann keiner vor Gott bestehen. Durch das Gesetz wird nur die Macht der Sünde sichtbar. (Römer 3,9—20)

Abb. 178
Unterirdische Begräbnisstätte in Rom / Diese Anlage aus heidnisch-römischer Zeit wurde pietätlos, aber treffend „Columbarium" = „Taubenschlag" genannt. Sie enthielt mehrere hundert Grabstätten meist einfacher Leute. In den Nischen fanden die Aschenurnen Platz.
Die später — 1.-5. Jahrhundert n. Chr. — in Rom, aber auch in anderen Städten angelegten Katakomben waren unterirdische Begräbnisanlagen für Juden und Christen; in ihnen wurden unverbrannte Tote beigesetzt. Sie waren bergwerksmäßig angelegt und dienten in Verfolgungszeiten als geheime Versammlungsräume.

Gott selbst hat eingegriffen

Aber jetzt ist eingetreten, was das Gesetz selbst und die Propheten im voraus angekündigt hatten: Gott hat so gehandelt, wie es seinem Wesen entspricht. Er hat selbst dafür gesorgt, daß die Menschen vor ihm bestehen können. Er hat das Gesetz beiseite geschoben und will die Menschen annehmen, wenn sie einzig und allein auf das vertrauen, was er durch Jesus Christus getan hat.

Das gilt ohne Ausnahme für alle, die dieses Vertrauen haben. Vor Gott gibt es keinen Unterschied. Alle sind schuldig geworden und haben die Herrlichkeit verscherzt, die Gott ihnen geschenkt hatte. Aber Gott hat mit ihnen Erbarmen und nimmt sie wieder an. Das ist ein

Abb. 179
Der Pons Fabricius / Der Pons Fabricius ist die am besten erhaltene Brücke des alten Rom. Noch heute steht der kaum veränderte Bau aus dem Jahre 62 v. Chr.

Abb. 180
Ruinen des antiken Rom

reines Geschenk. Durch Jesus Christus hat er uns aus der Gewalt der Sünde befreit.

Ihn hat Gott vor aller Welt als Versöhnungszeichen aufgerichtet. Sein Blut, das am Kreuz vergossen wurde, bringt Frieden mit Gott für alle, die dieses Angebot im Vertrauen annehmen. In seiner großen Güte vergibt Gott den Menschen alle Verfehlungen, die sie bisher begangen haben. So zeigt er, daß seine Treue unwandelbar ist.

Ja, in unserer gegenwärtigen Zeit wollte Gott zeigen, wie er zu seinen Zusagen steht. Er bleibt sich selbst treu, indem er alle als treu anerkennt, die sich einzig und allein auf das verlassen, was er durch Jesus getan hat.

Haben wir Juden also irgendeinen Grund, uns über die anderen Völker zu erheben? Gewiß nicht! Wodurch wird das ausgeschlossen? Etwa durch das Gesetz, sofern es ein Tun fordert? Nein, vielmehr durch das Gesetz, sofern es zum Vertrauen auffordert. Gott nimmt die Menschen an, obwohl sie die Forderungen des Gesetzes nicht erfüllt haben. Er nimmt jeden an, der sich auf das verläßt, was er durch Jesus Christus getan hat. Oder ist Gott nur für die Juden da? Ist er nicht ebenso der Gott der anderen Völker? Ganz gewiß ist er das. Es gibt nur einen einzigen Gott. Juden wie Nichtjuden nimmt er ohne Unterschied an, wenn sie einzig und allein ihm vertrauen.

Man wirft mir vor, daß ich damit das Gesetz außer Kraft setze. Das Gegenteil ist richtig! Gerade so bringe ich zur Geltung, was das Gesetz sagt. (Römer 3,21—31)

Abb. 181
Kaiser Augustus

Abb. 182
Silberplatte aus Aquileia / Sie zeigt, wie das Kaisertum in Rom religiös verstanden und überhöht wurde. Ein römischer Kaiser in der Gestalt des Triptolemus, des Gottes des Ackerbaus, opfert der Demeter, auf dem Thron rechts, Gaben. Die Gestalten der Jahreszeiten füttern die Schlangen des beflügelten kaiserlichen Wagens. Psyche und die anderen Liebesgötter bringen weitere Gaben. Unten liegt Tellus mit ihrer Kuh als Symbol für die Fruchtbarkeit der Erde.

Abb. 183, 184, 185
Die Kaiser Roms / Auf diesen Münzen sind die Kaiser abgebildet, die herausragende Gestalten jener Epoche römischer Geschichte waren, in die die Entstehungszeit des Christentums fiel. Als Augustus (Abb. 181) regierte, wurde Jesus von Nazaret geboren. Unter seinem Nachfolger Tiberius (sein Münzbild befindet sich auf S. 60) verurteilte der römische Prokurator in Judäa, Pontius Pilatus, Jesus zum Tode am Kreuz. Caligula (oben) war ein größenwahnsinniger Despot, der schließlich von seiner Prätorianer-Garde ermordet wurde. Klaudius (Mitte) vertrieb im Jahre 49 Juden aus Rom, weil die Christus-Botschaft Unruhen unter der jüdischen Gemeinde hervorgerufen hatte. Er galt als Schwächling, der ganz von den Einflüsterungen seiner Umgebung abhängig war. Er soll von seiner Frau vergiftet worden sein. Nachfolger wurde sein Adoptivsohn Nero (unten). Bei diesem Kaiser hatte Paulus während seines Prozesses Berufung eingelegt.

Paulus traf in Rom ein, als sich die Skandale im Kaiserpalast zu häufen begannen. 59 ließ Nero seine Mutter, 62 seine Frau Octavia umbringen. Es ist nicht ausgeschlossen, daß Paulus im Jahre 64 während der von Nero nach einem Großbrand in Rom inszenierten Christenverfolgung den Märtyrertod fand.

Abb. 186, 187
Inschriften am Kolleg der Flurbrüder /
Die despotische Politik Neros zu der
Zeit, da Paulus den Kaiser um ein
gerechtes Urteil bitten wollte, spiegelt
sich in diesen Inschriften.
Am 6. November 58 n. Chr. feierte das
Kollegium der Flurbrüder den Geburtstag der Agrippina, der Mutter Neros,
durch ein Opfer auf dem Kapitol: „Dem
Jupiter einen Stier, der Juno eine Kuh,
der Minerva eine Kuh, für die Wohlfahrt
des Staates eine Kuh, für die Eintracht
eine Kuh." Agrippina wurde zwischen
dem 19. und 23. März 59 n. Chr. umgebracht. Am 28. März trat das Kollegium erneut zusammen. Der Grund für
dieses Treffen wird nicht genannt. Am
5. April feierten die Flurbrüder die
Ermordung der Kaisermutter als eine
Tat, die zur Rettung Neros, ihres Sohnes, notwendig gewesen sei. Sie ver-
anstalteten wieder ein Dankopfer.

Das Beispiel Abrahams

Wie war es denn mit unserem Vorfahren
Abraham? Hat Gott ihn etwa aufgrund seiner
Taten aufgenommen? Abraham hatte zwar
Taten vorzuweisen, auf die er sich berufen
konnte — nur Gott gegenüber nicht! In den
heiligen Schriften heißt es: „Abraham vertraute auf die Zusage Gottes, und so fand er
Gottes Anerkennung." Ein Arbeiter bekommt
seinen Lohn nicht als Geschenk, sondern er hat
aufgrund seiner Leistungen einen Anspruch
darauf. Vor Gott ist das anders. Wer keine Leistungen vorzuweisen hat, aber dem vertraut,
der den Schuldigen freispricht, findet durch
sein Vertrauen bei Gott Anerkennung. Das
sagte auch David, als er von der Freude derer
sprach, die Gott annimmt, obwohl sie es durch
nichts verdient haben:

„Freuen dürfen sich alle, denen Gott ihr Unrecht vergeben und ihre Verfehlungen
zugedeckt hat! Freuen darf sich jeder, dem der
Herr seine Schuld nicht anrechnet!"
Gilt das nur für die Beschnittenen oder auch für
die Unbeschnittenen? Ich habe schon gesagt:
Weil Abraham sich auf die Zusage Gottes verließ, fand er Gottes Anerkennung. Wann geschah das? War er damals schon beschnitten,
oder war er es noch nicht? Er war es noch nicht!
Die Beschneidung erhielt Abraham vielmehr
als Bestätigung. Durch sie wurde besiegelt,
daß Gott ihn schon vor seiner Beschneidung
um seines Vertrauens willen angenommen
hatte. So ist Abraham der Vater aller geworden,
die Gott vertrauen, ohne beschnitten zu sein.
Genau wie Gott Abraham angenommen hat,
als er noch nicht beschnitten war, so nimmt

er auch sie an. Gewiß ist Abraham der Vater der Beschnittenen. Aber nicht alle Beschnittenen sind Abrahams Kinder, sondern nur die, die Gott ebenso vertrauen wie unser Vater Abraham, als er noch nicht beschnitten war. (Römer 4,1—12)

Es kommt nur auf das Vertrauen an

Gott versprach Abraham, seine Nachkommen sollten die ganze Welt zum Besitz erhalten. Auch diese Zusage bekam Abraham nicht deshalb, weil er das Gesetz befolgt hatte, sondern weil er Gott vertraute. Wenn Gottes Zusage für die bestimmt wäre, die sich auf ihren Gehorsam gegenüber dem Gesetz verlassen, dann hätte Gott das Vertrauen entwertet, und seine Zusage wäre hinfällig.

Das Gesetz ruft nur Gottes Zorn hervor; denn erst durch das Gesetz kommt es zu Übertretungen. Darum hat Gott seine Zusage an das Vertrauen gebunden. Was er gesagt hatte, sollte ein reines Gnadengeschenk sein. Auf diese Weise gilt allen Nachkommen Abrahams, was Gott versprochen hat; nicht nur denen, die das Gesetz haben, sondern auch denen, die wie Abraham auf Gottes Zusage vertrauen. Wir alle haben Abraham zum Vater. Denn Gott hat zu ihm gesagt: „Ich habe dich zum Vater vieler Völker gemacht.‟

Abraham vertraute dem, der die Toten lebendig macht und aus dem Nichts alles ins Dasein ruft. Er hoffte, obwohl es keinen Grund zur Hoffnung gab, und vertraute darauf, daß Gott ihn zum Vater vieler Völker machen werde. Denn Gott hat zu ihm gesagt: „Deine Nachkommen werden so zahlreich sein wie die Sterne.‟ Abraham war damals fast hundert Jahre alt. Es war ihm klar, daß er keine Kinder mehr zeugen konnte; auch seine Frau Sara konnte keine Kinder mehr bekommen. Trotzdem zweifelte er nicht an dieser Zusage, sondern ehrte Gott mit unerschütterlichem Vertrauen. Er verließ sich darauf, daß Gott die Macht hat, zu tun, was er verspricht. Darum heißt es von Abraham: „Er fand Gottes An-

erkennung.‟ Dieses Wort gilt nicht nur für Abraham selbst, sondern auch für uns. Auch uns will Gott annehmen, wenn wir uns auf ihn verlassen. Er ist ja auch der Gott, der Jesus, unseren Herrn, aus dem Tode zum Leben erweckt hat. Ihn ließ er sterben, um unsere Schuld zu tilgen, und er hat ihn zum Leben erweckt, damit wir vor ihm bestehen können. (Römer 4,13—25)

Friede mit Gott

Gott hat uns also angenommen, weil wir uns ganz auf ihn verlassen. Jetzt ist Frieden zwischen ihm und uns. Das verdanken wir Jesus

Abb. 188
Darstellung einer Opferszene (35-30 v. Chr.) / Ein Stier, ein Widder und ein Schwein werden zum Opferaltar geführt.

Religiöse Toleranz in Rom
Die heidnische Religiosität war polytheistisch. Auch im Stadtgebiet gab es Tempel für eine Vielzahl von Göttern. Aus den eroberten Provinzen strömten mit Sklaven und Freien immer neue Kulte ein. Der polytheistische Staat duldete sie, wenn sie nicht ihre Mitglieder zu strafbaren Handlungen verleiteten oder zum Aufstand gegen die römische herrschende Klasse ermunterten (religiöse Elemente spielten z. B. bei Sklavenaufständen eine Rolle).
Diese Toleranz galt zunächst auch der jüdischen Jahweverehrung und dem daraus herauswachsenden Christentum. Repressalien gegen Juden (und Christen) wie unter Klaudius im Jahre 49 n. Chr. wurden — wenigstens im Grundsatz — als Strafe für Vergehen angesehen. Sie blieben auf bestimmte Orte und Zeiten beschränkt. Auch die Christenverfolgung im Jahre 64 ist mehr als Ausbruch eines von Nero geschickt gelenkten Fremdenhasses zu verstehen, und nicht als systematische Christenverfolgung. Erst unter späteren Kaisern nahmen die Verfolgungen grundsätzlichen Charakter an.

Abb. 189, 190
Militärdiplom auf Bronzetafeln / Nach dem ehrenvollen Ausscheiden aus dem Heer erhielten die Veteranen und ihre Frauen das Bürgerrecht. Die Originalurkunde über diesen Rechtsakt wurde in Gestalt einer Erztafel auf dem Kapitol angebracht. Die Soldaten erhielten eine Abschrift, die auf zwei Bronzetafeln geschrieben war. Der Urkundentext befand sich auf den Seiten 1—3, auf der Seite 4 (unteres Bild) standen die Namen der Zeugen. Die Löcher dienten dazu, die Platten mit Draht zusammenzuhalten.

Abb. 191
Münze des Tiberius mit der Darstellung der Justitia / Die kaiserliche Propaganda rühmte auf diese Weise die Leistungen der Monarchie für Gerechtigkeit, Frieden und Wohlstand. Obwohl die Römer das Gerichtswesen in ihrem Reich ausbauten, konnten sie die Rechtlosigkeit nur sehr begrenzt einschränken. Wie es um das Ideal der Gerechtigkeit in ihrem Machtbereich bestellt war, zeigt sowohl der Prozeß gegen Jesus als auch das Schicksal des Paulus.

Abb. 192
Römische Soldaten erhalten ihren Sold / Darstellung auf dem Altar des Domitius Ahenobarbus (50-35 v. Chr.) Die Stütze des Reiches war das Heer. Die gut ausgebildeten Legionen wurden von erfahrenen Feldherren geleitet. Die Kaiser waren in hohem Maße von ihrem Wohlwollen abhängig. Es wurde für die Herrscher zur Selbstverständlichkeit, der Prätorianergarde beim Regierungsantritt eine Schenkung zu machen. Der Senat, dessen Befugnisse abnahmen, sah sich mehr und mehr genötigt, die Entscheidungen des Heeres nachträglich zu bestätigen. Im letzten Jahrhundert v. Chr. wurde durch eine Änderung im Aushebungsverfahren das Bürgerheer in ein Söldnerheer umgewandelt. Die Reichen fanden fortan Gelegenheit, sich dem Kriegsdienst zu entziehen, die Armen betrachteten das Militär häufig als Erwerbsquelle. Die Soldaten dienten etwa 20 Jahre. Danach wurde ihnen in Militärkolonien Landbesitz zugeteilt, wenn sie es nicht vorzogen, weiter bei der Armee zu bleiben.

Christus, unserem Herrn; denn er öffnete uns den Zugang zu der Gnade Gottes, die wir im Vertrauen angenommen haben, und die jetzt unser Leben bestimmt. Nun sind wir voll Freude und Zuversicht, weil wir fest damit rechnen, daß Gott uns an seiner Herrlichkeit teilnehmen läßt. Sogar daß wir jetzt noch leiden müssen, ist uns ein Grund zur Freude. Denn wir wissen, daß Leiden zur Standhaftigkeit führt; Standhaftigkeit aber führt zur Bewährung, und in der Bewährung festigt sich unsere Hoffnung. Diese Hoffnung aber gibt uns die Gewißheit, daß Gott uns nicht fallen läßt. Er hat ja unsere Herzen mit seiner Liebe erfüllt, als er uns den heiligen Geist geschenkt hat.
Als wir noch in der Gewalt der Sünde waren, ist Christus für uns, die Feinde Gottes, gestorben. Wer ist schon bereit, auch nur für einen schuldlosen Menschen zu sterben? Allenfalls könnte sich einer entschließen, für einen besonders guten Menschen den Tod auf sich zu nehmen. Christus aber starb für uns, als wir noch Gottes Feinde waren. Damit hat Gott uns gezeigt, wie sehr er uns liebt. Wenn wir aber schon jetzt bei Gott angenommen sind, weil Christus für uns starb, dann werden wir erst recht durch ihn vor Gottes zukünftigem Straf-

gericht bewahrt werden. Als wir noch Gottes Feinde waren, hat Gott durch den Tod seines Sohnes unsere Feindschaft überwunden. Nachdem wir nun Gottes Freunde geworden sind, wird uns das neue Leben seines vom Tod auferweckten Sohnes erst recht vor seinem Strafgericht schützen. Aber schon jetzt sind wir von Freude und Zuversicht erfüllt, weil wir Gott nicht mehr gegen uns haben. Das verdanken wir Jesus Christus, unserm Herrn, der uns den Frieden mit Gott gebracht hat.
(Römer 5,1—11)

Adam und Christus

Wie die Sünde durch einen einzigen Menschen in die Welt kam, so auch die Rettung aus der Gewalt der Sünde. Die Sünde dieses einen brachte den Tod mit sich, und alle gerieten unter die Herrschaft des Todes; denn sie haben ohne Ausnahme selbst gesündigt. Schon bevor das Gesetz erlassen wurde, war die Sünde in der Welt; aber solange es kein Gesetz gibt, wird sie nicht angerechnet. Trotzdem hatte der Tod schon in der Zeit von Adam bis Mose alle Menschen in seiner Gewalt, auch wenn sie nicht wie Adam gegen ein Gebot Gottes verstoßen hatten.
Adam ist das Gegenbild zu dem anderen, der kommen sollte. Aber das, was Gott uns durch diesen anderen schenkt, steht in keinem Verhältnis zu der Verfehlung Adams. Alle mußten sterben, weil einer Gott nicht gehorcht hatte. Aber durch den einen Menschen Jesus Christus schenkt Gott uns seine Gnade, die so reich ist, daß sie die Folgen von Adams Schuld mehr als aufwiegt. Durch das Strafurteil über die Verfehlung dieses einen kam es zur Verurteilung aller; aber Gottes unverdientes Geschenk überwindet eine Unzahl von Verfehlungen und bringt allen den Freispruch. Durch den Un-

gehorsam des einen Menschen begann der Tod zu herrschen. Aber wieviel mehr geschieht durch den einen Menschen Jesus Christus! Alle, die Gottes überreiche Gnade annehmen und die es sich schenken lassen, von Gott angenommen zu sein, werden durch ihn das Leben bei Gott gewinnen und zusammen mit ihm herrschen.
Also: durch den Ungehorsam des einen Menschen kam es dazu, daß alle verurteilt wurden. Ebenso bringt der Gehorsam des einen für alle Freispruch und Leben. Weil ein

Abb. 193
Römische Beamte (Friedensaltar des Augustus) / Die Rutenbündel in der Hand sind Symbole der richterlichen Gewalt.

Das römische Kaisertum zur Zeit des Paulus entmachtete zunehmend die ursprünglichen Selbstverwaltungsorgane des Stadtstaates, ohne sie direkt zu beseitigen. Es stützte sich bei seinem Bemühen, den Staat mit Hilfe einer gut durchorganisierten Zentralverwaltung zu leiten, auf eine ihm ergebene Beamtenschaft, die gegenüber dem einzelnen Bürger große Vollmachten besaß. Seit Kaiser Klaudius nahm der Einfluß der Hofbeamtenschaft stark zu.

einziger ungehorsam war, wurden alle vor Gott schuldig. Ebenso werden alle von Gott freigesprochen, weil der eine gehorsam war. Das Gesetz ist nachträglich hinzugekommen, so daß die Sünde sich erst richtig entfalten konnte. Aber wo die Sünde ihr volles Maß erreicht hat, dort übersteigt Gottes Liebe alles Maß. Am Tod zeigt sich, wie mächtig die Sünde ist. Wie mächtig Gottes Liebe ist, zeigt sich am Leben, das keinen Tod mehr kennt. Dieses Leben verdanken wir unserem Herrn Jesus Christus, durch den wir von unserer Schuld frei geworden sind. (Römer 5,12—21)

Mit Christus gestorben — mit ihm leben

Was folgt daraus für uns? Sollen wir ruhig weitersündigen, damit die Liebe Gottes sich um so mächtiger erweisen kann? Nein, ganz gewiß nicht! Für die Sünde sind wir tot. Wie können wir dann weiter unter ihrer Herrschaft leben? Durch die Taufe sind wir alle mit Jesus Christus verbunden worden. Wißt ihr nicht, was das bedeutet? Die Taufe verbindet uns mit seinem Tod. Als wir getauft wurden, wurden wir mit ihm begraben. Aber wie er durch die wunderbare Macht Gottes, des Vaters, vom Tod auferweckt wurde, so können und sollen auch wir jetzt ein neues Leben führen. Wie wir mit Christus im Tod vereint waren, sollen wir auch zusammen mit ihm leben. Wir wissen ganz sicher: Was wir früher waren, ist mit Christus am Kreuz gestorben. Unser von der Sünde beherrschtes Ich ist damit tot, und wir müssen nicht länger Sklaven der Sünde sein. Denn von einem Toten hat die Sünde nichts mehr zu fordern. Wenn wir aber zusammen mit Christus gestorben sind, werden wir auch zusammen mit ihm leben; davon sind wir fest überzeugt. Wir wissen ja, daß Christus vom Tod auferweckt wurde und nie mehr stirbt. Der

Tod hat keine Macht mehr über ihn. Ein für allemal starb Christus für die Sünde. Jetzt lebt er für Gott. Genauso müßt ihr von euch selbst denken: Ihr seid tot für die Sünde, aber weil ihr mit Jesus Christus verbunden seid, lebt ihr für Gott.
Laßt also euren vergänglichen Körper nicht mehr von der Sünde beherrscht werden! Gehorcht nicht euren Leidenschaften! Liefert keinen Teil eures Körpers der Sünde aus, damit sie ihn nicht als Waffe gegen das Gute benutzen kann. Stellt euch vielmehr Gott zur Verfügung als Menschen, die aus dem Tod ins neue Leben gelangt sind. Gott soll euch mit all euren Fähigkeiten als Waffe im Kampf für das Gute benutzen können. Die Sünde hat künftig keine Macht mehr über euch. Denn ihr lebt nicht unter dem Gesetz, sondern unter der Gnade Gottes. (Römer 6,1—14)

Die Sklaven

Die unterste Klasse, auf der das Gebäude der römischen Gesellschaft ruhte, wurde aus Sklaven gebildet. Schuldknechtschaft, später Kriegsgefangenschaft führten dazu, daß Menschen auf Dauer ihre Freiheit verloren und zu Sklaven wurden. Nach römischem Recht hatte der Sklave keine Persönlichkeit und war daher nicht rechtsfähig. Er galt als Sache, die Handelsgegenstand sein konnte. Kinder von Sklaven waren von Geburt an ebenfalls unfrei. Der Besitzer war Herr über Leben und Tod. Was der Sklave verdiente, war Eigentum des Herrn. Erst im Laufe der Zeit wurde ihm die Möglichkeit eingeräumt, in Grenzen selbst Eigentum zu erwerben. Damit konnte er sich unter bestimmten Umständen freikaufen. Aber auch die Freigelassenen standen zu ihrem Patron immer noch im Abhängigkeitsverhältnis.
Die willkürliche und oft grausame Behandlung führte wiederholt zu blutigen Sklavenaufständen, die das Ausmaß von regelrechten Kriegen annehmen konnten. Der bekannteste Sklavenkrieg dauerte von 73 bis 71 v. Chr. Das Sklavenheer stand dabei unter dem Befehl des Spartakus.
Zur Zeit Jesu war die Sklaverei auch in Palästina eine normale Erscheinung, wenngleich sie nicht so verbreitet war wie in anderen Provinzen des Römischen Reiches. „Eine entscheidende Produktivkraft sind die Sklaven in Judäa jedoch nie gewesen" (Heinz Kreissig). Jesus läßt in seinen Gleichnissen Sklaven auftreten (Matthäus 24,45-51; Lukas 12,42-48; 17,7-9). Ohne ein Programm der Sklavenbefreiung aufzustellen, wertete das junge Christentum, zu

Abb. 194
Römischer Beamter auf Revisionsreise durch die Provinz / Dieses Teilstück eines Grabdenkmals wurde in Kostolatz (Jugoslawien) gefunden.

dem sich viele Sklaven bekannten, die unterjochten und entrechteten Menschen entscheidend auf. Paulus und auch die nachpaulinischen Verkündiger des Evangeliums hoben die Gleichheit aller Menschen vor Gott hervor (1. Korinther 7,21-22; 12,13; Galater 3,28; Epheser 6,8; Kolosser 3,11). Sie beschrieben das Verhältnis zwischen Herr und Sklaven als ein Verhältnis von gegenseitigen Rechten und Pflichten (Kolosser 3,22-4,1; Epheser 6,5-9; 1. Petrus 2,18f.; 1. Timotheus 2,9-10). Im Brief an Philemon verwendete sich Paulus für den entlaufenen Sklaven Onesimus. An eine prinzipielle Abschaffung der Sklaverei dachte man in den christlichen Gemeinden jedoch nicht.

Abb. 195
Das Pantheon in Rom / Wie bereits der Name „Pantheon" aussagt, war dieser Kuppelbau ein „allen Göttern" geweihter Tempel. Er wurde anstelle eines durch Blitzschlag vernichteten älteren Gebäudes am Anfang des 2. Jahrhunderts nach Chr. unter Kaiser Hadrian errichtet.
Das Pantheon ist das einzige Gebäude aus der Zeit des alten Rom, das heute noch vollständig erhalten ist. Seit dem 7. Jahrhundert dient es als christliche Kirche.

Abb. 196
Auf dem Weg in die Sklaverei / Das Relief am Sockel der Antoniussäule in Rom zeigt, wie siegreiche römische Soldaten unter ihrer Kriegsbeute auch Gefangene mitführen.

Abb. 197 (folgende Seite)
Römischer Soldat bindet einen Gefangenen / Die Kleidung zeigt, daß der Gefangene aus dem Perserreich stammt. Der Gefangene wird als Sklave verkauft werden.
Der Anteil der Sklaven an der Gesamtbevölkerung war sehr hoch. In Pergamon z. B. betrug er 30%, in Rom schätzt man ihn auf 25%. Die Sklaven durften in der Hauptstadt keine besonderen Merkmale zeigen, damit sie nicht merkten, wie zahlreich sie waren. So sollte ihnen der Mut genommen werden, sich zu aktivem Widerstand zusammenzuschließen.

Nicht mehr Sklaven der Sünde

Oder können wir etwa ruhig sündigen, weil wir ja unter der göttlichen Gnade nicht unter dem Gesetz leben? Auf keinen Fall! Ihr wißt doch: Wem ihr euch als Sklaven unterstellt, dem müßt ihr auch gehorchen. Entweder stellt ihr euch auf die Seite der Sünde; dann werdet ihr sterben. Oder ihr stellt euch auf die Seite des Gehorsams; dann werdet ihr vor Gottes Gericht bestehen können. Gott sei Dank! Früher wart ihr Sklaven der Sünde; aber jetzt gehorcht ihr von ganzem Herzen der Wahrheit, wie sie euch gelehrt worden ist. Ihr seid vom Dienst der Sünde befreit und steht nun im Dienst des Guten.

Ich gebrauche das Bild vom Sklavendienst, damit ihr besser versteht, worauf es ankommt. Früher hattet ihr euch der Unreinheit und dem Unrecht zur Verfügung gestellt. Das führte zu einem Leben, an dem Gott keine Freude haben konnte. Ebenso müßt ihr euch jetzt dem Guten zur Verfügung stellen; denn das führt zu einem Leben, das Gott gefällt. Solange ihr Sklaven der Sünde wart, wart ihr dem Guten gegenüber frei. Aber was kam dabei heraus? Ihr schämt euch jetzt, wenn ihr daran denkt; denn am Ende stand der Tod. Aber jetzt seid ihr von der Sünde frei geworden und gehört Gott. So kommt es, daß ihr tut, was Gott gefällt, und am Ende erwartet euch ewiges Leben. Die Sünde zahlt ihren Lohn: den Tod. Gott dagegen macht uns ein unverdientes Geschenk: durch Jesus Christus, unseren Herrn, schenkt er uns ein Leben, das keinen Tod mehr kennt. (Römer 6,15—23)

Tot für das Gesetz

Brüder, ihr versteht doch etwas vom Recht und wißt: Das Gesetz hat für einen Menschen nur Geltung, solange er lebt. Eine verheiratete Frau zum Beispiel ist durch das Gesetz an ihren Mann gebunden, solange dieser lebt. Wenn der Mann stirbt, hat das Gesetz, durch das sie an ihn gebunden war, keine Gültigkeit mehr für sie. Wenn sie sich also zu Lebzeiten ihres Mannes mit einem anderen einläßt, ist sie eine Ehebrecherin. Stirbt aber der Mann, dann ist das Gesetz für sie nicht mehr verbindlich. Sie begeht keinen Ehebruch, wenn sie mit einem anderen Mann zusammenlebt.

So steht es auch mit euch, Brüder! Weil ihr mit

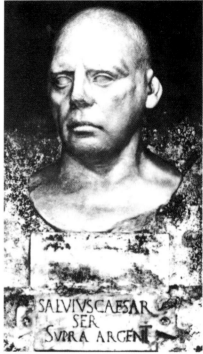

Abb. 198 und 199 (auf Seite 195)
Büsten von Sklaven / Viele Sklaven waren Männer von hoher Bildung und Kultur. Diese Büsten aus dem zweiten Grab der Vigna Codini an der Appischen Straße stellen zwei Sklaven dar, die selbst für ihr Begräbnis sorgten. Links: Salvius, Sklave des Kaisers (Tiberius), der Verwalter des Silbergeschirrs. Rechts: Sinnio, Leibwächter des Kaisers (Tiberius), früher Sklave des Drusus (des Bruders des Tiberius).

Abb. 200
Römische Galeeren / (Relief wahrscheinlich aus der Zeit des Nero) Mit das härteste Los hatten die Sklaven, die auf den Kriegsgaleeren als Ruderer Dienst tun mußten.

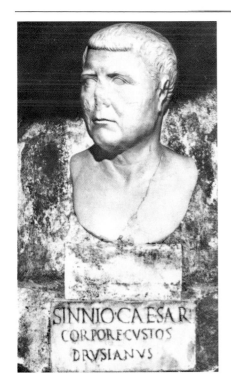

SINNIO·CAESAR
CORPORE·CVSTOS
DRVSIANVS

Christus gestorben seid, seid ihr dem Gesetz gegenüber tot. Jetzt gehört ihr einem anderen, nämlich dem, der vom Tod erweckt worden ist. Darum sollen wir nun auch so leben, daß Gott dadurch geehrt wird.

Als wir noch nach unseren eigenen Wünschen lebten, war unser Körper in der Gewalt von Leidenschaften, die zur Sünde führen. Eben das Gesetz hatte diese Leidenschaften wachgerufen. So taten wir, was zum Tod führt. Aber jetzt sind wir vom Gesetz befreit; wir sind tot für das Gesetz, das uns früher gefangen hielt. Darum dienen wir Gott nicht mehr auf die alte Weise nach dem Buchstaben des Gesetzes. Sein Geist macht uns fähig, ihm auf eine neue Weise zu dienen. (Römer 7,1—6)

Das Gesetz und die Sünde

Folgt daraus, daß das Gesetz auf die Seite der Sünde gehört? Das kann nicht sein! Aber ohne das Gesetz hätten wir Menschen die Sünde nie kennengelernt. Die selbstsüchtigen Wünsche wären nicht in uns erwacht, wenn das Gesetz nicht gesagt hätte: „Sei nicht begehrlich!" Die Sünde machte sich das Gebot zunutze und stachelte mit seiner Hilfe alle nur möglichen Begierden in uns an. Wo es kein Gesetz gibt, ist die Sünde tot. Einst kannten wir noch kein Gesetz. Damals lebten wir; aber als das Gebot kam, lebte die Sünde auf, und wir mußten sterben. Das Gebot, das uns Leben schenken sollte, brachte uns den Tod. Denn die Sünde benutzte es, um uns zu überlisten und zu töten. Das Gesetz gehört also auf die Seite Gottes; seine Gebote sind heilig, gerecht und gut. Soll das heißen, daß das Gute, das Gesetz, uns den Tod gebracht hat? Das kann nicht sein! Vielmehr benutzte die Sünde dieses gute Gesetz, um uns zu töten. So sollte es dahin kommen, daß die Sünde ihr wahres Gesicht enthüllt. Sie sollte durch das Gebot dazu gebracht werden, ihre ganze Verderbtheit zu entfalten.

Abb. 201
Gutsbesitzer überwacht die Arbeit seiner Sklaven / Sklavenarbeit war auch die Grundlage für den mittleren und großen landwirtschaftlichen Grundbesitz, für sog. Villenbetriebe und Latifundien. Sklaven zu beschäftigen ergab darum einen Gewinn, wenn man das ganze Jahr hindurch Arbeit für sie hatte. Sonst war es vorteilhafter, freie Lohnarbeiter als Saisonkräfte einzustellen.

Abb. 202
Römische Kolonen zahlen Pacht / Das Sandsteinrelief aus römischer Zeit befindet sich im Provinzialmuseum in Trier.
In der späten Kaiserzeit Roms gewann das Pachtsystem gegenüber der Sklaverei immer mehr an Bedeutung. Kleinbauern (Kolonen) bewirtschafteten gegen Zahlung von Geld oder Naturalien Land des Großgrundbesitzers. Daneben konnten sie eigenes Land bestellen.
Die soziale Lage der Kolonen verschlechterte sich jedoch im Laufe der Zeit immer mehr. Die Pächter gerieten in Abhängigkeitsverhältnisse, die denen der Sklaven nahestanden.

196

Es steht außer Zweifel, daß das Gesetz von Gott kommt. Aber wir sind schwache Menschen, als Sklaven an die Sünde verkauft. Deshalb sind wir in unserem Handeln nicht frei; wir tun nämlich nicht, was wir eigentlich wollen, sondern was wir verabscheuen. Wenn wir aber das Böse, das wir tun, gar nicht wollen, dann erkennen wir damit, daß das Gesetz gut ist. (Römer 7,7—16)

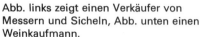

Wir sind nicht Herr über uns selbst

Wir selbst sind es also gar nicht, die das Böse tun. Vielmehr tut es die Sünde, die von uns Besitz ergriffen hat. Wir wissen genau: In uns selbst, so wie wir von Natur aus sind, ist nichts Gutes zu finden. Wir bringen es zwar fertig, das

Abb. 203—208
Handel und Gewerbe in Rom / Einen Einblick vermitteln die Bilder auf dieser Seite.

Abb. links zeigt einen Verkäufer von Messern und Sicheln, Abb. unten einen Weinkaufmann.

Rechte zu wollen; aber wir sind zu schwach, es auch auszuführen. Wir tun nicht das Gute, das wir gerne tun möchten, sondern das Böse, das wir verabscheuen. Wenn wir aber tun, was wir nicht wollen, dann verfügen wir nicht selbst über uns, sondern die Sünde, die von uns Besitz ergriffen hat.

Wir sehen also, daß sich alles nach folgender Regel abspielt: Ich will das Gute tun, aber es kommt nur Böses dabei heraus. In meinem Bewußtsein stimme ich dem Gesetz Gottes freudig zu. Aber ich sehe, daß mein Tun einem anderen Gesetz folgt. Dieses Gesetz liegt im Streit mit dem Gesetz, dem meine Vernunft

Die Krüge eines Ölkaufmanns, die auf dem Bild in der Seitenmitte zu sehen sind, wurden in Ostia, dem Seehafen Roms, ausgegraben. Sie waren schon in alter Zeit durch eine Überschwemmung des Tiber mit Sand bedeckt worden.
Abb. oben stellt eine Mühle dar, die durch Pferde angetrieben wird. Auf den beiden Reliefs links ist der Betrieb in einer Brotbäckerei bildlich wiedergegeben.

zustimmt. Es macht mich zum Gefangenen der Sünde, deren Gesetz mein Handeln bestimmt. Wir stimmen zwar mit der Vernunft dem Gesetz Gottes zu, aber mit unserem Tun folgen wir dem Gesetz der Sünde.

Wir unglückseligen Menschen! Wer rettet uns aus dieser entsetzlichen Verstrickung? Wer entreißt uns dem sicheren Tod?

Gott hat es getan! Ihm sei Dank durch Jesus Christus, unseren Herrn! (Römer 7,17—25)

Neues Leben aus Gottes Geist

Keiner braucht mehr das Strafgericht Gottes zu fürchten, der sich an Jesus Christus hält. Ihr seid befreit von dem Gesetz, das durch die Sünde in den Tod führt — befreit durch das

diesem Geist in sich Raum zu geben. Die eigenen Wünsche führen zum Tod. Der Geist Gottes dagegen schenkt Leben und Frieden.

Der Mensch, so wie er von sich aus ist, lehnt sich gegen Gott auf. Er gehorcht nicht dem Gesetz Gottes, ja er kann es gar nicht. Denn es ist völlig ausgeschlossen, daß einer den Willen Gottes erfüllt, wenn er seinem eigenen Willen folgt. Ihr aber steht nicht mehr unter der Herrschaft eures selbstsüchtigen Willens, sondern unter der Leitung des Geistes. Sonst hätte ja der Geist Gottes nicht wirklich von euch Besitz ergriffen. Wer nicht den Geist hat, den Christus schenkt, der gehört nicht zu ihm. Wenn Christus in euch wirkt, dann seid ihr zwar wegen eurer Sünde dem Tod verfallen, aber weil Gott euch angenommen hat, schenkt sein Geist

Abb. 209
Rom, Circus Maximus / Der erste und größte Zirkus in Rom bot über 50 000 Menschen Platz. 31 v. Chr. und 36 n. Chr. wurde er teilweise durch Feuer zerstört. Die Feuersbrunst des Jahres 64 n. Chr. brach in den hölzernen Vorratsräumen auf der palatinischen Seite des Zirkus aus. Dieser Brand gab Nero die Gelegenheit, über 30 Hektar Boden für den Bau seines Goldenen Hauses und seiner Gärten an sich zu nehmen. Den Circus Maximus baute Nero jedoch wieder auf, und bei seiner Rückkehr aus Griechenland 68 n. Chr. war er wieder in Benutzung. Die abgebildeten Reste stammen meist aus der Zeit des Trajan (98—117 n. Chr.).

Gesetz, das mit Hilfe des Geistes und in der Verbindung mit Jesus Christus zum Leben führt. Was das Gesetz nicht vollbringen konnte, weil wir Menschen der Macht der Sünde ausgesetzt waren, das hat Gott selbst getan. Er sandte seinen Sohn dorthin, wo die Sünde ihre ganze Macht entfaltet: in einen menschlichen Leib, um dadurch die Sünde zu überwinden. Im Tod seines Sohnes vollstreckte er das Urteil an der Sünde, damit nun durch uns die Forderung des Gesetzes erfüllt werden kann.

Denn unser Leben wird jetzt vom Geist Gottes bestimmt und nicht mehr von unserer selbstsüchtigen Natur. Wenn jemand nach seiner Natur lebt, liegt ihm alles daran, die eigenen Wünsche zu befriedigen. Wenn dagegen der Geist Gottes in ihm lebt, liegt ihm alles daran,

euch das Leben. Denn wenn der Geist dessen in euch lebt, der Jesus vom Tode erweckt hat, dann wird Gott auch durch den Geist in euch den Körper, der dem Tod verfallen ist, lebendig machen.

Brüder! Wir stehen also nicht mehr unter dem Zwang, unserer menschlichen Natur zu folgen. Wenn ihr nach eurem eigenen Willen lebt, werdet ihr sterben. Leben werdet ihr nur, wenn ihr den Geist Gottes in euch wirken laßt, damit er euren selbstsüchtigen Willen tötet.

Alle, die sich von Gottes Geist leiten lassen, sind Gottes Kinder. Ihr müßt euch also nicht mehr vor Gott fürchten. Er hat euch seinen Geist gegeben, und das zeigt euch, daß ihr nicht seine Sklaven, sondern seine Kinder seid. Weil sein Geist in euch lebt, sagen wir zu Gott:

„Abba! Vater!" Und Gottes Geist bestätigt unserem Geist, daß wir wirklich Gottes Kinder sind. Wenn wir aber Gottes Kinder sind, dann wird Gott uns auch schenken, was er seinen Kindern versprochen hat. Er will uns das Leben in Herrlichkeit schenken, das er Christus gegeben hat. Wenn wir wirklich mit Christus leiden, dann sollen wir auch seine Herrlichkeit mit ihm teilen. (Römer 8,1–17)

Die große Hoffnung

Ich bin überzeugt: Die künftige Herrlichkeit, die Gott für uns bereithält, ist so groß, daß alles, was wir jetzt leiden müssen, in gar keinem Verhältnis dazu steht. Alle Geschöpfe warten sehnsüchtig darauf, daß Gott seine Kinder vor aller Welt mit dieser Herrlichkeit ausstattet. Er hat ja die ganze Schöpfung der Vergänglichkeit preisgegeben, nicht weil sie selbst schuldig geworden war, sondern weil er sie in das Strafgericht über den Menschen mit einbezogen hat. Er hat aber seinen Geschöpfen die Hoffnung gegeben, daß sie eines Tages vom Fluch der Vergänglichkeit erlöst werden. Sie sollen dann nicht mehr Sklaven des Todes sein, sondern am befreiten Leben der Kinder Gottes teilhaben. Wir wissen, daß die ganze Schöpfung bis jetzt noch vor Schmerzen stöhnt wie eine Frau bei der Geburt. Aber auch wir, denen Gott doch schon als Anfang des neuen Lebens – gleichsam als Anzahlung – seinen Geist geschenkt hat, warten sehnsüchtig darauf, daß Gott uns als seine Kinder bei sich aufnimmt, und uns vom Fluch der Vergänglichkeit befreit.

In der Hoffnung ist unsere Rettung schon vollendet – aber nur in der Hoffnung. Wenn wir schon hätten, worauf wir warten, brauchten wir nicht mehr zu hoffen. Wer hofft denn auf etwas, das schon da ist? Also hoffen wir auf das, was wir noch nicht sehen, und warten geduldig darauf.

Der Geist Gottes kommt uns dabei zu Hilfe. Wir sind schwach und wissen nicht einmal, wie wir

Abb. 210
Das Kolosseum in Rom / Ein Beispiel für die Monumentalbauten der Kaiserzeit, die der Abhaltung von Spielen dienten, ist das Kolosseum. Mit dem Bau wurde etwa 10 Jahre nach dem römischen Aufenthalt des Paulus begonnen. Im Jahre 80 n. Chr. konnte es eingeweiht werden.
Das weite Oval mißt in seiner langen Achse 185 m. Es faßte auf seinen terrassenförmig ansteigenden Sitzreihen 85 000 Zuschauer. Das oben offene Amphitheater wurde von Teppichen überspannt, die Schutz vor Sonne und Regen boten.

Die Spiele

Eine erhebliche Bedeutung im öffentlichen Leben Roms hatten die Aufführungen und Spiele verschiedener Art. Kaiser Nero veranstaltete Wettkämpfe in Musik, Poesie und Beredsamkeit. Er ließ für diesen Zweck in Rom das Odeum mit über 10 000 Plätzen errichten. Zirzensische Spiele und Wettrennen erfreuten sich bei den Römern großer Beliebtheit. In mehreren Theatern mit einem Fassungsvermögen für 10 000—20 000 Menschen fanden szenische Aufführungen statt. In Amphitheatern wurden Gladiatorenkämpfe, Tierkämpfe und Schauspiele gezeigt.

Die Ausrichtung von Spielen war Mittel der Politik. Auf diese Weise wollten sich Herrscher und hohe Beamte bei dem Volk beliebt machen. Bei den Gladiatorenspielen ging es um Leben und Tod. Kriegsgefangene und verurteilte Sklaven wurden zu Hunderten und Tausenden in die Arenen getrieben, wo sie sich gegenseitig abschlachten mußten. Gladiatorenschulen sorgten für den regelmäßigen Nachschub an Kämpfern, die in geeigneten Situationen eine beträchtliche revolutionäre Kraft darstellten. Spartakus war Gladiator gewesen.

Das Christentum trat den Gladiatorenkämpfen entgegen, aber erst etwa 100 Jahre nach seiner Erhebung zur herrschenden Religion hörten die grausamen Spiele auf.

Abb. 211
Blick in den Innenraum des Kolosseums /
Die Arena ruhte auf einem mächtigen Unterbau in den Ausmaßen von 77 zu 46 m. Unter ihr befanden sich die Käfige für die wilden Tiere und die komplizierten Theatermaschinen. Im Kolosseum fanden neben Gladiatoren- und Tierkämpfen sogar Seeschlachten statt.

Abb. 212
Römisches Wagenrennen (1. Jahrhundert n. Chr.) / Die Farben der Wagenführer waren Blau, Grün, Rot und Weiß. Nero, der sowohl an tänzerischen, schauspielerischen und musikalischen Wettkämpfen als auch an Wagenrennen Gefallen hatte, bevorzugte die grüne Farbe.

Abb. 213
Gladiatoren kämpfen mit wilden Tieren / (Relief vom Theater des Marzellus)

angemessen zu Gott beten sollen. Darum tritt der Geist bei Gott für uns ein mit einem Flehen, das sich nicht in Menschenworten ausdrücken läßt. Aber Gott weiß auch, was der Geist ihm sagen will. Denn der Geist tritt so für das Volk Gottes ein, wie es Gott gefällt.

Wir wissen: Wenn jemand Gott liebt, muß alles dazu beitragen, daß er das Ziel erreicht, zu dem Gott ihn auch nach seinem Plan berufen hat. Gott hat alle, die er ausgewählt hat, dazu bestimmt, seinem Sohn gleich zu werden. Denn als der Auferstandene soll er der erste unter vielen Brüdern sein. Alle aber, die Gott im voraus dazu bestimmt hat, die hat er auch berufen. Und wenn er jemand berufen hat, dann sorgt er auch dafür, daß er vor ihm bestehen kann. Und wer vor ihm bestehen kann, dem gibt er Anteil an seiner eigenen Herrlichkeit. (Römer 8,18—30)

Nichts kann uns von Gottes Liebe trennen

Was sollen wir noch weiter sagen? Gott ist auf unserer Seite, wer kann uns da noch etwas anhaben? Er verschonte nicht einmal seinen eigenen Sohn, sondern ließ ihn für uns alle sterben. Wird er uns dann mit ihm nicht alles schenken? Niemand kann die Menschen anklagen, die Gott erwählt hat. Denn Gott selbst spricht sie frei. Niemand kann sie verurteilen. Jesus Christus ist ja für sie gestorben. Mehr noch: er ist vom Tod erweckt worden. Er sitzt an Gottes rechter Seite und tritt für sie ein. Kann uns dann noch etwas von Christus und seiner Liebe trennen? Etwa Leiden, Not, Verfolgung, Hunger, Entbehrung, Gefahr oder Tod? Denn es heißt ja: „Weil wir zu dir gehören, sind wir ständig in Todesgefahr. Wir werden angesehen wie Schafe, die man bedenkenlos abschlachten kann." Nein, mitten in all dem triumphieren wir mit Hilfe dessen, der uns seine Liebe erwiesen hat. Ich bin gewiß, daß uns nichts von dieser Liebe trennen kann: weder Tod noch Leben, weder Engel noch andere Mächte, weder Gegenwärtiges noch Zukünftiges, weder etwas im Himmel noch etwas in der Hölle. Durch Jesus Christus, unsern Herrn, hat Gott uns seine Liebe geschenkt. Darum gibt es in der ganzen Welt nichts, was uns jemals von Gottes Liebe trennen kann. (Römer 8,31—39)

Die Briefe an die Gemeinde in Korinth

Paulus war auf seiner sogenannten 2. Missionsreise etwa im Jahre 50 nach Korinth gekommen. Apostelgeschichte 18,1-17 berichtet über sein ein- bis zweijähriges Wirken in der Stadt allerdings nur sehr lückenhaft. Die ersten Anhänger gewann der Apostel aus den Reihen der jüdischen Synagogengemeinde. Bald allerdings überwog das heidenchristliche Element. Judenchristliche Einflüsse blieben jedoch durch Zuwanderer wirksam, die aus dem Bereich der Petrusmission kamen.

In der Zeit nach dem Aufenthalt des Paulus war zudem ein Judenchrist aus Alexandria, Apollos, in Korinth tätig gewesen. Dies führte in der Gemeinde, deren religiöses Leben von der Stimmung einer hochfliegenden Begeisterung erfüllt war, zu Spannungen, die durch das soziale Gefälle unter ihren Mitgliedern verstärkt wurden. Eine große Gefahr für die junge christliche Gemeinde stellte das allgemeine sittliche und religiöse Milieu Korinths dar.

Paulus, der Korinth als Stützpunkt für seine Mission in Griechenland ansah, blieb mit der Gemeinde auch in der Ferne verbunden. Was ihm Besucher berichteten und was er durch Briefe und Boten erfuhr, erfüllte ihn jedoch mit großer Sorge. Einige Jahre nach Gründung der Gemeinde schien die religiöse Energie der christlichen Korinther den Bau, den Paulus errichtet hatte, auseinandersprengen zu wollen. Die Gegner unternahmen alles, um das Ansehen des Apostels herabzusetzen. In dieser Situation, etwa in den Jahren 55 bis 57, schrieb Paulus unter Einsatz seiner ganzen Autorität eine Reihe von Briefen, von denen uns das Neue Testament einen Teil erhalten hat, allerdings in einer Zusammenstellung, die den Eindruck erweckt, als ob es sich nur um zwei Briefe handelte. Die moderne Forschung neigt dazu, 1. und 2. Korinther in mehrere Schreiben aufzugliedern.

Die Texte selbst, die ganz bestimmte, aber heute schwer durchschaubare, Verhältnisse in Korinth widerspiegeln, geben uns einen Einblick in die mühevolle Arbeit des Paulus.

Eingangsgruß

Paulus, den Gott zum Apostel Jesu Christi berufen hat, und der Bruder Sosthenes schreiben diesen Brief an die Gemeinde Gottes in Korinth. Wir grüßen dort alle, die durch die Verbindung mit Jesus Christus für Gott ausgesondert und zu Gottes Volk berufen sind. Darüber hinaus gilt dieser Brief allen, die sich zu Jesus Christus, unserem gemeinsamen Herrn, bekennen, wo sie auch sind:
Wir bitten Gott, unseren Vater, und Jesus Christus, den Herrn, euch Gnade und Frieden zu schenken! (1. Korinther 1,1—3)

Dank für Gottes Geschenk

Ich danke meinem Gott ständig für euch, denn er hat euch durch Jesus Christus seine Liebe erwiesen. Das zeigt sich daran, daß ihr reich geworden seid in allem, was die Gemeinschaft

Schwester Chloë habe ich erfahren, liebe Brüder, daß es unter euch Streitigkeiten gibt. Ihr wißt, was ich meine. Der eine sagt: „Ich gehöre zu Paulus!" Der andere: „Ich zu Apollos!" Der dritte: „Ich zu Petrus!" Und wieder ein anderer: „Ich zu Christus!" Christus läßt sich doch nicht zerteilen! Ist vielleicht Paulus für euch am Kreuz gestorben? Oder wurdet ihr auf seinen Namen getauft? Ich danke Gott, daß ich außer Krispus und Gaius niemand von euch getauft habe, sonst würdet ihr am Ende noch sagen, daß ich durch die Taufe zu eurem Herrn geworden sei. Doch, ich habe auch noch Stephanas und seine Familie getauft. Aber sonst weiß ich wirklich keinen mehr, den ich getauft hätte. (1. Korinther 1,10—16)

Die Botschaft vom Kreuz

Christus hat mich nicht beauftragt zu taufen, sondern die Gute Nachricht zu verkünden.

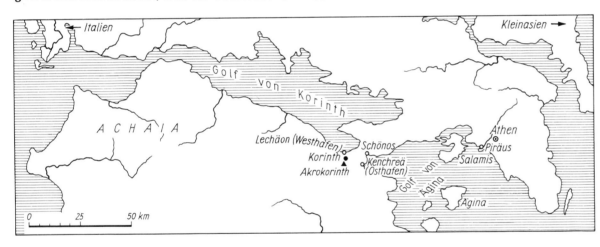

Karte 17
Die Lage Korinths auf dem Peloponnes / Auf den Resten älterer Siedlungen, die sich um die Peirene-Quelle gruppierten, wurde Korinth im Jahre 44 v. Chr. von Caesar neu gegründet. Die Lage am Isthmus mit zwei Häfen, Lechäon im Westen und Kenchreä im Osten, machten Korinth zu einer der größten Hafenstädte im Mittelmeergebiet. Hier war der bevorzugte Umschlag- und Stapelplatz zwischen Orient und Okzident.

mit Jesus Christus schenkt, in jeder Art von Verkündigung und Erkenntnis. Weil die Botschaft von Christus zum festen Grund eures Glaubens geworden ist, fehlt euch keine von den Gaben, die der Geist Gottes schenkt. Und so wartet ihr voll Zuversicht darauf, daß Jesus Christus, unser Herr, sich in seiner Herrlichkeit zeigt. Er wird euch auch helfen, bis zum Ende fest auf diesem Grund zu stehen, so daß euch an seinem Gerichtstag niemand anklagen kann. Gott selbst hat euch dazu berufen, für immer mit seinem Sohn Jesus Christus, unserem Herrn, verbunden zu sein, und Gott steht zu seinem Wort. (1. Korinther 1,4—9)

Spaltungen in der Gemeinde

Brüder, im Namen Jesu Christi, unseres Herrn, rufe ich euch auf: Seid einig! Bildet keine Gruppen, die sich gegenseitig bekämpfen! Haltet in gleicher Gesinnung und Überzeugung zusammen! Durch Leute aus dem Haus unserer

Wenn ich aber die Gute Nachricht mit Worten tiefsinniger Weisheit darstelle, dann nehme ich dem Tod, den Christus gestorben ist, seinen ganzen Sinn. Denn es kann nicht anders sein: Für die, die verlorengehen, muß die Botschaft vom Kreuzestod als barer Unsinn erscheinen. Wir aber, die gerettet werden, erfahren darin Gottes Macht. Gott hat gesagt: „Ich will die Weisheit der Weisen zunichte machen und die Klugheit der Klugen verwerfen."
Wo bleiben da die Weisen? Wo die Kenner der heiligen Schriften? Wo die gewandten Diskussionsredner? Was für diese Welt als göttliche Weisheit gilt, das hat Gott als reinen Unsinn erwiesen. Denn obwohl Gottes Weisheit sich in der ganzen Schöpfung zeigt, haben die Menschen mit ihrer eigenen Weisheit Gott nicht erkannt. Darum beschloß er, durch die Botschaft vom Kreuzestod, die der menschlichen Weisheit als Unsinn erscheint, alle zu retten, die diese Botschaft annehmen.
Die Juden verlangen Wunder, die Griechen

Die Gnostiker
Unter den 1. Korinther 1,12 genannten Gruppierungen überrascht zunächst die „Christus-Partei". Ihre Anhänger waren vermutlich von einer religiösen Strömung beeinflußt, die von der Fachwissenschaft „Gnosis" genannt wird. Sie knüpften an die Weisheitslehre des gelehrten Alexandriners Apollos an und teilten die Skepsis, die die Petrus-Leute Paulus gegenüber hegten. Ihr Auftreten gab dem Parteienstreit in der Gemeinde einen bedeutungsvollen Hintergrund. Das griechische Wort „Gnosis" bedeutet Erkenntnis. Inhalt dieser Erkenntnis war die Überzeugung, daß der Mensch in sich ein göttliches Selbst trage, das allerdings in die Stofflichkeit des Leibes verstrickt ist. Aus dieser Gefangenschaft muß es befreit werden. Befreiung geschieht, wenn der Mensch diesen göttlichen Kern seines Daseins erkennt. Er löst sich dann von allen Bindungen des Irdischen, das der Gnostiker verachtete. Auch die Ehe wurde als eine solche Bindung verstanden. Losung der Gnostiker in Korinth war das Schlag-

wort: „Mir ist alles erlaubt!" (1. Korinther 6,12; 10,23) In gleicher Weise verstanden die Gnostiker auch Christus, den sie von dem Menschen Jesus energisch abhoben — daher „Christus-Partei". Christus ist ihrer Lehre nach das göttliche Selbst in Jesus gewesen. Als Jesus litt, blieb es davon unberührt. Der göttliche Christus hat dann den Leib des Nazareners verlassen und ist zu Gott heimgekehrt, zu dem Gott, dessen Göttlichkeit die Gnostiker nicht mit der bösen und nichtigen Welt in Zusammenhang gebracht sehen wollen. (Folgerichtig schrieben sie die Schöpfung einem niederen Wesen, dem Demiurgen, zu.) Kreuz und Auferstehung, an denen Paulus so viel lag, stellten für sie bedeutungslose theologische Sätze dar. Sie selbst waren sich gewiß, daß auch ihr göttliches Selbst heimkehren werde zu dem wahren Gott, indem es sich mit dem Christusselbst verbindet.

Erkenntnis. Wir aber verkünden, daß Christus, der Gekreuzigte, der Retter ist. Für die Juden ist das eine Gotteslästerung, für die Griechen barer Unsinn. Aber alle, die berufen sind, Juden wie Nichtjuden, erfahren in Christus Gottes Macht und erkennen in ihm Gottes Weisheit. Gott handelt gegen alle Vernunft — und ist doch weiser als alle Menschen. Gott zeigt sich schwach — und ist doch stärker als alle Menschen. (1. Korinther 1,17—25)

Wie Gott handelt

Schaut doch euch selbst an, Brüder! Wen hat Gott denn da berufen? Kaum einer von euch ist ein gebildeter oder mächtiger oder angesehener Mann. Gott hat sich vielmehr die Einfältigen und Machtlosen ausgesucht, um die Klugen und Mächtigen zu demütigen. Er hat sich die Geringen und Verachteten ausgesucht, die

nichts gelten, denn er wollte die zu nichts machen, die vor den Menschen etwas sind. Niemand soll vor Gott mit irgend etwas auftrumpfen können.
Euch aber hat Gott zur Gemeinschaft mit Jesus Christus berufen. Der ist unsere Weisheit, die von Gott kommt. Durch ihn können wir vor Gott bestehen. Durch ihn hat Gott uns zu seinem Volk gemacht und von unserer Schuld befreit. Es sollte so sein, wie es in den heiligen Schriften steht: „Wer auf etwas stolz sein will, soll stolz sein auf das, was der Herr getan hat." (1. Korinther 1,26—31)

Paulus erinnert an sein erstes Auftreten

Brüder, als ich zum erstenmal bei euch war und euch Gottes geheimnisvolle Wahrheit verkündete, tat ich dies ja auch nicht mit großartigen und tiefsinnigen Reden. Ich hatte mir

Karte 18
Der Marktplatz in Korinth / Die Stadt befand sich etwa 8 km südwestlich vom Isthmus, der als 6 km breiter Landrücken die Meere westlich und östlich des Peloponnes trennte. Er war damals noch nicht von einem Kanal durchschnitten. Umfangreiche Grabungon haben den Marktplatz, die Agora, wieder ans Licht gebracht. Sie bestätigten, daß Korinth eine Weltstadt war. Seit 29 v. Chr. war sie Sitz eines Prokonsuls, des Apostelgeschichte 18,12 genannten „Gouverneurs", und Hauptstadt der römischen Provinz Achaia. Die Karte dient auch der Erschließung der Abb. 214.
Erläuterung der Zahlen:
1 Läden an der Straße nach Lechäon
2 Propyläen (Eingang) des Marktes
3 Säulenhalle über dem Peirene-Brunnen
4 Rundes Denkmal
5 Bogendenkmal
6 Wasserspeicher
7 Rampe und Denkmalssockel
8 Freitreppe
9 südöstliches Gebäude, vielleicht Archiv
10 Vorhof der Südlichen Basilika
11 Zierbrunnen
12 Läden
13 Läden (mit Schrein des Serapis)
14 Büro des Gerichtsbeamten (vielleicht aus der Zeit des Paulus)
15 Weinläden oder Schenken
16 Wasserleitung — alte Säulen

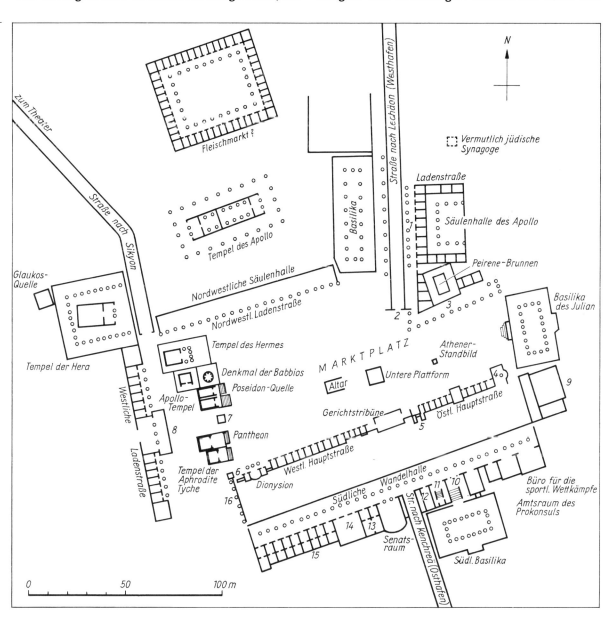

vorgenommen, euch nichts anderes zu bringen als Jesus Christus, und zwar Jesus Christus, den Gekreuzigten. Als schwacher Mensch trat ich vor euch hin und war voller Angst und Sorge. Mein Wort und meine Botschaft wirkten nicht durch Redekunst und Gedankenreichtum, sondern weil Gottes Geist darin seine Kraft erwies. Euer Glaube sollte sich nicht auf Menschenweisheit gründen, sondern auf Gottes Macht. (1. Korinther 2,1—5)

Alle arbeiten an demselben Werk

Zu euch, Brüder, konnte ich bisher nicht reden wie zu Menschen, die vom Geist bestimmt sind. Ich mußte euch behandeln wie Menschen, die von ihrer selbstsüchtigen Natur bestimmt werden und im Glauben noch Kinder sind. Darum gab ich euch Milch, keine feste Nahrung, weil ihr die doch nicht vertragen konntet. Auch jetzt könnt ihr das noch nicht; denn ihr steht immer noch im Bann eurer selbstsüchtigen Natur. Ihr rivalisiert miteinander und streitet euch. Das beweist doch, daß ihr nicht aus dem Geist Gottes lebt, sondern so

handelt wie alle anderen Menschen auch! Wenn der eine sagt: „Ich gehöre zu Paulus" und der andere: „Ich zu Apollos" — handelt ihr da nicht wie Menschen, die nichts von Gottes Geist wissen?

Wer ist schon Apollos? Oder wer ist Paulus? Sie sind Gottes Helfer, durch die ihr zum Glauben gekommen seid. Jedem von uns beiden hat Gott seine besondere Aufgabe gegeben. Ich habe gepflanzt, Apollos hat gegossen; aber Gott hat es wachsen lassen. Es zählt also nicht, wer pflanzt oder wer begießt; es kommt alles auf Gott an, der es wachsen läßt. Beide arbeiten an demselben Werk: der, der pflanzt, und der, der begießt; doch wird Gott jeden nach seinem persönlichen Einsatz belohnen.
(1. Korinther 3,1—8)

Gott fordert Rechenschaft

Wir sind also Gottes Mitarbeiter, ihr aber seid Gottes Feld. Oder mit einem anderen Bild: Ihr seid Gottes Bau. Nach dem Auftrag, den mir Gott in seiner Gnade gegeben hat, habe ich wie ein umsichtiger Bauleiter das Fundament ge-

Abb. 214
Korinth, der Marktplatz (Agora) / Das Bild erschließt sich am besten im Vergleich mit der Umrißzeichnung. Der Betrachter blickt von Ost nach West. Im Vordergrund befinden sich die Reste der Basilika des Julian. Rechts daneben, an der Nordostseite des Platzes, ist die Peirene-Quelle zu lokalisieren, um die sich bereits in vorgeschichtlicher Zeit Menschen ansiedelten. Dahinter, im Mittelgrund des Bildes, mündet die Straße von Lechäon, dem Hafen am Golf von Korinth, in den Platz ein. Sie wurde durch ein eigenes Bauwerk abgeschlossen, die Propyläen. Die Nordflanke der Agora bildet nach Westen zu eine Ladenstraße, die in einem Säulengang verlief. (Die Abb. 216 zeigt diese Ladenstraße aus der Nähe.) Daran schloß sich das Gelände des Apollotempels an, von dem am rechten Bildrand noch eine Säulengruppe zu erkennen ist.
Auf der Westseite (im Hintergrund, dem Betrachter gegenüber) befanden sich

legt. Andere bauen nun darauf weiter. Aber jeder soll sehen, wie er weiterbaut! Das Fundament ist gelegt: Jesus Christus. Niemand kann ein anderes legen. Es wird auch nicht verborgen bleiben, was einer darauf baut. Der Tag des Gerichts wird ans Licht bringen, ob es Gold ist oder Silber, kostbare Steine, Holz, Stroh oder Schilf. An diesem Tag wird die Arbeit eines jeden im Feuer auf ihren Wert geprüft. Wenn das, was einer gebaut hat, die Feuerprobe besteht, wird er belohnt. Wenn es aber verbrennt, wird er bestraft. Er selbst wird zwar gerettet, aber so wie einer, der gerade noch aus dem Feuer herausgeholt wird.

Wißt ihr nicht, daß ihr als Gemeinde der Tempel Gottes seid und daß der Geist Gottes in euch wohnt? Wer den Tempel Gottes zugrunde richtet, den wird Gott auch zugrunde richten. Denn der Tempel Gottes ist heilig, und dieser Tempel seid ihr. (1. Korinther 3,9—17)

Keine Verherrlichung von Menschen

Niemand soll sich etwas vormachen: Wenn sich einer von euch nach den Maßstäben dieser Welt für weise hält, dann muß er erst einmal ganze Welt, das Leben und der Tod, die Gegenwart und die Zukunft. Alles gehört euch, ihr aber gehört Christus, und Christus gehört Gott.

Brüder, ich habe von Apollos und mir gesprochen. An unserem Beispiel wollte ich euch zeigen, was der Grundsatz bedeutet: „Nicht über das hinausgehen, was geschrieben steht!" Keiner soll sich wichtig machen und seinen Lehrer gegen den eines anderen ausspielen. Wer gibt dir denn das Recht, dir etwas einzubilden? Kommt nicht alles, was du hast, von Gott? Wie kannst du dann damit auftrumpfen, als hättest du es von dir selbst? (1. Korinther 3,18—23; 4,6—7)

Das Beispiel des Apostels

Aber ihr seid ja schon satt. Ihr seid ja schon reich. Ihr seid schon am Ziel — ohne mich. Wenn ihr nur schon dort wärt, dann wäre auch ich mit dabei! Aber es sieht so aus, als hätte Gott uns Aposteln den allerletzten Platz angewiesen. Wir stehen da wie Verbrecher, die zum Tod in der Arena verurteilt sind. Ein Schauspiel

Abb. 214a
Umrißzeichnung zu Abb. 214

mehrere Tempel, deren Anordnung aus dem Grundriß entnommen werden kann. Eine Freitreppe führte zu den dahinter liegenden Läden.
Läden bestimmten auch das Bild an der Südseite. Ihre Front wird an der Südost-Ecke vom Betrachter her durch ein rundes Denkmal bestimmt, das noch gut zu erkennen ist. Gegenüber der Stelle, wo die Straße von Lechäon in die Agora einmündete, erheben sich die Reste des Bema, der Gerichtstribüne. Dort bzw. in der sogenannten Nordbasilika mußte sich Paulus vor dem Prokonsul Gallio verantworten. Hinter der Ladenstraße rechts im Bild verlief auch auf der Südseite (etwas zurückgesetzt) eine Säulenhalle. Hinter der Säulenhalle nahm die Straße nach Kenchreä, dem Hafen am Golf von Ägina (Osthafen), ihren Anfang.
Im Hintergrund links steigt das Gelände zur Burg Akrokorinth steil an. Ein 5½ km langer Weg führte auf den schwer zugänglichen Felsen hinauf. Auf seinem Gipfel befand sich ein Tempel der Aphrodite mit der Bildsäule der Göttin.

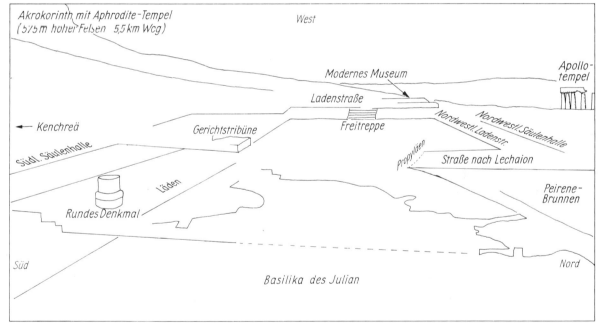

sein ganzes Wissen aufgeben, um wirklich weise zu werden. Was die Menschen für Tiefsinn halten, ist in den Augen Gottes Unsinn. In den heiligen Schriften heißt es: „Gott fängt die Klugen im Netz ihrer eigenen Schlauheit." Und es heißt auch: „Der Herr kennt die Gedanken der Weisen und weiß, wie sinnlos sie sind." Darum soll sich keiner etwas auf einen Menschen einbilden und mit seinem Lehrer prahlen. Euch gehört doch alles, ob es nun Paulus ist oder Apollos oder Petrus; euch gehört die sind wir für die ganze Welt, für Engel und Menschen. Wir sind um Christi willen unwissend, aber ihr seid durch Christus klug. Wir sind schwach, aber ihr seid stark. Wir sind verachtet, aber ihr seid geehrt. Bis zu diesem Augenblick leiden wir Hunger und Durst, wir gehen in Lumpen und werden geschlagen, heimatlos ziehen wir von Ort zu Ort. Wir arbeiten hart für unseren Unterhalt. Wir segnen, wenn man uns verflucht; wir ertragen es, wenn man uns verfolgt; wenn man uns beschimpft, antworten

Abb. 215
Apollo-Tempel in Korinth / Von den 38 Säulen des Tempels, dessen architektonisches Gleichmaß Paulus bei seinem Aufenthalt in Korinth bewundern konnte, stehen noch sieben. In Korinth verschmolz die klassische Götterwelt Griechenlands schnell mit anderen religiösen Strömungen. Eine Vielzahl von Tempeln zeugt von dieser Religionsvermischung (Tempel für Melkart, Isis, Serapis, Zeus, Apollo, Aphrodite, Asklepios, Kybele u. a.).
Sehr einflußreich war der Aphrodite-Kult, der auf dem Felsen von Akrokorinth heimisch war (im Hintergrund unseres Bildes und Abb. 158). Nach Angaben des römischen Historikers Strabo standen etwa 1 000 Frauen als Tempelprostituierte im Dienst der Göttin. In den Ruinen des Theaters wurde ein Sitzblock entdeckt, dessen Inschrift ihn als reserviert für ,,die Mädchen'' auswies.
Daß sexuelle Laxheit (mit der Kehrseite einer strengen Askese) auch in der Gemeinde der Christen Eingang gefunden hatte, spiegelt sich in der Korrespondenz des Paulus wider.

wir mit freundlichen Worten. Es ist, als müßten wir den Schmutz der ganzen Welt auf uns nehmen. Wir sind Auswurf der Menschheit — bis zu dieser Stunde!

Ich sage das nicht, um euch zu beschämen. Ich möchte euch nur auf den rechten Weg bringen. Ihr seid doch meine geliebten Kinder! Selbst wenn ihr als Christen Tausende von Erziehern hättet, ihr habt doch nur einen Vater. Als ich euch die Gute Nachricht brachte, bin ich für das Leben, das ihr durch Jesus Christus habt, euer Vater geworden. Darum bitte ich euch: Folgt meinem Beispiel! Weil mir daran liegt, habe ich Timotheus zu euch geschickt. Als Christ ist er mein geliebter Sohn, und ich kann mich auf ihn verlassen. Er wird euch daran erinnern, wie ich selbst lebe und welche Weisungen ich euch für euer Leben in Verbindung mit Jesus Christus gegeben habe. Es sind dieselben, die ich überall den Gemeinden einpräge.

Einige von euch machen sich wichtig und sagen: ,,Er selbst traut sich ja nicht her!'' Aber ich werde in kürzester Zeit zu euch kommen, wenn der Herr es zuläßt. Dann werde ich sehen, was hinter den Worten dieser Wichtigtuer steckt. Denn wo Gott seine Herrschaft aufrichtet, geschieht das nicht in Worten, sondern im Erweis seiner Macht. Was ist euch lieber? Soll ich mit dem Stock zu euch kommen oder mit Liebe und Nachsicht? (1. Korinther 4,8—21)

Ein beschämender Fall

Eines vor allem muß ich euch sagen: Ich höre, daß bei euch ein unglaublicher Fall von Unzucht vorliegt. Nicht einmal unter den Völkern, die das Gesetz Gottes nicht kennen, ist es erlaubt, daß einer mit seiner Stiefmutter zusammenlebt! Und ihr bildet euch auf diesen Beweis von ,,Freiheit'' auch noch etwas ein! Ihr solltet vielmehr erschüttert und traurig sein und diesen Menschen aus eurer Gemeinschaft ausstoßen. Ich selbst jedenfalls habe schon gehandelt. Ich bin zwar körperlich weit entfernt, aber im Geist bin ich bei euch und habe in Übereinstimmung mit Jesus, dem Herrn, mein Urteil gefällt. Es lautet: Wenn ihr zusammenkommt und ich mit der Kraft unseres Herrn Jesus im Geist bei euch bin, müßt ihr diesen Menschen dem Satan übergeben. Der soll die verdiente Strafe an ihm vollziehen und ihn töten, damit dieser Mann, der einmal den Geist empfangen hatte, am Gerichtstag des Herrn doch noch gerettet wird.

Ihr habt wahrhaftig keinen Grund, groß aufzutrumpfen. Ihr wißt, daß ein klein wenig Sauerteig genügt, um den ganzen Teig sauer zu machen. Reinigt euch also! Entfernt den alten Sauerteig, damit ihr ein frischer, ungesäuerter Teig werdet! Und das seid ihr doch, seit Christus als unser Passalamm geopfert wurde. Laßt uns darum auch entsprechend feiern: nicht mit Brot aus dem alten Sauerteig der Sünde und Schlechtigkeit, sondern mit dem ungesäuerten Brot der Reinheit und Wahrheit.

In meinem früheren Brief habe ich euch geschrieben, ihr sollt nichts mit Menschen zu tun haben, die Unzucht treiben. Natürlich dachte ich dabei nicht an Leute, die außerhalb der Gemeinde stehen, genauso wenig, wenn ich von Geldgierigen, Räubern und Götzenanbetern sprach. Sonst müßtet ihr ja diese Welt überhaupt verlassen.

Ich schreibe euch darum jetzt ausdrücklich: Ihr sollt mit keinem Umgang haben, der sich Bruder nennt und trotzdem Unzucht treibt oder am Geld hängt oder Götzen verehrt, der ein Verleumder, Trinker oder Räuber ist. Mit solch einem sollt ihr auch nicht zusammen essen. Über die Außenstehenden zu Gericht zu sitzen, ist nicht meine Aufgabe; das wird Gott selbst tun. Eure Aufgabe aber ist es, die eigenen Leute zur Rechenschaft zu ziehen. Es heißt doch in den heiligen Schriften: „Ihr müßt die Bösen aus eurer Mitte entfernen!"
(1. Korinther 5,1—13)

Gerichtsverfahren gegenüber Brüdern

Wenn einer von euch mit einem Mitchristen Streit hat, wie kann er da vor ungläubige Richter gehen, anstatt die Gemeinde entscheiden zu lassen? Ihr wißt doch, daß das Volk Gottes einst die Menschheit richten wird. Und da seid ihr nicht fähig, über Kleinigkeiten zu urteilen? Wißt ihr nicht, daß uns sogar das Urteil über Engel zusteht? Dann doch erst recht über Streitigkeiten des täglichen Lebens! Und ihr laßt solche Fragen von Leuten entscheiden, auf die ihr herabseht? Ich sage dies, damit ihr euch schämt! Hat unter euch keiner soviel Verstand, daß er einen Streit zwischen Brüdern schlichten kann? Muß wirklich ein Bruder gegen den anderen prozessieren, und das auch noch vor Ungläubigen?

Es ist schon schlimm genug, daß ihr überhaupt Prozesse gegeneinander führt. Warum laßt ihr euch nicht lieber Unrecht tun? Warum laßt ihr euch nicht lieber übervorteilen? Statt dessen tut ihr selbst Unrecht und übervorteilt andere, und das unter Brüdern!

Denkt daran: für Menschen, die Unrecht tun, hat Gott keinen Platz in seiner neuen Welt. Macht euch nichts vor! Menschen, die Unzucht treiben oder Götzen anbeten, die die Ehe brechen oder mit Partnern aus dem eigenen Geschlecht verkehren, Diebe, Wucherer, Trinker, Verleumder und Räuber werden nicht in Gottes neue Welt kommen. Solche gab es früher auch unter euch. Aber jetzt seid ihr reingewaschen, ihr seid Gottes heiliges Volk geworden und könnt vor seinem Urteil bestehen. Denn ihr seid mit Jesus Christus, dem Herrn, verbunden und habt den Geist unseres Gottes erhalten. (1. Korinther 6,1—11)

Der ganze Mensch gehört Gott

Ihr wendet ein: „Mir ist alles erlaubt!" Mag sein, aber nicht alles ist gut für euch. Alles ist immer erlaubt; aber das darf nicht dazu führen,

Abb. 216
Korinth, Läden am Markt / Zeugnis des regen Handels in Korinth sind die Läden, die den Marktplatz umgaben. Jeder Laden verfügte über einen Lagerraum und war an ein Wasserversorgungssystem angeschlossen. Mit Hilfe des fließenden Wassers wurden leicht verderbliche Waren wie Milch und Fleisch gekühlt, aber auch der Wein, der zum sofortigen Ausschank bestimmt war.
Im schroffen Gegensatz zu dem Reichtum, den Handel und Gewerbe in die Stadt brachten, stand das Elend, in dem ein großer Teil der Bevölkerung lebte. Zeitweise waren zwei Drittel der Einwohner Sklaven; nicht viel besser ging es den meist unbeschäftigten Gelegenheitsarbeitern, die aus allen Teilen des römischen Reiches in die große Hafen- und Handelsstadt gekommen waren. Luxus und größte Armut stießen in Korinth hart aufeinander.

daß ich meine Freiheit an irgend etwas verliere.
Man kann sagen: „Die Nahrung ist für den
Magen und der Magen für die Nahrung." Gott
wird ja doch allen beiden ein Ende machen.
Aber unser Körper ist deshalb noch lange nicht
für die Unzucht da, sondern für den Herrn, der
auch der Herr über unseren Körper ist. Denn so
wie Gott Christus, den Herrn, vom Tod erweckt
hat, so wird seine Macht auch uns zum neuen
Leben erwecken.
Wißt ihr nicht, daß euer Körper ein Teil vom
Leib Christi ist? Kann ich ihn da einfach mit dem
Leib einer Hure verbinden? Das darf nicht sein!
Ihr müßt doch wissen, daß einer, der sich mit
einer Hure einläßt, mit ihr *ein Leib* geworden
ist. In den heiligen Schriften heißt es ja: „Die
zwei sind dann ein Leib." Aber wer sich mit
dem Herrn verbindet, ist mit ihm *ein Geist*.
Hütet euch um jeden Preis vor der Unzucht!
Alle anderen Sünden, die ein Mensch begehen
kann, betreffen nicht seinen Körper. Wer aber
Unzucht treibt, vergeht sich an seinem eigenen
Körper. Wißt ihr denn nicht, daß euer Körper
der Tempel des heiligen Geistes ist? Gott hat
euch seinen Geist gegeben, der jetzt in euch
wohnt. Darum gehört ihr nicht mehr euch
selbst. Gott hat euch als sein Eigentum erworben. Macht ihm also Ehre durch die Art, wie
ihr mit eurem Körper umgeht.
(1. Korinther 6,12—20)

Jeder bleibe an seinem Platz

Im übrigen soll jeder sich nach dem Maß richten, das der Herr ihm zugeteilt hat; das will
sagen: Er bleibe an dem Platz, an dem er war,
als Gott ihn berief. Diese Anweisung gebe ich
in allen Gemeinden.

Abb. 217
Mädchen beim Würfelspiel / Römische
Kopie eines hellenistischen Originals

Wenn einer beschnitten war, als er berufen
wurde, soll er nicht versuchen, die Beschneidung rückgängig zu machen. Wenn er unbeschnitten war, soll er sich nicht beschneiden
lassen. Es ist vor Gott völlig gleichgültig, ob
einer beschnitten ist oder nicht. Es kommt nur
darauf an, daß er nach Gottes Geboten lebt.
Jeder diene Gott an dem Platz, an dem sein Ruf
ihn erreicht hat. Warst du ein Sklave, als Gott
dich zum Glauben rief, so mache dir nichts
daraus; doch wenn sich dir die Gelegenheit
bietet freizuwerden, dann nutze sie um so mehr
dazu, dem Herrn zu dienen. Ein Sklave, der zur
Gemeinde des Herrn berufen ist, ist schon frei,
weil er dem Herrn gehört. Umgekehrt hat
Christus den, der als freier Mann berufen

Abb. 218
Spielmarken und Würfel aus Korinth /
Die sozialen Gegensätze begünstigten
die Sittenverderbnis, für die Korinth im
Altertum sprichwörtlich war. Es gab im
Griechischen ein Verb „korinthiazes-
thai", sich „korinthisch verhalten". Es
bedeutete schlechthin: „ein liederliches
Leben führen". Ein „korinthisches
Mädchen" war ein Mädchen mit zwei-
felhaften Sitten. Die Stadt war bekannt
für ihre vielen Schenken, Bordelle und
Spielhöllen. Spuren dieser korin-
thischen Subkultur fanden sich noch im
Schutt der Jahrtausende.

wurde, zu seinem Sklaven gemacht. Christus hat dafür bezahlt, daß ihr ihm jetzt gehört. Darum macht euch nicht zu Sklaven menschlicher Maßstäbe!

Jeder von euch, Brüder, soll an dem Platz bleiben, an dem er war, als Gott ihn rief, und er soll diesen Platz so ausfüllen, wie es Gott gefällt. (1. Korinther 7,17—24)

Darf man Opferfleisch essen?

Ihr wollt wissen, wie man es mit dem Fleisch von Tieren halten soll, die als Opfer für die Götzen geschlachtet worden sind.

Aber nicht jeder hat diese Erkenntnis. Manche sind durch Gewohnheit noch an ihre alten Vorstellungen gebunden. Wenn sie Opferfleisch essen, tun sie es in der Meinung, daß sie damit tatsächlich den Götzen anerkennen, dem das Opfer dargebracht wurde. Darum belastet es ihr Gewissen, wenn sie von solchem Fleisch essen.

Nun liegt es auf keinen Fall an einem Nahrungsmittel, wie wir zu Gott stehen. Wenn wir Bedenken haben, davon zu essen, sind wir vor Gott nicht weniger wert; und wenn wir davon essen, sind wir vor ihm nicht mehr wert. Wer keine Bedenken hat, soll aber achtgeben, daß

Abb. 219
Opferszene (1. Jahrhundert n. Chr.) /
Das Fleisch der auf dem Altar geschlachteten Tiere wurde bei kultischen Opfermahlzeiten verzehrt, gelangte aber auch auf dem Fleischmarkt zum Verkauf. Es war dann sehr schwer, seine Herkunft festzustellen. Paulus trug diesem Umstand Rechnung, indem er die Teilnahme an Opferessen verbot, gleichzeitig aber die Freiheit gab, nicht ausdrücklich als Opferfleisch ausgewiesenes Fleisch unbeschwert zu genießen.

Ich weiß natürlich, daß wir alle die wahre Gotteserkenntnis haben. Aber das Wissen macht eingebildet; nur die Liebe baut die Gemeinde auf. Wenn sich jemand darauf beruft, daß er Gott kennt, zeigt er damit, daß er noch nicht weiß, was Erkenntnis Gottes ist. Wer dagegen Gott liebt, den kennt und liebt Gott.

Was also das Essen von Opferfleisch betrifft: Es ist ganz richtig, daß es keine Götzen gibt, sondern nur einen einzigen Gott, auch wenn es im Himmel und auf der Erde Mächte gibt, die als Götter verehrt werden. Tatsächlich gibt es unzählige Götter und unsichtbare Mächte; aber für uns gibt es trotzdem nur einen Gott: den Vater und Schöpfer, den Ursprung aller Dinge und das Ziel unseres Lebens. Es gibt für uns auch nur einen Herrn, nämlich Jesus Christus, durch den alles geschaffen wurde und durch den uns das neue Leben geschenkt wird.

sein Verhalten nicht den schwachen Bruder zu Fall bringt.

Angenommen, du hast die richtige Erkenntnis und nimmst im Tempel eines Götzen an einem Opfermahl teil. Dort sieht dich jemand, der diese Erkenntnis nicht hat. Wird ihn das nicht ermutigen, gegen seine Überzeugung vom Opferfleisch zu essen? Dieser Schwache geht also durch deine Erkenntnis zugrunde. Dabei ist er doch dein Bruder, für den Christus gestorben ist!

Ihr versündigt euch an Christus, wenn ihr euch so an euren Brüdern versündigt und ihr schwaches Gewissen mißhandelt. Wenn ein Nahrungsmittel dazu führt, daß mein Bruder schuldig wird, will ich lieber nie mehr Fleisch essen. Denn ich will nicht, daß mein Bruder verlorengeht! (1. Korinther 8,1—13)

Abb. 220
Verkauf eines Stückes Stoff / (Relief aus dem 1. Jahrhundert n. Chr.) Während seines Aufenthaltes in Korinth hat Paulus für seinen Lebensunterhalt selbst gesorgt. Er übte seinen Beruf als „Zeltmacher" aus, in Gemeinschaft mit Aquila, einem aus Rom emigrierten Berufskollegen (Apostelgeschichte 18,3). Das griechische Wort, das als „Zeltmacher" wiedergegeben ist, läßt jedoch auch die Möglichkeit offen, daß der Apostel nicht Zelte, sondern Decken hergestellt hat. Die Fertigung schwerer Stoffe, die aus den Haaren schwarzer Ziegen gewebt waren, galt als Spezialität der zilizischen Heimat des Paulus. Solche Stoffe waren als Rohmaterial für Zelte sehr begehrt.
In der Urchristenheit bestand die Anweisung, daß ein Apostel von der Gemeinde zu ernähren sei (1. Korinther 9,14). Der Verzicht auf dieses Recht brachte Paulus offenbar in den Verdacht, gar kein echter Apostel zu sein.

Paulus verzichtet auf seine Vorrechte

Nehmt euch ein Beispiel an mir. Bin ich nicht frei? Bin ich nicht ein Apostel? Habe ich nicht Jesus, unseren Herrn, gesehen? Seid ihr nicht der Beweis meines Wirkens für den Herrn? Auch wenn andere mich nicht als Apostel anerkennen — für euch bin ich es! Meine Beglaubigung als Apostel seid ihr selbst, weil ihr Christen geworden seid.

Hier ist meine Antwort an die Leute, die über mich zu Gericht sitzen: Hätte ich nicht darauf Anspruch, für meinen Dienst Essen und Trinken zu bekommen? Hätte ich nicht das Recht, eine christliche Ehefrau auf meine Reisen mitzunehmen, wie es die anderen Apostel tun und die Brüder des Herrn und auch Petrus? Sind Barnabas und ich vielleicht die einzigen, die für ihren Lebensunterhalt selbst aufkommen müssen? Wer zieht denn schon auf eigene Kosten in den Krieg? Wer pflanzt einen Weinberg, ohne von seinen Trauben zu essen? Wer hütet Schafe, ohne von ihrer Milch zu trinken? Ich berufe mich nicht nur auf das, was allgemein üblich ist. Das Gesetz Gottes sagt dasselbe. Mose hat es aufgeschrieben: „Einem dreschenden Ochsen darfst du das Maul nicht zubinden." Kümmert sich Gott vielleicht um die Ochsen, oder meint er nicht vielmehr uns bei allem, was er sagt? So ist es: Von uns ist hier die Rede. Wer pflügt und erntet, soll damit rechnen können, selbst einen Teil vom Ertrag zu bekommen. Ich habe geistliche Gaben, den Samen der Botschaft Gottes, unter euch ausgesät. Ist es zuviel verlangt, wenn ich dafür natürliche Gaben ernte, nämlich was ich zum Leben brauche? Andere fordern es bedenkenlos von euch. Ich hätte ein viel größeres Anrecht darauf.

Und doch habe ich von meinem Recht keinen Gebrauch gemacht. Ich komme selbst für alles auf, um der Guten Nachricht von Christus kein Hindernis in den Weg zu legen. Ihr wißt, daß die Priester, die im Tempel Dienst tun, ihren Lebensunterhalt von den Einkünften des Tempels bekommen; und wer am Altar den Opferdienst verrichtet, bekommt einen Anteil von den Opfergaben. Genauso hat es der Herr für uns angeordnet: Wer die Gute Nachricht verbreitet, soll davon leben können. Aber ich habe von diesem Recht nie Gebrauch gemacht.

Ich will auch jetzt nicht etwa meinen Anspruch geltend machen. Eher wollte ich sterben. Meinen Ruhm soll mir niemand nehmen! Denn wenn ich nur die Gute Nachricht verkünde, habe ich noch keinen Grund, mich zu rühmen. Ich kann gar nicht anders — weh mir, wenn ich sie nicht weitergebe! Wenn ich sie aus eigenem Antrieb verkünden würde, könnte ich dafür einen Lohn erwarten. Aber ich tue es nicht freiwillig, sondern weil ich den Auftrag dazu habe. Worin besteht also mein Lohn? Mein Lohn ist, daß ich die Gute Nachricht ohne Entgelt verbreite und auf das verzichte, was mir dafür zusteht. (1. Korinther 9,1—18)

Alles für die Gute Nachricht

Obwohl ich also frei und von niemand abhängig bin, habe ich mich zum Sklaven aller gemacht, um möglichst viele für Christus zu gewinnen. Wenn ich mit Juden zu tun habe, lebe ich wie ein Jude, um sie zu gewinnen. Ich selbst bin nicht mehr an das Gesetz Moses gebunden; aber wenn ich unter Menschen bin, die noch daran gebunden sind, lebe ich wie sie

Die Isthmischen Spiele
Alle zwei Jahre richtete Korinth die Isthmischen Spiele aus. Sie wurden zu Ehren des Meeresgottes Poseidon veranstaltet, dessen Heiligtum etwa 10 km östlich der Stadt in der Nähe des heutigen Kanalausgangs bei Isthmia lag. Die Isthmischen Spiele gehörten neben den Spielen in Olympia, Delphi und Nemea zu den wichtigsten Festen dieser Art in Griechenland. Die Teilnehmer kamen aus dem ganzen hellenischen Bevölkerungsgebiet. Seit 228 v. Chr. beteiligten sich auch die Römer an den Isthmischen Spielen. Die Spiele begannen mit Opfern im Poseidonheiligtum. Das Programm enthielt eine ganze Reihe von sportlichen, aber auch künstlerischen Wettbewerben. Im Hippodrom fanden Wagenrennen statt.
Während seines Aufenthalts in Korinth hatte Paulus im Jahre 51 Gelegenheit, die Isthmischen Spiele mitzuerleben. Sie werden ihm eine willkommene Gelegenheit geboten haben, mit den Gemeinden in Kleinasien und in Mazedonien Kontakt aufzunehmen. Denn Teilnehmer und Gäste kamen auch aus diesen Gebieten auf den Isthmus von Korinth.
Die Spiele waren Ausdruck heidnischer Religiosität. Doch Paulus hat daran offensichtlich keinen Anstoß genommen. Denn unbefangen benutzte er Beispiele aus der Welt des religiös gefärbten Sportes, um Tatbestände des christlichen Lebens zu verdeutlichen.

Abb. 221
Siegreicher Sportler / Wenn Paulus
(1. Korinther 9,24-27) Bilder aus dem
Sport aufgreift, bezieht er sich auf ein
Lebenselement der Briefempfänger. Das
in unserer Abbildung wiedergegebene
Mosaik stammt aus einem Raum in der
südlichen Säulenhalle am Markt von
Korinth, in dem vielleicht der Verwalter
der isthmischen Sportspiele gearbeitet
hat. Es zeigt einen Sportler, der mit
Sellerie bekränzt ist und einen Palmen-
zweig in der Hand trägt. Er steht vor
der Göttin des Sieges.

Abb. 222
Antiker Boxkampf / Vasenbild aus dem
6. Jahrhundert v. Chr.

nach dem Gesetz, um sie für Christus zu gewinnen. Wenn ich dagegen Menschen gewinnen möchte, die nicht nach dem Gesetz leben, beachte auch ich es nicht. Das bedeutet nicht, daß ich das Gesetz Gottes verwerfe, aber ich bin an das Gesetz Christi gebunden! Wenn ich mit Menschen zu tun habe, deren Glaube noch schwach ist, werde ich wie sie, um sie zu gewinnen. Ich stelle mich allen gleich, um überall wenigstens einige zu retten. Das alles tue ich für die Gute Nachricht, damit auch ich selbst Anteil an dem bekomme, was sie verspricht.

Ihr wißt doch, daß an einem Wettlauf viele Läufer teilnehmen; aber nur einer bekommt den Preis. Darum lauft so, daß ihr den Preis gewinnt! Jeder, der an einem Wettlauf teilnehmen will, nimmt harte Einschränkungen auf sich. Er tut es für einen Siegeskranz, der verwelkt. Aber auf uns wartet ein Siegeskranz, der niemals verwelkt. Darum laufe ich wie einer, der ein Ziel hat. Darum kämpfe ich wie einer, der nicht in die Luft schlägt. Ich treffe mit meinen Schlägen den eigenen Körper, so daß ich ihn ganz in die Gewalt bekomme. Ich möchte nicht andere zum Wettkampf auffordern und selbst als untauglich ausscheiden. (1. Korinther 9,19—27)

Abb. 223
Startlinien in Isthmia bei Korinth / 1954 begannen in Isthmia östlich von Korinth die Ausgrabungen. In mehrjähriger Arbeit wurde das Poseidon-Heiligtum freigelegt, in dem die antiken Isthmischen Spiele stattfanden (vgl. S. 210). Ganz in der Nähe des Tempels, der dem Meeresgott geweiht war, fand man die Starteinrichtung für die Laufwettbewerbe. Das Oval des Stadions erforderte eine versetzte Anordnung der Startlinien.
Als im Jahre 394 v. Chr. der Poseidontempel abbrannte, verlegte man das Stadion weiter nach Südosten. Dort wurde 326 v. Chr. während der Isthmischen Spiele Alexander von Mazedonien, der später der Große genannt wurde, zum gemeinsamen Heerführer der Griechen im Kampf gegen die Perser ausgerufen. Wenig später drang Alexander in Kleinasien ein und zerstörte den persischen Staat, der Jahrhunderte lang Griechenland bedroht hatte.

Entweder — oder

Liebe Freunde, nehmt also nicht an den Götzenopfern teil! Ihr seid ja verständige Leute; beurteilt selbst, was ich sage. Denkt an den Abendmahlsbecher, über dem wir das Dankgebet sprechen: Gibt er uns nicht teil an dem Blut, das Christus für uns vergossen hat? Denkt an das Brot, das wir austeilen: Gibt es uns nicht teil an seinem Leib? Es ist nur ein einziges Brot. Darum bilden wir alle, auch wenn wir viele sind, einen einzigen Leib; denn wir essen alle von dem einen Brot.

Seht doch, wie es bis heute beim Volk Israel ist: Alle, die vom Fleisch der Opfertiere essen,

Ihr könnt jedes Fleisch essen, das auf dem Markt verkauft wird. Es ist nicht nötig, daß ihr eine Gewissenssache daraus macht und nachforscht, woher das Fleisch kommt. Denn es heißt: „Dem Herrn gehört die ganze Erde mit allem, was darauf lebt."

Auch wenn ein Ungläubiger euch zum Essen einlädt und ihr die Einladung annehmt, könnt ihr essen, was man euch anbietet. Es ist nicht nötig, daß ihr aus Gewissensgründen nachforscht, woher das Fleisch kommt. Nur wenn euch jemand sagt: „Das Fleisch ist von einem Opfer", sollt ihr nicht davon essen. Unterlaßt es mit Rücksicht auf den, der euch darauf hin-

Abb. 224
Weihrelief für einen olympischen Sieg /
Diese Darstellung eines Wagenrennens
aus dem Ende des 5. Jahrhunderts
v. Chr. befindet sich im Akropolis-
museum von Athen.

kommen in engste Verbindung mit Gott, dem das Opfer dargebracht wird. Will ich damit etwa sagen, daß es mit dem Opferfleisch eine besondere Bewandtnis hat? Oder daß der Götze, dem das Opfer dargebracht wird, für uns etwas bedeutet? Nein! Aber was die Götzenverehrer opfern, gilt nicht Gott, sondern den Dämonen. Ich möchte aber nicht, daß ihr euch mit Dämonen verbindet.

Ihr könnt nicht aus dem Becher des Herrn trinken und zugleich aus dem Becher der Dämonen. Ihr könnt nicht am Tisch des Herrn essen und am Tisch der Dämonen. Oder wollen wir den Herrn herausfordern? Sind wir etwa stärker als er? (1. Korinther 10,14—22)

Rücksicht auf den Bruder

Ihr sagt: „Alles ist erlaubt!" Mag sein, aber nicht alles ist deshalb auch schon gut. Alles ist erlaubt, aber nicht alles fördert die Gemeinde. Ihr sollt nicht an euch selbst denken, sondern an die anderen.

gewiesen hat und mit Rücksicht auf das Gewissen. Ich meine natürlich nicht euer eigenes Gewissen, sondern das des anderen.

Das Gewissen eines anderen darf sich allerdings nicht zum Richter über meine Freiheit machen. Ich genieße das Opferfleisch mit Dank gegen Gott. Keiner hat das Recht, mir den Glauben abzusprechen, wenn ich etwas esse, wofür ich Gott danke.

Ich sage also: Wenn ihr eßt oder trinkt oder sonst etwas tut, so tut alles zur Ehre Gottes. Lebt so, daß ihr für keinen ein Glaubenshindernis seid, weder für Juden noch für Nichtjuden noch für die Gemeinde Gottes. Macht es so wie ich: Ich versuche stets, allen Menschen entgegenzukommen. Ich denke nicht an meinen eigenen Vorteil, sondern an den Vorteil aller, damit sie gerettet werden.

Folgt meinem Beispiel, so wie ich dem Beispiel folge, das Christus uns gegeben hat!
(1. Korinther 10,23—11,1)

Das Abendmahl

In der folgenden Sache gibt es nichts zu diskutieren: Ich muß es tadeln, daß eure Gemeindeversammlungen mehr Schaden als Nutzen bringen. Zunächst hat man mir erzählt, daß es Spaltungen gibt, wenn ihr zusammenkommt. Ich glaube, daß der Bericht mindestens teilweise zutrifft. Es muß ja zu Spaltungen unter euch kommen, damit man sehen kann, wer sich im Glauben bewährt hat.

Wenn ihr nun zusammenkommt, feiert ihr in Wirklichkeit gar nicht das Mahl des Herrn. Jeder nimmt erst einmal seine eigene Mahlzeit ein, und während der eine hungert, ist der andere schon betrunken. Könnt ihr nicht in euren Wohnungen essen und trinken? Oder verachtet ihr die Gemeinde Gottes und wollt die beschämen, die nichts haben? Was soll ich dazu sagen? Soll ich euch loben? In diesem Punkt lobe ich euch nicht!

Vom Herrn selbst stammt die Anweisung, die ich an euch weitergegeben habe: In der Nacht, in der Jesus, der Herr, ausgeliefert wurde, nahm er das Brot, sprach darüber das Dankgebet, brach es in Stücke und sagte: „Das ist mein Leib, der für euch geopfert wird. Tut das immer wieder, damit unter euch gegenwärtig ist, was ich für euch getan habe!" Ebenso nahm er auch nach dem Essen den Becher und sagte: „Dieser Becher ist der neue Bund Gottes, der mit meinem Blut besiegelt wird. Sooft ihr daraus trinkt, tut es, damit unter euch gegenwärtig ist, was ich für euch getan habe!"

Sooft ihr also dieses Brot eßt und aus diesem Becher trinkt, verkündet ihr den Tod des Herrn, bis er kommt. Wer aber auf unwürdige Weise das Brot des Herrn ißt und aus seinem Becher trinkt, der macht sich am Leib und am Blut des Herrn schuldig. Darum soll sich jeder prüfen, bevor er das Brot ißt und aus dem Becher trinkt. Wenn er sich nicht klarmacht, daß er es mit dem Leib des Herrn zu tun hat, zieht er sich mit seinem Essen und Trinken die Verurteilung zu. Darum sind viele von euch schwach und krank, und eine ganze Anzahl sind schon gestorben. Wenn wir uns selbst zur Rechenschaft ziehen, muß Gott uns nicht auf diese Weise bestrafen. Wenn er uns aber bestraft, dann tut er es zu unserer Warnung, damit wir nicht im letzten Gericht mit den anderen verurteilt werden.

Meine Brüder, wenn ihr also zusammenkommt, um das Mahl des Herrn zu feiern, dann wartet, bis alle da sind. Wer Hunger hat, soll vorher zu Hause essen. Sonst bringt ihr durch eure Teilnahme am Mahl des Herrn das Gericht Gottes über euch. Alles weitere werde ich regeln, wenn ich komme.
(1. Korinther 11,17—34)

Fähigkeiten, die der Geist Gottes schenkt

Ich komme nun zu den Fähigkeiten, die der Geist Gottes schenkt!

Ihr sollt in dieser Sache ganz klar sehen, Brüder! Als ihr noch ungläubig wart, habt ihr etwas Ähnliches erlebt. Ihr wißt, wie ihr vor den toten Götzen in Ekstase geraten seid. Darum müßt ihr unterscheiden: Wenn der Geist Gottes von einem Menschen Besitz ergreift, kann dieser nicht sagen: „Jesus sei verflucht!" Umgekehrt kann keiner sagen: „Jesus ist der Herr!", wenn er nicht vom heiligen Geist erfüllt ist.

Es gibt verschiedene Gaben; doch ein und derselbe Geist teilt sie aus. Es gibt verschiedene Dienste; doch ein und derselbe Herr gibt den Auftrag dazu. Es gibt verschiedene Fähigkeiten; doch ein und derselbe Gott schafft sie alle. Was nun der Geist in jedem einzelnen von uns wirkt, das ist zum Nutzen aller bestimmt. Einer erhält vom Geist die Gabe, göttliche Weisheit zu verkünden, der andere, Erkenntnis Gottes zu vermitteln. Derselbe Geist gibt dem einen besondere Glaubenskraft und dem anderen die Kraft zu heilen. Der Geist ermächtigt den einen, Wunder zu tun; den anderen macht er fähig, Weisungen von Gott zu empfangen. Wieder ein anderer kann unterscheiden, was aus dem Geist Gottes kommt und was nicht. Den einen befähigt der Geist, in unbekannten Sprachen zu reden; einem anderen gibt er die Fähigkeit, das Gesagte zu deuten. Aber das alles bewirkt ein und derselbe Geist. Aus freiem Ermessen gibt er jedem seine besondere Fähigkeit. (1. Korinther 12,1—11)

Viele Glieder — ein Leib

Man kann die Gemeinde Christi mit einem Leib vergleichen, der viele Glieder hat. Obwohl er aus so vielen Teilen besteht, ist der Leib doch

Abb. 225 und Abb. 226
Das Theater in Korinth und die Erastus-Inschrift / Das Theater faßte 18 000 Zuschauer. Die Sitzreihen sind im Vordergrund angeordnet. Der Halbkreis mit dem runden Altar ist die Orchestra. Dahinter befindet sich die Bühne. Rechts vom Bühnenhaus liegt eine beschriebene Bodenplatte (untenstehendes Foto). Die Buchstaben waren ursprünglich mit Blei oder Bronze ausgegossen. Die Inschrift lautet: ERASTUS PRO AEDILITATE S P STRAVIT = „Erastus legte auf seine Kosten dieses Pflaster als Gegenleistung dafür, daß er zum Ädil gewählt wurde." Das archäologische Zeugnis zeigt, daß dieses Pflaster schon in der Mitte des 1. Jahrhunderts n. Chr. existierte. Es ist sehr gut möglich, daß Erastus, der das Pflaster finanzierte, personengleich ist mit dem Erastus aus Apostelgeschichte 19,22; Römer 16,23 und 2. Timotheus 4,20. Dieser war der „Kämmerer der Stadt", ein Freund des Paulus und Glied der korinthischen Christengemeinde.

215

einer. Denn wir alle, Juden und Nichtjuden, Sklaven und Freie, sind in der Taufe durch denselben Geist in den einen Leib Christi eingegliedert worden, und wir haben auch alle an demselben Geist Anteil bekommen.

Ein Körper besteht nicht aus einem einzigen Teil, sondern aus vielen Teilen. Wenn der Fuß erklärt: „Ich gehöre nicht zum Leib, weil ich nicht die Hand bin" — hört er damit auf, ein Teil des Körpers zu sein? Oder wenn das Ohr erklärt: „Ich gehöre nicht zum Leib, weil ich nicht das Auge bin" — hört es damit auf, ein Teil des Körpers zu sein? Wie könnte ein Mensch hören, wenn er nur aus Augen bestünde? Wie könnte er riechen, wenn er nur aus Ohren bestünde? Nun hat Gott aber jedem Teil seine besondere Aufgabe im Ganzen des Körpers zugewiesen. Wenn alles nur ein einziger Teil wäre, wo bliebe da der Leib? Aber nun gibt es viele Teile, und alle an einem einzigen Leib.

Das Auge kann nicht zur Hand sagen: „Ich brauche dich nicht!" Und der Kopf kann nicht zu den Füßen sagen: „Ich brauche euch nicht!" Gerade die Teile des Körpers, die schwächer scheinen, sind besonders wichtig. Die Teile, die als unansehnlich gelten, kleiden wir mit besonderer Sorgfalt, und genauso machen wir es bei denen, die Anstoß erregen. Die anderen Teile haben das nicht nötig. Gott hat unseren Körper zu einem Ganzen zusammengefügt und hat dafür gesorgt, daß die geringeren Teile besonders geehrt werden. Denn er wollte, daß

es keine Uneinigkeit im Körper gibt, sondern jeder Teil sich um den anderen kümmert. Wenn irgendein Teil des Körpers leidet, dann leiden alle anderen mit ihm. Und wenn irgendein Teil geehrt wird, freuen sich alle anderen mit.

Ihr alle seid zusammen der Leib Christi; jeder einzelne von euch ist ein Teil davon. Jedem hat Gott seinen bestimmten Platz zugewiesen. Zuerst kommen die Apostel, dann die Propheten, dann die Lehrer. Dann kommen die, die Wunder tun oder heilen können, die helfen oder verwalten, oder in unbekannten Sprachen reden. Nicht alle sind Apostel, nicht alle Propheten, nicht alle Lehrer. Nicht jeder kann Wunder tun, Kranke heilen, in unbekannten Sprachen reden oder diese Sprachen übersetzen. Bemüht euch um die höheren Gaben! (1. Korinther 12,12—31)

Nichts geht über die Liebe

Ich zeige euch jetzt etwas, das noch weit wichtiger ist als all diese Fähigkeiten.

Wenn ich die Sprache aller Menschen spräche und sogar die Sprache der Engel kennte, aber ich hätte keine Liebe — dann wäre ich doch nur ein dröhnender Gong, nicht mehr als eine lärmende Pauke. Auch wenn ich göttliche Eingebungen hätte und alle Geheimnisse Gottes wüßte und hätte den Glauben, der Berge versetzt, aber ich wäre ohne Liebe — dann hätte das alles keinen Wert. Und wenn ich all meinen Besitz verteilte, und nähme den Tod in den Flammen auf mich, aber ich hätte keine Liebe — dann wäre alles umsonst.

Wer liebt, ist geduldig und gütig. Wer liebt, der ereifert sich nicht, er prahlt nicht und spielt sich nicht auf. Wer liebt, der verhält sich nicht taktlos, er sucht nicht den eigenen Vorteil und läßt sich nicht zum Zorn erregen. Wer liebt, der trägt keinem etwas nach; es freut ihn nicht, wenn einer Fehler macht, sondern wenn er das Rechte tut. Wer liebt, der gibt niemals jemand auf, in allem vertraut er und hofft er für ihn; alles erträgt er mit großer Geduld.

Niemals wird die Liebe vergehen. Prophetische Weisung hört einmal auf, das Reden in Sprachen des Geistes verstummt, auch das Wissen um die Geheimnisse Gottes wird einmal ein Ende nehmen. Denn unser Wissen von Gott ist Stückwerk, und unser prophetisches Reden ist Stückwerk. Doch wenn sich die ganze Wahrheit zeigt, dann ist es mit dem Stückwerk vorbei. Anfangs, als ich noch ein Kind war, da redete ich wie ein Kind, ich fühlte und dachte wie ein Kind. Dann aber wurde ich ein Mann und legte die kindlichen Vorstellungen ab. Jetzt sehen wir nur ein unklares Bild wie in einem trüben Spiegel; dann aber stehen wir Gott gegenüber.

Jetzt kennen wir ihn nur unvollkommen; dann aber werden wir ihn völlig kennen, so wie er uns jetzt schon kennt.

Auch wenn alles einmal aufhört — Glaube, Hoffnung und Liebe nicht. Diese drei werden immer bleiben; doch am höchsten steht die Liebe. (1. Korinther 13,1—13)

Christus ist auferstanden ...

Brüder, ich möchte euch an die Gute Nachricht erinnern, die ich euch verkündet habe. Ihr habt sie doch angenommen und habt euch auf sie gegründet. Ihr werdet auch durch sie gerettet, wenn ihr sie so festhaltet, wie ich sie euch übermittelt habe. Andernfalls wärt ihr vergeblich zum Glauben gekommen! Ich habe an euch weitergegeben, was ich selbst erhalten habe, nämlich als erstes und grundlegendes: Christus ist für unsere Sünden gestorben, wie es in den heiligen Schriften vorausgesagt war, und wurde begraben.

Er ist am dritten Tag vom Tod erweckt worden, wie es in den heiligen Schriften vorausgesagt war, und hat sich Petrus gezeigt, danach dem ganzen Kreis der zwölf Jünger. Später sahen ihn über fünfhundert Brüder auf einmal; einige sind inzwischen gestorben, aber die meisten leben noch. Dann erschien er Jakobus und schließlich allen Aposteln.

Ganz zuletzt ist er aber auch mir erschienen, obwohl ich das am allerwenigsten verdient hatte. Ich bin der geringste unter den Aposteln; denn ich habe die Gemeinde Gottes verfolgt. Deshalb verdiente ich gar nicht, ein Apostel zu sein. Aber durch Gottes Erbarmen bin ich es dennoch geworden, und sein gnädiges Eingreifen war nicht vergeblich. Ich habe sogar mehr getan als alle anderen Apostel zusammen. Doch das war nicht meine eigene Leistung: Gott selbst hat durch mich gewirkt.

Mit den anderen Aposteln bin ich in dieser Sache völlig einig. Wir alle geben die Gute Nachricht so weiter, wie ich es eben angeführt habe, und so habt ihr sie auch angenommen. (1. Korinther 15,1—11)

... deshalb werden auch wir auferstehen

Das also ist unsere Botschaft: Gott hat Christus vom Tod erweckt. Wie können dann einige von euch behaupten, daß die Toten nicht auferstehen werden? Wenn es keine Auferstehung gäbe, dann wäre auch Christus nicht auferstanden. Und wenn Christus nicht auferstanden wäre, dann hätte weder unsere Verkündigung einen Sinn noch euer Glaube. Wir wären dann als falsche Zeugen für Gott aufgetreten; denn wir hätten gegen die Wahrheit bezeugt, daß er Christus vom Tod erweckt hat. Wenn es stimmt, daß Gott die Toten nicht auferwecken wird, dann hat er auch Christus nicht vom Tod erweckt. Wenn die Toten nicht auferstehen, ist auch Christus nicht auferstanden. Ist aber Christus nicht auferstanden, so ist euer ganzer Glaube vergeblich. Eure Schuld ist dann nicht von euch genommen, und wer im Vertrauen auf Christus starb, ist dann verloren. Wenn wir nur für das jetzige Leben auf Christus hoffen, sind wir bedauernswerter als irgend jemand sonst auf der Welt.

Aber Christus *ist* vom Tod erweckt worden, und das gibt uns die Gewähr dafür, daß auch die übrigen Toten auferstehen werden. Ein einziger Mensch hat der ganzen Menschheit den Tod gebracht; und so bringt auch ein einziger die Auferstehung vom Tod. Alle Menschen gehören zu Adam, darum müssen sie sterben; aber durch die Verbindung mit Christus bekommen sie das neue Leben. (1. Korinther 15,12—22)

Alles in seiner Ordnung

Das alles geschieht nach der vorbestimmten Ordnung. Als erster wurde Christus vom Tod

erweckt. Wenn er wiederkommt, werden die auferweckt, die zu ihm gehören. Dann kommt das Ende, wenn Christus alle gottfeindlichen Mächte vernichtet hat und Gott, dem Vater, die Herrschaft übergibt. Denn Christus muß so lange herrschen, bis er sich alle seine Feinde unterworfen hat. Als letzten Feind vernichtet er den Tod. Denn es heißt in den heiligen Schriften: „Alles hat Gott ihm unterstellt." Nun ist klar, daß das Wort „alles" den nicht einschließt, der ihm dies alles unterstellt hat. Wenn der Sohn Gottes sich alles unterworfen hat, dann ordnet er sich dem unter, der ihn zum Herren über alles machte. Dann ist Gott allein der Herr, der alles und in allen wirkt. (1. Korinther 15,23—28)

Ruf zur Besinnung

Überlegt euch doch einmal: Es gibt in eurer Gemeinde Menschen, die sich für die ungetauft Verstorbenen taufen lassen. Was wollen sie damit erreichen, wenn die Toten nicht auferstehen? Warum lassen sie sich dann für sie taufen? Und warum setze ich mich jede Stunde der Todesgefahr aus? So gewiß es ist, daß ich vor Jesus Christus, unserem Herrn, stolz auf euch bin, so gewiß sehe ich dem Tod täglich ins Auge! In Ephesus habe ich mich in einen Kampf auf Leben und Tod eingelassen. Wenn ich keine Hoffnung hätte, hätte ich mir das ersparen können. Wenn die Toten nicht wieder lebendig werden, dann halten wir uns doch lieber an das Sprichwort: „Laßt uns essen und trinken, denn morgen sind wir tot!"
Macht euch nichts vor! „Schlechter Umgang verdirbt den Charakter." Werdet wieder nüchtern und lebt, wie es Gott gefällt. Ich muß es zu eurer Schande sagen: Einige von euch wissen nicht, wer Gott ist. (1. Korinther 15,29—34)

Wie sollen wir uns das vorstellen?

Aber vielleicht fragt einer: „Wie soll denn das zugehen, wenn die Toten auferstehen? Was für einen Körper werden sie dann haben?"
Wie kannst du nur so fragen! Wenn du einen Samen ausgesät hast, muß er zuerst sterben, damit die Pflanze leben kann. Du säst nicht die ausgewachsene Pflanze, sondern nur den Samen, ein Weizenkorn oder irgendein anderes Korn. Gott aber gibt jedem Samen den Pflanzenkörper, den er für ihn bestimmt hat. Jede Samenart erhält ihre besondere Gestalt. Auch die Lebewesen haben ja nicht alle ein und dieselbe Gestalt. Menschen haben eine andere Gestalt als Tiere, Vögel eine andere als Fische.

Außer den Körpern auf der Erde aber gibt es auch noch solche am Himmel. Die Himmelskörper haben eine andere Schönheit als die Körper auf der Erde, und auch unter ihnen gibt es Unterschiede: Die Sonne leuchtet anders als der Mond, der Mond anders als die Sterne, und auch die einzelnen Sterne unterscheiden sich voneinander.

So könnt ihr euch auch ein Bild von der Auferstehung der Toten machen. Was in die Erde gelegt wird, ist vergänglich; aber was zum neuen Leben erweckt wird, ist unvergänglich. Was in die Erde gelegt wird, ist schwach und häßlich; aber was zum neuen Leben erweckt wird, ist stark und schön. Was in die Erde gelegt wird, war von natürlichem Leben beseelt; aber was zu neuem Leben erwacht, wird ganz vom Geist Gottes beseelt sein. Wenn es einen natürlichen Körper gibt, muß es auch einen vom Geist beseelten Körper geben. Es heißt ja: „Adam, der erste Mensch, wurde von natürlichem Leben beseelt." Christus dagegen, mit dem Gottes neue Welt beginnt, wurde zum Geist, der lebendig macht. Aber zuerst kommt die Natur, dann der Geist, nicht umgekehrt. Der erste Adam wurde aus Erde gemacht. Der zweite Adam kam vom Himmel. Die irdischen Menschen sind wie der irdische Adam, die himmlischen Menschen wie der himmlische Adam. Jetzt gleichen wir dem Menschen, der aus Erde gemacht wurde. Später werden wir dem gleichen, der vom Himmel gekommen ist.
(1. Korinther 15,35—49)

Wenn Christus kommt

Brüder, das ist ganz sicher: Menschen aus Fleisch und Blut können nicht in Gottes neue Welt gelangen. Ein vergänglicher Körper kann nicht unsterblich werden. Ich sage euch jetzt ein Geheimnis: Wir werden nicht alle sterben. Aber wenn die Trompete den Richter der Welt ankündigt, werden wir alle verwandelt. Das geht so schnell, wie man mit der Wimper zuckt. Wenn die Trompete ertönt, werden die Verstorbenen zu unvergänglichem Leben erweckt. Wir aber, die wir dann noch am Leben sind, bekommen einen neuen Körper. Unser vergänglicher Körper, der dem Tod verfallen ist, muß in einen unvergänglichen Körper verwandelt werden, über den der Tod keine Macht hat. Wenn das geschieht, wird das Prophetenwort wahr: „Der Tod ist vernichtet! Der Sieg ist vollkommen! Tod, wo ist dein Sieg? Tod, wo ist deine Macht?"
Die Macht des Todes kommt von der Sünde. Die Sünde aber hat ihre Kraft aus dem Gesetz. Dank sei Gott, daß er uns durch Jesus Christus, unsern Herrn, den Sieg schenkt!

Meine lieben Brüder! Werdet fest und unerschütterlich in eurem Glauben. Tut stets euer Bestes für die Sache des Herrn. Ihr wißt, daß der Herr euren Einsatz belohnen wird.
(1. Korinther 15,50—58)

Was Paulus v rzuweisen hat

Ich rede jetzt wirklich wie ein Verrückter: Womit andere prahlen, damit kann ich auch prahlen. Sie sind echte Hebräer? Das bin ich auch. Sie sind Israeliten? Das bin ich auch. Sie sind Nachkommen Abrahams? Das bin ich auch. Sie sind Diener Christi? Ich rede im Wahnsinn: Ich bin es noch mehr! Ich habe viel härter für Christus gearbeitet. Ich bin öfter im Gefängnis gewesen. Ich bin viel mehr ausgepeitscht worden. Oft bin ich in Todesgefahr gewesen. Fünfmal habe ich von den Juden die neununddreißig Schläge bekommen. Dreimal wurde ich ausgepeitscht, einmal bin ich gesteinigt worden. Ich habe drei Schiffbrüche erlebt; das eine Mal trieb ich eine Nacht und einen Tag auf dem Meer. Auf meinen vielen Reisen haben mich Hochwasser und Räuber bedroht. Juden und Nichtjuden haben mir nachgestellt. Es gab Gefahren in den Städten und in der Wüste, Gefahren auf hoher See und Gefahren bei falschen Brüdern. Ich habe Mühe und Not durchgestanden. Ich habe oft schlaflose Nächte gehabt; ich bin hungrig und durstig gewesen. Oft habe ich überhaupt nichts zu essen gehabt oder ich habe gefroren, weil ich nicht genug anzuziehen hatte. Ich könnte noch vieles aufzählen; aber ich will nur noch eines nennen: die Sorge um alle Gemeinden, die mir täglich zu schaffen macht. Wenn irgendwo einer schwach ist, bin ich es mit ihm. Und wenn einer an Gott irre wird, trifft es mich tief.
Wenn ich schon prahlen muß, will ich mit meiner Schwäche prahlen. Gott, der Vater unseres Herrn Jesus, weiß, daß ich nicht lüge. Gepriesen sei er für alle Zeiten! Als ich in Damaskus war, stellte der Bevollmächtigte des Königs Aretas Wachen an die Stadttore, um mich zu verhaften. Aber durch eine Maueröffnung wurde ich in einem Korb hinuntergelassen und entkam. (2. Korinther 11,21—33)

Der größte Vorzug

Ihr zwingt mich dazu, daß ich mein Selbstlob noch weiter treibe. Zwar hat niemand einen Nutzen davon; aber sprechen wir jetzt von den Visionen und Offenbarungen, die der Herr schenkt. Ich kenne einen bestimmten Christen, der vor vierzehn Jahren in den dritten Himmel versetzt wurde. Ich weiß nicht, ob er körperlich dort war oder nur im Geist; das weiß nur Gott.

Abb. 228
Korinth, Straße von Lechäon zur Agora /
Das letzte Stück der Straße, die vom
Hafen Lechäon zur Agora, dem Marktplatz der Stadt, führte, ist ausgegraben
worden. Am Ende geht sie in Stufen
über, über die man durch ein Tor auf
den zentralen Platz Korinths gelangte.
Dies zeigt, daß zum Warentransport
nicht Wagen, sondern meist Tragtiere
verwendet wurden.
Rechts von der Straße befinden sich die
Reste der nördlichen Basilika, einer
Markthalle, in der auch Gericht gehalten
wurde. Hier mußte sich wahrscheinlich
Paulus vor dem römischen Gouverneur,
der in Korinth seinen Amtssitz hatte,
verantworten.

Ich bin jedenfalls sicher, daß dieser Mann ins Paradies versetzt wurde, auch wenn ich nicht weiß, ob er körperlich dort gewesen ist oder nur im Geist. Das weiß nur Gott. Dort hörte er geheimnisvolle Worte, die kein Mensch aussprechen kann. Im Blick auf diesen Mann will ich prahlen. Im Blick auf mich selbst prahle ich nur mit meiner Schwäche. Wollte ich aber für mich selbst damit prahlen, so wäre das kein Anzeichen, daß ich den Verstand verloren habe; denn ich sage die reine Wahrheit. Trotzdem verzichte ich darauf; denn jeder soll mich nach dem beurteilen, was er von mir hört und sieht, und nicht höher von mir denken.

Ich habe unbeschreibliche Dinge geschaut. Aber damit ich mir nichts darauf einbilde, hat Gott mir ein schweres Leiden gegeben: Der Engel des Satans darf mich schlagen, damit ich nicht überheblich werde. Dreimal habe ich zum Herrn gebetet, daß er mich davon befreit. Aber er hat mir gesagt: „Du brauchst nicht mehr als meine Gnade. Je schwächer du bist, desto stärker erweist sich an dir meine Macht." Jetzt trage ich meine Schwäche gern, ja, ich bin stolz darauf, damit die Kraft Christi sich an mir erweisen kann. Weil er mir zu Hilfe kommt, freue ich mich über mein Leiden, über Mißhandlungen, Notlagen, Verfolgungen und Schwierigkeiten. Denn gerade wenn ich schwach bin, bin ich stark.

(2. Korinther 12,1—10)

Der Brief an die Gemeinden in Galatien

Die Galater waren ein keltischer Volksstamm, der im Zuge der großen keltischen Wanderung (seit 400 v. Chr.) im dritten vorchristlichen Jahrhundert über den Balkan in Kleinasien einbrach. Sie siedelten sich schließlich im Norden des Landes an. Im Jahre 189 v. Chr. geriet Galatien in Abhängigkeit von den Römern. 25 v. Chr. wurde es zur römischen Provinz. Paulus hat während der sogenannten 2. und 3. Missionsreise die Landschaft Galatien besucht (Apostelgeschichte 16,6 und 18,23). Wahrscheinlich an die Gemeinden in diesem Gebiet ist der Brief gerichtet, der im Jahre 55 geschrieben worden sein könnte. Da die römische Provinz Galatien weiter nach Süden reichte als die Landschaft gleichen Namens, halten es einige Forscher jedoch auch für möglich, daß die Empfänger in den Städten Antiochia, Ikonium, Lystra und Derbe zu suchen sind, in denen Paulus bereits während der 1. Missionsreise Gemeinden gegründet hatte. Der Anlaß des Briefes war das Auftreten judenchristlicher Sendboten, die in den galatischen Gemeinden die Autorität des Apostels in Frage stellten und behaupteten, Paulus habe nur ein halbes Evangelium weitergegeben. Erst die Beschneidung und die volle Beachtung des jüdischen Religionsgesetzes der Tora, besonders auch der israelitischen Festordnung, machten den christlichen Glauben vollkommen.

Diesen Angriffen gegenüber verteidigte Paulus seinen apostolischen Auftrag und den Inhalt seiner Botschaft: die durch Gottes Gnade dem Christen geschenkte Freiheit.

Paulus steht den anderen Aposteln nicht nach

Ihr wißt doch, was für ein eifriger Anhänger der jüdischen Religion ich früher gewesen bin. Bis zum äußersten verfolgte ich die Gemeinde Gottes und tat alles, um sie zu vernichten. Ich befolgte die Vorschriften des Gesetzes peinlich genau und übertraf darin viele meiner Altersgenossen. Fanatischer als alle setzte ich mich für die überlieferten Lehren ein.

Aber dann hat Gott mich seinen Sohn sehen lassen, damit ich ihn überall unter den Völkern bekanntmache. Dazu hatte er mich schon vor meiner Geburt bestimmt, und so berief er mich in seiner Gnade zu seinem Dienst. Als das geschah, besann ich mich nicht lange und fragte keinen Menschen um Rat. Ich ging auch nicht nach Jerusalem zu denen, die vor mir Apostel waren, sondern begab mich nach Arabien und kehrte von dort wieder nach Damaskus zurück. Erst drei Jahre später reiste ich nach Jerusalem, um Petrus kennenzulernen, und blieb zwei Wochen bei ihm. Von den anderen Aposteln sah ich nur Jakobus, den Bruder des Herrn. Ich sage euch die reine Wahrheit; Gott weiß es. Dann ging ich nach Syrien und Zilizien. Die christlichen Gemeinden in Judäa kannten mich persönlich nicht. Sie hatten nur gehört: „Der Mann, der uns verfolgte, verkündet jetzt den Glauben, den er früher ausrotten wollte!'' Darum dankten sie Gott dafür, daß er dies an mir bewirkt hatte. (Galater 1,13—24)

Die anderen Apostel erkennen Paulus an

Vierzehn Jahre später ging ich aufgrund einer Weisung des Herrn wieder nach Jerusalem, diesmal mit Barnabas. Auch Titus nahm ich mit. Ich legte dort Rechenschaft ab über das, was ich als Gute Nachricht bei den anderen Völkern verkünde. Besonders verständigte ich mich mit den maßgebenden Männern; denn ich wollte nicht, daß meine ganze Arbeit vergeblich sei. Nicht einmal mein Begleiter Titus, der ein Grieche ist, wurde von ihnen gezwungen, sich beschneiden zu lassen. Es waren allerdings auch einige falsche Brüder da, die uns schon früher nachspioniert hatten. Sie wollten sich zu Richtern über die Freiheit ma-

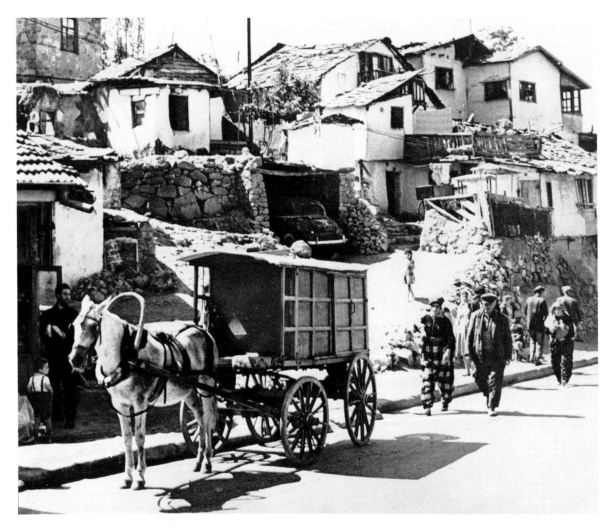

Abb. 229
Straßenszene in Ankara

Abb. 230
Ankara, die Hauptstadt der Türkei /
Ankara liegt im Innern Kleinasiens auf
einer Hochfläche von mehr als 800 m
Höhe. Im Altertum war es unter dem
Namen Ankyra eine der blühendsten
vorderasiatischen Städte. Kaiser Augustus erhob es zur Hauptstadt der römischen Provinz Galatien.

chen, die wir durch Jesus Christus haben, und
hätten uns gerne wieder unter das Gesetz
gezwungen. Aber ich habe ihnen nicht einen
Augenblick nachgegeben. Die Gute Nachricht
sollte euch unverfälscht erhalten bleiben!
Die Männer, die als maßgebend gelten, machten mir keinerlei Vorschriften. — Für mich sind
sie übrigens nicht maßgebend aufgrund dessen, was sie früher einmal waren; Gott hat
deswegen keinen Unterschied zwischen ihnen
und mir gemacht. — Sie erkannten, daß Gott
mich beauftragt hat, die Gute Nachricht den
nichtjüdischen Völkern zu bringen, so wie er
Petrus beauftragt hat, sie den Juden zu bringen. Denn Gott wirkte durch Petrus bei seiner
Arbeit unter den Juden und hat ihn so als
Apostel für die Juden bestätigt. Auf dieselbe
Weise hat er mich als Apostel für die anderen
Völker bestätigt. Die Männer, die als die Säulen
gelten, Jakobus, Petrus und Johannes, sahen
daran, daß Gott mir einen besonderen Auftrag
gegeben hat. Sie gaben mir und Barnabas die
Hand zum Zeichen der Gemeinschaft. Wir
einigten uns, daß Barnabas und ich unter den
anderen Völkern die Gute Nachricht verkünden
sollten und sie unter den Juden. Sie baten nur,
daß wir die verarmte Gemeinde in Jerusalem
unterstützen. Darum habe ich mich auch wirklich bemüht. (Galater 2,1—10)

Der Streit in Antiochia:
Nur der Glaube rettet!

Als dann Petrus nach Antiochia kam, trat ich
ihm offen entgegen, weil er Unrecht getan
hatte. Zuerst nämlich hatte er zusammen mit

den nichtjüdischen Brüdern an den gemeinsamen Mahlzeiten teilgenommen. Als dann aber
Leute aus dem Kreis des Jakobus kamen,
sonderte er sich ab und wollte aus Furcht vor
ihnen nicht mehr mit den Nichtjuden zusammen essen. Auch die anderen Juden blieben
gegen ihre Überzeugung den gemeinsamen
Mahlzeiten fern, so daß sogar Barnabas an-
gesteckt wurde und genau wie sie seine Überzeugung verleugnete. Als ich sah, daß sie die
Wahrheit der Guten Nachricht preisgaben,
sagte ich zu Petrus vor der ganzen Gemeinde:
„Obwohl du ein Jude bist, hast du bisher das
jüdische Gesetz nicht beachtet und wie ein
Nichtjude gelebt. Und jetzt willst du auf einmal
die nichtjüdischen Brüder zwingen, wie die
Juden nach dem Gesetz zu leben? Es stimmt,
wir sind von Geburt Juden und nicht Angehörige der Völker, die das Gesetz Gottes nicht
kennen. Aber wir wissen, daß niemand vor
Gott bestehen kann mit dem, was er tut. Nur
der findet bei Gott Anerkennung, der Gottes
Gnadenangebot annimmt und auf Jesus Christus vertraut. Deshalb haben auch wir unser
Vertrauen auf Jesus Christus gesetzt, damit wir
aufgrund dieses Vertrauens die Anerkennung
Gottes finden und nicht aufgrund der Erfüllung
des Gesetzes; denn durch die Befolgung des
Gesetzes kann kein Mensch vor Gott bestehen.“
Wenn aber wir als Juden ebenfalls durch
Christus vor Gott zu bestehen suchen, geben
wir zu, daß wir genauso wie die Menschen der
anderen Völker Sünder sind. Kann man dann
sagen, daß Christus die Sünde begünstigt? Auf

keinen Fall! Vielmehr gilt: Wenn ich das Gesetz außer Kraft setze und nicht mehr befolge, es danach aber doch wieder für gültig erkläre, mache ich mich selbst zum Sünder, der das Gesetz übertreten hat. Aber das Gesetz kann nichts mehr von mir fordern; denn ich bin für das Gesetz tot; das Gesetz selbst hat mir den Tod gebracht. Jetzt kann ich für Gott leben. Ich bin mit Christus am Kreuz gestorben; darum lebe nun nicht mehr ich, sondern Christus lebt in mir. Sofern ich noch in dieser Welt lebe, lebe ich im Vertrauen auf den Sohn Gottes, der mir seine Liebe erwiesen und sein Leben für mich gegeben hat. Ich weise Gottes Gnade nicht zurück. Wenn wir vor Gott damit bestehen könnten, daß wir das Gesetz erfüllen, dann wäre ja Christus vergeblich gestorben!
(Galater 2,11–21)

Nur der Glaube schenkt Leben

Ihr unvernünftigen Galater! Wer hat euch derart behext? Ich habe euch doch Jesus Christus, den Gekreuzigten, in aller Deutlichkeit vor Augen gestellt. Sagt mir nur das eine: Hat Gott euch seinen Geist gegeben, weil ihr das Gesetz befolgt habt oder weil ihr die Gute Nachricht gehört habt und auf Jesus Christus vertraut? Warum begreift ihr denn nicht? Was der Geist Gottes in euch angefangen hat, das wollt ihr jetzt aus eigener Kraft zu Ende führen? War denn alles vergeblich, was ihr erlebt habt? Es kann nicht vergeblich gewesen sein! Gott gibt euch seinen Geist und läßt Wunder bei euch geschehen — tut er das, weil ihr das Gesetz befolgt oder weil ihr Jesus Christus vertraut? Wie war es denn bei Abraham? „Er vertraute auf die Zusage Gottes, und so fand er Gottes Anerkennung." Ihr seht also, wer die echten Nachkommen Abrahams sind. Es sind die Menschen, die sich auf Gottes Zusage verlas-

sen. Weil die heiligen Schriften vorausgesehen haben, daß Gott die fremden Völker aufgrund ihres Vertrauens annehmen werde, verkünden sie Abraham im voraus die Gute Nachricht: „Durch dich werden alle Völker der Erde gesegnet werden." Daraus folgt: Alle, die Gott ebenso vertrauen wie Abraham, werden zusammen mit Abraham gesegnet.

Wer dagegen durch Erfüllung des Gesetzes bei Gott Anerkennung zu finden sucht, lebt unter einem Fluch. Denn es heißt: „Fluch über jeden, der nicht alle Bestimmungen dieses Gesetzes genau befolgt!" Es ist aber unmöglich, daß jemand das Gesetz befolgen und dadurch vor Gott bestehen kann; denn es heißt ja auch: „Wer *Gott vertraut*, kann vor ihm bestehen und wird leben." Beim Gesetz jedoch geht es nicht um das Vertrauen; denn von ihm gilt: „Wer *seine Vorschriften befolgt*, der wird leben." Christus hat uns von dem Fluch losgekauft,

Abb. 232
Ruinen des Tempels der Roma und des Augustus in Ankyra / Als Dank für die Erhebung zur Provinzhauptstadt erbaute die Stadt Ankyra dem Kaiser Augustus und der Dea Roma einen prächtigen Tempel, von dem noch beträchtliche Reste erhalten sind.

Abb. 233
Keltischer Häuptling / Er tötet seine Frau und sich selbst, um der Sklaverei zu entgehen.

unter dem unser Leben stand, solange das Gesetz in Kraft war. Denn er hat an unserer Stelle den Fluch auf sich genommen. „Wer am Holz hängt, ist von Gott verflucht", heißt es im Gesetz. So kam durch ihn der Segen, der Abraham zugesagt wurde, zu allen Völkern. Denn alle, die sich auf Jesus Christus verlassen, sollen den Geist erhalten, den Gott versprochen hat. (Galater 3,1—14)

Wie steht es mit dem Gesetz?

Brüder, denkt doch einmal daran, wie es bei uns Menschen ist! Da kann doch keiner eine rechtsgültige Verfügung für ungültig erklären oder etwas hinzufügen. Nun gab Gott seine Zusage Abraham und seinen Nachkommen. Genau genommen hat er aber zu Abraham nicht gesagt: „*Deinen* Nachkommen gilt diese Zusage", als ob viele gemeint wären, sondern er hat gesagt: „*Deinem* Nachkommen". Er sprach nur von einem, nämlich von Christus.
Ich will damit folgendes sagen: Gott hat Abraham eine rechtsgültige Zusage gemacht. Das Gesetz, das vierhundertdreißig Jahre später kam, kann sie nicht ungültig machen. Es kann die Zusage nicht aufheben. Hinge das, was Gott Abraham zugesichert hat, wirklich von der Befolgung des Gesetzes ab, dann käme es nicht mehr aus der Zusage. Gott aber hat sich Abraham gegenüber dadurch gnädig erwiesen, daß er ihm eine freie Zusage gemacht hat.
Wozu ist dann noch das Gesetz erlassen worden? Damit sich die Macht der Sünde in der Vielzahl der Sünden entfalten konnte. Das Gesetz sollte gelten, bis der Nachkomme Abrahams da wäre, für den die Zusage bestimmt ist. Das Gesetz ist durch Engel erlassen worden, und ein Vermittler hat es verkündet. Man braucht aber keinen Vermittler, wo nur eine einzige Person handelt; und Gott ist Einer. (Galater 3,15—20)

Das Gesetz hat seine Zeit

Widerspricht denn das Gesetz der göttlichen Zusage? Keineswegs! Es wurde ja nicht ein Gesetz erlassen, das zum Leben führen kann. Nur dann könnten die Menschen aufgrund des Gesetzes vor Gott bestehen. In den heiligen Schriften heißt es aber, daß die ganze Menschheit in der Gewalt der Sünde ist. Was Gott versprochen hat, sollte den Menschen vielmehr durch Jesus Christus geschenkt werden. Alle, die ihm vertrauen würden, sollten es bekommen.
Bevor uns Gott diesen neuen Weg geöffnet hat, waren wir im Gefängnis des Gesetzes eingesperrt. Das Gesetz hielt uns unter strenger

Aufsicht. Das dauerte so lange, bis Christus kam. Denn einzig und allein durch das Vertrauen sollten wir Gottes Anerkennung finden. Jetzt ist es soweit; darum stehen wir nicht mehr unter dem Gesetz.

Ihr seid also Gottes Kinder, weil ihr durch das Vertrauen mit Jesus Christus verbunden seid. Als ihr auf den Namen Christi getauft wurdet, seid ihr mit Christus eins geworden. Es hat darum nichts mehr zu sagen, ob einer Jude ist oder Nichtjude, ob er Sklave ist oder frei, ob Mann oder Frau. Durch eure Verbindung mit Jesus Christus seid ihr alle zusammen ein einziger Mensch geworden. Wenn ihr aber Christus gehört, seid ihr auch Abrahams Nachkommen und bekommt, was Gott Abraham versprochen hat.

Ich will euch das an einem Beispiel deutlich machen: Solange der rechtmäßige Erbe minderjährig ist, hat er nicht mehr zu sagen als ein Sklave, auch wenn ihm in Wirklichkeit alles gehört. Bis zu dem Zeitpunkt, den der Vater im Testament festgelegt hat, ist er von Vormund und Besitzverwaltern abhängig. So standen auch wir früher unter der Herrschaft der kosmischen Mächte. Als aber die festgesetzte Zeit gekommen war, sandte Gott seinen Sohn. Der wurde als Mensch geboren und unter das Gesetz gestellt, um alle zu befreien, die unter der Herrschaft des Gesetzes standen. Durch ihn wollte Gott uns als seine Kinder annehmen.

Weil ihr nun Gottes Kinder seid, gab Gott euch den Geist seines Sohnes ins Herz. Der ruft aus uns: „Abba! Vater!" Ihr seid also nicht länger Sklaven, sondern Kinder. Wenn ihr aber Kinder seid, seid ihr nach Gottes Willen auch Erben und bekommt, was Gott den Nachkommen Abrahams versprochen hat.

(Galater 3,21—4,7)

Der Brief an die Gemeinde in Philippi

Es ist möglich, daß der Brief an die Gemeinde in Philippi aus zwei oder gar aus drei Briefen zusammengesetzt ist. Philipper 3,2 stellt offensichtlich einen Neueinsatz dar, der zu einem anderen Thema überleitet: Warnung vor der Propaganda, die judenchristliche Gegner in Philippi gegen Paulus entfacht haben. Die vorangehenden Briefteile enthalten z. T. sehr persönlich gefärbte Nachrichten und Mahnungen. Aber ob einheitlicher Brief oder Zusammenstellung mehrerer Schreiben — das unter dem Namen Philipperbrief im Neuen Testament enthaltene Textstück geht unzweifelhaft auf Paulus selbst zurück

Empfänger des Briefes waren die Christen in Philippi. Die Gemeinde hatte Paulus selbst gegründet, als er etwa im Jahre 49 auf seiner sogenannten 2. Missionsreise vom kleinasiatischen Troas nach Europa übersetzte. Dieser Aufenthalt ist in Apostelgeschichte 16,12-40 beschrieben. Paulus fühlte sich der Gemeinde in Philippi besonders verbunden. Von ihr allein nahm er die einem Apostel zustehende materielle Unterstützung an. Wie aus dem Philipperbrief selbst hervorgeht, schreibt Paulus als Gefangener. An welchem Ort er gefangen ist, wird allerdings nicht mitgeteilt. Es könnte sich um die Haftzeit in Cäsarea (vgl. Apostelgeschichte 23,23ff.) oder in Rom (vgl. Apostelgeschichte 28,16) handeln. Etliche Forscher denken jedoch auch an Ephesus, wo Paulus nach dem Zeugnis des 2. Korintherbriefes (1,8-10) in große Schwierigkeiten gekommen war, weil sich Artemis-Anhänger gegen ihn empört hatten (vgl. Apostelgeschichte 19,35-40).

228

An Gottes Volk in Philippi

Paulus und Timotheus, die im Dienst Jesu Christi stehen, schreiben diesen Brief an alle in Philippi, die durch Jesus Christus zu Gottes Volk geworden sind, an die ganze Gemeinde mit ihren Leitern und Helfern: Wir bitten Gott, unseren Vater, und Jesus Christus, den Herrn, euch Gnade und Frieden zu schenken!
(Philipper 1,1—2)

Paulus betet für die Gemeinde

Immer, wenn ich für euch bete, bin Ich voll Dank gegen Gott. In jedem meiner Gebete denke ich an euch, und es erfüllt mich mit Freude, daß ihr euch so eifrig für die Gute Nachricht einsetzt, seit dem Tag, an dem ihr sie angenommen habt, bis heute. Ich bin ganz sicher: Gott wird sein Werk, das er bei euch angefangen hat, auch vollenden, bis zu dem Tag, an dem Jesus Christus kommt.
Wenn ich an euch denke, bin ich voll Zuversicht. Ich kann gar nicht anders, denn ich trage euch alle in meinem Herzen, gerade jetzt, da ich für die Gute Nachricht im Gefängnis bin und sie vor Gericht verteidige und ihre Wahrheit bezeuge. Ihr alle habt teil an der Gnade, die Gott mir damit erweist. Er weiß auch, wie sehr ich mich nach euch allen sehne. Ich liebe euch so, wie Jesus Christus euch liebt.
Ich bete zu Gott, daß er euch Einsicht und

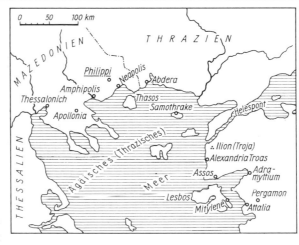

Karte 19
Nordteil des Ägäischen Meeres

Urteilsvermögen schenkt, damit eure Liebe immer vollkommener wird. Dann könnt ihr in jeder Lage entscheiden, was das Rechte ist, und werdet an dem Tag, an dem Christus Gericht hält, rein und ohne Fehler dastehen, reich an guten Taten, die Jesus Christus zum Ruhm und zur Ehre Gottes durch euch wirkt.
(Philipper 1,3—11)

Christus und seine Gute Nachricht

Ihr sollt wissen, Brüder, daß meine Gefangenschaft sogar zur Verbreitung der Guten Nachricht beigetragen hat. Die Beamten am Sitz des Statthalters und alle, die meinen Prozeß ver-

Abb. 234
Antike Straße / Die Reisen des Apostels Paulus wurden durch die ausgezeichneten römischen Straßen sehr erleichtert. Diese Straße in Pompeji war wahrscheinlich eine Einbahnstraße, um einen schnellen Durchgangsverkehr durch die Stadt zu ermöglichen. Mit Hilfe der Trittsteine gelangten die Fußgänger, wenn es regnete, trockenen Fußes von einer Straßenseite auf die andere. Für den Wagenverkehr wurden diese Trittsteine jedoch gelegentlich zu „Steinen des Anstoßes", die Paulus Römer 9,32 im übertragenen Sinne nennt.

folgt haben, wissen jetzt, daß ich angeklagt bin, weil ich Christus diene. Auch hat meine Verhandlung die Mehrzahl unserer Brüder in ihrem Vertrauen zum Herrn gestärkt. Sie sagen die Botschaft Gottes jetzt noch mutiger weiter.

Manche tun es zwar nur aus Neid und Streitsucht; aber andere verkünden Christus in der besten Absicht. Sie tun es aus Liebe zu mir; denn sie wissen, daß es mein Auftrag ist, vor Gericht die Gute Nachricht zu verteidigen. Die anderen allerdings verbreiten die Botschaft von Christus in unehrlicher und eigennütziger Absicht. Sie wollen mir in meiner Gefangenschaft Kummer bereiten.

hinter mir lassen und bei Christus sein; das wäre bei weitem das beste. Aber es ist wichtiger, daß ich noch hier ausharre, weil ihr mich braucht. Deshalb bin ich auch sicher, daß ich euch allen erhalten bleibe. Dann kann ich euch helfen, daß ihr weiterkommt und die volle Freude erlebt, die der Glaube schenkt. Wenn ich erst wieder bei euch bin, habt ihr noch mehr Grund, stolz und zuversichtlich zu sein im Blick auf das, was Jesus Christus durch mich an euch getan hat. (Philipper 1,12—26)

Für Christus leiden

Das wichtigste ist: Lebt als Gemeinde so, daß ihr der Guten Nachricht von Christus Ehre

Abb. 235
Philippi, Römisches Forum / Die Stadt war ursprünglich eine Tochterstadt Athens. Philipp von Mazedonien eroberte sie 358 v. Chr. und erweiterte sie, weil sich in ihrer Umgebung Goldbergwerke befanden. Nach dem Eroberer wurde die Stadt benannt. Unter Augustus entstand in Philippi eine römische Kolonie, deren Forum unser Foto zeigt.

Aber was macht das? Auch wenn sie es mit Hintergedanken tun und nicht aufrichtig — die Hauptsache ist, daß Christus auf jede Weise bekanntgemacht wird. Darüber freue ich mich und ich werde mich auch künftig freuen.

Denn ich weiß, daß der Prozeß — gleichgültig, wie er ausgeht — zu meiner Rettung führt. Das verbürgen mir eure Gebete und der Geist Jesu Christi, der mir beisteht. Ich hoffe und erwarte voll Zuversicht, daß Gott mich nicht versagen läßt. Ich vertraue darauf, daß auch jetzt, so wie bisher stets, Christus durch mich groß gemacht wird, ob ich nun am Leben bleibe oder sterbe.

Denn Leben, das ist für mich Christus; darum ist Sterben für mich nur Gewinn. Wenn ich am Leben bleibe, kann ich jedoch noch weiter für Christus wirken. Deshalb weiß ich nicht, was ich wählen soll. Es zieht mich nach beiden Seiten: Ich möchte am liebsten dieses Leben

macht, ob ich euch nun besuchen oder sehen kann oder ob ich nur aus der Ferne von euch höre. Haltet alle in derselben Gesinnung zusammen! Kämpft einmütig für den Glauben, der in der Guten Nachricht gründet. Laßt euch von den Gegnern nicht einschüchtern! Gott will ihnen durch eure Standhaftigkeit zeigen, daß sie verloren sind, ihr aber gerettet werdet. Gott hat euch die Gnade erwiesen, daß ihr nicht nur auf Christus vertrauen, sondern auch für ihn leiden dürft. Ihr habt jetzt denselben Kampf zu bestehen wie ich. Was das für ein Kampf ist, habt ihr früher miterlebt und hört es jetzt aus der Ferne. (Philipper 1,27—30)

Der Weg Christi als Maßstab für das Leben der Christen

Bei euch gibt es doch das ermutigende Wort im Auftrag Christi, es gibt den tröstenden Zuspruch, der aus der Liebe kommt, es gibt den Beistand des heiligen Geistes, es gibt herzliche Verbundenheit. Dann macht mich vollends glücklich und habt alle dieselbe Gesinnung, dieselbe Liebe und Eintracht! Verfolgt alle dasselbe Ziel! Handelt nicht aus Selbstsucht oder Eitelkeit! Keiner soll sich vor den anderen erheben, sondern ihn mehr achten als sich selbst. Verfolgt nicht eure eigenen Interessen, sondern seht auch auf das, was den anderen nützt. Habt im Umgang miteinander stets vor Augen, was für einen Maßstab Jesus Christus gesetzt hat:

Er war in allem Gott gleich, und doch hielt er nicht daran fest, zu sein wie Gott. Er gab es willig auf und wurde einem Sklaven gleich. Er wurde ein Mensch in dieser Welt und teilte das Leben der Menschen. Im Gehorsam gegen Gott erniedrigte er sich so tief, daß er sogar den Tod auf sich nahm, ja, den Verbrechertod am Kreuz. Darum hat Gott ihn auch erhöht und ihm den Ehrennamen verliehen, der ihn hoch über alle

stellt. Vor Jesus müssen alle niederknien – alle, die im Himmel sind, auf der Erde und unter der Erde; alle müssen feierlich bekennen: „Jesus Christus ist der Herr!" So sollen sie Gott, den Vater, ehren. (Philipper 2,1–11)

Lichter in der Nacht

Liebe Freunde! Ihr habt doch immer auf mich gehört. Tut es nicht nur, wenn ich bei euch bin, sondern erst recht, da ich von euch entfernt bin. Arbeitet an euch selbst in der Furcht vor Gott, damit ihr gerettet werdet! Ihr könnt es, denn Gott gibt euch nicht nur den guten Willen, sondern er selbst arbeitet an euch, damit seine Gnade bei euch ihr Ziel erreicht. Tut, was Gott gefällt, ohne Wenn und Aber! Dann seid ihr rein und fehlerlos und erweist euch als Gottes vollkommene Kinder mitten unter verirrten und verdorbenen Menschen. Unter ihnen werdet ihr leuchten wie die Sterne am nächtlichen Himmel, wenn ihr euch nur an die

Abb. 236
Thessaloniki, Galeriusbogen / Kaiser Galerius (305-334 n. Chr.) ließ diesen Bogen über die Egnatische Straße bauen, auf der auch Paulus gereist war. Die römischen Straßen dienten in erster Linie dem Militär. Die Marschbreite der Legionen bestimmte ihre Breite. Daneben waren sie auch dem Post- und Transportwesen des Reiches von großem Nutzen.
Die römischen Straßen waren sehr solide gebaut. In eine Art Beton war eine 20 cm starke Steinplattenschicht eingebettet. Über diese Unterlage wurde eine ebenfalls 20 cm starke Schicht von Steinen gelegt, die mit Mörtel verbunden waren. Darauf brachten die römischen Straßenbaumeister eine 8 cm starke Betonschicht auf, auf der dann die Straßendecke aus Pflaster oder Kies hergestellt wurde.

Botschaft haltet, die das Leben schenkt. Dann werde ich stolz auf euch sein können, wenn Christus kommt, weil meine Arbeit und Mühe nicht vergeblich gewesen sind.

Ich stehe vor Gott wie ein Priester, der ihm euren Glauben als Opfer darbringt. Vielleicht werde ich dabei selbst geopfert. Aber auch wenn es dazu kommt, werde ich mich freuen und werde nicht aufhören, eure Freude zu teilen. Freut ihr euch ebenso und teilt meine Freude! (Philipper 2,12—18)

Timotheus und Epaphroditus

Ich hoffe im Vertrauen auf Jesus, den Herrn, daß ich Timotheus bald zu euch schicken kann. Dann kann er mir auch von euch das Neueste berichten und mich beruhigen. Ich habe keinen, der so zuverlässig ist wie er und so selbstlos für euch sorgt. Die anderen kümmern sich alle nur um ihre eigenen Dinge und nicht um

die Sache Jesu Christi. Ihr wißt selbst, wie Timotheus sich bewährt hat. Wie ein Sohn seinem Vater hilft, hat er sich mit mir zusammen für die Gute Nachricht eingesetzt. Ich hoffe, daß ich ihn zu euch schicken kann, sobald ich sehe, wie mein Prozeß ausgehen wird. Ich vertraue aber auf den Herrn, daß ich euch in Kürze selbst besuchen kann.

Ich habe es für notwendig gehalten, den Bruder Epaphroditus zu euch zurückzuschicken, meinen Mitarbeiter und Mitstreiter, den Überbringer eurer Gabe, den ihr mir zum Helfer in meiner gegenwärtigen Notlage bestimmt hattet. Er sehnte sich so sehr nach euch allen und war in Sorge, weil ihr von seiner Krankheit gehört habt. Es stand tatsächlich schlimm um ihn; er war dem Tode nahe. Aber Gott hat sich über ihn erbarmt — und nicht nur über ihn, sondern auch über mich. Habe ich doch schon Kummer genug! Um so schneller schicke ich jetzt Epaphroditus zu euch zurück, damit ihr euch freut, ihn wohlbehalten wiederzusehen, und ich selbst eine Sorge weniger habe. Empfangt ihn als Bruder und nehmt ihn voll Freude auf. Solchen Menschen müßt ihr

Achtung entgegenbringen. Denn im Dienst für Christus wäre er fast zu Tode gekommen. Er hat sein Leben gewagt, um mir den Dienst zu leisten, den ihr selbst mir nicht leisten konntet. (Philipper 2,19—30)

Warnung vor Irrlehrern: Nur Christus rettet!

Ich komme zum Schluß, Brüder! Freut euch, weil ihr mit dem Herrn verbunden seid!

Ich wiederhole, was ich euch schon früher geschrieben habe. Mir ist das keine Last, und ihr wißt es dann um so sicherer. Nehmt euch in acht vor diesen Bösewichten, diesen falschen Missionaren, diesen Zerschnittenen! Ich nenne sie so, denn die wirklich Beschnittenen sind wir, die der Geist Gottes befähigt, Gott in der rechten Weise zu dienen. Denn wir verlassen uns nicht auf menschliche Vorzüge, sondern auf Jesus Christus.

Auch ich könnte mich auf menschliche Vorzüge berufen. Ich hätte dazu sogar mehr Grund als irgendein anderer. Ich wurde beschnitten, als ich eine Woche alt war. Ich bin von Geburt ein Israelit aus dem Stamm Benjamin, ein Hebräer von reinster Abstammung. Was die Stellung zum Gesetz angeht, gehöre ich zur strengen Richtung der Pharisäer. Mein Eifer ging so weit, daß ich die christliche Gemeinde verfolgte. Gemessen an dem, was das Gesetz vorschreibt, stand ich vor Gott ohne Fehler da.

Aber dies alles, was mir früher als großer Vorzug erschien, habe ich durch Christus als Nachteil und Schaden erkannt. Ich betrachte überhaupt alles andere als Verlust im Vergleich mit dem überwältigenden Gewinn, daß ich Jesus Christus als meinen Herrn kenne. Durch ihn hat für mich alles andere seinen Wert verloren, ja ich halte es für bloßen Dreck. Nur noch Christus besitzt für mich einen Wert. Zu ihm möchte ich um jeden Preis gehören. Deshalb will ich nicht mehr durch die Befolgung des Gesetzes, aufgrund meines eigenen Tuns, vor Gott bestehen, sondern nur noch, indem ich mich an das halte, was er durch Christus für mich getan hat. Darauf will ich unbedingt vertrauen. Ich möchte nichts anderes mehr kennen als Christus, damit ich die Kraft seiner Auferstehung erfahre, so wie ich auch sein Leiden mit ihm teile. Ich sterbe mit ihm seinen Tod und habe die feste Hoffnung, daß ich auch an seiner Auferstehung teilhaben werde. (Philipper 3,1—11)

Wir sind noch unterwegs

Ich meine nicht, daß ich schon vollkommen bin und das Ziel erreicht habe. Ich laufe aber auf

Abb. 237
Münzen aus Philippi / Obere Münze, Vorderseite (oben): Kopf des Herakles; Rückseite (unten): Dreifuß, der zum Weissagen benutzt wurde.
Münze rechts, Vorderseite: Siegesgöttin Viktoria; Rückseite: Römische Militärstandarten.
Abb. 238
Münze des Kaisers Klaudius / Rückseite (unten): Statuen des Caesar und des Augustus

das Ziel zu, um es zu ergreifen, nachdem Jesus Christus von mir Besitz ergriffen hat. Ich bilde mir nicht ein, Brüder, daß ich es schon geschafft habe. Aber ich lasse alles hinter mir und sehe nur noch, was vor mir liegt. Ich halte geradewegs auf das Ziel zu, um den Siegespreis zu gewinnen. Dieser Preis ist das neue Leben, zu dem Gott mich durch Jesus Christus berufen hat.

Alle, die sich für Vollkommene halten, sollen mit mir zusammen so denken. Wenn ihr etwa anderer Meinung seid, wird euch Gott auch das noch offenbaren. Aber laßt uns auf keinen Fall zurückfallen hinter das, was wir erreicht haben! Haltet euch an mein Vorbild, Brüder! Nehmt euch ein Beispiel an denen, die so leben, wie ihr es an mir seht. Ich habe euch schon oft gesagt und wiederhole es jetzt unter Tränen: Es gibt viele, die sich durch ihre Lebensführung als Feinde des Kreuzes Christi erweisen. Sie laufen in ihr Verderben. Ihr Bauch ist ihr Gott. Sie sind stolz auf das, was ihnen Schande macht. Sie haben nur Irdisches im Sinn. Wir dagegen sind Bürger des Himmels. Von dorther erwarten wir auch unseren Retter, Jesus Christus, den Herrn. Er wird unseren schwachen, vergänglichen Körper verwandeln, daß er genauso herrlich wird wie der Körper, den er selbst seit seiner Auferstehung hat. Denn er hat die Macht, alles seiner Herrschaft zu unterwerfen. (Philipper 3,12—21)

Freude und Frieden

Deshalb bleibt standhaft, meine geliebten Brüder, und haltet fest, was euch durch den Herrn geschenkt ist. Ich sehne mich so sehr nach euch! Ihr seid doch meine Freunde und mein Siegeskranz.

Evodia und Syntyche ermahne ich, daß sie sich als Schwestern im Glauben vertragen. Ich bitte dich, mein Syzygus — du machst deinem Namen Ehre! —, daß du ihnen dabei hilfst. Die beiden haben sich mit mir für die Verbreitung der Guten Nachricht eingesetzt, zusammen mit Klemens und meinen anderen Mitarbeitern, deren Namen im Buch des Lebens stehen.

Freut euch immerzu, weil ihr mit dem Herrn verbunden seid, und noch einmal sage ich: Freut euch! Alle sollen sehen, wie freundlich und gütig ihr zueinander seid. Der Herr kommt bald! Macht euch keine Sorgen, sondern wendet euch in jeder Lage an Gott und bringt eure Bitten vor ihn. Tut es mit Dank für das Gute, das er euch schon erwiesen hat. Der Frieden Gottes, der alles menschliche Begreifen weit übersteigt, wird euer Denken und Wollen im Guten bewahren, weil ihr mit Jesus Christus verbunden seid.

Im übrigen, meine Brüder: Richtet eure Gedanken auf das, was gut ist und Lob verdient, was wahr, edel, gerecht, rein, liebenswert und schön ist. Lebt so, wie ich es euch gelehrt und weitergegeben habe und wie ihr es von mir gehört und an mir gesehen habt. Gott, der Frieden schenkt, wird euch beistehen. (Philipper 4,1—9)

Dank für die Unterstützung

Es war für mich eine große Freude und ein Geschenk vom Herrn, daß ich wieder einmal ein Zeichen eures Gedenkens erhalten habe. Ihr habt ja die ganze Zeit an mich gedacht, aber ihr konntet es nicht zeigen. Ich sage das nicht etwa, weil ich in Not war. Ich habe gelernt, mich in jede Lage zu fügen. Ich kann leben wie ein Bettler und auch wie ein König; mit allem bin ich vertraut. Ich kenne Sattsein und Hungern, ich kenne Mangel und Überfluß. Allem bin ich gewachsen, weil Christus mich stark macht.

Aber es war freundlich von euch, mir jetzt in meiner schwierigen Lage zu helfen. Ihr in Philippi wißt ja: Am Anfang meiner Missionstätigkeit, als ich die Gute Nachricht von Mazedonien aus weitertrug, wart ihr die einzige Gemeinde, von der ich als Gegenleistung für meinen Dienst etwas annahm. Schon nach Thessalonich und dann noch mehrmals habt ihr mir etwas für meinen Unterhalt geschickt. Denkt nicht, daß es mir auf euer Geld ankommt. Mir liegt daran, daß sich euer eigenes Guthaben vermehrt — ich meine: daß euer Glaube einen Ertrag bringt, der euch bei Gott gutgeschrieben wird.

Ich bestätige, daß ich durch Epaphroditus den ganzen Betrag erhalten habe. Es ist mehr als genug; ich habe nun alles, was ich brauche. Diese Gabe ist wie ein Opfer, dessen Duft zu Gott aufsteigt und an dem er seine Freude hat.

Gott, dem ich diene, wird euch alles geben, was ihr braucht. Durch Jesus Christus beschenkt er uns mit dem Reichtum seiner Herrlichkeit. Gott, unser Vater, sei gepriesen für immer und ewig! Amen. (Philipper 4,10—20)

Grüße

Grüßt jeden einzelnen in der Gemeinde, alle die mit mir durch Jesus Christus verbunden sind! Die Brüder, die bei mir sind, lassen euch grüßen. Die ganze hiesige Gemeinde schickt euch Grüße, besonders die Brüder, die im kaiserlichen Dienst stehen.

Unser Herr Jesus Christus bewahre euch in seiner Gnade! (Philipper 4,21—23)

Abb. 239
Sportler erhält Siegeskranz / Hellenistisches Siegel aus Ephesus

5 Der erste Brief des Johannes

Fünf Schriften tragen im Neuen Testament den Namen des Johannes: die Offenbarung, das Johannes-Evangelium und drei Briefe. Vermutlich stammen sie von unterschiedlichen Verfassern. Ähnlichkeiten in ihrer Sprach- und Vorstellungswelt legen jedoch die Vermutung nahe, daß sie in einem Kreis von Christen entstanden sind, deren theologisches Denken eine gemeinsame Wurzel hatte.

Ein solcher Kreis bildete sich vermutlich nach dem jüdisch-römischen Krieg aus Palästinaflüchtlingen in Ephesus. Sein Mittelpunkt war vielleicht ein Johannes, von dem im 3. Buch der Kirchengeschichte des Euseb von Cäsarea steht, er habe in der kleinasiatischen Stadt als Presbyter, als „Ältester" gewirkt (vgl. 2. Johannes 1 und 3. Johannes 1). Das war 20 bis 30 Jahre nach der Zeit, da Paulus in Ephesus und Umgebung das Evangelium verkündigt hatte. Die Schriften dieses Kreises wurden wahrscheinlich in der Zeit zwischen 90 und 110 verfaßt.

Der 1. Johannesbrief hat nicht die Form eines echten Briefes. Sein Inhalt läßt auf keine konkreten persönlichen Beziehungen schließen. Er scheint eine Art Rundschreiben zu sein, das an alle Christen gerichtet war. Es ist nicht ausgeschlossen, daß er von den Mitarbeitern des Evangelisten geschrieben wurde, als sie das von seinem Verfasser nicht beendete Johannes-Evangelium herausgaben. Der Inhalt des Evangeliums wird 1. Johannes 1,2ff. ausdrücklich bestätigt. Das geschieht in dem Brief in Frontstellung zu Irrlehrern, die 2,18 Christusfeinde, „Antichristen" genannt werden. Offensichtlich sind damit die Vertreter einer gnostisch-christlichen falschen Lehre gemeint. Sie werden bekämpft, allerdings in einer Sprache, die selbst Anklänge an die Gnosis verrät.

Das lebenbringende Wort

Es war von allem Anfang an da, und wir haben es gehört und mit eigenen Augen gesehen, wir haben es angeschaut und mit unseren Händen betastet: das Wort, das Leben bringt. Das Leben selbst ist sichtbar geworden, und wir haben es gesehen. Wir sind Zeugen dafür und berichten euch von dem ewigen Leben, das beim Vater war und uns enthüllt worden ist. Was wir gesehen und gehört haben, geben wir an euch weiter. Wir wollen, daß ihr mit uns verbunden seid und durch uns mit dem Vater und mit seinem Sohn Jesus Christus. Dann würde an unserer Freude nichts mehr fehlen, und deshalb schreiben wir diesen Brief. (1. Johannes 1,1—4)

Gott ist Licht

Jesus hat uns die Botschaft gebracht, die wir euch weitergeben: Gott ist Licht; in ihm gibt es keine Spur von Finsternis. Wenn wir behaupten, mit Gott verbunden zu sein, und gleichzeitig im Dunkeln leben, dann lügen wir, und unser ganzes Leben ist unwahr. Leben wir aber im Licht, so wie Gott im Licht ist, dann sind wir miteinander verbunden, und das Blut, das sein Sohn Jesus für uns vergossen hat, befreit uns von jeder Schuld.

Wenn wir behaupten, ohne Schuld zu sein, betrügen wir uns selbst, und die Wahrheit lebt nicht in uns. Wenn wir aber unsere Schuld eingestehen, dürfen wir uns darauf verlassen, daß Gott Wort hält: Er wird uns dann unsere Verfehlungen vergeben und alle Schuld von uns nehmen, die wir auf uns geladen haben. Wenn wir behaupten, nie schuldig geworden zu sein, machen wir Gott zum Lügner, und sein Wort lebt nicht in uns. (1. Johannes 1,5—10)

Christus ist unser Helfer

Meine Kinder, ich schreibe euch dies, damit ihr kein Unrecht tut. Sollte aber jemand schuldig werden, so haben wir einen, der ohne Schuld ist und beim Vater für uns eintritt: Jesus Christus. Weil er sich für uns geopfert hat, kann unsere Schuld, ja sogar die Schuld der ganzen Welt vergeben werden.

Wenn wir Gott gehorchen, können wir gewiß sein, daß wir ihn kennen. Wer behauptet, ihn zu kennen, ihm aber nicht gehorcht, der ist ein Lügner, und die Wahrheit lebt nicht in ihm. Wer aber Gottes Wort befolgt, bei dem hat die Liebe Gottes ihr Ziel erreicht. Daran erkennen wir, daß wir mit ihm verbunden sind. Wer behauptet, ständig mit ihm verbunden zu sein, muß so leben, wie Jesus gelebt hat. (1. Johannes 2,1—6)

Das neue Gebot

Meine lieben Freunde, ich verkünde euch kein neues Gebot, sondern das alte. Es ist die Botschaft, die ihr gleich zu Anfang gehört habt und seitdem kennt. Und doch ist es auch ein neues Gebot, weil seine Wahrheit sich an Christus und an euch erweist, denn die Dunkelheit nimmt ab, und das wahre Licht leuchtet schon.

Wer behauptet, im Licht zu leben, aber seinen Bruder haßt, der ist immer noch im Dunkeln. Nur wer seinen Bruder liebt, lebt wirklich im Licht. In ihm ist nichts, wodurch er zu Fall kommen könnte. Wer aber seinen Bruder haßt, der lebt in der Dunkelheit. Er tappt im Dunkeln und hat die Richtung verloren; denn die Dunkelheit hat ihn blind gemacht.

Meine Kinder, ich schreibe euch, um euch daran zu erinnern, daß eure Schuld vergeben ist. Das verbürgt der Name Jesus Christus. Ihr Väter, ich erinnere euch daran, daß ihr den erkannt habt, der von allem Anfang an da ist. Und euch, ihr jungen Leute, erinnere ich daran, daß ihr den Satan besiegt habt.

Abb. 240
In den Ruinen des antiken Ephesus

Meine Kinder, ich erinnere euch daran, daß ihr den Vater erkannt habt. Euch, ihr Väter, erinnere ich daran, daß ihr den kennt, der von allem Anfang an da ist. Und euch, ihr jungen Leute, daß ihr Kraft empfangen habt; denn das Wort Gottes ist in euch lebendig, und ihr habt den Satan besiegt.

Ihr sollt die Welt, und das, was zu ihr gehört, nicht lieben. Wer die Welt liebt, in dessen Herz ist kein Platz mehr für die Liebe zum Vater. Wie sieht es denn in der Welt aus? Die Menschen lassen sich von ihren Begierden treiben, sie sehen etwas und wollen es dann haben, sie sind stolz auf Macht und Besitz. Das alles kommt nicht vom Vater, sondern gehört zur Welt. Die Welt und alles, was Menschen in ihr haben wollen, ist vergänglich. Wer aber tut, was Gott will, wird ewig leben.
(1. Johannes 2,7–17)

Der Christusfeind

Meine Kinder, die letzte Stunde ist angebrochen. Ihr habt gehört, daß der Christusfeind kommen wird. Tatsächlich sind schon viele Christusfeinde da. Daran sehen wir, daß die letzte Stunde gekommen ist. Diese Christusfeinde waren früher mit uns zusammen; aber sie gehörten nicht wirklich zu uns, sonst wären sie bei uns geblieben. Sie sind fortgegangen und haben damit bewiesen, daß keiner von ihnen zu uns gehört hat.

Ihr kennt alle die Wahrheit, denn Christus hat euch seinen Geist gegeben. Ich schreibe euch also nicht deshalb, weil man euch die Wahrheit noch sagen müßte, sondern gerade, weil ihr sie kennt und wißt, daß aus der Wahrheit keine Lüge kommen kann.

Wer ist also der Lügner und Christusfeind? Jeder, der behauptet, daß Jesus nicht Christus

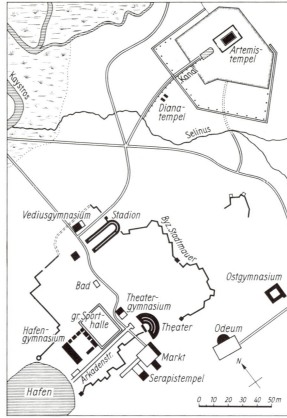

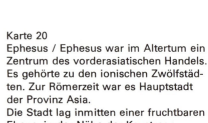

Karte 20
Ephesus / Ephesus war im Altertum ein Zentrum des vorderasiatischen Handels. Es gehörte zu den ionischen Zwölfstädten. Zur Römerzeit war es Hauptstadt der Provinz Asia.
Die Stadt lag inmitten einer fruchtbaren Ebene, in der Nähe der Kaystros-Mündung. Sie besaß einen geräumigen Hafen. Der Artemis-Tempel zählte zu den Wundern der antiken Welt. Mit seinem Bau wurde im 6. vorchristlichen Jahrhundert begonnen. Er maß 133 m in der Länge und 69 m in der Breite. 128 Säulen, die 19 m hoch waren, stützten ihn.

Abb. 241
Straße in Ephesus

Abb. 242
Relief aus Ephesus / Dargestellt ist die Siegesgöttin

Folgende Seiten
Abb. 243
Hadrianstempel an der Kuretenstraße in Ephesus
Abb. 244
Im Stadion von Ephesus

ist, der versprochene Retter. Wer das behauptet, lehnt mit dem Sohn auch den Vater ab. Wer vom Sohn nichts wissen will, der hat auch keine Verbindung mit dem Vater. Wer sich aber zum Sohn bekennt, der ist auch mit dem Vater verbunden. Achtet also darauf, daß ihr in eurem Herzen die Botschaft bewahrt, die ihr von Anfang an gehört habt. Wenn das, was ihr von Anfang an gehört habt, in euren Herzen bleibt, dann werdet ihr stets mit dem Sohn und dem Vater verbunden bleiben. Denn eben das ist es, was Christus uns versprochen hat: ewiges Leben.

Soviel über die Leute, die euch irremachen wollen. Euch aber hat Christus seinen Geist gegeben. Solange dieser Geist in euch bleibt, habt ihr keinen anderen Lehrer nötig. Denn er belehrt euch über alles. Was er sagt, ist wahr und keine Lüge. Tut darum, was der Geist euch lehrt: Bleibt mit Christus verbunden!

Bleibt mit Ihm verbunden, meine Kinder! Dann werden wir voll Zuversicht sein, wenn er erscheint, und brauchen nicht zu fürchten, daß er uns verurteilt, wenn er kommt. Ihr wißt, daß Christus nie etwas Unrechtes getan hat. Dann wißt ihr auch, daß jeder, der das Rechte tut, ein Kind Gottes ist. (1. Johannes 2,18—29)

Kinder Gottes

Seht doch, wie sehr uns der Vater geliebt hat! Seine Liebe ist so groß, daß er uns seine Kinder nennt. Und wir sind es wirklich! Die Welt versteht uns nicht, weil sie Gott nicht kennt. Meine lieben Freunde, wir sind schon Kinder Gottes. Was wir einmal sein werden, ist jetzt noch nicht sichtbar. Aber wir wissen: wenn es sichtbar wird, werden wir Gott ähnlich sein; denn wir werden ihn sehen, wie er wirklich ist. Jeder, der das volle Vertrauen von ihm erwartet, hält sich von allem Unrecht fern, so wie es Christus getan hat.

Wer sündigt, lehnt sich gegen Gott auf, denn Sünde ist nichts anderes als Auflehnung gegen Gott. Ihr wißt, daß Christus gekommen ist, um die Sünden der Menschen wegzunehmen. In ihm hat die Sünde keinen Platz. Wer mit ihm verbunden bleibt, der hört auf zu sündigen. Wer aber weiter sündigt, hat ihn weder gesehen noch verstanden.

Laßt euch von niemand irreführen, meine Kinder! Wer das Rechte tut, kann wie Christus vor Gottes Urteil bestehen. Wer nicht aufhört zu sündigen, gehört dem Teufel, denn der Teufel hat von Anfang an gesündigt. Der Sohn Gottes aber ist auf die Erde gekommen, um die Werke des Teufels zu zerstören.

Wer ein Kind Gottes ist, sündigt nicht mehr, weil Gottes Leben in ihm wirkt. Er kann gar nicht weitersündigen, weil Gott sein Vater ist. Aber wer Unrecht tut oder seinen Bruder nicht liebt, der gehört nicht zu Gott. Daran erkennt man, wer ein Kind Gottes und wer ein Kind des Teufels ist. (1. Johannes 3,1—10)

Ihr sollt einander lieben!

Die Botschaft, die ihr von Anfang an gehört habt, lautet: Wir sollen einander lieben! Wir sollen nicht sein wie Kain, der dem Teufel verfallen war und seinen Bruder ermordete. Warum hat er ihn ermordet? Weil seine eigenen Taten schlecht waren, aber die seines Bruders gut.

Wundert euch also nicht, meine Brüder, wenn die Welt euch haßt. Wir wissen, daß wir die Grenze vom Tod ins neue Leben überschritten haben. Wir erkennen es daran, daß wir unsere Brüder lieben. Wer dagegen nicht liebt, bleibt tot. Wer seinen Bruder haßt, ist ein Mörder. Ihr wißt, daß kein Mörder Anteil am ewigen Leben bekommt. Christus opferte sein Leben für uns; daran haben wir erkannt, was Liebe ist. Auch wir müssen deshalb bereit sein, unser Leben für unsere Brüder zu opfern. Wenn ein reicher Mann seinen Bruder Not leiden sieht und sein Herz vor ihm verschließt, wie kann er dann behaupten, er liebe Gott?
(1. Johannes 3,11—17)

Liebe macht furchtlos

Meine Kinder, unsere Liebe darf nicht aus leeren Worten bestehen. Es muß wirkliche Liebe sein, die sich in Taten zeigt. Daran werden wir erkennen, daß Gottes Wahrheit unser Leben bestimmt. Wir können dann Gott gegenüber ein ruhiges Gewissen haben. Denn immer, wenn Gott uns verurteilt, wissen wir, daß Gott größer ist als unser Gewissen. Er weiß alles. Wenn also unser Gewissen uns nicht mehr verurteilen kann, meine Freunde, dann dürfen wir mit Zuversicht zu Gott aufschauen. Wir erhalten von ihm, worum wir bitten, weil wir seine Befehle achten und tun, was ihm gefällt. Sein Gebot ist: Wir sollen uns auf seinen Sohn Jesus Christus verlassen und einander so lieben, wie er es uns befohlen hat. Wer Gott gehorcht, der bleibt mit Gott verbunden und Gott mit ihm. Durch den Geist, den er uns gegeben hat, wissen wir, daß Gott in uns lebt. (1. Johannes 3,18—24)

Der wahre und der falsche Geist

Meine lieben Freunde, glaubt nicht allen, die vorgeben, den Geist zu besitzen! Prüft sie, um herauszufinden, ob ihr Geist von Gott kommt. Denn diese Welt ist voll von falschen Propheten. An folgendem Merkmal könnt ihr erkennen, ob es sich um den Geist Gottes handelt: Jeder, der anerkennt, daß Jesus Christus ein Mensch von Fleisch und Blut wurde, hat den Geist Gottes. Jeder, der es abstreitet, hat nicht den Geist Gottes, sondern den Geist des

Christusfeindes. Ihr habt gehört, daß dieser kommen soll, und er ist schon da.

Aber ihr gehört zu Gott, meine Kinder, und habt die falschen Propheten besiegt. Der Geist, der in euch wirkt, ist mächtiger als der Geist, der diese Welt regiert. Sie gehören zur Welt und reden so, wie es die Welt versteht. Deshalb gehört die Welt ihnen und hört auf sie. Aber wir sind Kinder Gottes. Wer Gott kennt, hört auf uns. Wer nicht zu Gott gehört, hört nicht auf uns. So können wir zwischen dem Geist der Wahrheit und dem Geist des Irrtums unterscheiden. (1. Johannes 4,1—6)

Gott ist Liebe

Liebe Freunde, wir wollen einander lieben, denn die Liebe kommt von Gott. Wer liebt, ist ein Kind Gottes und zeigt, daß er Gott kennt. Wer nicht liebt, kennt Gott nicht, denn Gott ist Liebe. Gottes Liebe zu uns hat sich darin gezeigt, daß er seinen einzigen Sohn in die Welt sandte. Durch ihn wollte er uns das neue Leben schenken. Das Besondere an dieser Liebe ist: Nicht wir haben Gott geliebt, sondern er hat uns geliebt. Er hat seinen Sohn gesandt, der sich für uns opferte, um unsere Schuld von uns zu nehmen. Liebe Freunde, wenn Gott uns so sehr geliebt hat, dann müssen wir auch einander lieben. Niemand hat Gott je gesehen. Aber wenn wir einander lieben, lebt Gott in uns. Dann hat seine Liebe bei uns ihr Ziel erreicht.

Gott hat uns seinen Geist gegeben. Daran können wir erkennen, daß wir mit ihm verbunden sind und er mit uns. Wir haben es selbst gesehen und sind Zeugen dafür, daß der Vater seinen Sohn als Retter in die Welt gesandt hat. Wer Jesus als den Sohn Gottes anerkennt, der lebt in Gott, und Gott lebt in ihm. Wir jedenfalls wissen es ganz sicher, daß Gott uns liebt.

Gott ist Liebe. Wer in der Liebe lebt, der lebt in Gott, und Gott lebt in ihm. Wenn die Liebe ihr Ziel bei uns erreicht, dann werden wir am Tag des Gerichts zuversichtlich sein, weil wir in dieser Welt so mit Gott verbunden sind, wie Christus es ist. Die Liebe kennt keine Angst. Wahre Liebe vertreibt die Angst. Wer Angst hat und vor der Strafe zittert, bei dem hat die Liebe ihr Ziel noch nicht erreicht.

Wir lieben, weil Gott uns zuerst geliebt hat. Wenn einer behauptet: „Ich liebe Gott", und dabei seinen Bruder haßt, dann lügt er. Wenn er seinen Bruder, den er sieht, nicht liebt, dann kann er Gott, den er nicht sieht, erst recht nicht lieben. Christus gab uns dieses Gebot: Wer Gott liebt, der muß auch seinen Bruder lieben. (1. Johannes 4,7—21)

Der Sieg über die Welt

Wer glaubt, daß Jesus der versprochene Retter ist, der ist ein Kind Gottes. Wer nun den Vater liebt, der liebt auch dessen Kind. Unsere Liebe zu den Kindern Gottes erkennen wir daran, daß wir Gott lieben und ihm gehorchen.
Die Liebe zu Gott zeigt sich darin, daß wir tun, was er verlangt; und das ist nicht schwer. Denn

Ich schreibe euch dies, damit ihr wißt, daß ihr das ewige Leben habt. Ihr verlaßt euch ja auf den Sohn Gottes. (1. Johannes 5,6–13)

Die Gewißheit der Kinder Gottes

Wir vertrauen ganz fest darauf, daß Gott uns hört, wenn wir ihn um etwas bitten, das seinem Willen entspricht. Wir wissen, daß er uns hört.

alle Kinder Gottes können den Sieg über die Welt erringen. Durch unseren Glauben haben wir die Welt schon besiegt. Denn wer kann die Welt besiegen? Nur wer glaubt, daß Jesus der Sohn Gottes ist! (1. Johannes 5,1–5)

Die Zeugen für Jesus Christus

Jesus Christus kam zu uns mit dem Wasser seiner Taufe und mit dem Blut seines Todes. Er kam nicht allein mit dem Wasser, sondern mit Wasser und mit Blut. Der Geist bezeugt dies, und der Geist ist die Wahrheit. Es gibt also drei Zeugen: den Geist, das Wasser und das Blut. Die Aussagen dieser drei Zeugen stimmen überein. Wir glauben menschlichen Zeugen; aber das Zeugnis Gottes hat ein viel stärkeres Gewicht, denn es handelt sich um die Aussage, mit der Gott für seinen Sohn eingetreten ist. Wer sich auf den Sohn Gottes verläßt, trägt dieses Zeugnis als Besitz in seinem Herzen. Wer Gott nicht glaubt, macht ihn zum Lügner; denn er bezweifelt die Aussage, die Gott über seinen Sohn gemacht hat. Diese besagt: Gott hat uns ewiges Leben gegeben, und wir erhalten dieses Leben durch seinen Sohn. Wer den Sohn Gottes hat, der hat das Leben. Wer aber den Sohn nicht hat, der hat auch das Leben nicht.

Darum wissen wir auch, daß er uns gibt, worum wir ihn bitten.
Wenn jemand sieht, daß sein Bruder eine Sünde tut, die nicht zum Tode führt, soll er zu Gott beten, und Gott wird dem Bruder das Leben geben. Das betrifft die, deren Sünden nicht zum Tode führen. Es gibt aber eine Sünde, die den Tod bringt. In einem solchen Falle sage ich nicht, daß ihr beten sollt. Jedes Unrecht ist Sünde. Aber nicht jede Sünde führt zum Tod.
Wir wissen, daß ein Kind Gottes nicht sündigt. Der Sohn Gottes schützt es, damit der Satan ihm nicht schaden kann. Wir wissen, daß wir zu Gott gehören; die ganze Welt aber ist in der Gewalt des Satans.
Wir wissen, daß der Sohn Gottes gekommen ist. Er hat uns die Augen geöffnet, damit wir den wahren Geist erkennen. Wir sind mit dem wahren Gott durch seinen Sohn Jesus Christus verbunden. Jesus Christus ist der wahre Gott, er ist das ewige Leben.
Meine Kinder, laßt euch nicht mit falschen Göttern ein! (1. Johannes 5,14–21)

Abb. 245
Unterricht. Römisches Relief um 200 n. Chr. / In Ephesus entstanden die Anfänge einer Einrichtung, die später für die theologische Arbeit der jungen Kirche von großer Bedeutung wurde: die Katechetenschule. Diese Schulen sollten gebildeten Taufbewerbern einen Vorbereitungsunterricht auf höherem Niveau vermitteln. Zum anderen bildeten sie junge Leute zu Lehrern der Katechumenen aus.
Die wichtigsten Katechetenschulen befanden sich später in Alexandrien und Antiochien. Sie haben die theologische Entwicklung nachhaltig beeinflußt.

6 Die Offenbarung des Johannes

Wahrscheinlich zwischen 90 und 95 entstand im westlichen Kleinasien die sogenannte Offenbarung. Der (spätere) Herausgeber gebraucht diesen Ausdruck in der Überschrift, die er dem Werk voranstellt: „Offenbarung Jesu Christi" (1,1 wörtlich übersetzt). Das griechische Wort für „Offenbarung" heißt „apokalypsis".

Die Johannes-Offenbarung trägt als erste antike Schrift diesen Titel, sie steht aber in einer literarischen Tradition, die bereits zuvor apokalyptische Bücher hervorgebracht hatte. Im Iran, besonders aber im nachexilischen Judentum, beschäftigte man sich bereits vor der Zeitenwende mit dem Ende der Welt und der menschlichen Geschichte. Man versuchte, den Plan Gottes für die Endzeit zu entschlüsseln, und erwartete inmitten der Katastrophen des Untergangs den Neubeginn des Gottesreiches. Die bedeutendste jüdisch-apokalyptische Schrift war das Danielbuch, das um 165 v. Chr. entstand.

Der Verfasser der Johannes-Offenbarung, der ein angesehener Prophet war, hat seinem Werk mit der Zuschrift 1,4 und dem Schluß 22,21 den Rahmen eines Briefes gegeben. Er schloß sich damit an die bevorzugte literarische Form der Urchristenheit an, wohl auch damit rechnend, daß der Inhalt in den Gemeindeversammlungen vorgelesen würde. Die Adressaten seiner Schrift sind sieben Gemeinden in der römischen Provinz Asia, deren Hauptstadt Ephesus war. Diese Gemeinden hatte Johannes besonders im Blick. Er teilt ihnen die Visionen mit, die er auf der Insel Patmos geschaut hat (1,9). Aus ihnen sollen sie Gottes Plan erkennen und Geduld und Stärke gewinnen, um in allen Bedrängnissen ausharren zu können.

Über dieses Buch

In diesem Buch ist aufgeschrieben, was Jesus Christus von Gott enthüllt worden ist. Damit wollte er seinen Dienern zeigen, was sich sehr bald ereignen muß.

Christus sandte seinen Engel zu seinem Diener Johannes und machte ihm dies alles bekannt. Johannes ist Zeuge für das, was Gott angekündigt und Jesus Christus ihm in Visionen gezeigt hat. Freude ohne Ende ist dem gewiß, der dieses Buch liest, und allen, die diese prophetischen Worte hören und sie beherzigen; denn alle diese Dinge werden bald geschehen. (Offenbarung 1,1—3)

Grüße an die sieben Gemeinden

Johannes schreibt an die sieben Gemeinden in der Provinz Asien: Ich wünsche euch Gnade und Frieden von Gott, der ist, der war und der kommt, und von den sieben Geistern vor seinem Thron und von Jesus Christus, dem treuen Zeugen, der als erster von allen Toten zu neuem Leben geboren worden ist und über die Könige der Erde herrscht.

Er liebt uns und hat sein Blut für uns vergossen, um uns von unseren Sünden zu befreien. Er hat uns zu Mitherrschern in seinem Reich gemacht und zu Priestern, die Gott, seinem Vater, dienen dürfen. Darum gehört ihm die Ehre und die Macht für alle Zeiten. Das ist gewiß!

Gebt acht: er kommt mit den Wolken! Alle werden ihn sehen, auch die, die ihn durchbohrt haben. Alle Völker der Erde werden seinetwegen jammern und klagen, das ist ganz gewiß! Gott, der Herr, sagt: „Ich bin der Erste und der Letzte, der ist, der war und der kommt, der Herr der ganzen Welt."
(Offenbarung 1,4—8)

Christus erscheint dem Johannes

Ich bin Johannes, euer Bruder, der mit Jesus verbunden ist wie ihr. Darum lebe ich bedrängt wie ihr, darum kann ich mit euch durchhalten und werde zusammen mit euch in Gottes neuer Welt sein. Ich bin auf die Insel Patmos verbannt worden, weil ich Gottes Wort und die Wahrheit, die Jesus ans Licht gebracht hat, öffentlich verkündet habe. Am Tag des Herrn nahm der Geist Gottes von mir Besitz. Ich hörte hinter mir eine laute Stimme, die wie eine Trompete klang. Sie sagte: „Schreib das, was du siehst, in ein Buch, und schicke es an die sieben Gemeinden in Ephesus, Smyrna, Pergamon, Thyatira, Sardes, Philadelphia und Laodizea."

Ich wandte mich um und wollte sehen, wer zu mir sprach. Da erblickte ich sieben goldene Leuchter. In ihrer Mitte stand jemand, der wie ein Mensch aussah. Er trug ein langes Gewand und hatte ein breites goldenes Band um die Brust. Das Haar auf seinem Kopf war weiß wie Wolle, ja wie Schnee. Seine Augen glühten wie Feuer. Seine Füße glänzten wie gleißendes Gold, das im Schmelzofen glüht, und seine Stimme klang wie das Brausen eines Wasserfalls. Er hielt sieben Sterne in seiner rechten Hand, und aus seinem Mund kam ein scharfes zweischneidiges Schwert. Sein Gesicht leuchtete wie die helle Sonne.

Abb. 246
Die Insel Patmos / Patmos ist eine 41 qkm große Felseninsel im Ägäischen Meer. Sie gehört zur Inselgruppe der Sporaden und ist der Westküste Kleinasiens bei Milet vorgelagert. Den Römern diente sie als Verbannungsort. Hier wurde auch Johannes festgehalten.
Der herkömmlichen Annahme, Johannes sei auf die Insel verbannt worden, wird jedoch auch widersprochen. Es ist für einen Propheten nicht ungewöhnlich, daß er sich in die Einsamkeit zurückzieht, um sich seines Auftrags gewiß zu werden.

Als ich ihn sah, fiel ich wie tot vor seinen Füßen zu Boden. Er legte seine rechte Hand auf mich und sagte: „Hab keine Angst! Ich bin der Erste und der Letzte. Ich bin der Lebendige! Ich war tot, doch nun lebe ich in alle Ewigkeit. Ich habe Macht über den Tod und die Totenwelt. Schreib auf, was du siehst – zuerst das, was die Gegenwart betrifft und dann, was später geschehen wird. Du siehst die Sterne in meiner rechten Hand und die sieben goldenen Leuchter. Ich sage dir, was sie bedeuten: Die sieben Sterne sind die Engel der sieben Gemeinden, und die sieben Leuchter sind die Gemeinden selbst." (Offenbarung 1,9–20)

Die Botschaft an Ephesus

„Schreibe an den Engel der Gemeinde in Ephesus: Die Botschaft kommt von dem, der die sieben Sterne in seiner rechten Hand hält und zwischen den sieben goldenen Leuchtern einhergeht. Ich kenne euer Tun. Ich weiß, wieviel Mühe ihr euch gebt und wie geduldig ihr seid. Ich weiß, daß ihr keine schlechten Menschen duldet. Die Leute, die sich als Apostel ausgeben, aber keine sind, habt ihr geprüft und ihre Lügen aufgedeckt. Ihr habt Ausdauer. Um meinetwillen habt ihr gelitten und doch nicht den Mut verloren. Aber etwas habe ich an euch auszusetzen: Ihr liebt mich

Abb. 247
Der Hafen von Patmos

Abb. 248
Kloster des heiligen Johannes in Chora
auf Patmos

Abb. 249
Ephesus, die Bibliothek des Celsus / Die Bedeutung der Weltstadt Ephesus spricht auch aus den Ruinen der Celsus-Bibliothek, die bei den seit Mitte des 19. Jahrhunderts durchgeführten Ausgrabungen freigelegt wurden. Die in der Offenbarungs-Botschaft an Ephesus genannten Nikolaïten (Offenbarung 2,6) waren wahrscheinlich Anhänger einer gnostisch-christlichen Sondergemeinschaft, die auch in Pergamon Mitglieder hatte (vgl. Offenbarung 2,14f.). Die Verachtung des irdischen Leibes und das Selbstbewußtsein, im Wesenskern Teil einer besseren Welt zu sein, verführte sie dazu, moralische und religiöse Normen für das christliche Leben sehr leicht zu nehmen. Sie beteiligten sich ohne Bedenken an heidnischen Opfermahlzeiten und trieben „Unzucht", wie es in Offenbarung 2,14 heißt. Der Sektenname wird auf den Antiochener Nikolaus zurückgeführt, der in der Apostelgeschichte 6,5 im Amt eines Jerusalemer Diakons erscheint.

Abb. 250
Grotte des Johannes auf der Insel Patmos / Hier soll der Seher der „Offenbarung" seine Visionen empfangen haben.

nicht mehr wie am Anfang. Denkt darüber nach, von welcher Höhe ihr hinabgestürzt seid! Kehrt um und handelt wieder so wie zu Beginn! Wenn ihr euch nicht ändert, werde ich zu euch kommen und euren Leuchter von seinem Platz stoßen. Doch eins spricht für euch: Ihr haßt das Treiben der Nikolaïten genauso wie ich.

Wer hören kann, der achte auf das, was der Geist den Gemeinden sagt!
Wer den Sieg erlangt, dem gebe ich das Recht, vom Baum des Lebens zu essen, der im Garten Gottes wächst." (Offenbarung 2,1—7)

Die Botschaft an Smyrna

"Schreibe an den Engel der Gemeinde in Smyrna:
Diese Botschaft kommt von dem, der der Erste und der Letzte ist, der tot war und wieder lebt. Ich weiß, daß ihr verfolgt werdet und daß ihr arm seid. Aber in Wirklichkeit seid ihr reich! Ich kenne die üblen Nachreden, die von Leuten über euch verbreitet werden, die sich als Angehörige des Gottesvolkes ausgeben, aber das sind sie nicht, sondern sie gehören zum Satan. Habt keine Angst wegen der Dinge, die ihr noch erledigen müßt. Der Teufel wird einige von euch ins Gefängnis werfen, um euch auf die Probe zu stellen. Zehn Tage lang wird man euch verfolgen. Haltet durch, auch wenn es euch das Leben kostet. Dann werde ich euch als Siegespreis ewiges Leben schenken.
Wer hören kann, der achte auf das, was der Geist den Gemeinden sagt!
Wer den Sieg erlangt, dem wird der zweite Tod nichts anhaben." (Offenbarung 2,8—11)

Die Botschaft an Pergamon

"Schreibe an den Engel der Gemeinde in Pergamon:
Diese Botschaft kommt von dem, der das

Abb. 251
Statue der Demeter aus Smyrna

Abb. 252
Smyrna, Wasserleitung in der Nähe der antiken Stadt / Unter Alexander dem Großen wurde Smyrna als Endpunkt einer Handelsstraße ausgebaut. 133 v. Chr. eroberten die Römer die Stadt. Ihr guter Hafen verhalf ihr zu Ansehen und Reichtum. Sie war später ein Zentrum des Kaiserkultes in Kleinasien. 178 und 180 n. Chr. richteten Erdbeben großen Schaden an. Doch Kaiser Marc Aurel ließ die Stadt wiederherstellen. Sie wurde zu einem Hauptstützpunkt des Christentums in Kleinasien, bis sie nach wechselndem Schicksal im Jahre 1424 endgültig unter türkische Herrschaft kam.

scharfe zweischneidige Schwert hat. Ich weiß, daß ihr dort wohnt, wo der Thron des Satans steht. Ihr seid mir treu geblieben und habt euer Bekenntnis zu mir nicht widerrufen, nicht einmal, als mein treuer Zeuge Antipas bei euch getötet wurde, dort, wo der Satan wohnt. Trotzdem habe ich einiges an euch auszusetzen: Unter euch gibt es Anhänger der Lehre Bileams. Der stiftete Balak an, die Israeliten zur

dauer. Ich weiß, daß ihr jetzt noch mehr tut als früher. Aber eines habe ich an euch auszusetzen: Ihr duldet diese Isebel, die sich als Prophetin ausgibt. Mit ihrer Lehre verführt sie meine Diener, Unzucht zu treiben und Fleisch von Tieren zu essen, die als Götzenopfer geschlachtet worden sind. Ich habe ihr Zeit gelassen, sich zu ändern; aber sie will ihr zuchtloses Leben nicht aufgeben. Darum werde ich

Abb. 253
Pergamon, Standort des Zeusaltars / Pergamon liegt im Nordwesten Kleinasiens (heute Bergama). Von 283 bis 133 v. Chr. war es Hauptstadt eines bedeutenden Staates, der zu einem Zentrum hellenistischer Kultur wurde. Berühmt ist die Bibliothek, die im 1. vorchristlichen Jahrhundert etwa 200 000 Schriftrollen besaß. Das Material, das bevorzugt für die Handschriftenrollen benutzt wurde, das Pergament, wurde nach Pergamon benannt.
Auch unter den Römern, die im Jahre 133 v. Chr. Pergamon in Besitz nahmen, blieb die Stadt mit ihrer reich bebauten Akropolis ein Hauptort des westlichen Kleinasiens, das die Provinz Asia bildete.
Heidnische Religiosität spiegelte sich in bedeutenden Bauwerken. Ein Heiligtum des Asklepios zog unzählige heilungssuchende Pilger an. Aus diesem Grunde hat man Pergamon das „Lourdes des Altertums" genannt. Ein Tempel der Göttin Roma und des Augustus diente seit 29 v. Chr. dem sich vertiefenden römischen Kaiserkult.
Ältestes Bauwerk auf der Akropolis, die seit 1878 ausgegraben wurde, ist ein Athene-Tempel aus dem frühen 3. Jahrhundert v. Chr. Berühmtheit erlangte der große Altarbau, den König Eumenes II. etwa 180 v. Chr. zu Ehren des Zeus und der Athena errichten ließ. Der Altar selbst befindet sich mitsamt dem Fries im Pergamon-Museum in Berlin. Es ist möglich, daß in ihm die bedrängten Christen des 1. Jahrhunderts den Offenbarung 2,13 genannten „Thron des Satans" wiedererkannten.

Sünde zu verführen. Da aßen sie Fleisch vom Götzenopfer und trieben Unzucht. Es gibt unter euch auch einige, die der Lehre der Nikolaiten folgen. Kehrt um! Sonst komme ich bald zu euch und werde gegen diese Leute mit dem Schwert aus meinem Mund Krieg führen.
Wer hören kann, der achte auf das, was der Geist den Gemeinden sagt!
Wer den Sieg erlangt, dem werde ich von dem verborgenen Manna geben. Er erhält von mir auch einen weißen Stein. Auf ihm steht ein neuer Name, den nur der kennt, der ihn bekommt." (Offenbarung 2,12—17)

Die Botschaft an Thyatira

„Schreibe an den Engel der Gemeinde in Thyatira:
Die Botschaft kommt von dem Sohn Gottes, dessen Augen wie Feuer glühen und dessen Füße wie gleißendes Gold glänzen. Ich kenne euer Tun. Ich kenne eure Liebe, euren beständigen Glauben, euren Dienst und eure Aus-

sie aufs Krankenbett werfen. Alle, die sich mit ihr eingelassen haben, werden Schreckliches aushalten müssen, wenn sie nicht den Verkehr mit dieser Frau abbrechen. Ich werde auch ihre Kinder töten. Dann werden alle Gemeinden wissen, daß ich die geheimsten Gedanken und Wünsche der Menschen kenne. Ich werde mit jedem von euch nach seinen Taten verfahren.
Aber ihr anderen in Thyatira seid dieser falschen Lehre nicht gefolgt. Ihr habt die sogenannten tiefen Geheimnisse des Satans nicht kennengelernt. Dafür will ich euch keine weitere Prüfung auferlegen. Aber haltet fest, was ihr habt, bis ich komme! Wer den Sieg erlangt und sich bis zuletzt nach meinen Worten und Taten richtet, dem werde ich Macht über die Völker geben, dieselbe Macht, die ich von meinem Vater erhalten habe: er wird die Völker mit eisernem Zepter regieren und zerschlagen wie Tontöpfe. Als Zeichen der Macht werde ich ihm den Morgenstern geben.

Abb. 254
Fries des Zeusaltars von Pergamon
(Ausschnitt). Er stellt den Kampf zwi-
schen Göttern und Giganten dar.

Wer hören kann, der achte auf das, was der
Geist den Gemeinden sagt!"
(Offenbarung 2,18—29)

Die Botschaft an Sardes

"Schreibe an den Engel der Gemeinde in Sardes:
Die Botschaft kommt von dem, dem die sieben
Geister Gottes dienen und der die sieben
Sterne in der Hand hält. Ich kenne euer Tun. Ich
weiß, daß man euch für eine lebendige Gemeinde hält; aber in Wirklichkeit seid ihr tot.
Werdet wach und stärkt das, was noch Leben
hat, bevor es abstirbt. Ich habe euch geprüft
und gefunden, daß euer Tun vor den Augen
meines Gottes nicht bestehen kann. Denkt an
die Gute Nachricht, die ihr gehört habt! Erinnert euch, wie eifrig ihr sie aufgenommen
habt! Bleibt ihr treu und lebt wieder wie damals. Wenn ihr nicht wach seid, werde ich euch
wie ein Dieb überraschen; ihr werdet nicht
wissen, in welcher Stunde ich komme. Aber

einige von euch in Sardes haben sich nicht
beschmutzt. Sie sind es wert, weiße Kleider zu
tragen und immer bei mir zu sein. Wer den Sieg
erlangt, wird solch ein weißes Kleid tragen. Ich
will seinen Namen nicht aus dem Buche des
Lebens streichen. Vor meinem Vater und seinen Engeln werde ich offen bekennen, daß er
zu mir gehört.
Wer hören kann, der achte auf das, was der
Geist den Gemeinden sagt!"
(Offenbarung 3,1—6)

Die Botschaft an Philadelphia

"Schreibe an den Engel der Gemeinde in
Philadelphia:
Die Botschaft kommt von dem, der heilig und
zuverlässig ist. Er hat den Schlüssel Davids. Wo
er öffnet, kann keiner mehr zuschließen, wo er
zuschließt, kann keiner mehr öffnen. Ich kenne
euer Tun und weiß, daß eure Kraft klein ist.
Trotzdem seid ihr meinen Anweisungen gefolgt und habt zu mir gehalten. Ich habe euch

eine Tür geöffnet, die keiner mehr zuschließen kann. Hört gut zu! Ich werde Menschen zu euch schicken, die zum Satan gehören. Diese Lügner werden behaupten, daß sie zum Volk Gottes gehören; aber das ist nicht wahr. Ich werde dafür sorgen, daß sie sich vor euch niederwerfen und euch ehren. Sie werden erkennen, daß ich euch liebe. Ihr habt mein Wort beherzigt, mit dem ich euch zum Durchhalten aufrief. Darum werde ich euch in der Zeit der Versuchung bewahren, die bald über die ganze Erde kommen und alle Menschen auf die Probe stellen wird. Ich bin schon auf dem Wege. Haltet fest, was ihr habt, sonst bekommen andere den Siegeskranz! Wer den Sieg erlangt, den werde ich zu einer Säule im Tempel meines Gottes machen, und er wird immer dort bleiben. Ich werde den Namen meines Gottes auf ihn schreiben und den Namen der Stadt meines Gottes. Diese Stadt ist das neue Jerusalem, das von meinem Gott aus dem Himmel herabkommen wird. Ich werde auch meinen eigenen Namen auf ihn schreiben.
Wer hören kann, der achte auf das, was der Geist den Gemeinden sagt!"
(Offenbarung 3,7–13)

Abb. 255
Antiker Sarkophag bei Thyatira

Die Botschaft an Laodizea

„Schreibe an den Engel der Gemeinde in Laodizea:
Diese Botschaft kommt von dem, der Amen heißt. Er ist der wahrhaftige und der treue Zeuge, von dem alles kommt, was Gott geschaffen hat. Ich kenne euer Tun. Ich weiß, daß ihr weder warm noch kalt seid. Wenn ihr wenigstens eins von beiden wärt. Aber ihr seid weder warm noch kalt; ihr seid lauwarm. Darum werde ich euch aus meinem Mund ausspucken. Ihr sagt: ‚Wir sind reich und gut versorgt; uns fehlt nichts.' Aber ihr wißt nicht, wie unglücklich und bejammernswert ihr seid. Ihr seid arm, nackt und blind. Ich rate euch, von mir

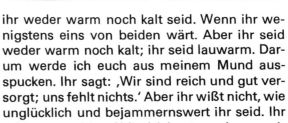

Abb. 256
Inschrift auf dem Sarkophag / In der zweiten Zeile wird „die Stadt Thyatira" erwähnt. Thyatira lag etwa 60 km südöstlich von Pergamon an der Straße nach Sardes in der Landschaft Lydien. Mazedonische Militärkolonisten hatten den Ort gegründet. Als Stadt, die Handel und Gewerbe förderte, hatte es im Altertum einen guten Ruf.
Zu den Gewerken, die dort betrieben wurden, gehörte das Färben mit Purpur und der Handel mit derart veredelten Stoffen. Im jenseits des Thrazischen Meeres gelegenen Philippi bildeten die Purpurfärber und -händler eine eigene Zunft. Ihr gehörte auch die Lydia (Frau aus Lydien) an, die sich von Paulus zum Christentum bekehren ließ (vgl. Apostelgeschichte 16,11–15).
Die in der Offenbarungsbotschaft an Thyatira genannte Isebel weist auf eine weibliche Prophetengestalt, die ähnliche Ansichten wie die in den Botschaften an Ephesus und Pergamon genannten Nikolaïten vertrat.

Abb. 257
Philadelphia. Rest der antiken Stadtmauer / Die Stadt lag inmitten einer
fruchtbaren Gegend an der Verkehrs-
straße, die von Sardes nach Kolossä
führte. Gründer und Namensgeber war
für den strategisch günstig gelegenen
Ort Attalos II. Philadelphos (der „Ge-
schwisterliebende"). Der König regierte
das pergamesische Reich, zu dem
Philadelphia gehörte, von 159 bis
138 v. Chr.
Wie auch Sardes wurde Philadelphia
ein Opfer des schweren Erdbebens, das
im Jahre 17 n. Chr. im westlichen
Kleinasien schwere Verwüstungen
anrichtete. Der griechische Geograph
Strabo, der um die Zeitenwende lebte,
berichtet, daß die Stadt fast ganz in
Trümmern lag. Auch hier förderte
Kaiser Tiberius den Wiederaufbau.
Nicht bekannt ist, auf welche Weise die
christliche Gemeinde entstanden ist,
deren Existenz in der Offenbarung
vorausgesetzt wird. Die Botschaft an
Philadelphia weiß ihr Durchhaltevermö-
gen zu würdigen.
In der Gegenwart befindet sich im
Gebiet von Philadelphia die türkische
Stadt Alasehir (die „bunte Stadt"). Teile
der antiken Stadtmauer sind noch
vorhanden. Haupterwerbszweig für die
türkischen Einwohner ist der Anbau von
Getreide, Tabak und Baumwolle.

Abb. 258
Sardes. Reste des Artemis-Tempels /
Sardes war im 6. Jahrhundert v. Chr.
Hauptstadt von Lydien. Die Wollverar-
beitung, die dort eine der wesentlichen
Einnahmequellen war, machte die Stadt
weithin bekannt. Eine andere Quelle
des Reichtums war das Gold, das man
im Schwemmsand des Flusses Paktolos
fand.
Das Hauptheiligtum der Stadt war ein
Tempel der Artemis, einer weiblichen
Gottheit, die mit der römischen Diana
gleichgesetzt wurde. Das Heiligtum am
Ufer des Paktolos war Ort eines intensi-
ven Kultes.
Ein Erdbeben legte im Jahre 17 n. Chr.
Sardes so gut wie vollständig in Trümmer. Kaiser Tiberius bemühte sich zwar
um den Wiederaufbau, doch die Stadt
konnte sich nicht mehr zu neuer Blüte
entwickeln. In der Offenbarung des
Johannes wird der Christengemeinde,
die in Sardes bestand, mit bitteren
Worten vorgeworfen, sie sei nur dem
Scheine nach lebendig; „aber in Wirklichkeit seid ihr tot" (3,1).
Heute befindet sich im Ortsgebiet von
Sardes das türkische Dorf Sart.
Amerikanische Archäologen unternahmen 1910-1914, 1921-1922 und dann
wieder seit 1958 Ausgrabungen.
Bei den Ausgrabungen wurde u. a. auch
eine jüdische Synagoge freigelegt. Sie
stammt aus dem 3. Jahrhundert n. Chr.
und ist mit Mosaiken geschmückt.

reines Gold zu kaufen; denn ihr werdet reich.
Ihr solltet euch auch weiße Kleider kaufen,
damit ihr nicht nackt dasteht und euch schä-
men müßt. Kauft Salbe und streicht sie auf eure
Augen, damit ihr sehen könnt! Wen ich liebe,
den erziehe ich mit Strenge. Macht also Ernst
und kehrt um! Hört gut zu: Ich stehe vor der Tür
und klopfe an. Wenn jemand meine Stimme
hört und öffnet, werde ich bei ihm einkehren.
Ich werde mit ihm essen und er mit mir.
Wer den Sieg erlangt, dem gebe ich das Recht,
mit mir auf meinem Thron zu sitzen, so wie ich
als Sieger nun mit meinem Vater auf seinem
Thron sitze.

Wer hören kann, der achte auf das, was der
Geist den Gemeinden sagt!"
(Offenbarung 3,14—22)

Gottesdienst im Himmel

Danach blickte ich auf und sah im Himmel eine
offene Tür. Die Stimme, die vorher zu mir
gesprochen hatte und wie eine Trompete
klang, sagte: „Komm herauf! Ich werde dir
zeigen, was nach diesen Ereignissen geschehen muß." Sofort nahm der Geist von mir
Besitz. Im Himmel stand ein Thron, darauf saß
einer. Sein Gesicht glänzte wie die kostbaren

Abb. 259
Laodizea. Wasserleitung aus der Römerzeit / Laodizea war eine wichtige
Handels- und Gewerbestadt in Phrygien. Eine Reihe von Banken und Han-
delshäusern hatte hier ihren Sitz. Berühmt war die schwarze Wolle, die in
der Stadt hergestellt wurde. Laodizea
galt als Zentrum der Heilkunde, besonders der Augenheilkunde. Die ärztliche
Autorität des Altertums, Galenus,
erwähnt eine aus pulverisiertem Stein
gefertigte Augensalbe (vgl. die Anspie-
lung Offenbarung 3,18).
Das Christentum wurde in Laodizea von
Epaphras gepredigt (Kolosser 1,7;
4,12-13).

Edelsteine Jaspis und Karneol. Über dem Thron stand ein Regenbogen, der leuchtete wie ein Smaragd. Um den Thron standen im Kreis vierundzwanzig andere Throne. Darauf saßen vierundzwanzig Älteste. Sie trugen weiße Kleider und goldene Kronen. Von dem Thron gingen Blitze, Rufe und Donnerschläge aus. Vor dem Thron brannten sieben Fackeln, das sind die sieben Geister Gottes. Im Vordergrund war etwas wie ein gläsernes Meer, so klar wie Kristall.

In der Mitte, rings um den Thron, waren vier mächtige Gestalten, die ringsum voller Augen waren. Die erste sah aus wie ein Löwe, die zweite wie ein Stier, die dritte hatte ein Gesicht wie ein Mensch, und die vierte glich einem fliegenden Adler. Jede hatte sechs Flügel, die innen und außen mit Augen bedeckt waren, Tag und Nacht singen sie unaufhörlich:

> „Heilig, heilig, heilig ist der Herr,
> der Gott, der die ganze Welt regiert,
> der war, der ist und der kommt!"

Die vier mächtigen Gestalten singen Lieder zum Lob, Preis und Dank für den, der auf dem Thron sitzt und in alle Ewigkeit lebt. Jedesmal, wenn sie das tun, werfen sich die vierund-zwanzig Ältesten nieder vor dem, der auf dem Thron sitzt, und beten den an, der ewig lebt. Sie legen ihre Kronen vor dem Thron nieder und sagen:

> „Du bist unser Herr und Gott!
> Du hast die ganze Welt geschaffen;
> weil du es so gewollt hast,
> ist sie entstanden.
> Darum bist du allein würdig,
> daß alle dich preisen und ehren
> und deine Macht anerkennen!"

(Offenbarung 4,1—11)

Das Lamm und das Buch

Ich sah eine Buchrolle in der rechten Hand dessen, der auf dem Thron saß. Sie war innen und außen beschrieben und mit sieben Siegeln verschlossen. Und ich sah einen mächtigen Engel, der mit lauter Stimme fragte: „Wer ist würdig, die Siegel aufzubrechen und das Buch zu öffnen?" Aber man fand keinen, der es öffnen und hineinsehen konnte, weder im Himmel, noch auf der Erde. Ich weinte sehr, weil keiner würdig war, das Buch zu öffnen und hineinzusehen. Da sagte einer der Ältesten zu mir: „Hör auf zu weinen! Der Löwe aus Judas Stamm und Nachkomme Davids hat den Sieg errungen. Er kann die sieben Siegel aufbrechen und das Buch öffnen."

Da sah ich mitten vor dem Thron, umgeben von den vier mächtigen Gestalten und den Älte-sten, ein Lamm stehen. Es sah aus, als ob es geschlachtet wäre. Es hatte sieben Hörner und sieben Augen; das sind die sieben Geister Gottes, die in die ganze Welt gesandt worden sind. Das Lamm ging zu dem, der auf dem Thron saß, und nahm die Buchrolle aus seiner rechten Hand. Da warfen sich die vier mächti-gen Gestalten und die vierundzwanzig Ältesten vor dem Lamm nieder. Jeder Älteste hatte eine Harfe und eine goldene Schale mit Weihrauch, das sind die Gebete des Volkes Gottes. Sie sangen ein neues Lied:

> „Du bist würdig, das Buch zu nehmen
> und seine Siegel aufzubrechen!
> Denn du wurdest als Opfer geschlachtet,
> und mit deinem vergossenen Blut
> hast du Menschen für Gott erworben,
> Menschen aus allen Sprachen
> und Stämmen,

Die Christenverfolgungen

In den ersten Jahrzehnten kümmerte sich der römische Staat wenig um die Christen. Die heidnischen Römer vermochten den christlichen Glauben kaum vom Judentum zu unterscheiden, das ja eine erlaubte Religion war. Die Christen waren weithin bemüht, nicht in Gegensatz zu den Römern zu geraten. Sie beteten im Gottesdienst für den Kaiser und rieten, der Obrigkeit zu gehorchen (vgl. Markus 12,13-17; Römer 13,1-7; 1. Petrus 2,13-17). Da sie das baldige Ende der Welt erwarteten, lag es ihnen fern, gesellschaftliche Veränderungen anzustreben.

Der Konflikt spitzte sich zu, als die Christen den religiös begründeten Kaiserkult verweigerten und es ablehnten, den Staatsgöttern zu opfern. Diese Tatsache mußte sie im Zusammenhang mit dem Umstand, daß sie viel Zulauf aus den untersten Schichten des Volkes hatten, in den Augen der staatstragenden Kräfte als potentielle Gefahr erscheinen lassen. Zu systematischen Verfolgungen im ganzen Reich kam es jedoch in neutestamentlicher Zeit nicht. Die bekannte Christenhetze unter Nero im Jahre 64 hatte keine primär religiösen Gründe gehabt.

Ernster wurde die Lage gegen Ende des 1. Jahrhunderts in Kleinasien. Kleinasien war das klassische Land des Kaiserkults. Tempelbauten zu Ehren römischer Kaiser und der Dea Roma zeugen davon. Als Kaiser Domitian (81-96) in despotischer Selbstüberhebung den auf seine Person bezogenen Kaiserkult energisch förderte, war der Konflikt zwischen römischer Staatsreligion und Christentum unausweichlich geworden. Diese Auseinandersetzungen bilden den zeitgenössischen Hintergrund für die Offenbarung des Johannes.

aus allen Völkern und Nationen.
Zu Königen hast du sie gemacht
und zu Priestern für unseren Gott;
und sie werden über die Erde herrschen."

Dann sah und hörte ich Tausende und aber Tausende von Engeln, eine unübersehbare Zahl. Sie standen mit den vier mächtigen Gestalten und den Ältesten um den Thron und sangen mit lauter Stimme:

„Das geopferte Lamm ist würdig,
Macht zu empfangen,
Reichtum und Weisheit,
Kraft und Ehre, Ruhm und Anbetung!"

Und ich hörte alle Geschöpfe im Himmel, auf der Erde, unter der Erde und im Meer laut mit einstimmen:

„Anbetung und Ehre, Herrlichkeit
und Macht
gehören ihm, der auf dem Thron sitzt,
und dem Lamm, für immer und ewig."

Die vier mächtigen Gestalten antworteten: „Amen!" Und die Ältesten fielen nieder und beteten an. (Offenbarung 5,1—14)

Die Siegel

Dann sah ich, wie das Lamm das erste von den sieben Siegeln aufbrach. Und ich hörte, wie eine der vier mächtigen Gestalten mit Donnerstimme sagte: „Komm!" Ich blickte um mich und sah ein weißes Pferd. Sein Reiter hatte einen Bogen und erhielt eine Krone. Als Sieger zog er aus, um abermals zu siegen.

Abb. 260
Kopf des Domitian aus Ephesus / In Ephesus hatte die Provinz Asia dem Kaiser Domitian noch zu Lebzeiten einen Tempel errichtet. Als der Kaiser im Jahre 96 durch Mörderhand fiel, wurde sein Andenken offiziell verdammt. Sein Steinbild stürzten die ephesinischen Tempelverwalter von der Nordwestecke des Gebäudes in die Tiefe, wo es zersprang.

Dann brach das Lamm das zweite Siegel auf. Ich hörte, wie die zweite der mächtigen Gestalten sagte: „Komm!" Diesmal kam ein rotes Pferd. Sein Reiter erhielt ein großes Schwert und wurde ermächtigt, Krieg in die Welt zu bringen, damit sich die Menschen gegenseitig töten sollten.

Dann brach das Lamm das dritte Siegel auf. Ich hörte, wie die dritte der mächtigen Gestalten sagte: „Komm!" Ich blickte um mich und sah ein schwarzes Pferd. Sein Reiter hielt eine Waage in der Hand. Da hörte ich eine Stimme aus dem Kreis der vier mächtigen Gestalten rufen: „Zwei Pfund Weizen oder sechs Pfund Gerste für den Lohn eines Tages. Nur Öl und Wein zum alten Preis!"

Dann brach das Lamm das vierte Siegel auf. Ich hörte, wie die vierte der mächtigen Gestalten sagte: „Komm!" Da sah ich ein leichenfarbenes Pferd. Sein Reiter hieß Tod, und die Totenwelt folgte ihm auf den Fersen. Ein Viertel der Erde wurde in ihre Hand gegeben. Durch das Schwert, durch Hunger, Seuchen und wilde Tiere sollten sie die Menschen töten.

Dann brach das Lamm das fünfte Siegel auf. Da sah ich unterhalb des Altars die Seelen der Menschen, die man getötet hatte, weil sie sich zu Gottes Wort bekannt hatten und als Zeugen Gottes treu geblieben waren. Sie riefen mit lauter Stimme: „Herr, du bist heilig und hältst, was du versprichst! Wie lange müssen wir noch warten, bis du die Völker der Erde vor Gericht rufst und sie bestrafst, weil sie uns getötet haben?"

Jeder von ihnen erhielt ein langes weißes Gewand, und es wurde ihnen gesagt: „Wartet noch eine kurze Zeit, denn eure Zahl ist noch nicht voll. Von euren Brüdern, die Gott dienen, genau wie ihr, müssen noch so viele getötet werden, wie Gott bestimmt hat."

Ich sah, wie das Lamm das sechste Siegel aufbrach. Da gab es ein gewaltiges Erdbeben. Die Sonne wurde so dunkel wie ein Trauerkleid, und der Mond verfärbte sich blutrot. Wie unreife Feigen, die ein starker Wind von dem Baum schüttelt, fielen die Sterne vom Himmel auf die Erde. Der Himmel verschwand wie eine Buchrolle, die man zusammenrollt. Weder Berg noch Insel blieben an ihren Plätzen. Alle Menschen versteckten sich in Höhlen und zwischen den Felsen der Berge: die Könige und Herrscher, die Heerführer, die Reichen und Mächtigen und alle Sklaven und Freien. Sie riefen den Bergen und Felsen zu: „Fallt auf uns und verbergt uns vor dem Zorn des Lammes und vor dem Blick dessen, der auf dem Thron sitzt! Der Tag, an dem sie abrechnen, ist gekommen. Wer kann da bestehen?" (Offenbarung 6,1—17)

Die 144 000 mit dem Siegel auf der Stirn

Danach sah ich an den vier äußersten Enden
der Erde vier Engel stehen. Sie hielten die vier
Winde zurück, damit kein Wind auf der Erde,
auf dem Meer und in den Bäumen wehte. Von
dorther, wo die Sonne aufgeht, sah ich einen
anderen Engel mit dem Siegel des lebendigen
Gottes in der Hand in den Himmel heraufstei-
gen, er wandte sich mit lauter Stimme an die
vier Engel, denen Gott die Macht gegeben
hatte, dem Land und dem Meer Schaden zu-
zufügen, und sagte: „Verwüstet weder das
Land, noch das Meer, noch die Bäume! Erst
müssen wir die Diener unseres Gottes mit dem
Siegel auf der Stirn kennzeichnen." Und ich
hörte, wie viele mit dem Siegel gekennzeichnet wurden. Es waren hundertvierundvierzig-
tausend aus allen Stämmen des Volkes Israel;
je zwölftausend aus den Stämmen Juda, Ru-
ben, Gad, Ascher, Naftali, Manasse, Simeon,
Levi, Issachar, Sebulon, Josef und Benjamin.
(Offenbarung 7,1—8)

Die große Menge aus allen Völkern

Danach sah ich eine große Menge Menschen,
so viele, daß keiner sie zählen konnte. Es waren
Menschen aus allen Nationen, Stämmen,
Völkern und Sprachen. Sie standen in weißen
Kleidern vor dem Thron und dem Lamm und
hielten Palmzweige in den Händen. Mit lauter
Stimme riefen sie: „Die Rettung kommt von
unserem Gott, der auf dem Thron sitzt, und von
dem Lamm!" Alle Engel standen im Kreis um
den Thron, um die Ältesten und um die vier
mächtigen Gestalten. Vor dem Thron warfen
sie sich zu Boden und beteten Gott an. Sie
sprachen: „Das ist gewiß: Anbetung und Herrlichkeit, Weisheit und Dank, Ehre, Macht und
Stärke gehören unserem Gott für immer und
ewig. Amen!"
Einer der Ältesten fragte mich: „Wer sind diese
Menschen in den weißen Kleidern? Woher
kommen sie?" Ich antwortete: „Herr, ich weiß
es nicht. Das mußt du wissen!" Er sagte zu mir:
„Diese Menschen haben die große Verfolgung
durchgestanden. Sie haben ihre Kleider im Blut
des Lammes weiß gewaschen. Darum stehen
sie vor dem Thron Gottes und dienen ihm Tag
und Nacht in seinem Tempel. Er, der auf dem
Thron sitzt, wird sie schützen. Sie werden
niemals wieder Hunger oder Durst haben;
weder die Sonne noch irgendeine Glut wird sie
versengen. Das Lamm in der Mitte des Thrones
wird ihr Hirt sein und sie an die Quellen führen,
deren Wasser Leben spendet. Und Gott wird
alle ihre Tränen abwischen."
(Offenbarung 7,9—17)

Das abschließende Gericht

Dann sah ich einen großen weißen Thron und
den, der darauf sitzt. Die Erde und der Himmel
flüchteten bei seinem Anblick und verschwan-
den für immer. Ich sah alle Toten, Hohe und
Niedrige, vor dem Thron stehen. Die Bücher
wurden geöffnet, in denen alle Taten aufgeschrieben sind. Dann wurde noch ein Buch
aufgeschlagen: das Buch des Lebens. Den
Toten wurde das Urteil gesprochen; es richtete
sich nach ihren Taten, die in den Büchern
aufgeschrieben waren. Auch das Meer hatte
seine Toten herausgegeben, und der Tod und
die Totenwelt hatten ihre Toten freigelassen.
Alle empfingen das Urteil, das ihren Taten
entsprach. Der Tod und die Totenwelt wurden
in den See von Feuer geworfen. Dieser See von
Feuer ist der zweite Tod. Jeder, dessen Name
nicht im Buch des Lebens stand, wurde in den
See von Feuer geworfen.
(Offenbarung 20,11—15)

Abb. 261
Opferbescheinigung aus dem 3. Jahr-
hundert / Während einer späteren
Verfolgung der Christen durch Kaiser
Decius im Jahre 250 n. Chr. erwarben
sich viele römische Bürger eine solche
Bescheinigung, die bestätigte, daß sie
den heidnischen Göttern geopfert
hatten. Der Text lautet:
„An die Beauftragten für das Opfer-
wesen, von Aurelia Demos, die keinen
Vater hat, Tochter der Helena und
Gattin des Aurelius Irenaeus, aus dem
Viertel des Helleneums. Es ist immer
meine Gewohnheit gewesen, den
Göttern zu opfern, und so habe ich
auch jetzt in eurer Gegenwart in Über-
einstimmung mit dem Befehl geopfert,
Opfer und Trankopfer dargebracht und
das Opfer geschmeckt. Ich bitte euch,
mir meine Erklärung zu bestätigen. Lebt
wohl!
Ich, Aurelia Demos, habe diese Erklä-
rung vorgelegt.
Ich, Aurelius Irenaeus, habe sie für sie
geschrieben, da sie nicht schreiben
kann.
Ich, Aurelius Sabinus, Vorsteher, sah
dich opfern.
Das erste Jahr des Kaisers Caesar Caius
Messius Quintus Trajanus Decius Pius
Felix Augustus, Pauni 20."

Der Pliniusbrief

Wenige Jahre, nachdem die „Offenbarung" entstanden war, wurde unter Kaiser Trajan der Glauben der Christen in Bithynien von den römischen Behörden auf die Probe gestellt, wie dieser Brief des Plinius d. J. an den Kaiser zeigt (etwa 112 n. Chr.):

„Bei denen, die mir als Christen genannt wurden, habe ich folgendes Verfahren angewandt. Ich fragte sie, ob sie Christen seien. Gestanden sie das, so fragte ich unter Androhung der Todesstrafe ein zweites und drittes Mal. Beharrten sie nun noch darauf, so ließ ich sie hinrichten.

Diejenigen aber, die leugneten, daß sie Christen waren oder jemals gewesen seien, und die nach meinem Vorbild die Götter anriefen und deinem Bildnis, das ich hierzu mit den Götterbildern herbeischaffen ließ, Weihrauch und Wein opferten und außerdem noch Christus verfluchten — wozu sich wirkliche Christen niemals zwingen lassen —, glaubte ich entlassen zu sollen.

Personen jedes Alters, Standes und Geschlechtes werden oder sind in die Verfolgung verwickelt. Denn nicht bloß auf die Städte, sondern auch auf die Flecken und Dörfer hat sich dieser ansteckende Aberglaube verbreitet. Es scheint aber noch möglich zu sein, Einhalt zu gebieten und die Sache abzustellen. Soviel steht jedenfalls fest, daß die schon verlassenen Tempel von neuem besucht werden, daß die schon seit langem nicht mehr gepflegten Bräuche wieder aufgenommen und Opfertiere wieder verkauft werden, für die sich bisher kaum mehr ein Käufer finden wollte."

Abb. 262
Der Titusbogen in Rom / Der Titusbogen in Rom wurde für den Eroberer Jerusalems und Sieger im römisch-jüdischen Krieg errichtet. Die Jerusalemer Urgemeinde war während des Krieges dem Konflikt mit den Römern aus dem Wege gegangen. Obwohl sie sich damit von der Gemeinschaft des jüdischen Volkes trennten, verließen die Christen Jerusalems um 67 das Aufstandsgebiet und siedelten in das ostjordanische Pella über. Die Wirren des Krieges schienen ihnen das Ende dieser Welt und die Wiederkunft Christi anzuzeigen.

Der neue Himmel und die neue Erde

Dann sah ich einen neuen Himmel und eine neue Erde. Der erste Himmel und die erste Erde waren verschwunden, und das Meer war nicht mehr da. Ich sah, wie die Heilige Stadt, das neue Jerusalem, von Gott aus dem Himmel herabkam. Sie war festlich geschmückt wie eine Braut, die auf den Bräutigam wartet. Vom Thron her hörte ich eine starke Stimme: „Jetzt wohnt Gott bei den Menschen! Er wird bei ihnen bleiben, und sie werden sein Volk sein. Gott selbst wird als ihr Gott bei ihnen sein. Er wird alle ihre Tränen abwischen. Es wird keinen Tod mehr geben und keine Traurigkeit, keine Klage und keine Quälerei mehr. Was einmal war, ist für immer vorbei."

Dann sagte der, der auf dem Thron saß: „Jetzt mache ich alles neu!" Zu mir sagte er: „Schreib diese Worte auf, denn sie sind wahr und zuverlässig." Und er fuhr fort: „Ja, sie sind in Erfüllung gegangen! Ich bin der Erste und der Letzte, der Anfang und das Ende. Wer durstig

ist, dem gebe ich umsonst zu trinken. Ich gebe ihm Wasser aus der Quelle des Lebens. Wer den Sieg erlangt, wird dieses Geschenk von mir erhalten, und ich werde sein Gott sein, und er wird mein Sohn sein. Aber die Feiglinge und Treulosen, die Abgefallenen, Mörder und Ehebrecher, die Zauberer, die Götzenverehrer und alle, die sich nicht an die Wahrheit halten, finden ihren Platz in dem See von brennendem Schwefel. Das ist der zweite Tod."
(Offenbarung 21,1—8)

Das neue Jerusalem

Einer von den sieben Engeln, die die sieben Schalen mit den sieben letzten Katastrophen getragen hatten, näherte sich mir und sagte: „Komm her! Ich werde dir die Braut zeigen, die Frau des Lammes." Der Geist nahm von mir Besitz, und in der Vision trug mich der Engel auf die Spitze eines sehr hohen Berges. Er zeigte mir die Heilige Stadt Jerusalem, die von Gott aus dem Himmel herabgekommen war. Sie strahlte die Herrlichkeit Gottes aus und glänzte wie ein kostbarer Stein, wie ein kristallklarer Jaspis. Sie war von einer sehr hohen Mauer mit zwölf Toren umgeben. Die Tore wurden von zwölf Engeln bewacht, und die Namen der zwölf Stämme Israels waren an die Tore geschrieben. Nach jeder Himmelsrichtung befanden sich drei Tore, nach Osten, nach Süden, nach Norden und nach Westen. Die Stadtmauer war auf zwölf Grundsteinen errichtet, auf denen die Namen der zwölf Apostel des Lammes standen.
Der Engel, der zu mir sprach, hatte einen goldenen Meßstab, um die Stadt, ihre Tore und ihre Mauern auszumessen. Die Stadt war viereckig angelegt, ebenso lang wie breit. Sie war zwölftausend Wegmaße lang und ebenso breit und hoch. Er maß auch die Stadtmauer. Nach dem Menschenmaß, das der Engel gebrauchte, war sie hundertvierzig Ellen hoch. Die Mauer bestand aus Jaspis. Die Stadt selbst war aus reinem Gold erbaut, das so durchsichtig war wie Glas. Die Grundbausteine der Stadtmauer waren mit allen Arten von kostbaren Steinen geschmückt. Der erste Grundstein ist ein Jaspis, der zweite ein Saphir, der dritte ein Chalzedon, der vierte ein Smaragd, der fünfte ein Sardonyx, der sechste ein Karneol, der siebte ein Chrysolith, der achte ein Beryll, der neunte ein Topas, der zehnte ein Chrysopas, der elfte ein Hyazinth und der zwölfte ein Amethyst. Die zwölf Tore waren zwölf Perlen. Jedes Tor bestand aus einer einzigen Perle. Die Hauptstraße war aus reinem Gold, so durchsichtig wie Glas.
Einen Tempel sah ich nicht in der Stadt. Gott,

Abb. 264
Bronzelampe in Fischform / Der christliche Ursprung dieser Lampe, die sich im Museum der rumänischen Stadt Turnu-Severin befindet, zeigt sich nicht nur in der Fischform. Sie trägt außerdem auf der einen Seite das Zeichen des Kreuzes und auf der anderen das Christusmonogramm XP.

Der Engel zeigte mir auch den Fluß mit dem Wasser des Lebens, der wie Kristall funkelte. Der Fluß entspringt am Thron Gottes und des Lammes und fließt in der Mitte der Hauptstraße durch die Stadt. An beiden Seiten des Flusses wächst der Baum des Lebens. Er bringt zwölfmal im Jahr Frucht, jeden Monat einmal. Mit seinen Blättern werden die Völker geheilt. In der Stadt wird es nichts mehr geben, was unter dem Fluch Gottes steht.

Der Thron Gottes und des Lammes wird in der Stadt stehen. Alle, die dort sind, werden Gott dienen, sie werden ihn sehen, sein Name wird auf ihrer Stirn stehen. Es wird keine Nacht mehr geben, und sie brauchen weder Lampen- noch Sonnenlicht. Gott der Herr wird ihr Licht sein, und sie werden für immer und ewig als Könige herrschen. (Offenbarung 21,9–27; 22,1–5)

Der Herr kommt

Jesus sagte zu mir: „Diese Worte sind wahr und zuverlässig. Gott der Herr, der den Propheten seinen Geist gibt, hat seinen Engel gesandt, um seinen Dienern zu zeigen, was bald geschehen muß. Gebt acht! Ich bin schon auf dem Weg! Freude ohne Ende ist dem gewiß, der die prophetischen Worte dieses Buches beherzigt."

Ich, Johannes, habe das alles gehört und gesehen. Als es vorüber war, warf ich mich vor dem Engel, der mir diese Dinge gezeigt hatte, nieder, um ihn anzubeten. Er aber sagte: „Tu das nicht, ich bin ein Diener Gottes wie du und deine Brüder, die Propheten, und wie alle, die auf das hören, was in diesem Buch steht. Bete Gott an!"

Dann sagte Jesus zu mir: „Du brauchst das Buch, in dem diese prophetischen Worte stehen, nicht für später zu versiegeln; denn die Zeit ihrer Erfüllung ist nahe. Wer Unrecht tut, mag es weiterhin tun. Wer den Schmutz liebt, mag sich weiter beschmutzen. Wer aber recht

der Herr der ganzen Welt, ist selbst ihr Tempel und das Lamm mit ihm. Die Stadt braucht weder Sonne noch Mond, damit es hell in ihr wird. Die Herrlichkeit Gottes leuchtet in ihr, und das Lamm ist ihre Sonne. In dem Licht, das von der Stadt ausgeht, werden die Völker leben. Die Könige der Erde werden ihren Reichtum in die Stadt tragen. Ihre Tore werden den ganzen Tag offenstehen, mehr noch: Sie werden nie geschlossen, weil es dort keine Nacht gibt. Pracht und Reichtum der Völker werden in diese Stadt gebracht. Aber nichts Unwürdiges wird Einlaß finden. Wer Schandtaten verübt und lügt, kann die Stadt nicht betreten. Nur wer im Lebensbuch des Lammes aufgeschrieben ist, wird in die Stadt eingelassen.

Abb. 263
Römische Straße

Abb. 265
Erkennungszeichen der Christen / Jahrhundertelang benutzten Christen diese Zeichen, um sich einander zu erkennen zu geben (von links nach rechts)
1. Einen Fisch und Brotlaibe
2. Den guten Hirten
3. Einen Anker
Der Fisch galt als Schlüsselzeichen für Jesus Christus. Das griechische Wort für Fisch „Ichthys" wurde wie folgt gedeutet:

I	Iesous	Jesus
Ch	Christos	Christus
Th	Theou	Gottes
Y	Yios	Sohn
S	Soter	Retter

Das Christusmonogramm XP besteht aus dem griechischen Buchstaben für Ch und R. Es wird auf den Anfang des Wortes „Christus" bezogen.
IHS sind die drei ersten Buchstaben des griechisch geschriebenen Namens „Jesus".

258

handelt, soll auch weiterhin recht handeln. Wer aber heilig ist, soll sich noch mehr um Heiligkeit bemühen. Gebt acht! Ich bin schon auf dem Weg! Ich werde euren Lohn mitbringen. Jeder empfängt das, was seinen Taten entspricht. Ich bin der, der alles erfüllt, der Erste und der Letzte, der Anfang und das Ende.

Wer seine Kleider rein wäscht, den erwartet Freude ohne Ende. Er hat das Recht, die Frucht vom Baum des Lebens zu essen und durch die Tore in die Stadt hineinzugehen. Aber die Verworfenen, die Zauberer, die Ehebrecher und die Mörder müssen draußen vor der Stadt bleiben. Dort sind auch die Götzenanbeter und alle, die das Falsche lieben und tun.

Ich, Jesus, habe meinen Engel gesandt, um euch in den Gemeinden dies alles bekanntzumachen. Ich bin der Nachkomme aus dem Geschlecht Davids. Ich bin der leuchtende Morgenstern."

Der Geist und die Braut antworten: „Komm!" Jeder, der dies hört, soll sagen: „Komm!" Wer durstig ist, soll kommen, und wer von dem Wasser des Lebens trinken möchte, wird es geschenkt bekommen.
(Offenbarung 22,6—17)

Schluß

Ich, Johannes, warne jeden, der die prophetischen Worte aus diesem Buch hört: Wer diesen Worten etwas hinzufügt, dem wird Gott die Qualen zufügen, die in diesem Buch beschrieben sind. Wenn aber einer von diesen Worten etwas wegnimmt, wird Gott ihm seinen Anteil an der Frucht vom Baum des Lebens und an der Heiligen Stadt wegnehmen, die in diesem Buch beschrieben sind.

Der aber, der dies alles bezeugt, sagt: „Ganz gewiß, ich bin schon auf dem Weg!"
Ja, Herr Jesus, komm!
Jesus, unser Herr, schenke allen seine Gnade!
(Offenbarung 22,18—21)

Abb. 266
Christus, der Allherrscher / Mosaik aus Thessaloniki

Farbtafeln

1 Wadi Qumran

2 Qumran, alte Wasserleitung

3   Bauer mit Hakenpflug

4 Die Festung Herodion

5   Blick auf die Ortslage von Magdala

6 Alter Fischer am See Gennesaret

7   See Gennesaret am Siebenquell

8 Fischerboot auf dem See Gennesaret

9   Synagogenruine in Kafarnaum

10 Blick auf Betanien

11 Mahlen auf der Handmühle

12/13 Das Forum von Gerasa

14 Am Jordan

15 Anemone in Palästina

16 Der Tabor

17 Jerusalem, Westmauer des
Tempelgeländes (die Klagemauer)

18 Karfreitagsprozession in Jerusalem

19   Eine Ölkelter

20/21 Blick vom Ölberg auf Jerusalem

22 Das sogenannte Zacharias-Grab
im Kidrontal

23 Rollstein an einem Felsengrab

24 Jerusalem. Die Magdalenenkirche
am Ölberg, im Hintergrund der Felsendom

25 Weberwerkstatt in Damaskus

26 Der Hafen von Seleuzia

27 Römische Straße von Antiochia
    nach Aleppo

28 Antike Brücke auf dem Wege
von Pamphylien nach Pisidien

29   Athen, Blick auf die Akropolis

30   In Perge

31 Milet. Blick vom Bulenterion (Rathaus) auf die
Löwen-Bucht, die der antiken Stadt als Hafen diente

32 Cäsarea, Aquaedukt

33 Ostia, römisches Wirtshaus

34   Die Via Appia in Rom

35 Statue des Augustus in Rom

38 Römischer Heilgott

40 Korinth, das Theater

41 Ephesus, die Bibliothek des Celsus

43 Blick über einen Teil des antiken Ephesus.
Die Säulenstraße führte zum ehemaligen Hafen.

44 Pergamon, Asklepios-Stein

46 Tauchbad und Theater im
Asklepieion von Pergamon

47 Rom, Standbild des Kaisers
Marc Aurel

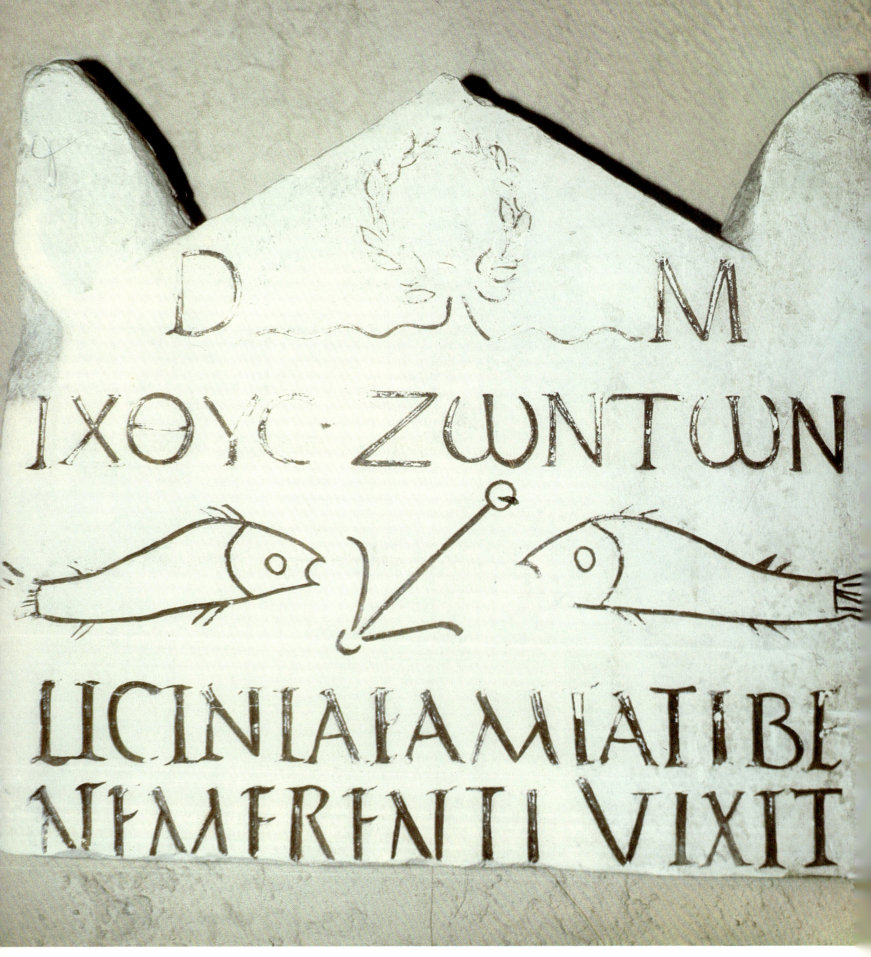

48 Inschrift aus den
Domitilla-Katakomben in Rom

Verzeichnisse

Inhalt
Sachartikel
Karten

Inhalt
Einführung 5
Das Evangelium nach Matthäus,
   Markus und Lukas 7
Das Evangelium nach Johannes 107
Die Apostelgeschichte 129
Die Briefe des Paulus 179
Der erste Brief des Johannes 233
Die Offenbarung des Johannes 241
Verzeichnisse 309

Sachartikel
Das Matthäus-Evangelium 8
Das Markus-Evangelium 8
Das Lukas-Evangelium 8
Die Evangelien 9
Die Priesterschaft 10
Die Wüstensiedlung von Qumran 10
Die Verlobung der Maria 11
Die Gemeinschaft der Qumranleute
   12
Die christliche Zeitrechnung 12
Religiöse Vorschriften bei Geburt
   eines Kindes 14
Die römische Steuererhebung 15
Der Stern 16
Das Auftreten Johannes des Täufers
   17
König Herodes der Große 19
Die Synagoge 25
Die Heilung Besessener 36
Die Aussätzigen 37
Die Zöllner 39
Das Fasten 40
Der Sabbat 41
Die Pharisäer 42
Ackerbau in Palästina 44
Jesus im Sturm 49
Gerasa und Gadara 49
Die Speisung der Fünftausend 54
Reinheitsvorschriften 55
Die Zehn Städte 56
Das Ende des Täufers Johannes 59
Frauen in der Umgebung Jesu 61
Die Samariter 62
Rechtsbestimmungen zum Gleichnis
   „Der Vater und seine zwei Söhne"
   63
Pharisäergebet 64
Der römische Prokurator Pilatus 69
Die Ehescheidung 78

Kinder in Israel 78
Der Tempel in Jerusalem 81
Der Hohe Rat 82
Die römische Kopfsteuer 84
Die Sadduzäer 86
Das Opfergeld 92
Die Zerstörung des Jerusalemer
   Tempels 95
Das Passafest 98
Judas Iskariot 99
Zum Prozeß Jesu 99
Das Verhalten des Pilatus 102
Barabbas und die Zeloten 103
Die Hinrichtung am Kreuz 103
Emmaus 105
Das Johannes-Evangelium 108
Nikodemus 110
Die Fußwaschung 122
Der Geist als „Stellvertreter" 125
Schluß und Nachtrag des
   Johannes-Evangeliums 127
Die Apostelgeschichte des Lukas 130
Das jüdische Pfingstfest 131
Juden in der Diaspora 131
Die Taufe auf den Namen Christi 133
Das Leben in der ersten Gemeinde 135
Die Gütergemeinschaft in der
   Urgemeinde 138
Stephanus 141
Der Magier Simon 143
Der Werdegang des Saulus-Paulus
   144
Die Entscheidung des Apostelkonzils
   151
Paulus bringt die Gute Nachricht
   nach Europa 153
Der Wir-Bericht der
   Apostelgeschichte 154
Paulus als Gefangener 170
Das römische Bürgerrecht 172
Die Prokuratoren Felix und Festus
   172
Das Ende des Paulus 178
Der Brief an die Gemeinde in Rom
   180
Die christliche Gemeinde in Rom 183
Religiöse Toleranz in Rom 190
Die Sklaven 192
Die Spiele 199
Die Briefe an die Gemeinde
   in Korinth 201
Die Gnostiker 202
Die Isthmischen Spiele 210
Der Brief an die Gemeinden
   in Galatien 221
Der Brief an die Gemeinde
   in Philippi 227
Der erste Brief des Johannes 233
Die Offenbarung des Johannes 241
Die Christenverfolgungen 253
Der Pliniusbrief 255

Karten
  1 Palästina zur Zeit des
     Neuen Testaments 7
  2 Jerusalem – Jericho – Qumran
     15
  3 Jerusalem und Betlehem 16
  4 Lageskizze der heutigen Stadt
     en-Nasira (Nazaret) 17
  5 Pilgerwege nach Jerusalem 18
  6 Palästina zur Zeit Jesu 29
  7 Untergaliläa und der See
     Gennesaret 31
  8 Jerusalem und der Ölberg 82
  9 Jerusalem 85
10 Der herodianische Tempel
     in Jerusalem 91
11 Sichem in Samarien 113
12 Der Mittelmeerraum im
     1. Jahrhundert 133
13 Die 1. Missionsreise des Paulus
     zusammen mit Barnabas 151
14 Die 2. und 3. Missionsreise des
     Paulus 152
15 Die Reise des Paulus nach Rom
     176
16 Das alte Rom 182
17 Die Lage Korinths auf dem
     Peloponnes 202
18 Der Marktplatz in Korinth 203
19 Nordteil des Ägäischen Meeres
     228
20 Ephesus 236

Orte
Personen

Abilene 17, K 6
Achaia (römische Provinz) 167, K 14, K 17
Ägäisches Meer K 19
Alexandrien 175—176, K 15
Andreas 23, 41—42
Ankyra 222—224
Antiochia (Pisidien) 150, 221, K 13, K 14
Antiochia (Syrien) 149, 152—153, 221, K 12—14, T 27
Antipas s. Herodes Antipas
Antipatris K 5, K 6
Apollos 202
Aquila 160, 210
Archelaus 15, 19
Arimatäa 103, K 6
Aschdod 144, K 6
Aschkelon K 6
Asien, Asia (römische Provinz) 242, 253, K 12—15, K 20
Athen 162—166, K 14, K 15, K 17, T 29
Augustus 13, 16, 96, 184, 186, 188, 224, T 35

Balata 112, K 11
Barabbas 103
Barnabas 149, 151, 153, 223
Bartimäus 80
Beröa 157, K 14
Betanien (bei Jerusalem) 80, 81, 98, 101, 119—120, K 2, K 6, K 8, T 10
Betesda 114, 115, K 9
Betfage 81, K 8
Betlehem 13, 15—17, 19, 20, K 2, K 3, K 6
Betsaida 33, 42, K 6, K 7
Bithynien K 12

Cäsarea („am Meere") 71, 150, 172—175, K 5, K 6, K 14, K 15, T 32
Cäsarea Philippi 72—75, K 6
Chorazin K 6, K 7

Damaskus 145—148, K 6, T 25
Dekapolis s. Zehn Städte
Derbe 221, K 13, K 14
Domitian 253

Ebal K 11
Elisabet 9—11
Emmaus 104—105, K 5, K 6
Ephesus 162—171, 234—240, 242, 244, 246, 253, K 12—14, K 20, T 41—43
Erastus 214
Essener 12

Felix 173—174
Festus 173—175
Forum Appii (Appiusmarkt) 178, K 15

Gadara 49, K 6, K 7
Gaius 162
Galatien 221—226, K 12, K 14
Galiläa 16—18, 21—24, 31—32, 37, 103, K 5—7
Gallio 162—167
Garizim 112, K 5, K 6, K 11
Gennesaret (Ebene) 40, K 7
Gennesaret (See) 23, 32—35, 37—38, 41—42, 116, K 5—7, T 5—7, T 9
Gerasa 49—52, K 6, K 7, K 12, T 13
Getsemani s. Jerusalem
Golgota s. Jerusalem

Hannas 17
Hermon 75, K 6
Herodes der Große 15—16, 19, 21, 60
Herodes Antipas 17, 19, 35, 42, 59, 60, 99, K 6
Herodias 60
Herodion K 3, T 4

Idumäa 17, K 6
Ikonium 221, K 13, K 14
Italien K 12, K 15
Ituräa K 6

Jafo (Joppe) 147, K 6
Jakobsbrunnen 112, K 11
Jakobus (Jünger) 23, 41, 79
Jericho 28, 61, 62, 64—69, K 2, K 3, K 5, K 6
Jerusalem 80—105, 120—124, 126—127, 131—142, K 2, K 3, K 8—10, K 12, T 17—24
  Abendmahlssaal 97
  Abschalomgrab 93
  Antonia, Burg 86, 88, 99, 101
  Betesda, Teich 114—115

David-Stadt 85
Getsemani 98—101
Golgota 103—105
Kidrontal 93, 95, 100—101, 123, 134, T 22
Klagemauer 90, T 17
Ölberg 80—82, 100, 124, T 24
Silwan 123
Tempel und Tempelgelände 17—18, 81—95, 121, 134, 137—140, 170
Via dolorosa 102
Jesus von Nazaret
  Geburt 9, 13—20
  In Nazaret 16, 20, 22—25, 53—54
  Taufe und Verhältnis zu Johannes dem Täufer 21—22, 26—27, 59—60, 83
  Versuchung 22, 28
  Bergpredigt 24—36
  Heilungen 24, 36—38, 51—53, 55—57, 64, 77, 80—81, 114
  Totenerweckungen 53, 58, 120
  Frauen und Kinder 60—62, 78, 91, 98, 111—113
  Petrusbekenntnis 73—74
  Verklärung 74—77
  Abendmahl 98—99
  Getsemani 99—101
  Prozeß 101—103, 125—126
  Kreuzestod 103, 126
  Auferstehung 104, 126—128
Johannes der Täufer 9—13, 17—22, 26—27, 59—60, 83
Johannes, Sohn des Zebedäus 23, 41, 79
Jordan 17, 21, 26—27, 72—75, K 2—7, T 14
Josef, Mann der Maria 9, 13, 15—16
Josef von Arimatäa 103, 127
Judäa 17, K 6
Judas Iskariot 41, 99—100

Kafarnaum 22, 36, 42—45, 79, 118, K 5—7, T 8
Kafr Kenna 111, K 5, K 7
Kajafas 17, 101, 125
Kaligula (Caligula) 188—189
Kana 109—111, K 6, K 7
Kappadozien K 12
Kauda 176, K 15
Kenchreä K 17
Klaudius 183, 188—190
Korinth 160, 162, 167, 201—220, T 39—40
Kornelius 147—148
Kos 168, K 13, K 14
Kreta 175—176, K 14, K 15

Laodizea 250–252
Lazarus von Betanien 120
Lechäon 219, K 17, K 18
Levi, Zolleinnehmer 39
Lod K 4, K 6
Lukas 8, 130
Lydia 154
Lydien K 14
Lykaonien K 13
Lysanias 17
Lystra 221, K 13, K 14
Lyzien K 12–15

Machärus 60
Magdala 32, 33, 36, K 5–7, T 5
Malta 178, K 15
Maria, Mutter Jesu 9–17, 22–23, 44
Maria aus Magdala 62, 104, 126
Maria, Schwester der Marta 120
Markus 8
Marta 120
Masada 21, K 3, K 6
Matthäus 8
Mazedonien 153–157, K 12, K 14, K 15, K 19
Milet 166–168, K 14, K 15, T 31
Mitylene K 14, K 19
Myra 175, K 13–15
Mysien K 14

Nablus (Neapolis in Samarien) 113, K 11
Naïn 57–59, K 6, K 7
Nazaret 13, 16, 17, 18, 22–25, K 4–7
Neapolis in Mazedonien 154, K 11, K 14, K 19
Nero 178, 188–189, 190, 197, 217, 253
Nikodemus 110–111

Ölberg s. Jerusalem
Ostia T 33

Palästina 17, 19, 21, 44, 192, K 1, K 6
Pamphylien 131, 175, K 12, K 13, K 15, T 28
Patmos 243–246
Paulus
  Werdegang und Bekehrung 142–145
  Beruf 160, 210
  In Damaskus 145–146
  In Antiochia 149
  1. Missionsreise 150, K 13
  Apostelkonzil 150–151
  2. Missionsreise 152–153, 201, 221, K 14
  In Athen 157–158, 162–166
  In Korinth 160, 162, 167, 201–203
  3. Missionsreise 162, 221, K 14
  In Ephesus 162, 165–168
  Als Gefangener 170–175, 227
  Reise nach Rom und Aufenthalt in Rom 175–178
  Briefe des Paulus:
  Galater 221
  Korinther 201
  Philipper 227
  Römer 179
Pella 255, K 5, K 6
Pergamon 247–249, K 14, K 19, T 45–46
Perge K 13, T 30
Petrus (Simon) 23, 41, 72–74, 99–101, 133–134, 136–138, 147–151
Pharisäer 42
Philadelphia (Kleinasien) 249–251
Philadelphia (Ostjordanland) K 6
Philippi 154–157, 227–232, K 14, K 19
Philippus, Vasallenfürst 17, 19, 42, K 6
Philippus, Apostel 41–42
Phönix 175, K 15
Pilatus 17, 68–70, 101–102
Pisidien K 13, T 28
Priszilla (Priska) 160
Puteoli 176, 178, K 15

Quirinius 13, 15
Qumran 10–15, K 2, K 3, K 6, T 1, T 2

Regium 178, K 15
Rhodos K 13, K 15
Rom, Römisches Reich 180–200, K 15, K 16, T 34–38, 47–48

Sadduzäer 86
Salamis K 13, K 17
Salmone 175, K 15
Samarien 17, 18, 111–113, 143, K 5, K 6, K 11
Samariter 17, 18, 62, 111–113
Sardes 249–251
See Gennesaret s. Gennesaret
Seleuzia K 13, T 26
Sichem 112–113, K 4, K 11
Sidon (Saida) 40, 46–47, 175, K 6, K 13–15
Siebenquell 35, 116–117, K 7, T 7
Silas 153–157
Simeon 14
Sizilien K 12, K 15
Simon Petrus s. Petrus
Simon aus Kana („der Zelot") 41
Simon aus Betanien 98
Simon von Zyrene 103
Smyrna 247, K 13, K 14, K 19
Stephanus 140–142
Sychar 111–112, K 5, K 6, K 11
Syrien 13, 24, 149, 152, K 12–15
Syrophönizien K 6
Syrte, Große 176, K 15

Tabor 57, 74, 76–77, K 7, T 16
Tarsus 144–145, K 13, K 14
Tempel s. Jerusalem
Theophilus 130–131
Thessalonich 157, 161, 230, K 12, K 14, K 15, K 19
Thrazien K 14, K 19
Thyatira 248–250, K 14
Tiberias, See s. Gennesaret
Tiberias, Stadt 34–36, 48, 116–117, K 5–7
Tiberius 17, 60, 94–96, 186, 188–189, 191
Timotheus 153, 157
Titus, römischer Kaiser 94–95, 255
Thomas 41
Totes Meer 14–15, K 2, K 3, K 6
Trachonitis 17, K 6
Trajan 255
Tres Tabernae („Drei Tavernen") 178, K 15
Troas 153, K 14, K 15, K 19
Tyrus 40, 46, K 1, K 14, K 15

Zachäus 65
Zacharias 9–13
Zebedäus 23, 41
Zehn Städte 24, 56, 57, K 6
Zeloten 21, 41, 103
Zilizien 144, 156, K 12–16
Zypern 149–150, 175, K 12–15
Zyrene 149, K 15

(K = Karte, T = Farbtafel)
Angegebene Stellen in Auswahl

Zeittafel

Zeitgeschichte	*Entstehung des Christentums*
Vor Christi Geburt	
44 Julius Caesar ermordet	
40 Oktavian Regent über die europäischen Teile des Imperium Romanum; Herodes vom römischen Senat zum König von Judäa ernannt	
31 Seeschlacht bei Aktium; Oktavian wird Imperator des gesamten Römischen Reiches	
27 Oktavian erhält den Titel Augustus (= der „Verehrungswürdige")	
23 Augustus wird Volkstribun auf Lebenszeit	
20 (19) Die Erneuerung des Tempels in Jerusalem, von Herodes veranlaßt, beginnt	
	7 (etwa) Jesus von Nazaret geboren
4 Herodes gestorben; sein Königreich wird unter seine Söhne aufgeteilt Archelaus: Judäa, Samaria, Idumäa Antipas: Galiläa, Peräa Philippus: Batanäa, Trachonitis, Aurantis	
Nach Christi Geburt	
6 Archelaus abgesetzt; sein Gebiet wird römische Provinz und durch einen Statthalter verwaltet	
7 Durchführung der Steuererhebung (Schätzung) Aufstand (Zeloten oder Sikarier) unter Judas dem Galiläer	
	10 (etwa) Saulus-Paulus geboren
14 Kaiser Augustus gestorben; Tiberius sein Nachfolger (bis 37)	
18 Josef Kajafas Hoherpriester (bis 37)	
26 Pontius Pilatus Statthalter für Judäa, Samaria und Idumäa (bis 36)	
	28 (und 29) Wirksamkeit Johannes des Täufers, Gefangennahme und Hinrichtung
	28 Jesus von Nazaret beginnt in der Öffentlichkeit zu wirken
	30 (7. April) Kreuzigung Jesu (oder 33)
	33 (etwa) Lebenswende des Paulus vor Damaskus
34 Philippus gestorben	
37 Herodes Antipas sein Nachfolger	
37 Kaiser Tiberius gestorben; sein Nachfolger wird Kaligula	
39 Herodes Antipas wird verbannt; sein Nachfolger Herodes Agrippa führt den Königstitel	39 (40) Paulus beginnt in Antiochia und Südkleinasien mit seiner Missionsarbeit
41 Kaligula ermordet	
41 Klaudius wird neuer Kaiser	
41 Herodes Agrippa I. König in ganz Palästina (bis 44)	

Zeitgeschichte	Entstehung des Christentums	Neues Testament
	42 Tod des Jakobus, Sohn des Zebedäus, in Jerusalem 48 (etwa) „Apostelkonzil" in Jerusalem	
49 Klaudiusedikt vertreibt Juden und Judenchristen aus Rom	49 Aufbruch des Paulus nach Europa (Philippi, Thessalonich, Beröa, Athen)	
	50 Paulus in Korinth (bis 52)	50 1. Thessalonicherbrief (2. Thessalonicherbrief)
53 Agrippa II. (bis 90)	53 (oder 54) Paulus in Ephesus (bis 56 oder 57)	
54 Klaudius getötet Nero wird Kaiser Aufhebung des Judenedikts		54 1. Korintherbrief
55 M. Antonius Felix Statthalter in Palästina (bis 60)		55 Galaterbrief 55 Die im 2. Korintherbrief gesammelten Briefe an die Gemeinde in Korinth (bis 57) 56 Philipperbrief 57 Römerbrief
	58 Gefangennahme des Paulus in Jerusalem Gefangenschaft in Cäsarea	58 (61 und folgende Jahre) Philemonbrief, Kolosserbrief
60 Porzius Festus Statthalter in Palästina (bis 62)		
	61 Paulus wird nach Rom gebracht 62 Jakobus stirbt den Märtyrertod in Jerusalem (vielleicht auch Johannes) 63 (?) Paulus wird hingerichtet	
64 Brand Roms	64 Verfolgung der römischen Christengemeinde unter Nero. Märtyrertod des Simon Petrus	
66 Römisch-jüdischer Krieg (bis 73)	66 Die Jerusalemer Christengemeinde verläßt die Stadt und kommt schließlich nach Pella	
68 Selbstmord Neros	68 Zerstörung Qumrans	
69 Vespasian wird römischer Kaiser Die Führung im Römisch-jüdischen Krieg, der zur Belagerung Jerusalems geführt hat, übernimmt sein Sohn Titus		
70 Titus erobert Jerusalem, der Tempel wird zerstört	Zwischen 70 und 80 kommen Judenchristen aus Palästina nach Syrien und Kleinasien Nach 70 Zerfall des Judenchristentums in Sekten, andere Teile gehen in der werdenden Großkirche auf.	70 (etwa) Markus-Evangelium
73 Fall der Feste Masada (Ende des Römisch-jüdischen Krieges) Palästina wird kaiserliche Provinz		
		75 (etwa) Epheserbrief zwischen 85 und 95: Matthäus-Evangelium, Evangelium und Apostelgeschichte nach Lukas, Kirchenbriefe: 1. Petrusbrief, Hebräerbrief, Pastoralbriefe (1. u. 2. Timotheusbrief, Titusbrief), Jakobusbrief, Judasbrief zwischen 90 und 100: Offenbarung des Johannes (bis 95) Evangelium nach Johannes (bis 100) 1. bis 3. Johannesbrief (bis 110) nach 100: 2. Petrusbrief
Römische Kaiser nach Vespasian 79 Titus 81 Domitian 96 Nerva 98 Trajan 117 Hadrian		

Abbildungen
Allgemeiner Deutscher Nachrichten-
dienst (Zentralbild): 40, 42, 134, 136,
145, 229, 230
Archiv Bibelanstalt Altenburg: 4, 5, 16,
18, 20, 22, 24, 25, 27, 30—32, 34, 41,
51, 54, 55, 59, 62—64, 66, 67, 72, 90,
93, 97, 100, 101, 103—106, 108—110,
119, 120, 122, 129, 137, 140, 141, 159,
161, 165, 168, 169, 172, 173, 175—177,
181—193, 197—201, 203—206, 209,
212—214, 216, 218—222, 231—235,
237—239, 245, 246, 251, 255—261,
264, 265; Farbtafeln 1—28, 30—38, 41—48,
Schutzumschlag hinten
Bernd Bohm: 152, 156, 158, 215, 223,
225—228, 236: Farbtafeln 29, 39, 40
Deutsche Fotothek Dresden: 7, 91,
151, 157, 162, 167, 170, 171, 178, 194—196,
202, 207, 208, 217, 224, 242, 252
Philipp Giegel (mit Genehmigung des
Artemis-Verlags Zürich und Stuttgart):
36, 49, 52, 114
Hans Lachmann: 1—3, 6, 8—15, 17,
19, 21, 23, 26, 28, 29, 33, 35, 37, 38,
39, 43—48, 50, 53, 56—58, 60, 61, 65, 68—71,
73—89, 92, 94—96, 98, 99, 102, 107,
111—113, 115—118, 121, 123—128,
130—133, 135, 138, 139, 142—144,
146—150, 153—155, 160, 163, 164, 166,
174, 179, 180, 210, 211, 240—244,
247—250, 262, 263, 266
Staatliche Museen Berlin (Pergamon-
Museum): 253, 254
Schutzumschlag vorn: Relief einer
fahrbaren Bundeslade
Schutzumschlag hinten: Der Felsendom in Jerusalem, eines der Haupt-
heiligtümer des Islam. Er steht auf
dem Platz, auf dem sich bis zur Zerstörung im Jahre 70 n. Chr. durch die
Römer der israelitische Tempel befand.
Einband: Erkennungszeichen der
ersten Christen
Vorsatz: Motive eines Frieses von der
Synagoge in Kafarnaum

Karten:
Matthias Weis

Gestaltung:
Werner Sroka, Markkleeberg

ISBN 3—7461—0026—7
8. Auflage 1989
Evangelische Haupt-Bibelgesellschaft
zu Berlin und Altenburg
Lizenz-Nr. 481.485/9/89 · LSV 6110
Printed in the German Democratic Republic
Lichtsatz und Reproduktion der farbigen Bilder:
INTERDRUCK Grafischer Großbetrieb Leipzig, III/18/97
Reproduktion der schwarzweißen Bilder und Druck:
Graphischer Betrieb Jütte, Leipzig
Buchbinderische Weiterverarbeitung:
VOB Kunst- und Verlagsbuchbinderei Leipzig
Auslieferung:
Bibelanstalt Altenburg
02280